Farbatlas
Nutzpflanzen in Mitteleuropa

Klaus Becker
Stefan John

Farbatlas
Nutzpflanzen in Mitteleuropa

281 Farbfotos

VERLAG
EUGEN
ULMER

Umschlagfoto: Die Kapuzinerkresse *(Tropae-olum majus)* stammt aus Peru, ist aber seit dem 16. Jh. bei uns sehr beliebt.

Foto Seite 2: Im Mittelalter war Deutschland ein Zentrum der Leinproduktion. Neuerdings gewinnt Lein *(Linum usitatissimum)* wieder an Bedeutung.

Die Deutsche Bibliothek –
CIP-Einheitsaufnahme

Becker, Klaus:
Farbatlas Nutzpflanzen in Mitteleuropa /
Klaus Becker ; Stefan John. – Stuttgart (Hohen-heim) : Ulmer, 2000
ISBN 3-8001-4134-5

© 2000 Verlag Eugen Ulmer GmbH & Co.
Wollgrasweg 41, 70599 Stuttgart
(Hohenheim)
email: info@ulmer.de
Internet: www.ulmer.de
Printed in Germany
Lektorat: Werner Baumeister
Herstellung: Ulla Stammel
DTP: Irmi Putterer (KL-Grafik), München
Druck: Appl, Wemding
Bindung: Großbuchbinderei Monheim,
Monheim

Die Silberweide *(Salix alba)* liefert Medizin und Flechtmaterial.

Inhaltsverzeichnis

Der Spitzkohl ist eine Variante des Kopfkohls
(*Brassica oleracea* convar. *capitata), einer alten Gemüsepflanze*

Vorwort

Dieser Farbatlas gibt einen Überblick über die erstaunliche Vielfalt der in Deutschland wachsenden Nutzpflanzen. Aus dieser Vielfalt sind nahezu 300 Arten beschrieben und in Farbfotos dargestellt. Die Auswahl umfasst nicht nur die landwirtschaftlich angebauten Kulturpflanzen, sondern vor allem zahlreiche wild wachsende Arten, die noch zu Zeiten unserer Großeltern genutzt wurden, deren Nützlichkeit und Verwendungszweck heute aber kaum mehr bekannt sind. So ist dieses Buch nicht nur eine reiche Quelle naturkundlicher botanischer Information, sondern an vielen Stellen auch eine Quelle des Staunens. Es macht neugierig und regt an, die eine oder andere Pflanze näher kennen zu lernen und ihre Verwendbarkeit für diesen oder jenen Zweck selbst auszuprobieren.

Die Pflanzenarten sind nach ihrer Wuchsform und Familienzugehörigkeit zusammengestellt. Jede Art ist nicht nur abgebildet, sondern auch in prägnanter Form botanisch beschrieben. Neben der Wuchsform wird insbesondere auf die jeweils typischen Blatt-, Blüten- und Fruchtmerkmale hingewiesen, die das Erkennen in der Natur erleichtern. Darüber hinaus sind für jede Art Herkunft und heutige Verbreitung sowie die Standortansprüche und Anbaubedingungen angegeben. Jeweils am ausführlichsten beschrieben ist jedoch die Nutzbarkeit. Erfasst sind Holzpflanzen, Faserpflanzen, stärke-, eiweiß- oder ölliefernde Nahrungspflanzen, Gemüse, Wildgemüse, Gewürze, Heilpflanzen, Obst, Futterpflanzen und Gründünger, Kleberpflanzen, Färberpflanzen, Seifen- und Parfümpflanzen, wobei die eine oder andere Art gleich in mehrfacher Hinsicht nutzbar ist.

So richtet sich das Buch auch an eine breite Leserschaft, an erster Stelle an alle, die sich bemühen, das Natürliche wieder zu entdecken, sich mit naturbelassener Bio-Kost - vielleicht sogar rein vegetarisch - schmackhaft und gesund zu ernähren, sich mit Stoffen aus Naturfasern zu kleiden und - wo immer möglich - nachwachsende Rohstoffe zu nutzen. Aufgrund des hohen Informationsgehaltes und seiner übersichtlichen Darstellung kann es seinen Platz in der botanischen Fachbibliothek ebenso finden wie neben dem Kochbuch, und sein handliches Format kann es zum Wanderbegleiter in der Rocktasche werden lassen. Möge es in die Hände vieler naturverbundener Menschen kommen.

Kiel, im Sommer 1999
Prof. Dr. Helmut Uhlarz

Danksagung
Wir möchten uns bei allen bedanken, die uns bei der Entstehung dieses Buches geholfen haben: Ganz besonders danken wir unseren Frauen Ratiporn und Gudrun und natürlich Lea für ihre Geduld, als wir unzählige Stunden hinter Bildschirmen, Fotolinsen oder in Büchereien verbrachten; Herrn Dr. sc. agr. Johannes Schacht, Kiel, der uns mit seinem fachlichen Rat tatkräftig zur Seite stand; Herrn Dr. Klaus Janke, Hamburg, und Herrn Dr. Rudolf König, Kiel, für die Überlassung einiger ihrer hervorragenden Aufnahmen sowie Prof. Dr. Helmut Uhlarz, Universität Kiel, für seine zahlreichen Tipps und Hinweise sowie sein wohlwollendes Vorwort.

Einleitung

Im Alltag gebrauchen wir seit Beginn der Menschheitsgeschichte direkt oder indirekt eine Vielzahl von Pflanzen und Pflanzenteilen als Lebensmittel, Baumaterial, für Kleidung und andere Zwecke. Zunächst nutzte der Mensch als Sammler nur Pflanzen seiner Umgebung. Im Lauf der Kulturgeschichte kam es durch die Entstehung verschiedener Ackerbaukulturen und Wanderungen auch zum Austausch von Pflanzenarten und Produkten aus unterschiedlichen Regionen der Erde. Über alte Handelsströme, Völkerwanderungen, Entdeckungsreisen und Eroberungszüge kamen die Mitteleuropäer mit immer neuen Arten und Pflanzenprodukten in Kontakt. Ein Teil dieser Pflanzen gedeiht auch in gemäßigtem Klima und wurde in der Folge hier kultiviert. So gelangten schon mit den ersten mitteleuropäischen Ackerbaukulturen in vorgeschichtlicher Zeit (4600–3800 v. Chr.) die auch heute noch wichtigsten Getreidearten aus dem Orient nach Mitteleuropa. Römer, Mauren und Mongolen kamen als Eroberer, führten aber auch einige, bis dahin unbekannte Arten ein (Kohl, Edel-Kastanie, Wein, Buchweizen). Schon kurz nach der Entdeckung Amerikas gelangten die Kartoffel, Tomate, Sonnenblume und der Mais nach Europa, die heute z. T. unverzichtbar erscheinen. In der Neuzeit tauchten Radicchio, Aubergine, Douglasie oder Chinaschilf in Kultur auf. Vielfach verdrängten eingeführte Arten angestammte Nutzpflanzen (z. B. Linse, Lein und Wiesenbocksbart). Andere Pflanzen, z. B. Färberpflanzen, wurden bedeutungslos, nachdem die Petrochemie die Erzeugung synthetischer Farbstoffe ermöglichte.

In der heutigen Zeit beginnen wir Menschen wegen der Umweltprobleme bei der Produktion synthetischer Stoffe und der Gefahr einer Verknappung fossiler Rohstoffe verstärkt erneuerbare, d. h. nachwachsende Rohstoffe zu nutzen. Die chemisch-technische Industrie greift auf Pflanzen zurück, um biologisch abbaubare Kunststoffe, Kraftstoffe etc. zu produzieren (Raps, Zuckerrübe, Weizen, Mais). Den Endprodukten ist oft nicht anzusehen, dass Pflanzenmaterial als Rohstoff verarbeitet wird. So erlebt manche alte Nutzpflanze eine Renaissance (z. B. Hanf) oder neue Arten werden im Anbau getestet (z. B. Chinaschilf). In der Medizin begann in den letzten Jahren wieder eine verstärkte Nutzung von Heilkräutern, die man schon in der Antike oder dem Mittelalter zur Behandlung vieler Krankheiten einsetzte, deren Verwendung aber mit der Entwicklung synthetischer Drogen fast verschwand.

Das vorliegende Buch stellt eine bunte Mischung höherer Nutzpflanzen vor (ohne Pilze, Farne, Flechten und Moose), die in Mitteleuropa wachsen, d. h. entweder einheimisch sind oder im Lauf der Geschichte eingebürgert wurden. Unter Nutzpflanzen verstehen wir Pflanzen, die vom Menschen für den Gebrauch verarbeitet werden (Nahrung, Gewürz, Heilmittel, Fasern, Öl, Holz, Futtermittel etc.). Es werden auch solche Pflanzen angesprochen, die in Mitteleuropa vorkommen, ohne dass sie im großen Stil angebaut oder genutzt werden. Dabei unterscheiden sich die dargestellten Nutzpflanzen in nutzbare Wildpflanzen, die aus der Natur gesammelt werden, und in Kulturpflanzen, die in planmäßige Kultur, Bewirtschaftung, Pflege und Züchtung genommen werden. Reine Zierpflanzen finden in diesem Buch keine Berücksichtigung. Besonderes Augenmerk liegt auf der Kulturgeschichte und den Nutzungsmöglichkeiten der Pflanzen. Das Buch soll den Lesern mitteilen, wie Pflanzen, denen sie in der Natur, in Gärten oder auf Märkten begegnen, verwendet werden bzw. welches Nutzungspotential sie bieten.

Wir möchten darum bitten, weitgehend davon Abstand zu nehmen, Wildpflanzen aus der Natur zu entnehmen. Etliche Arten sind bei uns selten geworden. Sie wären durch weiteres Sammeln in ihrem Bestand ernsthaft bedroht. Viele Heilpflanzen können bei unsachgemäßer Anwendung giftig wirken, was zu bedrohlichen Erkrankungen führen kann.

In diesem Buch werden keine detaillierten Hinweise zur Aufbereitung und Anwendung gegeben, so dass von Eigentherapien abzuraten ist. Es besteht die Gefahr von Verwechslungen bei in der Natur wachsenden, ähnlichen Arten. Die Pflanzenbestimmung nach Bildern ist keineswegs immer eindeutig. Generell sollte bei einer Erkrankung ohnehin ein(e) Ärztin/Arzt konsultiert werden.

Selbstverständlich kann ein solches Buch niemals alle nutzbaren Arten vorstellen, sondern muss sich auf eine gewisse Auswahl beschränken. Sicherlich „fehlen" einige interessante Arten, doch wir legten auch Wert darauf, einige vergleichsweise unbekannte Pflanzen darzustellen. Es ist durchaus möglich, dass diese in Zukunft in einigen Bereichen eine viel größere Rolle spielen könnten als bislang.

Feines Obst, Saft, Likör, Süßwaren, Holz, Heilmittel und Klebstoff. So vielfältig ist die Kirsche nutzbar *(Prunus avium)*.

Pflanzenteile und Nutzungsformen

Höhere Pflanzen gliedern sich in Wurzel, Spross und Blätter und bringen Blüten hervor, aus denen sich Samen entwickeln.

Mit der Wurzel verankert sich die Pflanze im Boden und nimmt über sie Nährsalze und Wasser auf. Bei vielen zwei- oder mehrjährigen Pflanzen wird die Wurzel zum Speicherorgan. Sie lagert Stärke, Öl etc. als Reservestoffe ein. Außer Haupt- und Seitenwurzeln wachsen bei einigen Pflanzen auch aus dem Spross Wurzeln heraus, die unterirdische Wurzelknollen bilden (z. B. Scharbockskraut).

Der Spross besteht aus der Sprossachse und den Blättern. Die Sprossachse stützt die Pflanze und enthält entsprechend Festigungsgewebe in Form nutzbarer, holziger Teile oder Fasern. Nach außen schließt der Spross mit der Rinde ab, die vor allem eine Schutzfunktion (Verdunstung, Infektionen, Fraß) übernimmt. Sie enthält oft medizinisch bzw. technisch verwertbare Substanzen oder liefert Kork. Der Spross kann Speichergewebe in Form von Knollen (Kartoffel, Kohlrabi) oder in der Achse bilden (Markstammkohl). Rhizome sind ausdauernde horizontal in der Erde wachsende Speichersprosse. Bei Rosettenpflanzen ist die Sprossachse extrem stark gestaucht, so dass die Blätter dicht übereinander stehen. Die Rosette kann ausgebreitet sein (Löwenzahn) oder knospenartig verdickt (Kopfsalat, Chicorée). Zwiebeln sind stark verkürzte, unterirdische Sprosse.

Die Blätter sind entweder nadelförmig oder flächig gestaltet. Sie dienen der Photosynthese, bei der aus Wasser und Kohlendioxid mit Hilfe von Sonnenlicht Zucker aufgebaut wird. Sie sind nur selten als Speicherorgane für Wasser (Fetthenne) oder Nährstoffe (Zwiebelfenchel) ausgebildet. Blätter enthalten daher meistens nur wenige Nährstoffe, wohl aber andere, nutzbare Inhaltsstoffe. Sie werden oft als gesunde Beikost oder Gewürz verwendet. Gelegentlich sind die Blätter mit Wachs überzogen.

Blüten sind der Fortpflanzung dienende Sprossabschnitte mit begrenztem Wachstum, die zu diesem Zweck speziell ausgestaltet sind. An einer Pflanze stehen oft mehrere Blüten in typischer Anordnung zusammen (Blütenstände). Auch Blüten und Blütenstände liefern Gemüse, Farbstoffe, Gewürze, Heil- oder Genussmittel.

Aus den Blüten gehen nach Bestäubung und Befruchtung Früchte hervor, die als Einzel-(Nüsse, Beeren, Steinfrüchte etc.) oder Sammelfrüchte (Sammelbeere, Sammelnussfrüchte etc.) vorkommen. Die Früchte enthalten die Samen und besitzen für sie eine Schutzfunktion oder tragen zur Verbreitung bei. Früchte sind oft fleischig und enthalten Zucker, Fruchtsäuren sowie Vitamine, um Tiere anzulocken, oder schützende, giftige Verbindungen. Die Samen bergen den Embryo mit seinem Speichergewebe.

Pflanzen enthalten Verbindungen, die im primären Bau- und Betriebsstoffwechsel keine Rolle spielen: Ätherische Öle, Harze, Balsame, Farbstoffe, Glykoside, Terpene, Gerbstoffe, Alkaloide und Säuren. Es handelt sich dabei um nicht mehr verwertbare Endprodukte, Entgiftungsformen schädlicher Stoffwechselprodukte oder um Reservestoffe. Die Bedeutung dieser Substanzen für die Pflanze ist nicht immer eindeutig zu klären, z. T. schützen sie vor Infektionen und Tierfraß.

Alle Pflanzenteile und der Samen sind prinzipiell nutzbar. Entweder werden ganze Pflanzenteile genommen (z. B. Blätter als Gemüse, Stämme als Baumaterial, Schilfhalme zum Flechten) oder man extrahiert nur bestimmte Inhaltsstoffe. Holz wird direkt genutzt oder zur Papier- und Zellstoffgewinnung aufbereitet. Pflanzenfasern (Lein, Hanf, Elefantengras) werden zu Textilien, Dämmstoffen, Seilen etc. verarbeitet.

Als Nahrungsmittel sind vor allem Kohlenhydrate (Stärke, Saccharose, Inulin), Eiweiße, Fette und Öle bedeutsam, die besonders in Rüben, Knollen, Rhizomen, Früchten und Samen vorliegen. Stärke, Saccharose und Öle werden auch von der chemischen und technischen Industrie verarbeitet. Weizen, Mais, Zuckerrüben und Raps sind typische Industriepflanzen. Gemüse- und Salatpflanzen liefern als sogenannte Beikost einen wichtigen Beitrag zur Ernährung. Sie enthalten zwar relativ wenige Grundnährstoffe, dafür aber u. a. wichtige Spurenmineralien, Vitamine oder ätherische Öle. Wurzeln (Möhre), Knollen (Rote Bete), Zwiebeln (Speise-Zwiebel), Sprosse (Spargel), Blattstiele (Stiel-Sellerie), Blätter (Kohl), Blütenköpfe (Blumenkohl), Früchte (Tomate) und Samen (Edel-Kastanie) liefern Gemüse bzw. Salate. Auch Obst, d. h. überwiegend roh verzehrte, oft süßlich oder säuerlich schmeckende Früchte und Samen haben mit Ausnahme des Samenobstes (Walnuss) einen geringen Nährwert, ergänzen aber mit ihren Inhaltsstoffen die Nahrung. Die sekundären Inhaltsstoffe sind für die Nutzung hoch interessant, z. B. als Gewürz, Aroma-, Duft-, Gerb- und Farbstoffe bzw. Heil-, Rausch-, Genuss- und Lösungsmittel oder Insektizide (z. B. Tabak, Mohn, Pfeffer-Minze, Meerrettich, Hopfen, Tanne, Färber-Waid).

Manche Pflanzen (Wiesen-Lieschgras, Klee) eignen sich nicht für die menschliche Ernährung, können aber an Nutztiere verfüttert werden. Einige Arten dienen als Gründünger, weil sie die Bodenqualität landwirtschaftlich genutzter Flächen verbessern. Dazu zählt z. B. die Luzerne.

Anmerkungen zur Geschichte der Nutzpflanzen

Die Nutzung von Pflanzen zu Heilzwecken, als Nahrung, Hilfsmittel im Haushalt, bei der Jagd oder für mystische Zeremonien lässt sich über Jahrtausende der Kulturgeschichte zurückverfolgen. Zwar entdeckten erst die sesshaft gewordenen Völker allmählich die ganze Vielfalt der Nutzungsmöglichkeiten, doch bereits die steinzeitlichen Jäger- und Sammlerkulturen besaßen ein enormes Wissen über die Pflanzen ihrer Umwelt.

Es sind vielfältige Nutzungen von Pflanzen überliefert, seitdem die Menschen sesshaft wurden. Wandmalereien, Grabbeigaben, schriftliche Überlieferungen und andere Funde geben seit dieser agrarischen Umwälzung vor etwa 10 000 bis 2 000 Jahren Zeugnis von den fortschreitenden Kenntnissen zur Pflanzennutzung. Bereits in der Zeit des Königs Hammurabis (1728–1686 v. Chr.) gab es in Babylon Vorratshäuser für Gewürze und Kräuter. Eine Auflistung aus den Gärten des Merodachbaladan zeigt, welche Gewürze in Assyrien genutzt wurden: Im zweiten vorchristlichen Jahrtausend wuchsen hier Knoblauch, Zwiebeln, Dill, Safran, Thymian und Kümmel. Im „Gartenbuch" des Marduk-Aplaiddina II. (8. Jh. v. Chr.) werden 64 Gemüse-, Futter-, Heil- und Gewürzpflanzen aufgelistet. Die älteren griechischen Zeugnisse, z. B. die Epen des Homer (um 800 v. Chr.), beschränken sich noch auf die Beschreibung der Wunderkräuter mythologischer Gestalten. In jüngerer Zeit knüpften die Griechen, u. a. durch die nach Indien führenden Eroberungszüge Alexander III (336–323 v. Chr.), an das Wissen der frühen Hochkulturen an. So hinterließen griechische Philosophen und Ärzte botanische und heilkundliche Beschreibungen vieler Pflanzen. Die Römer schufen die ersten theoretischen Schriften zur landwirtschaftlichen Nutzung der Pflanzen. Ansonsten sind es eher Schriftsteller und Geschichtsschreiber gewesen, die Kenntnisse der Griechen übernahmen und weitergaben. So brachten die Römer viel mehr als nur die Wörter für Küche, Pfanne, Kirsche oder Senf in die von ihnen besetzten Gebiete. Ihre Gartenbaukunst, die von ihnen verwendeten Gemüse-, Würz- und Heilkräuter (Gurken, Spargel, Sellerie, Kerbel, Dill, Knoblauch) fanden so ihren Weg nach Mitteleuropa.

Das antike Wissen über Heilkräuter, Nutzpflanzen und Gewürze ist durch gewissenhaftes Abschreiben in den mittelalterlichen Klöstern erhalten geblieben. Die „Arzneimittellehre" von Dioskurides mit 506 Pflanzenbeschreibungen galt bis ins 19. Jh. als botanisches Standardwerk. In den Klostergärten des Mittelalters wurde auch das antike Wissen wiederbelebt. Wesentlichen Anteil an dieser Entwicklung hatte der Mönch Benedikt, der 529 n. Chr. ein Kloster gründete. Mit der Verbreitung seines und anderer Orden, die zur Christianisierung nach Gallien und Germanien vorstießen, kamen u. a. auch die Franken mit dem alten Wissen über nutzbare Pflanzen in Berührung. Das Wissen der Nonnen und Mönche floss unter Karl „dem Großen" (742–814) in dessen Landgüterverordnung (812) ein. Hierin waren 73 Nutzpflanzen, Gemüse, Beerensträucher, Heil- und Gewürzpflanzen sowie 16 Obstbaumarten mit Anleitungen für Anbau, Nutzung und Vorratshaltung genau beschrieben.

Die Mönche selbst entwickelten mit der idealtypischen Klostergartenanlage des Klosterplans von St. Gallen (816) ihre Vorstellungen über den geordneten Anbau von Gemüse, Kräutern und Bäumen weiter. So ist es auch nicht verwunderlich, dass gerade Ordensmitglieder in den folgenden Jahrhunderten die Kenntnisse über Nutzpflanzen weitergaben, z. B. Walafried Strabo (809–849), Abt des Benediktinerklosters Reichenau/Bodensee, die Äbtissin Hildegart von Bingen (1098–1179) sowie der Bischof und Universitätslehrer Albertus Magnus (1193–1280).

Das Zeitalter der Renaissance brachte folgenreiche Neuerungen: Die Erfindung des Buchdrucks ermöglichte eine weite Verbreitung von Fachliteratur. Die Entdeckung der „Neuen Welt" brachte neue Nutzpflanzen nach Europa. Nicht zuletzt ermöglichten neue Sichtweisen in Wissenschaft und Forschung, die Wirkungen von Kräutern neu zu hinterfragen und die Nutzungsmöglichkeiten zu optimieren. So entstanden im 16. Jh. eine Vielzahl von „Kreuterbuchern", z. B. das mit rund 3000 Pflanzen wohl umfassendste Werk von Tabernaemontanus (1599). Fortschreitende Erkenntnisse brachte in den folgenden Jahrhunderten neben der Erfassung und Ordnung der Artenfülle, u. a. durch Linné (1707–1778), die Weiterentwicklung gartenbaulich-landwirtschaftlicher Erkenntnisse, etwa durch den Chemiker Liebig (1803–1873) oder den Agrokulturchemiker Knop (1817–1902). Ab dem 19. Jh. bekam die Züchtungsforschung einen zunehmenden Einfluss auf den Pflanzenbau.

Mit der industriellen Revolution und den dadurch nötigen Umstrukturierungen in der Landwirtschaft erlangte der Kulturpflanzenanbau eine immer größere Bedeutung. Es vollendete sich die Trennung zwischen Produzenten und städtischen Konsumenten, mit der Herausbildung städtischer Gemeinwesen im Mittelalter begann. Das Wissen um die Nutzung von Wildpflanzen ging im gleichen Maße zurück, wie die Menschen vom Land in die Stadt strömten. Billigere synthetische Arzneimittel, künstliche Würzen (Maggi) und in Monokulturen einfacher erzeugbare Konsumgüterpflanzen bestimmten nun eher die (Un-)Kenntnisse über die Nutzungsmöglichkeiten der Pflanzen. Gleichzeitig ging die Sortenvielfalt etlicher Kulturpflanzen erheblich zurück, und in neuester Zeit wird vermehrt die Gentechnik eingesetzt, um „maßgeschneiderte" Pflanzenprodukte zu erzeugen. Andererseits begann in den letzten Jahren eine Rückbesinnung auf überlieferte Nutzpflanzen.

Nutzpflanzen in Mitteleuropa

Weiß-Tanne
Abies alba Miller

Familie: Pinaceae
Habitus: Immergrüner, pyramidenförmiger Nadelbaum, 20–60 m hoch, Seitenäste waagerecht abstehend, wirtelig angeordnet, Borke weißlich-grau, schuppig.
Blätter: Nadeln, kammförmig in zwei Reihen am Ast, flach, Spitze stumpf, etwas eingekerbt, Stiel mit scheibenförmigem Grund, unten zwei weiße Wachsstreifen.
Blüten: Männliche Blütenstände unscheinbar, weibliche Blüten sitzen in Achseln stumpfer Deckschuppen, Blütenstände bilden lange, aufrechte Zapfen, die verholzen und bei der Reife zerfallen, April–Juni.
Früchte: Nussartig, einseitig geflügelt.
Herkunft: Einheimisch.
Verbreitung und Anbau: Die relativ seltene Weiß-Tanne steht vorwiegend in Gebirgslagen von 500–1500 m Höhe. Sie braucht tiefgründigen, feuchten Untergrund und hohe Luftfeuchtigkeit, ist aber gegenüber Schatten und starkem Wind sehr tolerant. In ihrem natürlichen Verbreitungsgebiet wird sie forstwirtschaftlich gepflanzt.
Nutzung: Das dauerhafte Holz ist grauweiß oder gelb gefärbt. Spätholz ist oft rötlich überlaufen. Kern und Splint sind kaum unterscheidbar. Tannenholz ist langfaserig, weich, leicht spaltbar und neigt beim Trocknen zum Reißen und Verwerfen. Es wird als einfaches Möbelholz, für Fußböden, Sperrholzplatten, Furniere und für die Zellstofferzeugung verwendet. Zellstoff benötigt man zur Papier und Pappeproduktion. Aus Zellstoff gewonnene Regenerate, Ester und Äther benötigt die chemische Industrie für Fasern, Folien, Filme, Zigarettenfilter, Textilien, Thermoplaste, Kunsthorn, Explosivstoffe, Lacke, Dispersionsfarben, Klebstoffe, Waschmittel, Zelluloid, Sportartikel und im Bergbau. Die Tanne lieferte früher Dachschindeln und Ruten zum Binden von Strohdächern. Tannenharz diente zum Abdichten von Schiffsrümpfen. Aus dem Harz destilliert man Terpentinöl, ein Lösungsmittel für die Farbherstellung und medizinische Zwecke. Zurückbleibendes Harzöl gebraucht man zur Erzeugung von Lacken, Tinte und Pigmenten. In der Volksmedizin wurden Salben mit Terpentin und Harz angerührt. Die ätherischen Öle (Limonen, Camphen, Pinen) der Nadeln und des Harzes töten Keime ab, fördern die Durchblutung und lösen Schleim. Sie sind Bestandteil von Parfüms, Massageölen, Badezusätzen, Inhalations- und Einreibemitteln gegen Husten, Erkältungen, Neuralgien, Muskelschmerzen sowie Rheuma. Aus Tannennadeln stellt man Hustensäfte, -bonbons und Marmelade her. Getrocknete und pulverisierte innere Rinde diente vereinzelt als Dickmittel für Suppen und als Zusatz beim Brotbacken. Rinde, Nadeln, Triebe und Harz werden im Frühling gesammelt.

Europäische Lärche
Larix decidua Miller

Familie: Pinaceae
Habitus: Nadelbaum, laubabwerfend, 30–45 m hoch, Krone licht, pyramidenförmig, Borke aschgrau, rau oder rissig, Äste mit tonnenförmigen Kurztrieben.
Blätter: Büschel mit 15–40 Nadeln an Kurztrieben, spitz, weich, hellgrün, im Herbst vergilbend.
Blüten: Männliche Blütenstände gelb, weibliche rosarot, jeweils an Kurztrieben sitzend, klein, unscheinbar, reife Zapfen aufrecht, ovaleiförmig, März–Juni.
Früchte: Nussartige, geflügelte Samen.
Herkunft: Einheimisch.
Verbreitung und Anbau: Die Lärche ist ein Gebirgsbaum, wird aber auch im Flachland gepflanzt. Sie liebt tiefe, nährstoffreiche Lehmböden und benötigt viel Licht und Platz. Sie steht oft auf durch Lawinen oder Einschlag entstandenen Flächen. Die Lärche eignet sich gut als Pioniergehölz und verbessert möglicherweise auch die Bodenqualität.
Nutzung: Das wertvolle Lärchenholz ist weich, dauerhaft und schädlingsresistent. Der schmale Splint ist hell gelbbraun und der Kern rötlichbraun. Aus dem Holz werden Möbel, Schwellen, Pfähle, Fensterrahmen, Treppen, Türen, Schindeln und Täfelungen gefertigt. Lärche härtet im Wasser sehr gut und ist ideal für den Wasser-, Mühlen-, Brunnen- und Grubenbau. Böttcher schätzen es wegen seiner Säureresistenz. Die Rinde enthält 1,6% Gerbstoffe und wurde Gerbersuden zugesetzt. Mit Harz und Rinde behandelte man früher Durchfall, Bandwürmer, Bronchitis, Harnwegsinfekte und Menstruationsprobleme und heute noch fiebrige Erkältungen, Atemwegskatarre, Furunkel, hartnäckige Ekzeme, Hämorrhoiden, Rheuma und Neuralgien. Sie verfügen über antiseptische, auswurffördernde, adstringierende, vermifuge, heilungsfördernde und stimulierende Ef-

fekte. Früher dachte man auch, das Harz helfe bei Cyandi- und Opiumvergiftungen. Lärchenharz liefert Venetianisches Terpentin, das heute auch in der Schweiz erzeugt wird.
Aus Stämmen gezapftes Harz liefert Imprägniermittel sowie Firnisse und ergibt ein Balsam mit 20% ätherischem Öl für Salben, Gele, Emulsionen, Öle, Pflaster, Inhalationsmittel und Badezusätze. Ein Bohrloch kann 20–30 Jahre lang Harz liefern. In Notzeiten aß man innere Rinde oder pulverisierte sie als Zusatz zu Brotmehl.

Rot-Fichte

Picea abies (L.) Karsten

Familie: Pinaceae
Habitus: Immergrüner Nadelbaum, 30–50 m hoch, Äste wirtelig, Krone spitz, Rinde erst hell, später rotbraun, schuppig, rau.
Blätter: Nadeln, allseitig um den Zweig, vierkantig, zugespitzt, sitzen auf erhabener Riefe, Grund nicht scheibenförmig.
Blüten: Männliche Blütenstände über die Krone verstreut, erst rötlich, später gelblich, erscheinen erst mit 30–60 Jahren, weibliche an den Zweigspitzen, karminrot, erst aufrecht, nach der Befruchtung umdrehend, reife Zapfen hängend, schlank, zugespitzt, beständig, April–Juni.
Früchte: Nussartig, einseitig geflügelt.
Herkunft: Einheimisch.
Verbreitung und Anbau: Ursprünglich nur in subalpinen Gebirgslagen verbreitet, bildet sie heute fast überall ausgedehnte Forsten. Sie liebt etwas saure, steinige und feuchte Böden.

Nutzung: Die Rot-Fichte ist die bedeutendste Stammholzquelle Mitteleuropas. Ab einem Alter von 40–50 Jahren rentiert sich der Einschlag. In Wirtschaftswäldern fällt man sie spätestens nach 120 Jahren. Ihr Holz ist hell gelbbraun und glänzt leicht. Es trocknet rasch, ist nicht witterungsfest, aber weich, elastisch und leicht bearbeitbar. Kern und Splint unterscheiden sich nicht. Das Holz wird als Bau- und Schnittholz (Balken, Bretter, Verschalungen, Möbel, Schälfurniere, Spanplatten, Sperrholz, Fässer, Streichhölzer etc.), für Resonanzkörper (Klavier, Orgel), zum Drechseln, Schnitzen sowie für die Papier- und Zellstoffproduktion verwendet. Terpentin und ätherisches Öl werden medizinisch verwendet (s. Tanne), z. B. als Fichtennadel-Franzbranntwein. Das Harz liefert Terpentin und Kolofonium für Farben, Lacke und Seifen sowie früher zum Abdichten von Bierfässern. Fichtenrinde gilt als das älteste, heimische Gerbmittel.

Wald-Kiefer

Pinus sylvestris L.

Familie: Pinaceae
Habitus: Immergrüner Nadelbaum, 30–40 m hoch, Krone pyramidenförmig, später flach, Borke schuppig, hell-, oben rotbraun.
Blätter: Lange Nadeln um den Zweig herum, zu zweit in dunkler, häutiger Scheide an Kurztrieben, biegsam, spitz, blaugrün, häufig gedreht, Knospen klebrig.
Blüten: Männliche Blütenstände in schlanken, gelben Ähren, kätzchenartig gehäuft am Grund junger Zweige, weibliche Blütenstände an den Zweigspitzen, unauffällig, Zapfen gestielt, hängend, eiförmig, reifen zwei Jahre lang, Mai–Juni.
Früchte: Nussartig, einseitig geflügelt.
Herkunft: Einheimisch; natürlicher Verbreitungsschwerpunkt in Berggebieten der europäischen Mittelmeerländer.
Verbreitung und Anbau: Die Wald-Kiefer liebt tiefe, nährstoffreiche Böden. Sie wächst auch auf sandigem, steinigem, trockenem und nährstoffarmem Untergrund in Wäldern, Heiden und Mooren. In Forsten pflanzt man sie oft auf mageren Böden.
Nutzung: Die Kiefer liefert hochwertiges Schneide-, Bau- und Furnierholz (Möbel, Böttcherwaren, Zündhölzer), Holzkohle, Holzwolle und Zellstoff. Das Harz liefert Terpentin sowie Rosin für Geigenharz, Lack und Siegelwachs. Schleimlösendes, antibiotisches und harntreibendes ätherisches Öl hilft bei fiebrigen Erkältungen, Bronchitis, Lungenentzündungen, Rheuma, Arthritis, Harnwegsinfekten, Akne und Durchblutungsstörungen. Nadeln, junge Triebe, Knospen und Blüten sammelt man im Frühsommer und verarbeitet sie frisch zu Sirup und Absuden. Destilliertes Nadelöl nimmt man für Badezusätze, Salben, Einreibe- und Inhalationsmittel sowie Parfüms. Alte, rare Nutzungsarten sind Farbstoff- (Zapfen: rot; Nadeln: grün) sowie Fasergewinnung (Seile, Kissenfüllungen) aus der inneren Rinde und den Nadeln.

Douglasie
Pseudotsuga menziesii (Mirbel) Franco

Familie: Pinaceae
Habitus: Immergrüner Nadelbaum, 25–40 m hoch, Seitenäste unregelmäßig wirtelig, Borke dunkelgrau oder rotbraun, im Alter tief zerfurcht.
Blätter: Nadeln, zweizeilig, z. T. auch um den Zweig herum angeordnet, flach, stumpf oder zugespitzt, Oberseite glänzend, Unterseite hellgrün, oft mit zwei weißen Wachsstreifen.
Blüten: Männliche Blütenstände unauffällig, weibliche Zapfen hängend, 5–10 cm lang, bleiben bis zum Abfallen erhalten, mit charakteristisch verlängerten, dreispitzigen Deckschuppen, April–Mai.
Früchte: Nussartig, einseitig geflügelt.
Herkunft: Ihre Heimat liegt an der Westküste Nordamerikas. Sie ist erst Anfang des 20. Jh. zu forstwirtschaftlichen Zwecken nach Mitteleuropa eingeführt worden.

Verbreitung und Anbau:. Die Douglasie stellt keine hohen Nährstoffansprüche, braucht aber eine gute Wasserversorgung in feucht-gemäßigtem Klima und verkraftet keinen starken Frost.
Nutzung: Die Douglasie wird hier derzeit noch recht wenig gehandelt. Ihr Holz besitzt eine hohe Festigkeit und ist sehr dauerhaft. Es lässt sich aber nur recht schwer bearbeiten. Der Kern ist rötlich getönt. Douglasie wird überwiegend für Balken, Pfähle, Eisenbahnschwellen, Fachwerk und im Brückenbau genommen. Beim Bau von Biohäusern greift man gerne auf Douglasienholz zurück. Teilweise wird es auch zu Parkettböden, Wandtäfelungen, Schnitzereien und Furnieren verarbeitet. Das Nutzungspotential ist damit nicht ausgeschöpft. Holz und Rinde sind wenig qualmende Brennstoffe, die Rinde liefert einen hellbraunen Farbstoff, Korkersatz und Dünger. Das Harz kann für Kerzen, Klebstoffe, Linsenkitt (Mikroskope), Seife, Parfüm und als antiseptische Mundspülung bei Verbrennungen verwendet werden.

Eibe

Taxus baccata L.

Familie: Taxaceae
Habitus: Immergrüner Nadelbaum oder Strauch, 2–15 m hoch, reich verzweigt, Borke rotbraun, schuppig.
Blätter: Nadeln, an abstehenden Zweigen zweireihig, an aufrechten Ästen spiralig angeordnet, lederartig, Oberseite dunkelgrün, unten mattgelb oder graugrün.
Blüten: Diözisch, männliche Blütenstände aus schuppigen Blättchen, kätzchenartig, klein, kugelig, gelblich, Staubblätter schildförmig, weibliche Blüten einzeln, unscheinbar, kurz gestielt, mit schuppigen Hochblättern, Februar–April.
Früchte: Schwarze Samen, von rotem, fleischigem, bereiftem Mantel umhüllt.
Herkunft: Einheimisch.
Verbreitung und Anbau: Die Eibe liebt feuchten, steinigen Kalkboden und Schatten. In der Natur steht sie in Wäldern nur noch an wenigen, unzugänglichen Hängen oder Felsen. In Oberbayern befindet sich der größte, geschlossene Eibenbestand Deutschlands. Allerdings wird die Eibe sehr häufig als Parkbaum angepflanzt.
Nutzung: Die Eibe zählt zu den ältesten Nutzhölzern Mitteleuropas. Im Mittelalter verarbeitete man ihr Holz zu Bögen und Armbrüsten. Heute werden Luxusmöbel, Furniere, Weberschiffchen, Pfeifenrohre, Kegelkugeln, Spazierstöcke, Holzgefäße, hochwertige Drechsel- und Schnitzwaren aus Eibenholz gefertigt. Es zählt zu den schwersten europäischen Hölzern, ist schwer spaltbar, zäh und elastisch. Beim Trocknen schwindet es kaum. Eibe kann gut bearbeitet, lackiert und geleimt werden. Der schmale gelbliche Splint unterscheidet sich deutlich vom Kern, der eine braune Färbung mit rötlicher oder orangefarbener Tönung aufweist. Die gesamte Pflanze ist mit Ausnahme der fleischigen Samenhülle giftig. In Altertum vergiftete man Pfeile und Lanzen mit Eibenextrakten. Blattabsude setzte man manchmal als Insektizid ein. Die Eibe enthält Taxin, ein Terpengemisch (Taxol u. a.) und Flavonoide. Sie wirken auf den Herzstoffwechsel und führen zum Tod durch Atemlähmung mit Herzstillstand. In der volkstümlichen Medizin nahm man Absude aus frischen Blättern, Zweigen und Zweigspitzen gegen Wurmbefall, Epilepsie, Mandelentzündungen, Bronchitis, Asthma, Diphtherie, Menstruationsbeschwerden und zur Abtreibung. Heute wird sie nur in der Homöopathie bei Rheuma, Gicht, Magenschmerzen, Nieren- und Blasenerkrankungen verordnet. Taxol zeigt positive Effekte gegen Eierstock-, Brust- und Lungenkrebs. Es hielt aber bislang keinen Einzug in die Tumortherapie, weil nur geringe Mengen aus einem Baum extrahiert werden können. Zur Behandlung von einem Patienten müsste die Rinde von sechs Bäumen verarbeitet werden.

Apfelbaum

Malus domestica Borkhausen

Familie: Rosaceae

Habitus: Laubbaum, 2–15 m hoch, reich verästelt, Kronenform variabel, Zweige unbedornt, graue, schuppige Rinde.

Blätter: Wechselständig, Spreite breit-eiförmig, gestielt, dunkelgrün, Oberseite schwach, Unterseite stark behaart, Rand gezähnt.

Blüten: In armblütigen, büscheligen Doldentrauben, Krone fünfblättrig, weiß oder rosa, gelbe Staubblätter, April–Mai.

Früchte: Sammelbalgfrüchte.

Herkunft: Aus urzeitlichen Formen, die gegen Ende der Kreidezeit vor 70–65 Mio. Jahren in damals tropischen und subtropischen Tälern Südchinas und Indochinas wuchsen, gingen im Tertiär (65–25 Mio. Jahre) diverse Urapfelarten hervor. Aus diesen Arten entwickelten sich die eigentlichen Wildarten, z. B. Russischer Apfel (*M. sylvestris* var. *praecox*), Kaukasus-Apfel (*M. orientalis*). Im Zuge der indogermanischen Völkerwanderung (3000 v. Chr.) wurden die Äpfel weiter über den Orient (Persien) nach Westen verbreitet. Eine erste Blüte erlebte die Kultivierung von Äpfeln im antiken Griechenland um 1000 v. Chr., wo auch die Veredlung durch Pfropfen entwickelt wurde. Auch die Römer bauten Äpfel an und brachten sie nach Germanien. Dort betrieben die Germanen und Kelten offenbar seit 3000 v. Chr. Zuchtversuche mit dem Holz-Apfel (*M. sylvestris*), der aber wohl nicht als Ausgangsform der meisten Kulturapfelsorten in Frage kommt. Er bleibt kleinfrüchtig und enthält sehr viele Gerbstoffe. Möglicherweise spielte er nur bei der Entstehung kleiner, saurer Mostapfelsorten eine Rolle. Ab dem 6. Jh. intensivierte sich die Apfelkultur in Mitteleuropa, wobei sie durch Erlasse der Kaiser, Fürsten und Grafen gezielt gefördert wurde. Besonders zwischen dem Ende des 30jährigen Kriegs (1648) und dem 19. Jh. wurden Pflanzungen angelegt, deren Relikte heute Streuobstwiesen darstellen.

Der Apfelanbau wurde zuerst nur für den Eigenbedarf betrieben, wandelte sich aber ab dem 16. Jh. vom Selbstversorger- zum Wirtschafts- und Verwertungsobstbau. Im 19. Jh. begann die gezielte Züchtung. Der Apfel stellt heute weltweit das wichtigste Fruchtobst dar. Bis in die jüngste Zeit setzen sich die Erträge aus intensiver Marktproduktion sowie aus Ernten von Gärten und Streuobstwiesen zusammen. Die Zahl der Apfelsorten wird insgesamt auf etwa 20000 geschätzt, doch ist die Anzahl der verfügbaren Sorten seit Jahren rückläufig, weil sich der Großhandel auf einige, gut zu vermarktende Sorten beschränkt. So sind in Deutschland derzeit rund 60 Apfelsorten im Handel, obwohl Schätzungen besagen, dass heute noch ca. 1000 Sorten angebaut werden.

Verbreitung und Anbau: Der Apfelbaum steht verbreitet auf Wiesen und in Plantagen. Er bevorzugt gemäßigtes Klima und benötigt feuchten, gut durchlüfteten Untergrund. Der Anbau erfolgt durch Setzen von Stecklingen oder Aussaat im Herbst.

Nutzung: Archäologische Studien haben bereits für die Jungsteinzeit den Verzehr von Äpfeln nachgewiesen. Die Bedeutung dieser Obstart im Altertum lassen Erwähnungen in der Mythologie vermuten, z. B. „Apfel der Erkenntnis", „Urteil des Paris". Die fleischigen Früchte enthalten 12% Kohlenhydrate, 2% Ballaststoffe, wenig Eiweiß und Fett, aber etliche Mineralien, Fruchtsäuren sowie Vitamin B und C. Sie werden frisch oder gebacken gegessen, in Kuchen, Gemüsegerichten sowie zu Dörrobst, Kompott, Süßspeisen, Konfekt, Gelee, Saft, Most, Wein, Likör oder Schnaps verarbeitet. Reife Äpfel sind leicht verdaulich. Sie haben auch abführende und adstringierende Wirkungen. Einige Sorten enthalten reichlich vom Geliermittel Pektin. In den Blättern liegen bis zu 2,4% bakterizides Phloretin vor. Rindenabsude verwendete man vereinzelt bei fiebrigen Erkrankungen. Das harte, fein gemaserte Holz wird für Holzwerkzeug, Stöcke und Drechselwaren gebraucht.

Birnbaum
Pyrus communis L.

Familie: Rosaceae
Habitus: Laubbaum, 1–20 m hoch, Krone kegelförmig, Zweige kahl oder dünn behaart, Borke dunkelbraun, rissig.
Blätter: Wechselständig, Spreite eiförmig-rundlich, zugespitzt, jung wollhaarig, später oben verkahlend, Rand gesägt.
Blüten: In wenigblütigen Büscheln, fünf weiße, außen oft rötliche Kronblätter, April–Mai.
Früchte: Sammelbalgfrucht mit typischer Birnenform, gelblich oder grün.
Herkunft: Die Kulturbirne ging aus der Holz-Birne (*P. pyraster*) und der Schnee-Birne (*P. nivalis*) hervor. Die Kultivierung begann vermutlich in Vorderasien und erreichte in Folge steinzeitlicher Völkerwanderungen Mitteleuropa, wo sie am Bodensee für die Jungsteinzeit belegt ist. In Griechenland wurde sie um 1000 v. Chr. planmäßig angebaut. Die Römer bauten den Anbau weiter aus, der nach dem Ende der Römerzeit zurückging. Ab 600 n. Chr. ließen Klöster und Adlige den Birnenanbau wieder aufleben. Das Goldene Jahrhundert der Birnenzucht begann um 1750, als zahlreiche neue Formen entstanden.
Verbreitung und Anbau: Die Birne liebt Sonne, milde Winter und nährstoffreiche, lockere Lehmböden. Kleine Pflanzen zieht man ein Jahr im Gewächshaus an und pflanzt sie im Frühsommer aus.
Nutzung: Die kaum lagerfähigen Früchte liefern hauptsächlich Frischobst. Sie werden auch als Nasskonserven für Desserts, Kuchen etc. eingemacht sowie zu Trockenfrüchten, Marmelade, Saft und alkoholischen Getränken verarbeitet. Saure Mostbirnen ergeben Most. Birnen enthalten Kohlenhydrate (10% u. a. Pektin), Ballaststoffe (3%), Eiweiß, Fett, Mineralien, Vitamine und Fruchtsäuren. Das rötliche Holz älterer Bäume wird als dauerhaftes, sehr wertvolles Tischler- und Musikinstrumentenholz geschätzt. Antike Autoren erwähnten die Birne als Mittel gegen Pilzvergiftungen und Durchfall.

Eberesche (Vogelbeere)

Sorbus aucuparia L.

Familie: Rosaceae

Habitus: Winterkahler Laubbaum oder viel-stämmiger Strauch, 5–15 m hoch, hellgraue, glatte Rinde, Borke im Alter längsrissig, schwärzlich.

Blätter: Wechselständig, unpaarig gefiedert, 9–15 fast sitzende, länglich-lanzettliche, ungleich gesägte Blättchen.

Blüten: In reichblütiger, traubiger Dolde, fünf weiße Kronblätter, Mai–Juni.

Früchte: Rote Sammelbalgfrüchte.

Herkunft: Einheimisch.

Verbreitung und Anbau: Die Eberesche gedeiht auf nährstoff- und kalkarmen Böden in eher feuchtem Klima. Sie steht an Waldrändern, in Heidegehölzen, Mooren und auf Felsen. Sie wird oft gepflanzt. Aus Samen gezogene kleine Pflanzen setzt man nach dem ersten Winter ins Freie.

Nutzung: Aus frischen Früchten stellt man Marmelade, Gelee, Kompott, Fruchtsäfte, Likör und Essig her. Getrocknet ergänzen sie Früchtetees und dienten einst als Brotmehlzusatz. Auch kosmetischen Gesichtsmasken werden die Früchte zugesetzt. Die Früchte und z. T. die Blüten wirken adstringierend, abführend, diuretisch und gegen Skorbut. Die Volksmedizin nahm sie bei Katarren, inneren Entzündungen, Menstruationsbeschwerden, Verstopfung, Vitamin-C-Mangel und als Mus bei Durchfall. Die Früchte enthalten Parasorbosid, das giftige Parasorbinsäure bildet, die beim Trocknen und Kochen aber zerstört wird. Außerdem liegen Vitamin C (0,03– 0,13%), Fruchtsäuren, Gerbstoffe sowie Saccharide vor. Die Rinde nahm man gegen Durchfall. Das Holz ist bei Drechslern begehrt und wird zu Möbeln und Fassreifen verarbeitet. Die tanninreiche Rinde lieferte früher schwarze Farben. Ähnlich nutz- und essbar sind der **Speierling** (*S. domestica*), die **Mehl-** (*S. aria*) und **Elsbeere** (*S. torminalis*).

Süß-Kirsche (Vogel-Kirsche)
Prunus (Cerasus) avium L.

Familie: Rosaceae
Habitus: Kräftiger Laubbaum, 15–25 m hoch, Äste wirtelig, Umriss der Krone kugelig, glänzende, rotbraune Ringelborke.
Blätter: Wechselständig, Spreite elliptisch, lang zugespitzt, gezähnt, hellgrün.
Blüten: In Büscheln mit 2–6 Blüten, langgestielt, fast glockenförmig herabhängend, fünf weiße Kronblätter, April–Mai.
Früchte: Dunkelrote, kugelige Steinfrüchte.
Herkunft: Kultur-Süß-Kirschen entstanden im Schwarzmeerraum aus der Vogel-Kirsche *Prunus avium* var. *avium*, die man in Ausgrabungsstätten aus der Jungstein- und Bronzezeit entdeckte. Der römische Feldherr Lukullus aus Cerasunt brachte sie 74 v. Chr. nach Italien. Im 2. Jh. n. Chr. gab es erste Kulturformen am Rhein, von wo sie sich in Mitteleuropa verbreitete.

Verbreitung und Anbau: Die Süß-Kirsche liebt nährstoffreiche, eher feuchte Lehmböden. Sie steht in Wäldern, Gebüschen und Plantagen. Die Vermehrung erfolgt durch Samen bzw. Steck- oder Keimlingen im Frühsommer.
Nutzung: Die Früchte enthalten ca. 10% Kohlenhydrate und finden als Frischobst, eingemacht oder kandiert Verwendung (Kuchen, Süßwaren, Joghurt, Marmelade) und werden zu Saft oder alkoholischen Getränken (Likör, Kirschwasser) verarbeitet. Das reich gemaserte Holz wird für Tischlerarbeiten, Möbel, Drechselwaren und zum Bau von Musikinstrumenten verwendet. In der Stoffdruckerei diente früher das (essbare) Kirschgummi, ein dem Wundverschluß dienendes, harziges Kohlenhydrat, zur Reservierung unbedruckter Flächen. Aufgüsse mit Fruchtstielen nahm man vereinzelt gegen Husten, Ödeme und Zystitis. Das Harz diente zur Inhalation bei hartnäckigem Husten. Blätter und Früchte ergeben grüne Farbstoffe.

Sauer-Kirsche

Prunus cerasus L. (syn. *Cerasus vulgaris* Miller)

Familie: Rosaceae
Habitus: Laubbaum (Kulturform) oder Strauch (Wildform), 2–10 m hoch, Borke grau-braun.
Blätter: Wechselständig, Spreite lederartig, breit-lanzettlich, dunkel, Stiel ohne Drüsen, Rand meist doppelt gesägt.
Blüten: In wenigblutigen Büscheln, gestielt, fünf weiße Kronblätter, April–Mai.
Früchte: Dunkelrote Steinfrüchte.
Herkunft: Die Sauer-Kirsche stammt aus Kleinasien und Südosteuropa. Ihr Ursprungsgebiet entspricht dem der Süß-Kirsche. Sie gelangte schon in vorgeschichtlicher Zeit nach Europa, denn Überreste fand man u. a. in den Pfahlbauten am Bodensee und der römischen Saalburg. Plinius berichtete, dass am Rhein und in Belgien die Sauer-Kirsche kultiviert wurde.

Verbreitung und Anbau: Die Sauer-Kirsche ist mit vielen Sorten weit verbreitet und steht in Pflanzungen sowie wild in Wäldern, Hecken und Gebüschen. Sie braucht steinigen, nährstoffreichen Lehmboden. Die Vermehrung erfolgt über Stecklinge oder Samen.
Nutzung: Die Früchte dienen als Frischobst, zum Einkochen für Obst, Marmelade, Mus, Desserts etc. sowie als Likörzusatz. Die Kerne liefern Öl für Salate und Kosmetika. Das Harz kann man als Kaugummi und Klebstoff nutzen. Blätter und Früchte liefern grüne Farbstoffe. Die Pflanze enthält wie viele *Prunus*-Arten Amygdalin und Prunasin, die in hohen Dosen toxisch (Cyanid-Freisetzung), in geringen Mengen aber stimulierend auf das Atem- und Verdauungssystem wirken. Der Rinde werden adstringierende und fiebersenkende, den Samen beruhigende Effekte zugesprochen. Die kleinen, schwarzroten Früchte der verwandten **Trauben-Kirsche** (*P. padus*) dienen trotz des bitteren Geschmacks als Wildobst für Marmelade, Saft und Mus.

Pflaume (Zwetschge)

Prunus domestica L.

Familie: Rosaceae
Habitus: Laubbaum oder Strauch, 3–15 m hoch, ohne Dornen.
Blätter: Wechselständig, Spreite dunkelgrün, eiförmig, am Rand gezähnt.
Blüten: Einzeln oder paarweise an Kurztrieben auf abstehenden, behaarten Stielen, fünf weiße Kronblätter, April–Mai.
Früchte: Steinfrüchte, je nach Sorte blau, rot oder gelb.
Herkunft: Die Pflaume stammt aus Kleinasien und Südeuropa. Aber schon vor 6000 Jahren besaßen oder kannten die Bewohner des steinzeitlichen Dorfes Ehrenstein bei Ulm die Kulturpflaume. Die Pflaume wurde wahrscheinlich mehrfach in Kultur genommen. Im antiken Griechenland baute man sie schon um 500 v. Chr. und in Rom ab dem 2. Jh. v. Chr. an. Den Pflaumenanbau in größerem Stil brachten wohl erst die Römer nach Mitteleuropa. In der Folge entstanden viele Sorten. Anfang des 20. Jh. gab es ca. 2000 Sorten, u. a. **Hauspflaumen** (Zwetschge), **Reineclauden**, **Mirabellen**.
Verbreitung und Anbau: Die Pflaume steht meistens in Kulturen. Sie liebt tiefe, kalkreiche Lehmböden in warmen Lagen. Die Vermehrung erfolgt meist über Weichholzstecklinge.
Nutzung: Die Pflaume liefert Frisch-, Koch-, Back- bzw. Konservenobst und wird zu Saft, Mus, Marmelade, Süßwaren, Joghurt, Desserts, Kuchen, Likör, Schnaps und Wein verarbeitet. Auch Blüten und Samen lassen sich roh oder gekocht essen, letztere enthalten aber Amygdalin. Trockenpflaumen gelten als gutes Abführmittel. Die Rinde wurde selten gegen Fieber eingesetzt. In Gesichtsmasken gegen trockene Haut sind z. T. zerkleinerte Samen enthalten. Blüten und Blättern ergeben grüne Farbstoffe. Aus dem harten Holz werden Musikinstrumente gebaut. Das Baumharz ist essbar und kann zum Kleben verwendet werden.

Pfirsich

Prunus persica Batsch
(syn. *Persica vulgaris* Miller)

Familie: Rosaceae
Habitus: Laubbaum, 2–10 m hoch, mit kahlen, grünlichen oder rötlichen Zweigen.
Blätter: Wechselständig, Spreite elliptisch oder schmal-lanzettlich, dunkelgrün, zugespitzt, Rand fein gezähnt.
Blüten: Einzeln stehend, fünf rosafarbene Kronblätter, März–April.
Früchte: Steinfrüchte, gelb oder rot.
Herkunft: Der Pfirsich stammt aus China, wo der Anbau seit 500 v. Chr. belegt ist. Er kam über Persien und Kleinasien nach Europa.
Verbreitung und Anbau: Der Pfirsich benötigt Wärme und wird in Mitteleuropa nur in Gegenden angebaut, wo auch Wein gedeiht. Er bevorzugt geschützte Stellen auf lockerem, nährstoffreichem Lehmboden. Die Vermehrung erfolgt meistens über Weichholzstecklinge im Frühjahr. Es gibt etliche Kultursorten.

Nutzung: Neben der Frischobstverwertung wird der Pfirsich als Konserven- oder Trockenobst, für Marmelade, Speiseeis, Desserts, Kuchen, Süßwaren, Saft, Wein und Spirituosen verwendet. Die Frucht enthält Kohlenhydrate, Ballaststoffe, Mineralien, Vitamin A, B und C. Aus Samen gewinnt man den Marzipanersatzstoff Persipan, wobei zuvor das bittere Blausäureglykosid Amygdalin entfernt werden muss, und auch Öl für Hautpflegemittel. Die Blüten lassen sich roh oder gekocht als Salatzierde verwenden. Baumharz eignet sich als Klebstoff und kann wie Kaugummi gekaut werden. Blätter und Blüten liefern grünliche Farbstoffe. Blättern und Rinde spricht man Heilwirkungen zu (adstringierend, auswurffördernd, sedativ, fiebersenkend). Sie lindern Gastritis, Husten und Bronchitis. Blüten, die diuretisch und beruhigend wirken, helfen bei Verstopfung, Ödemen und gegen Würmer. Auch die Samen lindern Verstopfungen.

Faulbaum

Rhamnus frangula L.
(syn. *Frangula alnus* Miller)

Familie: Rhamnaceae
Habitus: Laubbaum oder Strauch, 1–6 m hoch, schlanke Äste, Zweigenden mäßig dicht beblättert, Rinde glatt, glänzend, graubraun, von Lentizellen durchsetzt.
Blätter: Wechselständig, eiförmig oder oval, 2–7 cm lang, ganzrandig.
Blüten: In mehrblütigen Scheindolden mit 2–10, achselständigen, zwittrigen, unscheinbaren, trichterförmigen Blüten, fünf grünlich-weiße Kronblätter, Kelchblätter klein, dreieckig, spitz, Mai–Juni.
Früchte: Kugelige Steinfrüchte, erst rot, später schwarz-violett, giftig.
Herkunft: Einheimisch.
Verbreitung und Anbau: Er liebt nasse Lehm- oder Tonböden und benötigt viel Sonnenlicht.

Er steht in Ufergehölzen, am Rand von Bruch- und Auwäldern, in Mooren, Heiden und auf Feuchtwiesen. Er wird durch Aussaat im Herbst oder Setzen halbreifer Stecklinge im Sommer bzw. Ableger im Spätwinter gepflanzt.
Nutzung: Faulbaumrinde ist ein altes, mildes, aber wirksames Abführmittel. Sie enthält Anthrachinon-Glykoside, die im frischen Zustand zu Brechreiz führen. Die Rinde muss mindestens ein Jahr unter Luft- und Lichtabschluss gelagert oder in Heißluft auf 100 °C erhitzt werden, um diese Stoffe abzubauen. Glucofrangulin und Frangulin sind die wesentlichen Wirkstoffe aufbereiteter Rinde. Sie helfen bei chronischer Verstopfung durch Verkrampfung oder Erschlaffung der Dickdarmmuskulatur. Sie bewirken eine Elektrolyt- und Wassersekretion in das Darmlumen und hemmen gleichzeitig die Elektrolyt- und Wasseraufnahme aus dem Darm. Dadurch erhöht sich der Füllungsdruck und die Darmtätigkeit wird angeregt. Faulbaumrinde ist in Magen-Darm-Tees enthalten und die Wirkstoffe werden Präparaten gegen Verstopfung zugesetzt. In der überlieferten Volksmedizin verwendete man Faulbaumrinde auch bei Gelbsucht, Hämorrhoiden, Gallenleiden, Zahnfleischentzündungen, Grind und Parasiten auf der Kopfhaut. Die Rinde wird von April bis Mai von den Zweigen zweijähriger Bäume geschält, getrocknet und gelagert. Das Holz ist weich und leicht spaltbar. Der Splint besitzt eine gelblich-weiße und der Kern eine rötliche Färbung. Es wird direkt nur zu Drechselwaren, Schusterleisten und (früher) zu hölzernen Nägeln verarbeitet. Faulbaumholz ergibt ausgezeichnete Holzkohle, aus der man früher auch Schießpulver herstellte. Daher heißt der Baum auch Pulverholz. Aus der Rinde (gelb), unreifen (grün) und reifen Früchten (blau, grau) können Farbstoffe extrahiert werden. Rinde und Früchte des verwandten **Pugier-Kreuzdorns** (*R. catharticus*) lieferten gelbe oder grüne Farbstoffe (Papier, Wolle) und Mittel gegen Verstopfung, Darmparasiten, Ödeme, Rheuma, Gicht, Stein- und Hautleiden.

Edel-Kastanie
Castanea sativa Miller

Familie: Fagaceae
Habitus: Laubbaum, 10–35 m hoch, ausladende, dichte Krone, kräftiger Stamm, Borke graubraun, längsrissig, mit typischem Spiralmuster.
Blätter: Wechselständig, länglich-lanzettlich, zugespitzt, lederartig, Oberseite dunkel-, Unterseite hellgrün, Rand deutlich gezähnt.
Blüten: Monözisch, männliche und weibliche Blüten an gemeinsamen, langen, aufrechten Blütenständen in Form lockerer Kätzchen, männliche Blüten gelblich-weiß, köpfchenförmig, großer Abstand zueinander, weibliche Blüten zu dritt (selten einzeln) an der Basis des Blütenstands, unscheinbar, von gemeinsamer, schuppiger Hülle umgeben, Juni–Juli.
Früchte: Braune, halbkugelige Nüsse (Maronen), zu zweit in stacheligem, drei- oder vierklappigem Fruchtbecher.
Herkunft: Die Edel-Kastanie stammt aus Kleinasien, wo sie seit über 3000 Jahren angebaut wird. Sie wurde von den römischen Eroberern nach Mitteleuropa gebracht.
Verbreitung und Anbau: Die Edel-Kastanie fruchtet nur in warmem Klima mit hoher Luftfeuchtigkeit. In solchen Regionen kommt sie auch in Eichenwäldern vor. Sonst findet man nur einzelne, meistens angepflanzte Bäume. Sie wächst auf gut entwässerten, neutralen und sauren Böden. Kommerziellen Anbau gibt es in Mitteleuropa nur selten, dafür aber am Mittelmeer.
Nutzung: Maronen wurden in Mitteleuropa als Viehfutter verwendet, bevor man sie als Delikatesse „entdeckte". Beim Kochen nehmen sie einen süßlichen Geschmack an und ergeben eine leckere Gemüsebeilage zu Geflügel und Wild. Außerdem werden Maronen geröstet, gekocht oder als Mehl in Soßen, Suppen und Desserts verwendet. Geröstet eignen sie sich auch als Kaffee-Ersatz. Sie enthalten Stärke (27%), Rohrzucker (14%), Eiweiß (3%) sowie Vitamin C und B. Die Römer trugen das Mehl auf ihren Feldzügen als Verpflegung mit sich. Kastanienmehl nahm man früher auch als Wäschebleiche und -stärke. Die Blätter enthalten Gerbstoffe, Flavonoide und Saponine. Sie werden in der Volksmedizin seit langem als Heiltee bei Bronchitis, Keuchhusten, Asthma und Durchfall getrunken, denn sie besitzen adstringierende, auswurffördernde, schleim- und krampflösende Eigenschaften. Die Blatternte erfolgt im Spätsommer und Herbst. Für Shampoos extrahierte man die Saponine aus den Blättern und Nussschalen. Kastanienholz wird kaum verwendet. In erster Linie fertigt(e) man daraus Fassdauben, Pfähle für den Wein- und Obstbau, Masten und Bodenbretter für Ställe. Das Holz ist ein sehr guter Brennstoff. Der Splint ist gelblich, der Kern bräunlich. Beim Trocken schwindet es sehr stark, doch es ist leicht spaltbar und gegen Feuchtigkeit sehr robust.

Rot-Buche

Fagus sylvatica L.

Familie: Fagaceae
Habitus: Laubbaum, 10–40 m hoch, ausladende, reich verzweigte Krone, Borke glatt, grau.
Blätter: Wechselständig, oval-elliptisch, Rand gewellt, Spreite oben glänzend, Adern behaart.
Blüten: Monözisch, grün, männliche Blüten in gestielten, hängenden, kugeligen Rispen, weibliche Blüten aufrecht, als zweiblütige Blütenstände in schuppigen Bechern, Blüte alle 5–10 Jahre, April–Mai.
Früchte: Dreikantige Nüsse (Bucheckern), zu zweit in stacheligen Fruchtbechern.
Herkunft: Einheimisch.
Verbreitung und Anbau: Die Rot-Buche ist ein sehr häufiger, oft bestandsbildender Baum. Sie liebt gut durchlüftete, feuchte Lehmböden. Buchen werden oft gepflanzt.
Nutzung: Das rötlich-weiße oder hellgraue Buchenholz bietet sich für Innenzwecke an (Möbel, Treppen, Parkett, Fässer, Klaviere, Schäfte, Werkzeug- und Maschinenteile), lieferte früher aber auch Bahnschwellen und wurde im Berg-, Mühlen-, Waggon- und Schiffsbau verwertet. Industriell wird es zu Papier und Zellstoff verarbeitet. Es eignet sich als Brennstoff bzw. für Holzkohle. Früher diente es zur Gewinnung von Teer, Essig und Methanol. Die Gallier nahmen Buchenasche zur Seifenherstellung. Buchenteer enthält Guajacol und antibiotisches, schleimlösendes Creosot. Teersalbe nahm man früher gegen Hauterkrankungen, Gicht, Bronchitis und Rheuma. Bucheckern enthalten 45% Öl, 40% Stärke und 25% Eiweiß. Sie werden roh verzehrt oder ergeben ein mildes, haltbares Salat- und Kochöl. Der Presskuchen liefert Schweinefutter. In Notzeiten diente Samenmehl als Brot- und Kuchenteigzusatz, geröstete Samen als Kaffee-Ersatz und sehr junge Blätter ergaben Salat. Herbstlaub nahm man früher als Matrazenfüllung und die spitzen Blattknospen als Zahnstocher.

Schwarz-Erle

Alnus glutinosa (L.) Gaertner

Familie: Betulaceae
Habitus: Laubbaum oder großer Strauch, 10–25 m hoch, Krone reich verzweigt, ausgebreitet, Rinde schwarzbraun, rissig.
Blätter: Wechselständig, rundlich, Spitze gestutzt oder eingebuchtet, Rand gesägt, Oberseite kahl, junge Blätter harzig.
Blüten: Monözisch, weibliche Blüten in verlängerten, walzenförmigen, rötlichen Ähren, männliche Kätzchen hängend, langgestreckt, gelblich, nach der Befruchtung entwickeln sich zunächst grüne, im Herbst braune Fruchtzapfen, Februar–April.
Früchte: Geflügelte Nüsschen.
Herkunft: Einheimisch.
Verbreitung und Anbau: Die Schwarz-Erle ist ein verbreiteter Baum in Mooren, Au- und Bruchwäldern. Sie liebt feuchten oder nassen, nährstoffreichen Untergrund. Sie siedelt meistens an Gewässerrändern. Auf staunassen Böden bildet sie als Pioniergehölz größere Bestände.
Nutzung: Die Schwarz-Erle zählt zu den bedeutendsten europäischen Nutzhölzern. Ihr rötlich-weiß oder gelbrot gefärbtes Holz ist leicht, weich, biegsam und elastisch, aber dennoch fest und gut bearbeitbar. An der Luft ist es nur mäßig dauerhaft, doch im Wasser hält es fast unbegrenzt. Es fault jedoch leicht bei häufigem Wechsel zwischen Trockenheit und Feuchtigkeit. Erle eignet sich für den Wasser-, Mühlen- und Tiefbau. Außerdem wird sie für Möbel, Musikinstrumente, Werkzeugstiele, Fassdauben, Drechsel- und Schnitzarbeiten, Holzkohle sowie Papier verwendet. Sperrholz stammte früher überwiegend aus Erlenholz. Auch Schießpulver stellte man einst bevorzugt aus Erlen-Holzkohle her. Rinde und Blätter enthalten Flavonoide, Steroide, Terpene und ca. 20% Gerbstoffe. Sie wirken adstringierend, heilungsfördernd und als Wurmmittel. In der Volksmedizin galt die Rinde junger, maximal drei Jahre alter Äste als Mittel gegen Angina, Darmblutungen, Rheuma, Hämorrhoiden, Krätze, Rachen- und Zahnfleischentzündungen. Pulverisierte Rinde mischte man Zahncremes bei. Auch die Herstellung eines Augenpuders aus mit Salz vermischter heißer Asche, die Holz zu Pulver verglühen ließ, ist überliefert. Breiumschläge aus Blättern wirken schmerzlindernd und lassen Schwellungen abklingen. Aus der Erle lassen sich neben Gerbstoffen auch Naturfarbstoffe für Wolle und Leder gewinnen. Frisches Holz liefert rosafarbene, die Kätzchen ergeben grüne, die Rinde und Schösslinge je nach Beize rote, schwarze oder gelbe bzw. gelbgraue oder zinnoberrote Töne. Aus der Rinde kann Tinte erzeugt werden. Früher verteilte man gelegentlich die klebrigen Blätter als Fliegenfallen in Räumen. Die Erle wird zudem gerne zur Aufforstung an exponierten, rauen Standorten gepflanzt.

Stiel-Eiche
Quercus robur L.

Familie: Fagaceae
Habitus: Laubbaum, 20–50 m hoch, Krone weit ausladend, Äste knorrig, Borke dick, rau, tief längsrissig.
Blätter: Wechselständig, sehr kurzer Stiel, Spreite asymmetrisch, länglich oder umgekehrt-eiförmig, Blattgrund mit herzförmigen Öhr-chen, Rand buchtig gelappt.
Blüten: Monözisch, männliche Blüten in grün-lichen, hängenden, lockeren Kätzchen, je 2–5 weibliche Blüten in Blattachseln, unauffällig, gelbgrün, von sechsblättriger Hülle umgeben, April–Mai.
Früchte: Eiförmige, glatte Nüsse (Eicheln), Ba-sis von einem warzigen Fruchtbecher (Cupula) umschlossen, mehrere Eicheln sitzen an etwa 3 cm langen Stielen.
Herkunft: Einheimisch.
Verbreitung und Anbau: Die Stiel-Eiche ist ein häufiger, stellenweise bestandsbildender Waldbaum. Sie bevorzugt feuchte Lagen, stellt sonst aber keine besonderen Ansprüche an den Boden. Sie ist in Auen und Flusstälern beson-ders zahlreich zu finden. Außer in Forsten wird die Stiel-Eiche auch gelegentlich in Gärten und Parks gepflanzt. Die Aussaat erfolgt im Herbst. Eichen wachsen sehr langsam und erreichen ein Alter von 500–1000 Jahren. Der Einschlag zur Holzverwertung erfolgt erst nach einigen Jahrhunderten. Für medizinische Zwecke ge-nutzte Eichen werden als Sträucher in Schäl-wäldern gepflanzt und nach 10 Jahren abge-schlagen, damit neue Sträucher ausschlagen.
Nutzung: Die Stiel-Eiche zählt zu den begehr-testen und wertvollsten einheimischen Nutzhöl-zern. Nur Lärchenholz besitzt eine ähnliche Qualität bezüglich Festigkeit, Haltbarkeit und Elastizität. Splint- und Kernholz sind scharf von-einander getrennt. Der schmale, gelblich-weiße Splint ist nicht witterungsbeständig und wird deshalb nicht verarbeitet. Das Kernholz ist im frischen Zustand graugelb gefärbt, nimmt aber an der Luft eine dunklere, braune Tönung an. Eichenholz trocknet sehr langsam, schwindet beim Trocknen kaum und lässt sich gut bearbei-ten. Schwere und Härte des Holzes erhöhen sich mit der Breite der Jahresringe. Hartes Holz braucht man als Konstruktionsholz im Erd-, Hoch-, Wasser-, Werft-, Brücken- und Schiffs-bau. Es bleibt im Wasser und in Mooren über Jahrhunderte hinweg erhalten. Aus Eichenholz baute man früher Kiele, Spanten etc. von Segel-schiffen. Für ein einziges Schiff wurden bis zu 3000 Bäume verbraucht. Das führte besonders im 17. und 18. Jh. zu erheblichen Kahlschlägen in Küstenregionen. In der Vergangenheit und noch heute fertigt man aus Eiche Holzpflaster, Parkett, Fenster, Türen, Bier- und Weinfässer, Radspeichen, Leitersprossen und Teile landwirt-schaftlicher Geräte. Weiches Eichenholz wird in erster Linie zum Innenausbau sowie als Möbel-, Furnier-, Schnitz- und Drechselholz verarbeitet. Das Holz liefert auch Holzkohle und Holzteer.

Kernholz und Rinde enthalten 5–15 % Gerbstoffe (Tannine) und Gallensäuren. Eichenrinde ist eine klassische, adstringierende und antiseptische Gerbstoffdroge, die bei Magen-Darm-Erkrankungen (z. B. Durchfall, Ruhr, Blutungen), Mastdarmvorfall, Afterfisteln, Hämorrhoiden, Krampfadern, Menstruationsbeschwerden, Scheidenausfluss, Zahnfleischbluten, Husten, Halsentzündung, Bronchitis, Frostbeulen, kleinen Wunden, nässenden Ekzemen, Hautentzündungen, Geschwüren und Flechten hilft. Zerkleinerte, im Frühjahr von jungen Zweigen abgeschälte Rinde wird als Tee, Aufguss oder Breiumschlag verwendet und in Arzneimitteln verarbeitet. Eichenrinde liefert auch Holzessig und Gerbstoffe zur Lederverarbeitung. Auch Eichenlaub enthält Gerbstoffe. Man benutzte die Blätter zum Konservieren von Bier, bevor Hopfen dafür eingesetzt wurde. Aus der Rinde kann zudem, ebenso wie aus Blattgallen, ein Naturfarbstoff extrahiert werden, der je nach verwendeter Beize Gelb- und Schwarztöne erzeugt. Bei Kontakt der Gerbsäuren mit Eisensalzen entsteht eine dauerhafte, blauschwarze Substanz, die althergebrachte Schreibtinte. Die ölhaltigen Eicheln werden an Schweine verfüttert. Geröstete Eicheln nahm man in Notzeiten als Kaffee-Ersatz, Brotteigzusatz und Dickmittel für Suppen. Für den Verzehr müssen die bitteren Tannine lange herausgespült werden. Aus der Rinde kann eine essbare Gummiverbindung (Manna) gewonnen werden. Mulch aus trockenem Laub wehrt Schädlinge (Schnecken, Maden) von Gartenpflanzen ab. Die verwandte, vor allem im Bergland wachsende **Trauben-Eiche** (*Q. petraea*) unterscheidet sich von der Stiel-Eiche u. a. durch die fehlenden Öhrchen am Blattgrund und ihren sitzenden Fruchtstand. Sie wird ähnlich wie die Stiel-Eiche verwendet. Das Holz ist weicher und weniger dauerhaft als Stiel-Eichenholz, dafür aber feinjähriger und mit engeren Jahresringen versehen. Es ist etwas leichter zu bearbeiten und wertvoller als Stiel-Eiche. Trauben-Eichenholz

Hier zu sehen: Traubeneiche.

wird im Innenausbau, in der Kunsttischlerei sowie Böttcherei verwendet und ferner zu hochwertigen Möbeln, Wandpaneelen und Furnieren verarbeitet. Die Trauben-Eiche liefert die originalen Cognac-Fässer. Die anderen Nutzungsformen entsprechen denen der Stiel-Eiche.

Weiß-Birke (Hänge-Birke)

Betula pendula Roth

Familie: Betulaceae
Habitus: Laubbaum, 10–25 m hoch, Krone dicht, herabhängende Zweige, mit warzigen Drüsen besetzt, Ringelborke, papierartig abblätternd, zuerst weiß, im Alter schwärzlich.
Blätter: Wechselständig, langstielig, Spreite dreieckig oder rautenförmig, Basis breit, Ecken spitz, mit klebrigen Drüsen besetzt, Rand doppelt gesägt, junge Blätter etwas behaart, später glatt.
Blüten: Monözisch, männliche Kätzchen hängend, bräunlich, je 2–4 am Ende der vorjährigen Triebe, weibliche Kätzchen zur Blütezeit aufrecht, eiförmig, gelblich-grün, kürzer als männliche Kätzchen, April–Mai.
Früchte: Nussfrüchte, sitzen in den Achseln holziger Schuppen, die zur Reifezeit abfallen.
Herkunft: Einheimisch.
Verbreitung und Anbau: Die Weiß-Birke ist ausgesprochen anspruchslos, bevorzugt aber eher trockene, sandige Standorte. Sie widersteht strengsten Frösten. Die Weiß-Birke wächst verbreitet in lichten Wäldern, Heiden, Mooren, Steinbrüchen, Kiesgruben und auf mageren Wiesen. In Pionierwäldern ist sie oft ein wichtiger Bestandsbildner. In Mitteleuropa wird die Weiß-Birke für forstwirtschaftliche Zwecke und als Zierbaum gepflanzt.
Nutzung: Die Weiß-Birke besitzt eine lange Tradition als Arzneipflanze. Die Blätter enthalten Flavonoide, ätherisches Öl, Saponine, Vitamin C, Gerb- und Bitterstoffe. In der Rinde liegen Betulin (Birkenkampfer, ein Phytosterin), Harze, ätherisches Öl, Gerb- und Bitterstoffe vor. Die innere Rinde enthält etwa 16% Tannine. Junge Blätter und Blattknospen werden im Frühjahr gesammelt, getrocknet und als Tee oder Aufguss zubereitet. Birkenblättertee wirkt harntreibend, ohne die Nieren zu reizen. Er wird zum Spülen bei Entzündungen oder Verkrampfungen der Harnwege sowie Harn- und Nierensteinen getrunken und hilft gegen Gicht, Rheuma, Arthritis sowie erhöhten Cholesterinspiegel. Bäder mit Rinden- und Blattaufgüssen nützen bei Hautleiden (Ekzeme, Schuppenflechte). Keimtötende Breiumschläge aus frischen Blättern beschleunigen die Heilung von Wunden und Geschwüren. Knospenaufgüsse nutzte man in der Volksmedizin als Hustenmittel. Die innere Rinde verwendete man früher zur Behandlung von Fieberanfällen. Extrahiertes ätherisches Öl dient als Einreibemittel gegen Rheuma und Gicht. Einige medizinische Seifen enthalten Rinden- und Knospenöl. In Streifen geschnittene, junge Blätter können gekocht als Gemüse zubereitet oder Frühlingssalaten beigemischt werden. Durch Anritzen der Rinde oder Anbohren des Stammes gewinnt man Birkensaft. Aus einem Bohrloch fließen ca. 10 Tage lang 1–5 l Flüssigkeit täglich aus. Im Frühjahr ist die Saftproduktion besonders hoch. Angebohrte Bäume sind für Pilzinfektionen sehr anfällig. Deshalb sollte man in der Natur keine-

Bäume anbohren. Der trinkbare, süßliche Saft enthält Invertzucker und Eiweiße. Aus ihm wurden Sirup, Essig und in manchen Gegenden Bier und Wein hergestellt. Birkenwasser gilt als Hausmittel gegen Magenkoliken, Zahnfleischentzündungen, Haarausfall und Sommersprossen. Aus im Frühjahr von den Zweigen geschälter und getrockneter Rinde gewinnt man durch trockene Destillation Birkenpech. Birkenrinde ergibt ca. 60% Rohteer. Aus Birkenpech stellt man Salben gegen Hauterkrankungen her (Abszesse, Ekzeme, Entzündungen, Schuppenflechte, Hornhaut). Birkenpech wurde schon um 7500 v. Chr. als Kleb- und Kittsubstanz verarbeitet. Die Menschen der Stein- und Bronzezeit befestigten Speer- und Pfeilspitzen mit Birkenpech an den Schäften. Zudem entdeckte man Harzklumpen (Gräberharze), mit denen Holzbehälter abgedichtet wurden. Später wurde Birkenpech als Vorstufe des Tischlerleims zum Aufkleben von Verzierungen auf Gefäßen und Schwertgriffen, als Kitt für Schilde und zum Reparieren zerbrochener Gefäße verwendet (noch im 19. Jh. in Teilen Skandinaviens üblich). Birkenpech wurde zudem als Insektizid und Schuhpolitur verwendet. Das Holz besitzt eine lange, feine Maserung, ist nicht sehr dauerhaft, lässt sich aber leicht bearbeiten, polieren und lackieren. Es dient als Möbel-, Schnitt- und Werkholz (Parkettplatten, Spielwaren, Kisten, Zäune, Pfähle), Räucherholz für Fisch, zur Holzkohleproduktion und gelegentlich zur Papierherstellung. Die Holzkohle ist auch als Zeichenkohle sehr beliebt. Birkenzweige (Reiser) werden zu Besen gebunden und wurden früher auch zu Ruten, Peitschen und Flechtwerk verarbeitet. Mit der wasserdichten, äußeren Rinde dichtete man einst Trinkgefäße, Kanus und Dachschindeln ab. Die Blätter lieferten einen grünen oder gelben und die Wurzeln einen hellen, rotbraunen Farbstoff zum Färben von Wolle. In der Lederverarbeitung wird gelegentlich gefärbtes Leder mit Birkenrinde eingelagert, weil es dadurch einen angenehmen Ge-

ruch annimmt. Taue legte man einst zur Konservierung in Absude aus inneren Rindenstücken ein. Fasern der inneren Rinde verflocht man zu Seilen und flächige Rindenteile dienten als Ersatz für Ölpapier. In extremen Notzeiten wurde innere Rinde sogar als Teigbeimischung für Brot und Gebäck genommen.

Walnussbaum
Juglans regia L.

Familie: Juglandaceae
Habitus: Laubbaum, 15–30 m hoch, Krone locker verzweigt, Borke aschgrau, zuerst glatt, im Alter längsrissig.
Blätter: Wechselständig, gefiedert, 5–9 Teilblättchen, elliptisch, ganzrandig.
Blüten: Monözisch, gelblich-grün, männliche Kätzchen hängend, in Achselknospen vorjähriger Triebe, weibliche Blüten in Trauben, je 2–3 an neuen Trieben, unscheinbar, April–Mai.
Früchte: Steinfrüchte eiförmig, glatt, grün, die „Walnuss" ist der vom holzigen, runzeligen Endocarp ummantelte Samen.
Herkunft: östlicher Mittelmeerraum; seit der Jungsteinzeit in Mitteleuropa eingebürgert.
Verbreitung und Anbau: Der Walnussbaum bevorzugt mildes Klima und wächst in Gärten, Pflanzungen und Wäldern auf tiefgründigen, nährstoff- und kalkreichen Böden.

Nutzung: Reife „Walnüsse" werden gegessen und in Backwaren verarbeitet, unreife Früchte z. T. sauer eingelegt. Samenöl liefert Salatöl und ist in Künstlerfarben, Seife und Kosmetika enthalten. Das Holz dient als hartes Möbel-, Drechsel- und Schnitzholz. Der Kern ist schwarzbraun und der Splint grau-weiß gefärbt. Das Holz schrumpft sehr stark und muss vor der Verarbeitung jahrelang lagern. Blätter und unreife, äußere Fruchtschalen enthalten fungizides Juglon, ein Naturfarbstoff: Fruchtschalensud färbt Haare braun oder rot, Blättersud Textilien gelb. Die Nüsse dienten als Holzpolitur, getrocknete Fruchtschalen zum Tönen von Türen und Fensterrahmen. Blätter und Rinde enthalten auch Gerbstoffe, ätherisches Öl, Flavonoide und Vitamin C. Sie helfen bei Durchfall, Verstopfung, Darmwürmern, Anämie, Schleimhautreizungen, Akne, Herpes, Ekzemen, Frostbeulen, Rachen-, Zahnfleisch- und Augenentzündungen sowie evtl. gegen Krebs. Der Baumsaft liefert Zucker.

Ess-Feige
Ficus carica L.

Familie: Moraceae
Habitus: Laubwechselnder Baum, z. T. strauch-
artig, 10–15 m hoch, Krone licht, Borke glatt,
silbergrau, führt Milchsaft.
Blätter: Wechselständig, Stiele lang, Spreite
handförmig in 3–5 Lappen geteilt, Oberseite
rau-, Unterseite weichhaarig.
Blüten: Sitzen an den Innenwänden krugförmig eingesenkter Blütenstandsachsen, die in
Blattachseln stehen, an der Spitze bleibt eine
kleine Öffnung (Ostiolum) frei, Blüten unscheinbar, Kulturfeigen tragen nur weibliche
Blüten. Sie werden über Gallwespen befruchtet,
an denen Wildfeigenpollen haften, einige Ras-
sen sind Selbstbefruchter.
Früchte: Grüne, gelbe oder violette Stein-
fruchtverbände.
Herkunft: Die Feige stammt aus Vorderasien
und ist dort eine uralte Kulturpflanze. Sie wurde schon um 3000 v. Chr. von den Assyrern genutzt. Um etwa 700 v. Chr. wurde sie auch in
Griechenland gepflanzt und verbreitete sich
dann im ganzen Mittelmeerraum. Einzelne
Bäume werden in Mitteleuropa erst seit Kurzem
gepflanzt.
Verbreitung und Anbau: Der Feigenbaum
wächst nur in warmen Klimaten. Er bevorzugt
steinige, basische Böden. Die Hauptanbauregio-
nen befinden sich in den Mittelmeerländern. In
Mitteleuropa werden nur vereinzelt Bäume in
warmen Gebieten (z. B. Hochrheintal, Kaiser-
stuhl) als Gartenpflanze kultiviert. In günstigem
Klima bringt ein Baum dreimal pro Jahr Früchte
hervor, aber bei uns ist nur maximal eine Ernte
im Herbst möglich.
Nutzung: Die fleischigen, süßen Fruchtstände
werden als Frisch- oder Trockenobst gegessen.
Die Fruchtknoten der Blüten entwickeln sich
zu Steinfrüchten mit fleischigen Stielen, die zusammen mit dem Boden des Blütenstands den
essbaren Teil der Frucht darstellen. Frische Fei-

gen enthalten 12% Zucker (Saccharose, Glucose) und sehr viel Calcium. Feigen liefern Obst
und werden in Gebäck oder Früchtebroten verarbeitet. Aus ihnen kann Wein oder Schnaps
hergestellt werden, der in Mitteleuropa nur als
Importware bekannt ist. In den Anbauregionen
dienen Feigen auch als Käse- und Kaffeegewürz.
Die Pflanze verfügt über gewisse Heilwirkungen und soll antikarzinogene Eigenschaften haben. Der Milchsaft (Hautwarzen, Insektenstiche
Hämorrhoiden), Blattaufgüsse (Hämorrhoiden),
Zweigabsude (Husten) und die Früchte (Verstopfung, Husten) können medizinisch verwendet werden.

Gewöhnliche Robinie
Robinia pseudoacacia L.

Familie: Fabaceae
Habitus: Laubbaum, 10−25 m hoch, Krone licht, regelmäßig verzweigt, schirmförmig, Borke dünn, graubraun, netzartig gefurcht.
Blätter: Wechselständig, unpaarig gefiedert, 9−19 eiförmige, gestielte Teilblättchen, Unterseite graugrün, am Ansatz des Blattstiels sitzen zwei Dornen.
Blüten: In achselständigen, hängenden Trauben, zygomorphe Schmetterlingsblüten, fünf weiße Kronblätter, Mai−Juni.
Früchte: Schlanke, schwarze Hülsen.
Herkunft: Die Robinie stammt aus dem Südosten der USA. J. Robin brachte sie 1601 nach Frankreich, von wo sie sich weiter verbreitete.
Verbreitung und Anbau: Die Robinie wächst auf nährstoffreichem, lockerem, sandigem oder lehmigem Boden. Über symbiontische Knöllchenbakterien im Wurzelraum reichert sie Luftstickstoff im Boden an und verbessert dessen Qualität.
Nutzung: Die Gewöhnliche Robinie wächst zwar schnell, jedoch selten gerade, zudem neigt sie zum Ausschlagen und bleibt relativ klein. Ihr Holz ist aber sehr dekorativ gemasert und gefärbt. Der schmale Splint ist gelblich. Der Kern besitzt im frischen Zustand eine matte, gelbgrüne Färbung und nimmt beim Trocknen einen goldbraunen Ton an. Das Holz ist sehr hart, biegsam, elastisch, tragfähig, witterungsbeständig, auch im Wasser dauerhaft, leicht zu bearbeiten, aber nur schwer imprägnierbar. Es ist für Innen- und Außenzwecke geeignet. Man fertig(e) daraus Balken für Erdarbeiten und Bergwerke, Schwellen, Masten, Pfähle, Leitern, Hebebäume, Werkzeugteile, Felgen und Radnaben. Zudem eignet es sich zum Drechseln und Schnitzen sowie als Möbelholz. Blütenöl liefert Duftstoffe für Parfüms und die Rinde gelbe Farbstoffe. Gekochte Blüten können zu Getränken, Gelees oder Pfannkuchen verarbeitet werden.

Gewöhnliche Ross-Kastanie
Aesculus hippocastanum L.

Familie: Hippocastanaceae
Habitus: Laubbaum, 15–25 m hoch, Krone hoch, dicht, Borke graubraun, bei jungen Bäumen glatt, später rissig,
Blätter: Gegenständig, lange Stiele, in 5–7 breit-lanzettliche Teilblättchen gefiedert, Rand unregelmäßig gesägt.
Blüten: In dichtblütigen, aufrechten Rispen, fünf Kronblätter, weiß, im Schlund gelbe oder rötliche Flecken, Mai–Juni.
Früchte: Kugelige, stachelige Kapseln, enthalten großen, rotbraunen Samenkern.
Herkunft: Das natürliche Verbreitungsgebiet liegt zwischen Albanien und Nordgriechenland. Erst im 16. Jh. gelangte sie über Konstantinopel nach Mitteleuropa. Die ersten Zweige und Früchte kamen nach Wien, wo Matthioli die Pflanze zunächst als *Castanea equina* beschrieb.

Verbreitung und Anbau: Die Ross-Kastanie ist ein beliebter Park- und Alleebaum. Sie gedeiht in der Sonne oder im Halbschatten auf nährstoffreichen, tiefgründigen und entwässerten Böden. Die Vermehrung erfolgt durch Aussaat im Herbst.
Nutzung: Die Volksmedizin nutzte die Pflanze schon lange Zeit, ehe man Ende des 19. Jh. ihre wahren Heileffekte entdeckte. Rinde, Blätter, Blüten und Samen enthalten ein Saponingemisch (8–26% Aescin), Flavon-Glykoside (Aesculin, Quercetin, Fraxetin), Gerb- und Bitterstoffe. Die Substanzen verringern die Durchlässigkeit von Blutgefäßen (Venen), hemmen Entzündungen und lassen Ödeme abschwellen. Sie sind in Salben, Tropfen, Tabletten und Zäpfchen enthalten. Ross-Kastanie nimmt man bei Venenentzündungen, Thrombosen, Arteriosklerose, Kreislaufschwäche, Krampfadern, Hämorrhoiden, Schlaganfällen und Infarkten. Kastanienextrakte werden auch bei Gelenkschwellungen und Knochenbrüchen gespritzt. Tinkturen galten als Hausmittel gegen Gicht, Rheuma, Husten (auch bei Pferden und Rindern), Neuralgien, Warzen, Geschwüren, Juckreiz, aufgescheuerte Hautstellen und Frostbeulen. Blättertee trank man gegen Fieber und die Rinde kam bei Malaria und Ruhr zum Einsatz. Die Samen müssen geröstet bzw. chemisch aufbereitet werden. Wirkstoffe roher Samen werden nur schlecht aufgenommen. Die Samensaponine benutzte man als Seife und Waschmittel. Auch moderne Hautpflegeöle, Shampoos und Kosmetika enthalten Samenextrakte. Aesculin ist Bestandteil von Sonnenschutz- und Hauttuberkulosesalben. Die für Menschen ungenießbaren Samen enthalten 30% Stärke und dienen als Schweine- und Wildfutter. In Notzeiten stellte man aus entbitterten Samen Stärkemehl, Kaffee-Ersatz, Essig und Branntwein her. Das weiche, fein gemaserte, weiße oder gelbliche Holz wird für Furniere, Intarsien, Kisten, Schuhe, Drechsel- und Schnitzarbeiten verwendet. Es wird rasch grau und muss frisch verarbeitet werden.

Berg-Ahorn
Acer pseudoplatanus L.

Familie: Aceraceae
Habitus: Laubbaum, 15–30 m hoch, Krone reich verzweigt, Rinde grau, glatt, löst sich im Alter schuppig ab.
Blätter: Gegenständig, lange Stiele, Spreite handförmig in fünf Lappen geteilt, Ränder fein gezähnt, Spitze stumpf, Bucht zwischen den Lappen spitz.
Blüten: Monözisch, in hängenden, 5–20 cm langen Rispen aus zahlreichen, kleinen Blüten, fünf gelblich-grüne Kronblätter, erscheinen mit den Laubblättern, April–Juni.
Früchte: Spaltfrüchte aus zwei geflügelten Nüssen, spitz- oder stumpfwinkelig spreizend, nach der Reife zerfallend.
Herkunft: Einheimisch.
Verbreitung und Anbau: Berg-Ahorn steht häufig in Laubmischwäldern von Berglagen, wo er ursprünglich beheimatet ist. Er gedeiht auf unterschiedlichen Bodentypen und benötigt reichlich Feuchtigkeit, verkraftet allerdings keine Staunässe. Berg-Ahorn wird auch gerne als Park- und Alleebaum angepflanzt.
Nutzung: Das Holz des Berg-Ahorns besitzt eine weiße bzw. gelblich-weiße Färbung. Kern- und Splintholz sind nicht unterscheidbar. Ahornholz muss sorgfältig und langsam getrocknet werden, weil es zum Reißen und Werfen neigt und sich bei Feuchtigkeitswechsel verfärbt. Es ist hart, elastisch und biegsam, aber weder besonders dauerhaft noch witterungsfest, kann jedoch gut bearbeitet werden. Berg-Ahorn verwendet man sehr gerne beim Innenausbau, für Möbel, Furniere, Parkett, Tischplatten, Musikinstrumente (z. B. Seitenteile von Geigen), Haushalts- und Spielwaren sowie, besonders früher, zum Drechseln und Schnitzen. Zudem wird Holzkohle und Brennholz aus dem Holz hergestellt. Ahornsaft enthält viel Zucker und kann zu Sirup eingedickt werden, der als Süßmittel verwendet wird. Mit den Blättern können beim Backen Kuchen oder Teilchen eingewickelt werden, damit sie ein süßliches Aroma erhalten. Früher wickelte man Äpfel in Blätter ein, damit sie sich besser hielten.
Der verwandte **Spitz-Ahorn** *(A. platanoides)* besitzt dunkleres Holz als der Berg-Ahorn. Es ist elastischer, biegsamer und druckfester, aber auch weniger beständig als Berg-Ahornholz. Spitz-Ahorn nimmt man für Möbel, Werkzeugteile, Holzwaren, Gewehrschäfte, Musikinstrumente und Schnitzereien, früher auch zum Wagen- und Karosseriebau. Auch Spitz-Ahorn führt einen zuckerhaltigen Saft.

Sommer-Linde
Tilia platyphyllos Scopoli

Familie: Tiliaceae
Habitus: Laubbaum, 15–35 m hoch, Krone ausladend, reich verzweigt, Rinde schwarzbraun, glatt.
Blätter: Wechselständig, lang gestielt, Spreite asymmetrisch herzförmig, Oberseite matt dunkelgrün, Unterseite hell, behaart, Nerven hervortretend, Winkel der Adern weißlich behaart, Rand scharf gesägt.
Blüten: In hängenden, sparrig verzweigten Scheindolden, je 2–5 Blüten, mit flügelförmigem Hochblatt, Einzelblüten nickend, gelbgrün, fünf Kelch- und Kronblätter, Staubgefäße zahlreich, aromatisch duftend, Mai–Juni.
Früchte: Rundliche, fünfrippige, flaumige Nussfrüchte.
Herkunft: Einheimisch.
Verbreitung und Anbau: Sommer-Linden wachsen zerstreut in Laubmischwäldern und werden als Park- oder Alleebaum angepflanzt. Sie bevorzugen nährstoffreichen, lockeren oder etwas steinigen Lehmboden in milden Klimaten mit hoher Luftfeuchtigkeit. Sommer-Linden sind gegenüber Luftverschmutzung sehr empfindlich.
Nutzung: Lindenholz zählt zu den leichtesten einheimischen Hölzern. Junge Bäume haben fast weißes Holz, bei älteren Bäumen ist es gelb oder hellbraun getönt. Splint und Kern sind kaum unterscheidbar. Lindenholz trocknet rasch, neigt zum Reißen, schwindet stark und ist wenig dauerhaft. Es wird vorwiegend zum Drechseln und Schnitzen genommen. Außerdem werden Klangböden für Klaviere und Orgeln sowie Holzkohle aus Lindenholz hergestellt. Die Holzkohle eignet sich gut zum Zeichnen. Aus dem Bast der inneren Rinde stellte man früher gelegentlich Pinsel, Seile, Fischernetze, Matten, Schuhe, Körbe und sogar ein bräunliches Papier her. Ganz junge, rohe Blätter bieten sich als Salatbeilage an. Mit Blüten ver-

mischte, unreife Früchte ergeben einen Schokoladenersatz, der sich aber kommerziell nie durchsetzte. Lindenblätter enthalten Flavonoide (Linarin etc.), Schleime und Gerbstoffe. In der Volksmedizin kennt man sie als schweißtreibendes Mittel und sie können als Tabakersatz geraucht werden. Die Blüten enthalten zudem ätherisches Öl (Kampferglykoside u. a.). Sie wirken schleimlösend, beruhigend, reizlindernd, schweiß- und harntreibend. Von der Schulmedizin werden sie vor allem bei Atemwegskatarren, Reizhusten sowie zur Behandlung und Vorbeugung von fiebrigen Erkältungen oder Infektionen empfohlen. Sie sind in einigen Husten- und Beruhigungsmitteln sowie gelegentlich in Urologika enthalten. Als überliefertes Hausmittel werden Lindenblüten auch bei Kopfschmerzen, Migräne, Schlaflosigkeit, Bluthochdruck, Arteriosklerose sowie bei Verdauungsbeschwerden als krampflösendes und bei Harnwegsinfektionen als harntreibendes Mittel eingesetzt. Lindenblüten bzw. Blütenstände

sammelt man im Sommer und trocknet sie bei maximal 45 °C. Das Trockengut muss sorgfältig in luftdichten Gefäßen gelagert werden. Es wird als Tee, Aufgüsse und Bäder zubereitet. Pulverisierte Holzkohle wird seit dem Altertum gegen Blähungen, Darmkrämpfe und zur Unterstützung des Heilungsprozesses bei eitrigen und nässenden Hautwunden genommen. Sie verfügt über stark adsorbierende Eigenschaften. Aus von Bienen eingesammeltem Nektar wird Lindenblütenhonig gewonnen. Der Baumsaft ergibt einen zuckerhaltigen Sirup. Die eng verwandte **Winter-Linde** (*T. cordata*) wird in ähnlicher Weise wie die Sommer-Linde verwendet. Sie unterscheidet sich von der Sommer-Linde durch ihre kleineren Blätter, die rötliche Behaarung an der Blattnervatur und die mit 5–11 Blüten versehenen Scheindolden.

Silber-Weide
Salix alba L.

Familie: Salicaceae
Habitus: Laubbaum oder Strauch, 5–15 m hoch, Krone stark verzweigt, Äste oft überhängend, biegsam, Borke rissig.
Blätter: Wechselständig, schmal-lanzettlich, Rand fein gesägt, junge Blätter beidseitig, ältere nur an der Unterseite dicht seidig behaart.
Blüten: Diözisch, in Kätzchen, erscheinen mit den Blättern, Kätzchen schlank, aufrecht oder gebogen, April–Mai.
Früchte: Kapseln, Samen mit Haarschopf.
Herkunft: Einheimisch.
Verbreitung und Anbau: Die Silberweide steht in Auwäldern, auf Feuchtwiesen und an Gewässerrändern auf nassen, schlammigen, nährstoff- und kalkreichen Böden. Sie verträgt zeitweise Überflutung.
Nutzung: Die Rinde (z. T. auch Blätter) der Silber- sowie anderer Weidenarten nutzt man seit Jahrtausenden bei Fieber, Kopfschmerzen, Rheuma, Gicht, Sodbrennen, Magenbeschwerden, Durchfall, Darmwürmern, Koliken, Schlafstörungen und Autoimmunerkrankungen. Sie enthält 10% Gerbstoffe, Flavonoide, Harze und Salicylglykoside, die fiebersenkende, schmerzstillende, wundheilende, antiseptische, adstringierende und antirheumatische Effekte haben. Salicyle sind die Vorläufer der Acetylsalicylsäure (Aspirin), die 1838 erstmals synthetisiert wurde. Die Rinde wird von März bis Juli von den Zweigen geschält und getrocknet. Die Blätter sammelt man in der Wachstumsphase. Silber-Weidenholz ist leicht, weich, sehr biegsam und trocknet ohne Schwinden oder Reißen. Der Splint ist weiß und der Kern rosa. Es wird für Absperrfurniere, Holzschuhe, Kisten, Tennisschläger, Zahnstocher, Zündhölzer, Holzwolle und Papier gebraucht. Aus den Zweigen flechtet man Korbwaren und Reusen. Die **Korb-Weide** (*S. viminalis*) liefert besseres Flechtmaterial. Aus deren zähem Bast fertigte man früher Seile.

Stechpalme

Ilex aquifolium L.

Familie: Aquifoliaceae
Habitus: Immergrüner Baum (Strauch),
1–10 m hoch, Borke grau, glatt, Äste grün.
Blätter: Oval-eiförmig, kurzer Stiel, Spreite lederartig, Rand mit kräftigen Dornen, Oberseite
dunkelgrün glänzend.
Blüten: Diözisch, blattachselständig in Büscheln, klein, Krone vierblättrig, weiß, z. T. rötlich, Mai–August.
Früchte: Rote Beeren (giftig), kugelig.
Herkunft: Südchina.
Verbreitung und Anbau: Die gegen Frost und
Trockenheit empfindliche Stechpalme wächst
wild zerstreut bis selten in Wäldern, Gebüschen
und Hecken. Sie liebt halbschattige Plätze auf
nährstoffreichen, lockeren Lehmböden. Einzelne Bäume werden 200–300 Jahre alt. Im Gartenbau wird sie durch Aussaat im Frühjahr oder
Stecklinge im Herbst vermehrt.

Nutzung: Die Pflanze besitzt seit der Antike eine magische Bedeutung. Sie soll vor Gift, Zau-
berei und Blitzschlag schützen. Frühe Christen
glaubten, die Beeren symbolisieren die Bluts-
tropfen von Jesus und die Stechpalme wuchs
zuerst dort, wo er entlang lief. Zweige mit den
Früchten dienen heute noch als Weihnachts-
schmuck. Dieser Brauch steht für den Fortgang
des Lebens in der Winterruhe. Die Stechpalme
enthält Alkaloide, Kaffeesäureverbindungen, Saponine, Flavonoide, Glykoside, Sterole, Gerb-
und Bitterstoffe (Triterpene). Die Blätter können als Tee-Ersatz und medizinisch als Aufguss
bei fiebrigen Erkältungen, Husten und Rheuma
genutzt werden. Die Wurzeln haben einen
leichten diuretischen Effekt. Man nahm geröstete Beeren z. T. als Kaffee-Ersatz, obwohl sie giftig sind. Sie wirken stark abführend und erre-
gen Brechreiz. Das weiße, gerade gemaserte
Holz wird für Intarsien, Furniere, Spazierstöcke, Musik- und mathematische Mess-
instrumente genommen.

Esche

Fraxinus excelsior L.

Familie: Oleaceae
Habitus: Laubbaum, 10–35 m hoch, Krone ausladend, Borke zuerst graugrün und glatt, im Alter schwarzbraun und gefurcht.
Blätter: Gegenständig, unpaarig gefiedert, 9–13 Fiedern, lanzettlich-eiförmig, spitz, seitliche Blättchen sitzend, Rand gesägt.
Blüten: In hängender Rispe mit weiblichen, männlichen oder zwittrigen Blüten, erscheinen vor den Blättern, Blüten unauffällig, Krone und Kelch fehlen, Staubgefäße erst violett, später grün, April–Mai.
Früchte: Nüsse, an der Spitze geflügelt, länglich, zuerst grün, später braun.
Herkunft: Südeuropa, in Mitteleuropa eingebürgert.
Verbreitung und Anbau: Die Esche steht zerstreut bis häufig in feuchten Gebüschen, Au- und Schluchtwäldern. Sie wird oft gepflanzt.

Die Esche benötigt tiefen, nährstoffreichen Untergrund.
Nutzung: Inhaltsstoffe der Esche sind Flavonoide (Rutin, Quercitrin), Cumarine, ätherisches Öl, Harze, Bitter- und Gerbstoffe. Ein Tee aus Blättern und Rinde wirkt entzündungshemmend, fiebersenkend, abführend, adstringierend und entwässernd. Er wird als mildes Entwässerungsmittel bei Flüssigkeitsstauungen im Körper eingesetzt. Früher trank man Tee gegen Fieber, Rheuma und Gicht. Das fein- und langfaserige Holz zählt zu den begehrtesten europäischen Nutzhölzern. Es ist hart, flexibel und sehr haltbar. Der Splint ist rötlich und der Kern hellbraun gefärbt. Esche wird als Möbel-, Furnier- und Drechselholz sowie als Werkholz zu Balken, Roll-Läden, Schäften, Rudern, Obst- und Weinpressen verarbeitet. Die Früchte enthalten ein Öl, das Sonnenblumenöl ähnelt. Sauer eingelegte Früchte dienen als Speisewürze. Die Rinde liefert Tannin und die Blätter einen grünen Farbstoff.

Heide-Wacholder
Juniperus communis L.

Familie: Cupressaceae
Habitus: Immergrüner Baum oder Strauch, z. T. niederliegend, 1–12 m hoch, Krone sehr dicht, Rinde rotbraun, abblätternd.
Blätter: Quirle mit 3–4 starren, spitzen, wachsartig beschichteten Nadeln.
Blüten: Diözisch, männliche Blütenstände klein, eiförmig, achselständig oder in Gruppen an Kurztrieben, weibliche Blütenstände unscheinbar, grünlich, verstreut, April–Juni.
Früchte: Beerenartige Zapfen (Scheinbeeren), im 1. Jahr grün, im 2. schwarzblau bereift.
Herkunft: Einheimisch.
Verbreitung und Anbau: Wacholder wächst in Heiden, Mooren, lichten Wäldern, auf Magerweiden und Trockenwiesen. Er ist anspruchslos und verträgt magere, sandige, saure oder trockene Böden. Im Anbau setzt man Stecklinge im Herbst oder bringt Samen aus.

Nutzung: Wacholder enthält ätherisches Öl, Flavonoide, Harze, Gerb- und Bitterstoffe (Terpene). Die Früchte würzen Soßen, Pasteten, Wild, Geflügel, Fisch, Sauer- und Rotkraut. Vergorene „Beeren" liefern seit dem 15. Jh. Schnaps. Wacholderöl ist in Likören, Gin, Genever und Parfüms enthalten. Mit dem Holz werden Schinken, Käse und Fleisch geräuchert. Früher verbrannte man Zweige gegen lästige Insekten. Wacholder besitzt verdauungsanregende, harntreibende, antiseptische und antirheumatische Wirkungen, die seit der Antike bei Bronchitis, Husten, Rheuma, Gicht, Arthritis, Akne, Gallen- und Leberleiden genutzt werden. Salben sollten Wundinfektionen verhindern und Zweigabsude dienten als Antischuppen-Schampoo. Tees, Aufgüsse, Extrakte und Pulver aus den „Beeren" und Öl setzt man heute gegen Verdauungsprobleme, Steinleiden, Blasen- und Harnwegsinfekte ein. Das Holz liefert Schnitzwaren, Pfeifenröhren, Spazierstöcke, Bleistifthölzer und Zahnstocher.

Gewöhnliche Berberitze

Berberis vulgaris L.

Familie: Beberidaceae
Habitus: Mehrjähriger Strauch, 1–3 m hoch, reich verzweigt, dornig, Zweige gefurcht, Rinde braunrot, im Alter grau.
Blätter: In büscheligen Rosetten, oval, Rand gezähnt, Triebe mit dreispitzigen, langen Blattdornen.
Blüten: In hängenden Trauben mit 6–12 gelben Blüten, Krone aus Quirlen mit drei kelchblattartigen Kron- und sechs Honigblättern, Mai–Juni.
Früchte: Orangerote, längliche Beeren.
Herkunft: Sie stammt aus Nordwestafrika und kam über Spanien nach Mitteleuropa.
Verbreitung und Anbau: Die Berberitze braucht nährstoff- und kalkreiche Lehmböden. Man findet sie zerstreut in lichten Wäldern, Gebüschen und an Waldrändern. Sie ist der Zwischenwirt des Getreiderostpilzes und wurde daher in Getreideanbaugebieten ausgerottet. Diverse Sorten werden in Gärten gepflanzt.

Nutzung: Die säuerlichen Beeren enthalten Vitamin C, Pektin, Gummi und Mineralien. Man verkocht sie zu Marmelade oder Mus, vergärt sie zu Essig und nimmt sie als Geschmacksgeber für Tees, Schnaps und Bonbons. Frischer Saft wirkt gegen Zahnfleischentzündungen und Skorbut. Fruchtsirup lindert Schwangerschaftserbrechen. Fruchtessig ist ein mildes Abführmittel. Blätter, Wurzel- und Zweigrinde enthalten Alkaloide (u. a. antibakterielles Berberin, Berbamin, Jatorrhizin), Bitter- und Gerbstoffe. Sie senken Fieber, hemmen Entzündungen, stärken die Verdauung, Leber-, Gallen- sowie die Nierenfunktion. Die Schulmedizin verwendet Berberitze selten. Sie spielt aber in der Therapie von Alkohollebern, Krebs und im Drogenentzug eine Rolle. Das Holz wird zum Drechseln und für Intarsien gebraucht. Früher färbte man mit dem gelben Berberin Leder, Seide und Wolle. Getrocknete Beeren dienen als Schmuckperlen.

Schwarze Johannisbeere

Ribes nigrum L.

Familie: Grossulariaceae

Habitus: Buschiger, kräftiger Strauch, 1,5–2 m hoch, reich verzweigt, helle Rinde.

Blätter: Wechselständig, Spreite mit 3–5 Lappen, gelblich-grün, verkahlen auf der Oberseite sehr früh, Unterseite mit zahlreichen gelblichen Harzdrüsen.

Blüten: In hängenden, reichblütigen Trauben, Blüten glockenförmig, fünf grünliche Kronblätter, April–Mai.

Früchte: Schwarze, mehrsamige, drüsig punktierte Beeren.

Herkunft: Die Schwarze Johannisbeere kommt auf der Nordhalbkugel natürlich vor. Auf die wilde Schwarze Johannisbeere sind sämtliche schwarzen Kulturformen zurückzuführen. Sie wird erst seit dem 14. Jh. kultiviert, zunächst nur in Klöstern. Verstärkter Anbau entwickelte sich jedoch erst nach dem Zweiten Weltkrieg.

Erst mit der Entwicklung von Erntemaschinen wurde der Anbau Schwarzer Johannisbeeren für eine industrielle Weiterverarbeitung interessant.

Verbreitung und Anbau: Die Schwarze Johannisbeere ist in fast ganz Europa als Nutzpflanze verbreitet und wächst zuweilen verwildert. Sie braucht feuchten oder nassen, humushaltigen Lehmboden. Die Vermehrung erfolgt durch Setzen von Steckhölzern im Winter.

Nutzung: Die ausgesprochen ascorbinsäurehaltige Frucht (Vitamin C: 0,13%) wird seit dem 16. Jh. zu Saft, Gelee, Quarkspeisen, Joghurt, Wein und Likör verarbeitet und selbstverständlich roh als Beerenobst gegessen. Die Schwarze Johannisbeere gilt heute noch als wirksames Mittel gegen Erkältungen und Husten (Krampf- und Keuchhusten). Die Blätter können als Teeaufguss verwendet werden. Sie helfen auch bei Arthritis, Gicht, Rheuma, schmerzhaftem Harndrang, Harnsteinen und sollen auch bei Diarrhöen, Koliken, Gelbsucht und Leberbeschwerden eine heilende Wirkung besitzen. Äußerlich können frisch zerriebene Blätter bzw. die in warmem Wasser eingeweichte, getrocknete Droge als Umschlag auf wunde Stellen und Insektenstiche gelegt werden. Die Früchte wirken bakteriostatisch, entzündungshemmend, fiebersenkend, mild krampflösend, diuretisch und finden innerlich in Form von Saft, Sirup, Gelee oder Bonbons bei Erkältungskrankheiten, Heiserkeit und Husten Verwendung. Die wirksamen Inhaltsstoffe sind 0,5% Flavonoide (Astragalin, Isoquercitrin, Rutin etc.), Proanthocyanidine und ätherisches Öl. Die Samen enthalten fettes Öl (30%) mit einem hohen Gehalt an γ-Linolensäure. Samenöl wird z. T. für Kosmetika gebraucht. Früher wurden sowohl Blätter als auch Früchte zum Färben verwendet, die gelbe bzw. blau-violette Farbstoffe liefern.

Rote Johannisbeere

Ribes rubrum L.

Familie: Grossulariaceae
Habitus: Buschiger Strauch, 1–1,5 m hoch, Rinde grau-braun, an älteren Ästen in Streifen abschälend.
Blätter: Wechselständig, Spreite mit 3–5 Lappen, hellgrün, Oberseite oft kahl, Unterseite auf den Nerven behaart, ohne Drüsen, Rand gezähnt.
Blüten: In hängenden, mäßig reichblütigen Trauben, einzelne Blüten gelblich-grün, wirken glockenförmig, meistens mit fünf Kelch- und fünf Blütenblättern, April–Mai.
Früchte: Rote, glänzende Beeren, vielsamig, einige Gartensorten besitzen auch gelbe oder weißliche Früchte.
Herkunft: Als Kulturpflanze ist auch die Rote Johannisbeere recht jung, denn Kulturformen wurden in Klöstern erst ab dem 14. Jh. aus der in Europa und Westasien verbreiteten Wildform gezüchtet. Einige Sorten entstanden auch durch Züchtung bzw. Kreuzung von *R. sativum*, *R. petraeum*, beides heimische Arten, und der Mittelmeerart *R. multiflorum*.
Verbreitung und Anbau: Als Kulturpflanze ist sie in Gärten und Pflanzungen weit verbreitet. Sie steht auch verwildert in feuchten Wäldern und Gebüschen. Die Rote Johannisbeere braucht feuchte, nährstoffreiche und tonige Lehmböden. Im Gegensatz zur Schwarzen Johannisbeere, die nur aus bereits vorhandenen älteren Trieben austreibt, sollten ältere Triebe bei der Roten Johannisbeere knapp über dem Boden abgeschnitten werden. Ältere Zweige tragen hier kaum noch Beeren und die Pflanze treibt aus dem Wurzelstock wieder neu aus. Für die Kultivierung werden im Winter Steckhölzer gesetzt.
Nutzung: Namensgegebend für die Johannisbeere wurden die meistens Ende Juni (um Johanni) reifenden roten Früchte. Diese enthalten reichlich Äpfel-, Zitronen- und Weinsäure sowie ca. 0,03% Vitamin C. Rote Johannisbeeren fördern die Verdauung, wirken appetitanregend, blutreinigend und harntreibend. Sie lassen sich frisch als Obst verzehren bzw. in Kuchen, Gelees etc. verarbeiten und als Saft oder, bei milder Hitze getrocknet, als Früchtetee verwenden. Die Blätter enthalten eine Cyanidverbindung. Blattabsude sollen Rheuma lindern. Aus den Blättern kann ein gelber und aus den Früchten ein schwarzer Farbstoff extrahiert werden. Die Früchte werden auch für kosmetische Gesichtsmasken gegen ermüdete Haut verarbeitet.

Stachelbeere
Ribes uva-crispa L.

Familie: Grossulariaceae
Habitus: Buschiger, mittelhoher Strauch, 1–1,5 m hoch, mit stark verzweigten, graubraunen, stacheligen Ästen.
Blätter: Wechselständig, im Umriss rundlich-fünfeckig, glänzend grün, beiderseits behaart, Rand 3- bis 5fach gelappt.
Blüten: Einzeln oder zu dritt in den Blattachseln, fünfzählig, gelblich-grün, oft rotrandig, Kelchblätter in voller Blüte zurückgeschlagen, mehr als doppelt so lang wie die Blütenblätter, März–Mai.
Früchte: Grüne oder rötliche Beeren, eiförmig, meist behaart.
Herkunft: Die Stachelbeere ist eine einheimische Strauchfrucht. Diese Pflanze, von der es inzwischen fast 1000 Sorten geben soll, wird seit dem 14. Jh. kultiviert. Eine stärkere Verbreitung als Kulturpflanze ging in Mitteleuropa je-

doch erst im 16. und 17. Jh. über den Umweg von England aus.
Verbreitung und Anbau: Die Stachelbeere wächst in fast ganz Europa. Sie benötigt nährstoffreichen, lockeren, sandigen, kalkhaltigen Lehmboden. Die Samen werden im Herbst ausgesät, denn sie brauchen Kälte zum Keimen. In Töpfen angezogene Keimlinge sollten nach dem ersten Winter im Spätfrühjahr umgesetzt werden. Im Winter lassen sich Steckhölzer einsetzen.
Nutzung: Die Beeren besitzen einen hohen Vitamin-C-Gehalt (0,035%). Mit ihren organischen Säuren, Mineralsalzen und Vitaminen sind Stachelbeeren appetitanregend, verdauungsfördernd, abführend und blutreinigend. Sie können frisch als Obst gegessen werden oder in Rumtopf eingelegt werden. Die säuerlichen Früchte bieten, zu Kompott oder Konfitüre verarbeitet, einen wohlschmeckenden Brotaufstrich oder Kuchenbelag. Das Fruchtfleisch wird für Gesichtsmasken gegen fettige Haut verarbeitet. Die Blätter enthalten Tannine und wurden zur Behandlung von Ruhr und Wunden eingesetzt.

Hagebutte (Hunds-Rose)
Rosa canina L.

Familie: Rosaceae
Habitus: Winterkahler Strauch, 1–3 m hoch, dornig, mit überhängenden Ästen, kräftige, gekrümmte Stacheln.
Blätter: Wechselständig, unpaarig gefiedert, 5–7 elliptische Blättchen, oben dunkel-glänzend, unten heller, einfach gesägt, Stiele kahl.
Blüten: Einzeln, zu zweit oder dritt, Blütenboden zu krugförmigem Becher vertieft, fünf rosafarbene Kronblätter, fünf Kelchblätter, Juni.
Früchte: Leuchtend rote Sammelnussfrüchte (Hagebutten), verbleiben im Winter am Zweig, Nüsschen steifhaarig.
Herkunft: Einheimisch.
Verbreitung und Anbau: Die Hunds-Rose ist in Hecken und an Waldrändern verbreitet. Sie steht auf warmen, frischen oder mäßig trockenen, tiefgründigen Böden. Die Vermehrung erfolgt über Aussaat oder Steckhölzer im Herbst.

Nutzung: Reife Hagebutten werden als Mus, Suppe, Sirup, Gelee, Marmelade, Wein oder Tee zubereitet. Als Heilmittel werden vor allem frische oder getrocknete Früchte verwendet, auch von anderen *Rosa*-Arten. Sie enthalten Vitamine, besonders 0,2–2,0% Ascorbinsäure (Vitamin C) sowie Carotinoide (Vitamin A), 15% Pektin, 12–15% Zucker (Invertzucker, Saccharose), 3% Fruchtsäuren (Äpfel-, Citronensäure etc.), 2% Gerbstoffe und Flavonoide. Hagebuttenkerne werden als harntreibendes Mittel bei Erkrankungen und Beschwerden der Niere, Rheuma, Gicht und Ischias angewendet. Sie galten auch einst als Wurmmittel. Aus Hagebuttenschalen werden Tee, Sirup oder Konfekt zur Vorbeugung und Behandlung von Erkältungskrankheiten, grippalen Infekten, Gastritis, Durchfall und (früher) Skorbut sowie zur Steigerung der Abwehrkräfte hergestellt. Hagebuttensirup ist Bestandteil und Geschmacksgeber von Babynahrung, Hustensäften und Arzneien. Die Blätter liefern Tee-Ersatz.

Brombeere
Rubus fruticosus L.

Familie: Rosaceae
Habitus: Mehrjähriger, wuchernder, kletternder Halbstrauch, 0,5–2 m hoch, Zweige dornig, stumpfkantig, bogig zurückgekrümmt, z.T kriechend.
Blätter: Wechselständig, unpaarig 3- bis 7fach gefiedert, Fiedern spitz-eiförmig, ungleich groß, Unterseite grau oder weißfilzig, Rand gezähnt.
Blüten: In aufrechten Trauben (Trugdolden) an Triebspitzen, fünf Kronblätter, weiß oder blassrosa, Kelch fünfspaltig, zahlreiche Staubblätter und Fruchtknoten, Juni–Juli.
Früchte: Schwarze bzw. schwarzrote Sammelsteinfrüchte (Brombeere).
Herkunft: Die Brombeere ist zwar einheimisch, wurde aber als Kulturpflanze erst in der Mitte des 19. Jh. aus den USA eingeführt.
Verbreitung und Anbau: Die Brombeere ist sehr formenreich. Allein in Mitteleuropa treten ca. 70 wildwachsende Unterarten auf. Sie wächst in der Sonne oder im Halbschatten auf nährstoffreichen Böden und ist in Hecken, Gebüschen, Heiden, auf Lichtungen, Kahlschlägen und an Waldrändern zu finden. Im Anbau wird sie durch Aussaat im Frühjahr, Grün- und Blattaugenstecklinge im Spätsommer oder Steckhölzer im Winter angepflanzt.

Nutzung: Frische Brombeeren sind ein beliebtes Wildobst und werden wie die Zuchtformen roh verwendet. Die Beeren werden ferner in Marmeladen, Kompott, Kuchen, Süßspeisen, Joghurt, Quark, Saft, Wein, Most und Likör verwertet. Sie enthalten 8% Kohlenhydrate, 3% Ballaststoffe, 1% Eiweiß und hohe Gehalte an Fruchtsäuren, Vitamin A (0,27%) sowie Vitamin C. Über Jahrhunderte galt die Pflanze als natürliches Textilfärbemittel für graue und braune Farbtöne, wobei Brombeerblätter darüber hinaus zum Gerben von Häuten verwendet wurden. Den Blüten und Früchten wurden lange Zeit magische Kräfte zum Schutz gegen „böse Runen" nachgesagt. Volkstümlich nahm man sie auch als Mittel gegen Schlangenbisse. Sich unter einen Brombeerbusch zu setzen, sollte sogar gegen Rheuma helfen. Die alten Griechen sahen in ihr ein Mittel gegen Gicht. Noch heute wird die zerkleinerte Droge als Tee oder Aufguss für Mundspülungen, gegen Hals- und Rachenentzündungen, Mundgeschwüre sowie Durchfall, Ruhr, Zystitis und Hämorrhoiden verwendet. Sie ist Bestandteil verschiedener Teemischungen (Deutscher Haustee, Frühstückstee). Die Hauptwirkstoffe sind Gerbstoffe (Gallotannine), Pflanzensäuren (u. a. Zitronen- und Isozitronensäure) und Flavonoide.

Himbeere

Rubus idaeus L.

Familie: Rosaceae
Habitus: Mehrjähriger Halbstrauch, 1–2 m hoch, holzige, weichstachelige Stängel.
Blätter: Wechselständig, Fiederblätter mit 3–7 eiförmigen Blättchen, weißgrün, unterseits filzig behaart, Rand gesägt, teilweise bedornt.
Blüten: In lockeren Trugdolden, fünf weiße Kronblätter, Mai–Juni.
Früchte: Rote Sammelsteinfrüchte.
Herkunft: Die einheimische Himbeere ist ein altes Wildobst, wurde aber erst vor ca. 400 Jahren in Kultur genommen. Die Garten-Himbeersorten züchtete man aus der europäischen Unterart *R. i.* ssp. *vulgatus* und der nordamerikanischen *R. i.* ssp. *strigosus*.
Verbreitung und Anbau: Die Himbeere steht wild in lichten Wäldern, Gebüschen und auf Schutthalden. Der Anbau erfolgt wie bei der Brombeere.

Nutzung: Die Himbeere nimmt man als Rohobst, für Kuchen, Gebäck, Süßwaren, Desserts sowie zur Herstellung von Marmelade, Gelee, Sirup, Saft, Wein und Schnaps. Sie eignet sich auch als Gefrierkonserve. Frische Früchte enthalten 6% Kohlenhydrate, 5% Ballaststoffe, 1% Eiweiß, Mineralien und Vitamine (B, C). Sie werden Gesichtsmasken zugesetzt. Junge Schösslinge und die Wurzeln können als Gemüse gekocht werden. Die Blätter enthalten Gerbstoffe (Gallo-, Ellagtannine), Flavonoide sowie Vitamin C und sind in Heiltees enthalten. Blättertee ist ein altes, heute noch gebrauchtes Mittel gegen Entzündungen im Mund, Rachen oder Hals, Hautverletzungen, Durchfall, Magen-Darm-, Menstruations-, Atemwegs- und Herz-Kreislauf-Beschwerden. Er wird in den letzten drei Schwangeschaftsmonaten und bei der Geburt verordnet. Aus den Zweigen gewann man vereinzelt Fasern zur Papierherstellung und aus den Früchten eine blaue Farbe.

Zweigriffliger Weißdorn
Crataegus laevigata Poiret

Familie: Rosaceae
Habitus: Strauch oder kleiner Baum, 2–5 m hoch, bedornte Kurztriebe.
Blätter: Wechselständig, Spreite verkehrt-eiförmig, vordere Hälfte mit 3–5 Lappen, stumpf gesägt, dunkelgrün glänzend.
Blüten: In vielblütigen Trugdolden, fünf Kronblätter, weiß (selten rot), kreisrund, Kelchblätter kurz, Mai–Juni.
Früchte: Sammelsteinfrüchte, scharlachrot.
Herkunft: Einheimisch.
Verbreitung und Anbau: Weißdorn ist ein sehr anspruchsloses Gehölz in Hecken, auf Schuttflächen, an Wald- und Wegrändern. Er steht auf nährstoffreichen, tiefen, durchaus kalkarmen Böden. Für den Anbau lagert man die Samen zunächst 18 Monate ein und sät sie im Frühjahr aus.
Nutzung: Schon in der Volksmedizin wurde Weißdorn als Herz- und Gefäßmittel angewendet. Es diente als Herztonikum, zur Blutdruckregulation und als Beruhigungsmittel. Heute nimmt die Schulmedizin die Droge bei Herzrhythmusstörungen und leichten Formen der Herzinsuffizienz. Als Drogen gelten die Blüten, Blätter und Früchte, die für Teemischungen sowie Extrakte zur Anwendung kommen. Die wichtigsten Inhaltsstoffe sind Procyanidine und Flavonoide. Sie fördern die Koronardurchblutung infolge gefäßdilatierender Wirkungen, senken den Blutdruck und haben diuretische, krampflösende, beruhigende sowie adstringierende Effekte. Das extrem harte Holz brennt hervorragend und ist zur Herstellung kleinerer Holzartikel geeignet. Die Früchte dienen als Brotaufstrich (Marmelade, Gelee) und die Blüten ergeben Pudding und Sirup. Getrocknetes, gemahlenes Fruchtfleisch setzte man früher Brotteig zu. Geröstete Früchte dienten als Kaffee-Ersatz. Junge Blätter und Schösslinge liefern Salatbeilagen. Sehr ähnlich wird der **Eingrifflige Weißdorn** (*C. monogyna*) genutzt.

Quitte

Cydonia oblonga Miller

Familie: Rosaceae

Habitus: Strauch oder Baum, 3–8 m hoch, filzige Zweige.

Blätter: Wechselständig, Spreite eiförmig, graugrüne Oberseite, filzig, ganzrandig.

Blüten: Einzeln auf Stielen, groß, fünf Kronblätter, weiß oder rosa, Mai–Juli.

Früchte: Sammelbalgfrucht, gelb, filzig, rundlich-oval.

Herkunft: Sie stammt aus West- und Kleinasien (Iran, Kaukasien), doch ihre Urform ist unbekannt. Im antiken Griechenland gab es um 650–600 v. Chr. Quittenanbau („Goldene Äpfel"). In Mitteleuropa wird sie wohl seit der Römerzeit gepflanzt.

Verbreitung und Anbau: Die frostempfindliche Quitte stellt keine besonderen Bodenansprüche, bevorzugt aber tiefgründige, lockere Lehmböden. Sie wird in Mitteleuropa relativ selten angebaut. Im Februar können reife Samen ausgebracht und Stecklinge gepflanzt werden.

Nutzung: Die Früchte werden als Nahrungsmittel zu Marmelade, Kompott, Gelee und Sirup verarbeitet. Aus gekochten Früchten gepresster Saft geliert leicht aufgrund des hohen Pektingehalts zu einem Gelee. Rohe Früchte sind ungenießbar. Samen (abführend, adstringierend, entzündungshemmend) und Früchte (adstringierend, einhüllend, auswurffördernd, herzwirksam) besitzen Heilwirkungen. Inhaltsstoffe der Samen sind 20% Schleimstoffe, giftige Cyanid-Glykoside und fettes Öl. Die Blätter enthalten 11% Tannine und Rutinflavonoid. Zu Heilzwecken wurden früher Früchte und Samen bei Verdauungsbeschwerden, Durchfall und als Lotion zur Behandlung von Augenleiden verwendet. Die Samen wurden zudem bei Husten, Magen- und Darmkatarren sowie als Umschläge bei Verletzungen und Gelenkentzündungen eingesetzt. Schleimstoffe aus den Samen eignen sich als Bindemittel und als Ersatz für Gummi arabicum.

Schlehdorn (Schwarzdorn)

Prunus spinosa L.

Familie: Rosaceae
Habitus: Sommergrüner, buschiger Strauch, 1–5 m hoch, sehr dornig, Zweige in der Jugend samtartig behaart, Rinde dunkel.
Blätter: Wechselständig, eiförmig, oben dunkel-, unten blassgrün, Rand gezähnt.
Blüten: Einzeln, gestielt, fünf weiße Kronblätter, Kelch glockig, März–Mai.
Früchte: Kugelige Steinfrüchte, blau-schwarz bereift, grünes Fruchtfleisch.
Herkunft: Einheimisch.
Verbreitung und Anbau: Die Schlehe ist für Knicks und Hecken typisch. Sie braucht Licht, Wärme und lockere, sowie humusreiche Böden. Im Anbau wird sie durch Stecklinge (Frühjahr) oder Aussaat (Herbst) vermehrt.
Nutzung: Die Frucht schmeckt roh sehr sauer und wird hauptsächlich zu Saft, Gelee oder Schnaps verarbeitet. Sie ist roh erst nach mehrmaligem Durchfrieren genießbar. Trockenfrüchte sind Bestandteil von Kräutertees. Die Blüten liefern Salatzutaten und man nimmt sie als Tee bei Atemwegsbeschwerden, Erkältungen, als Abführmittel sowie zur Behandlung von Magenkrämpfen, Blähungen, Darm-, Gallen- und Nierenleiden. Früher wurden sie, wie die Rinde, auch als Fiebermittel eingesetzt. Hauptwirkstoffe der Blüten sind Quercetin-, Kampferol- sowie Blausäureglykoside (Amygdalin). Der adstringierende, saure Fruchtsaft diente zum Gurgeln bei Mund-, Hals- und Zahnfleischentzündungen. Schlehensirup und -wein gelten als harntreibend und mildes Abführmittel. Marmelade und Gelee sollen magenstärkend wirken. Mit dem Saft lassen sich bei Naturtextilien pinkfarbene und mit Alaunbeize purpurne Färbungen erzielen. Aus der Rinde extrahierte Tannine dienten zur Herstellung von Tinte. Die Blätter ergeben einen grünen Farbstoff. Das schwarze, sehr harte Holz wird zum Drechseln und für Rechenzacken genommen.

Gewöhnlicher Sanddorn
Hippophaë rhamnoides L.

Familie: Elaeagnaceae
Habitus: Mehrjähriger, buschiger Strauch oder kleiner Baum, 3–6 m hoch, Äste dornig, Zweige mit silbrigen Schuppen bedeckt.
Blätter: Wechselständig, Stiele kurz oder fehlend, Spreite schmal-lanzettlich, Rand oft eingerollt, Oberseite kahl, graugrün, Unterseite silbrig behaart.
Blüten: Diözisch, als kurze Ähren in den Blattachseln, erblühen bevor die Blätter erscheinen, unauffällig, sehr klein (3 mm Durchmesser), zwei bräunliche Kelchblätter, Kronblätter fehlend, März–Mai.
Früchte: Kleine Nussfrüchte, bilden von fleischiger Kelchröhre umschlossene orangerote Scheinbeeren.
Herkunft: Einheimisch.
Verbreitung und Anbau: Der Gewöhnliche Sanddorn kommt in gemäßigten Breiten Europas und Asiens vor. In Deutschland wächst er überwiegend an den norddeutschen Küsten, am Bodensee, in den Alpen, im Alpenvorland sowie im Oberrhein- und Donautal. Er gedeiht auf nährstoffreichem und feuchtem, kiesigem oder sandigem Untergrund. Meistens steht er auf Sanddünen, Klippen, an Ufern und im Schotter von Flussbetten.
Nutzung: Die essbaren, roh sehr sauer schmeckenden Früchte enthalten ca. 0,5% Vitamin C, Carotinoide (Vitamin A), Flavonoide und Fruchtsäuren. Aus Sanddornfrüchten stellt man Kompott, Marmelade, Saft und Fruchtliköre her. Sanddornsaft wird gerne zur Stärkung des Immunsystems bei Erkältungskrankheiten getrunken. Er verbessert auch die Sehkraft und unterstützt die Wundheilung. Unreife Beeren lindern Durchfallerkrankungen und stillen Blutungen. Früher nahm man Sanddorn auch gegen Vitamin-C-Mangel (Skorbut). Sanddornsaft wird auch in Zahncremes und Kosmetika verarbeitet. Er kann auch als natürliches Rouge oder

Lippenstift verwendet werden. Aus den Früchten lässt sich ein medizinisches Öl zur Behandlung von Herzbeschwerden, Magen-Darm-Erkrankungen, Ekzemen, Verbrennungen und Strahlenverletzungen herstellen. Auch die Zweige liefern ein Öl, das zur Behandlung von Brandverletzungen dient. Die Inhaltsstoffe der Früchte werden derzeit auf potentielle Wirkungen gegen Krebs getestet. Aus den Zweigen, Blättern und Wurzeln lässt sich ein gelber Naturfarbstoff gewinnen. Das dauerhafte, harte Holz kann gut poliert werden. Es besitzt nur lokale Bedeutung und wird zum Drechseln, als Brennholz oder Holzkohle verwendet.

Wein
Vitis vinifera L.

Familie: Vitaceae

Habitus: Strauchförmige, verholzte Rankenpflanze, 5–20 m lang, Ranken entsprechen umgewandelten Blütenständen, Rinde alter Reben löst sich in langen Fasern ab.

Blätter: Wechselständig, lange Stiele, Umriss rund, handförmig geteilt, 3–5 grob gezähnte Lappen, z. T. rot oder violett.

Blüten: In Rispen, fünf gelbgrüne Kronblätter, an der Spitze verwachsen, beim Erblühen als Haube abfallend, Mai–Juni.

Früchte: Große, saftige Beeren in dichten, hängenden Trauben, gelblich, grün oder blauviolett, mit dünner Wachsschicht.

Herkunft: Im Tertiär (vor 65–2 Mio. Jahren) gab es mehrere Arten in Europa, aber nur *Vitis vinifera* ssp. *sylvestris* überstand die Eiszeiten in wenigen Enklaven Südeuropas und Vorderasiens. Aus ihr entstand die Kulturform *V. v.* ssp.

vinifera. In Flusstälern Mesopotamiens und Armeniens reifen auch wilde Reben heran, so dass man dort den Ursprung des Weinbaus um 6000 v. Chr. vermutet. Eventuell begann die Weinkultur auch an der östlichen Mittelmeerküste. Spätestens ab 3500 v. Chr. bauten die Babylonier, Assyrer, Ägypter und Inder Wein an. Auch im antiken Griechenland und Rom betrieb man Weinbau. Im Jahr 600 v. Chr. gründeten griechische Phokäer Marseille. Von dort kam der Wein nach Spanien und Nordwestfrankreich. Mit den Römern gelangte die Weinkultur im 2.–4. Jh. n. Chr. nach Burgund, ins Elsaß, in die Rhein- und Moselregion. Danach verbreitete sich der Weinanbau über Klöster und Kirchen bis zur Ostseeküste und erlebte um 1400 seine größte Ausdehnung. Im Dreißigjährigen Krieg brach der Anbau in vielen Regionen zusammen. Im 19. Jh. schädigten aus Amerika eingeschleppte Schädlinge (Reblaus, Mehltau) den Wein. Schließlich pfropfte man *V. vinifera* auf resistente, amerikanische Sorten (*V. labrusca*, *V. rotundifolia*) auf.

Verbreitung und Anbau: Wildformen der Kulturreben gibt es nur an sehr wenigen Stellen in Auwäldern des Rheintals. Sie bringen kleine, blaue Beeren hervor. Wein liebt Wärme und Sonne, ist aber winterhart und verkraftet Frost. Er bevorzugt feuchte, humusreiche Böden, doch es gibt unter den Sorten unterschiedliche Bodenansprüche. Wein wird oft an südlichen Steilhängen von Flusstälern angebaut. Dort ist die Sonneneinstrahlung am höchsten und in den Tälern staut sich die Wärme. Reben werden im Herbst durch Steckhölzer, halbreife Stecklinge bzw. Augenstecklinge im Spätwinter und nur selten durch Aussaat vermehrt. Die Anzucht erfolgt an Pfählen oder Drahtrahmen.

Nutzung: Weintrauben enthalten 15–25% Zucker, 5% Weinsäure, Vitamine und Mineralien. Die Früchte einiger Sorten liefern Obst, Rosinen, Saft oder Gelee. Die bekannteste Nutzungsform ist die Weinerzeugung. Die Lese wird im Herbst oft manuell durchgeführt. Es fehlen Maschinen, die ohne Qualitäts- und Traubenverluste sammeln. Die Trauben werden nach der Lese gepresst, ohne die Kerne und Stiele zu beschädigen, weil sonst Gerb- und Bitterstoffe den Weingeschmack verändern. Der Presssaft wird zur Gärung in Holzfässer (meistens Rotwein) oder Stahltanks (Weißwein) abgefüllt und mit Hefepilzen versetzt. Hefe vergärt Zucker zu Alkohol und erzeugt je nach Hefeart Nebenprodukte, die jedem Wein einen eigenen Geruch und Geschmack verleihen. Die Gärung dauert Wochen oder Monate, je nachdem, ob und wieviel Restzucker im Wein bleiben soll. Nach der Gärung wird die Flüssigkeit abgezapft, gefiltert (z. B. über Kieselguhr), in Flaschen abgefüllt und verkorkt. Für Eisweine müssen die Trauben erst Frost ausgesetzt sein, bevor sie im gefrorenen Zustand gelesen und unverzüglich gekeltert werden. Für die Sektherstellung wird junger Wein mit Hefe und Fülldosage versetzt (Traubensaftkonzentrat oder in Wein gelöster Zucker). Wein kann zu Branntwein destilliert werden und auch aus Pressrückständen (Trester) wird Schnaps erzeugt. Essig entsteht, wenn Wein oder Traubenmaische an der Luft durch Essigsäurebakterien vergoren wird. Aus Trester und Ablagerungen in den Fässern (Weinstein) gewinnt man Kaliumbitartrat, ein Rohstoff für Backpulver, Abführ- und Flussmittel zum Löten. Traubenkerne eignen sich als Dünger und galten als Kaffee-Ersatz. Kalt gepresstes Traubenkernöl ist eine Rarität (Grünes Gold). Für 1 l Öl benötigt man 150 kg Trester, der 20 kg Kerne enthält. Das Öl enthält 50% Linolsäureglyceride. Es ist ein wertvolles Speiseöl für Salatsoßen, zum Braten und Frittieren. Beim Erhitzen bleiben die Vitamine erhalten. Das Öl beugt Herz-Kreislauf-Erkrankungen vor. Seit ewigen Zeiten wird die Weinrebe als Heilpflanze verwendet. Trauben und Blätter besitzen adstringierende, harntreibende, entzündungshemmende, bakterizide und kreislaufanregende Wirkungen. Auch Wein spricht man Heileffekte bei Arteriosklerose, Durchblutungsstörungen,

Bluthochdruck und Herzinfarkt zu. Er stärkt das Immunsystem, fördert die Hirndurchblutung, Nierenausscheidung und regt das Atemsystem an. Für diverse Weinsorten gelten weitere Indikationen: Erhöhte Cholesterinwerte, Menstruations- und Verdauungsbeschwerden, Blähungen, Gallensteine, Fieber, Halsschmerzen, Zahnfleischbluten, Allergien, Augenerkrankungen, Harnwegs- und Nierenleiden, Wunden und Verbrennungen. Rotwein schützt vermutlich durch auf den Zellstoffwechsel wirkende Anthocyane auch vor Krebs. Weinblätter sind gekocht essbar und dienen oft zum Einwickeln von Speisen. Zudem liefern sie einen gelben Farbstoff und waren als Absude ein Hausmittel gegen Cholera, äußere Blutungen, Wassersucht und Übelkeit. Das dunkelbraune Rebenholz wird zu Spazierstöcken oder Drechselwaren verarbeitet. Es ist hart, zäh und schwer spaltbar.

Haselnuss
Corylus avellana L.

Familie: Betulaceae
Habitus: Strauch oder Baum, 3–6 m hoch, breitwüchsig, verzweigt, glatte Rinde, Zweige mit graubraunen Korkwarzen.
Blätter: Wechselständig, kurze Stiele, Spreite behaart, rundlich, Grund ei- oder herzförmig, Rand doppelt gesägt.
Blüten: Monözisch, männliche Kätzchen hängend, lang, weibliche Blütenstände knospenförmig, mit Büscheln roter Narben an der Spitze, erscheinen vor den Blättern, Februar–April.
Früchte: Nüsse in becherförmiger Hülle.
Herkunft: Einheimisch.
Verbreitung und Anbau: Die Haselnuss steht in ganz Europa in Wäldern, Hecken und an Hohlwegen. Sie braucht viel Licht und nährstoffreiche, lehmige Böden.
Nutzung: Haselnüsse wurden schon in vorgeschichtlicher Zeit wegen ihrer ölhaltigen Nüsse gesammelt. Sie werden gegessen und gemahlen als Zutaten für Backwaren, Joghurt und Süßigkeiten (z. B. Nougat) verwendet. Sie enthalten 60% Fett, 20% Kohlenhydrate, 16% Eiweiß, 4% Faseranteil, Mineralien, Vitamin B und C. Ein Teil der Ernte wird zu wenig haltbarem Speiseöl verarbeitet, das zudem in Farben und Kosmetika enthalten ist. Es hilft auch bei Darmwurminfektionen von Kleinkindern. Fein gemahlene Nüsse sind Bestandteil von Pflege-Gesichtsmasken. Die Nüsse dienten früher zum Polieren und Ölen von Holz. Die Äste liefern gutes Korbwarenmaterial und wurden früher für Wünschelruten genutzt. Das weiche Holz verarbeitet man zu kleineren Holzwaren. Die in Parks anzutreffende **Blut-Hasel** ist eine rotlaubige Varietät der südosteuropäischen **Lambertsnuss** (*C. maxima*). Die Lambertsnuss kam schon in der Karolingerzeit nach Mitteleuropa. Im Handel erhältliche Nüsse stammen meistens von dieser Art bzw. von der südeuropäischen **Baumhasel** (*C. colurna*).

Färber-Ginster
Genista tinctoria L.

Familie: Fabaceae
Habitus: Sommergrüner, buschiger Halbstrauch, 30–80 cm hoch, mit aufrechten, dor-
nenlosen, gerillten, fast kahlen Zweigen, im
oberen Teil beblättert.
Blätter: Wechselständig, Spreite lanzettlich,
spitz, glatt, ganzrandig, dunkelgrün, zwei kleine Nebenblätter an der Blattbasis, die häufig abfallen.
Blüten: In dichten, endständigen, kurzen Trauben, zygomorphe Schmetterlingsblüten, leuchtend-gelb, gestielt, die Nägel der vier unteren
Blumenblätter ringeln sich blitzschnell nach unten ein, wenn sie z. B. von einem Insekt berührt
werden, und öffnen die Blüte, Mai–Juli.
Früchte: Seitlich eingedrückte Hülsen, mei-
stens kahl, mit 6–10 rundlichen, dunklen
Samen.
Herkunft: Einheimisch.
Verbreitung und Anbau: In Mitteleuropa
wächst Färber-Ginster zerstreut in Heiden, Ge-
büschen, lichten Wäldern und auf trockenen
Rasen. Er tritt an einem Ort häufig in dichten
Beständen auf.
Nutzung: Schon in der Antike wurden sowohl
die Blüten als auch das gesamte Kraut zum
Gelbfärben von Wolle und Leinen verwendet.
Besonders die Blüten und jungen Zweige liefern
eine sehr gute Farbqualität. Weitere deutsche
Namen sind Farbkraut oder Gilbkraut. Färber-
Ginster spielte jedoch für die Färberei in England eine wesentlich bedeutendere Rolle als in
Mitteleuropa. Ab dem 14. Jh. erlangte das
„Kendalgrün" große Berühmtheit. Durch Über-
färbungen mit Blau (Waid) entstanden grüne
Textilien, die der englischen Färberei einen her-
ausragenden Ruf im europäischen Raum ver-
schafften. Da in der Nähe der Stadt Kendal
große Mengen an Färber-Ginster wuchsen, erhielt das Grün ihren Namen. Die Blüten enthalten Flavone und die übrige Pflanze zudem mehrere Alkaloide (z. B. Methylcytisin, Anagyrin),
so dass die Pflanze früher zudem als Arzneipflanze genutzt wurde, z. B. als entschlackende,
harntreibende, herzanregende, vasokonstriktori-
sche und blutdruckerhöhende Droge. Sie galt
früher auch als Abführmittel und wurde zur
Beseitigung von Blasensteinen sowie bei Gicht-
schmerzen verwendet. Noch heute erfolgt in
der Kräutermedizin der Einsatz bei Nieren- und
Blasensteinen sowie Verdauungsstörungen. Für
medizinische Zwecke erntet man die Pflanze im
Frühsommer und lässt das Erntegut trocknen.
Eingelegte Blütenknospen bieten sich als Ersatz
für Kapern an. Früher fertigte man aus Stängelfasern vereinzelt ein sehr grobes Tuch und Kordeln.

Besenginster

Sarothamnus scoparius Wimmer

Familie: Fabaceae

Habitus: Mehrjähriger, sommergrüner, buschiger Strauch, 1–2 m hoch, Zweige grün, rutenförmig, fünfkantig gefurcht.

Blätter: Wechselständig, schmal, umgekehrteiförmig oder dreizählig gefingert, unten seidig behaart, vergänglich, nur nach der Blüte an Langtrieben ausdauernd.

Blüten: In zusammengesetzten Trauben, einzeln oder zu zweit in Blattachseln, fünf goldgelbe Kronblätter bilden zygomorphe Schmetterlingsblüte, April–Juni.

Früchte: Flache Hülsen, öffnen beidseitig.

Herkunft: Einheimisch.

Verbreitung und Anbau: Ginster liebt sandige, sonnige Plätze. Er steht oft in Heiden, Kiefernhainen und an Wegrändern.

Nutzung: Besenginster enthält Alkaloide (Spartein u. a.), Amine, ätherisches Öl, Flavonoide, Gerb- und Bitterstoffe. Ginster hilft bei Herzschwäche, denn er verhindert überhöhte Reizbarkeit, Rythmusstörungen, Vorhof- und Kammerflimmern. Die Wirkstoffe verengen zudem die Blutgefäße und wirken diuretisch. Die Volksmedizin nutzte Ginster bei Angina pectoris, Gelbsucht, Ödemen, Nieren- und Blasenleiden sowie zur Blutreinigung. Die Bedeutung blieb wegen seiner Giftigkeit gering. Im Frühjahr oder Herbst gesammelte, getrocknete Blütenspitzen wurden als Tee aufgebrüht oder für Arzneien verarbeitet. Aus den Zweigen stellte man Besen, Körbe etc. her. Das Holz nimmt man selten in der Kunsttischlerei und für Furniere. Blütenknospen dienten als Kapern-, geröstete Früchte als Kaffee- und bittere Triebspitzen als Hopfenersatz beim Bierbrauen. Wurzelrinde lieferte Fasern für Tücher, Netze und sogar Papier. Blütenöl ist in Parfüms enthalten und die Rinde ist eine Gerb- und Farbstoffquelle (gelb, braun). Ginster wird oft an Böschungen gepflanzt, weil er Sandböden verfestigt und mit Stickstoff anreichert.

Rizinus (Wunderbaum)
Ricinus communis L.

Familie: Euphorbiaceae
Habitus: Aufrechter Strauch (in Kultur einjährig), 1–4 m hoch, krautig oder verholzt,
Stämme dunkelrot.
Blätter: Wechselständig, Spreite schildförmig,
in 7–11 zugespitzte, gesägte Lappen geteilt, rot
überlaufen.
Blüten: In endständigen Rispen, monözisch,
weibliche Blüten über den männlichen, Kronblätter fehlen, Staubgefäße verzweigt, Narbe
dreiteilig, rötlich.
Früchte: Stachelige Kapseln.
Herkunft: Rizinus stammt aus den Tropen
Afrikas, wobei die Ursprungsform nicht bekannt
ist. Er wird seit ca. 6000 Jahren angebaut, z. B.
in Ägypten. In Griechenland war Rizinus nach
der Zeitenwende bekannt, wurde aber nur
beschränkt eingesetzt. Erst als 1780 seine abführende Wirkung bekannt wurde, stieg sein
Wert als Heilpflanze deutlich an.
Verbreitung und Anbau: Rizinus wird in warmen Gegenden Mitteleuropas als einjährige
(Zier-) Pflanze angebaut. Er benötigt gut entwässerte, humose Böden und gedeiht an sonnigen Stellen. Er wird durch Aussaat im Frühjahr
vermehrt.
Nutzung: Rizinussamen enthalten ca. 35–55%
Öl, das vorwiegend aus Ricinolsäure besteht,
und das hochgiftige Protein Ricin. Die Samen,
aber auch alle anderen Pflanzenteile, sind ausgesprochen giftig. Im antiken Ägypten wurde
Rizinus als Heil- (Abführmittel) und Ölpflanze
(Lampenöl, Kosmetika) angebaut. Griechische
Gelehrte um 100 n. Chr. glaubten, das Öl könne nur äußerlich bei Dermatosen, Abszessen,
Ekzemen und Kopfschmerzen verwendet werden. Schließlich entdeckte man im 18. Jh. seine
abführende Wirkung. Bei der Aufspaltung des
Öls im Darm bilden sich Substanzen, die die
Darmtätigkeit anregen. Das Öl wird z. T. noch
heute bei Verstopfungen oder Lebensmittelvergiftungen eingesetzt. Ferner ist es in Haarpflege-
mitteln gegen Schuppen, in Augentropfen, Seifen, Lippenstiften und Kosmetika enthalten. Damit erschöpft sich der Einsatz noch nicht, denn
Ricinolsäure kann chemisch sehr gut aufbereitet
werden. Das Öl spielt bei der Produktion von
Kunstfasern, Harzen, rasch trocknenden
Lacken, Spezial-Brennstoffen, Kohlepapier,
Buntstiften, Kerzen, Polituren und Imprägnier-
stoffen für Leder sowie bei der Baumwollfär-
bung eine Rolle. Rizinusöl behält seine Viskosität über einen sehr großen Temperaturbereich
und zersetzt Kautschuk nicht. Es ist daher als
Schmiermittel (z. B. in Flugzeugmotoren) und
als Bremsflüssigkeit in Gebrauch. Die Blätter liefern ein wirksames Insektengift und auch das
Öl vertreibt Ungeziefer. Pressrückstände der Samen nimmt man für Düngemittel. Stangelfasern
können zu Schnüren verflochten werden und
aus der Zellulose der Stängel lassen sich Papier
und Pappe erzeugen.

Laubholz-Mistel
Viscum album L.

Familie: Viscaceae
Habitus: Immergrüner, gabelig verästelter, holziger Strauch, 0,2–1 m hoch, kugelige Wuchsform.
Blätter: Gegenständig an Zweigenden, spatel- oder lanzettlicher Umriss, lederartig, gelbgrüne Färbung.
Blüten: Diözisch, in sitzenden, endständigen Scheindolden, vier unscheinbare, blassgelbe Kelch- und Kronblätter, Februar–April.
Früchte: Weiße, schleimige Scheinbeeren, November–Dezember reif, giftig.
Herkunft: Einheimisch.
Verbreitung und Anbau: Die Laubholz-Mistel wächst als Halbparasit auf Laubbäumen, vor allem Linden, Pappeln, Apfel- und Birnbäumen, und selten auf Nadelbäumen. In Mitteleuropa kommt sie selten oder zerstreut vor. Sie entzieht ihren Wirten Wasser und Nährsalze, be-

treibt aber mit ihren chlorophyllhaltigen Blättern Photosynthese. Vögel verbreiten die Samen. Sie bleiben durch ihr klebriges Fruchtfleisch an der Baumrinde haften und keimen dort auf. Gelegentlich wird sie in Kulturen kommerziell angebaut. Zur Vermehrung werden vom Herbst bis Frühjahr Samen in Rindenspalten von Wirtsbäumen gepresst.
Nutzung: Die Mistel spielt seit ewigen Zeiten eine bedeutende Rolle in der nordischen Mythologie, in der die Pflanze der Göttin der Liebe gewidmet wurde. Keltische Druiden setzten sie allerlei magischen Gebräuen zu. Die Blätter enthalten giftige Viscotoxine und Lectine sowie Phytosterole, Terpene, Flavonoide, cyclische Peptide, Amine, Eiweiße und Polysaccharide. In den Beeren findet man zudem ca. 2% Schleimstoffe, aber es fehlen die Viscotoxine und Lectine. Mistelextrakte besitzen krampflösende, beruhigende, harntreibende, gefäßerweiternde, blutdruckregulierende, zytostatische und das Immunsystem stärkende Eigenschaften. Die Pflanze wird mindestens seit dem 5. Jh. v. Chr. medizinisch genutzt. Mistelkrautpräparate werden bzw. wurden gegen Bluthochdruck, Kreislaufbeschwerden, nervöse Herzstörungen, Schwindel, Nervosität, Epilepsie, Arteriosklerose, innere Blutungen, Krampfadern, Hämorrhoiden, Geschwüre, eitrige Wunden, Rheuma, Arthritis und in der Tumortherapie, vor allem bei Lungen- und Eierstockkrebs, verwendet. Frisches oder getrocknetes, vor der Fruchtreife geschnittenes Kraut sowie die Scheinbeeren werden zu Tees, Tinkturen, Tabletten oder Salben verarbeitet. Blätter oder Früchte sollten wegen ihrer Giftigkeit niemals direkt verzehrt werden. Den klebrigen, zellulosehaltigen Schleim der Früchte verarbeitete man früher für Zugpflaster sowie Leimruten zum Vogelfang (Vogelleim).

Kornelkirsche
(Gelber Hartriegel)
Cornus mas L.

Familie: Cornaceae

Habitus: Mittelgroßer Strauch, 1–5 m hoch, reich verzweigt, junge Zweige olivgrün, angedrückt behaart.

Blätter: Wechselständig, Spreite eiförmig, zugespitzt, oben glänzend, unten hellgrün, ganzrandig.

Blüten: In kleinen Trugdolden, erscheinen vor den Laubblättern, Blütenstände am Grund mit gelbgrünen Hochblättern, Krone aus vier gelben Hüllblättern, März–April.

Früchte: Scharlachrot-glänzende, länglich-elliptische Steinfrüchte mit fleischiger Fruchthülle.

Herkunft: Kaukasus; seit langem eingebürgert.

Verbreitung und Anbau: Die Kornelkirsche wird wegen ihrer Winterhärte häufig in Gärten und Parks Mitteleuropas gepflanzt. Verwilderte Exemplare stehen in Gebüschen und an Waldrändern. Sie braucht kalk- und nährstoffreichen, lockeren Lehmboden.

Nutzung: Das Holz wurde im Altertum zur Herstellung von Wurfspießen genutzt und wird heute noch als sehr hartes, gut polierbares Material für Leitersprossen, Hammerstiele und Wanderstöcke („Ziegenhainer" – nach einem Ort bei Jena benannt) verwendet. Es ist sehr schwer und versinkt im Wasser. Der fleischige Teil der vollreifen Steinfrucht wird nach dem ersten Frost weich und angenehm säuerlich. Der Vitamin-C-Gehalt liegt relativ hoch und bietet einen weiteren Anreiz zur Verwendung der Früchte, etwa für Gelee, Marmelade, Kompott oder alkoholische Getränke. Die Verarbeitung ist recht aufwändig und war früher verbreiteter als heute. Aus dem Orient ist „Sorbet" als ein erfrischendes, kühlendes Getränk bekannt und nach einer Rezeptur aus Russland nehmen in Weinessig eingelegte, reife Früchte einen olivenartigen Geschmack an. Die nach Vanille duftenden Steinkerne wurden gelegentlich als Kaffee-Ersatz verwendet. Früher nutzte man die Blüten (Durchfall) und die adstringierende und fiebersenkende Rinde und Frucht (Darmleiden, Cholera) auch medizinisch. Aus den Blättern können Gerbstoffe gewonnen werden.

Heidekraut (Besenheide)

Calluna vulgaris (L.) Hull

Familie: Ericaceae
Habitus: Immergrüner, reich verzweigter Zwergstrauch, 30–100 cm hoch, niederliegende, wurzelnde Sprosse und aufstrebende, dicht stehende Äste, Rinde graubraun.
Blätter: Wechselständig, sitzen dachziegelartig in vier Zeilen, Spreite nadelförmig-lanzettlich, am Grund mit spitzen, abwärts gerichteten Spornen.
Blüten: In einseitswendigen, beblätterten Trauben, Blüten kurz gestielt, nickend, vier glockig verwachsene Kronblätter, hell violett, Kelch vierzählig, kronblattartig, rotviolett, Außenkelch grün, August–November.
Früchte: Kugelige, vierfächerige Kapseln, mit steifen, weißen Borstenhaaren.
Herkunft: Einheimisch.
Verbreitung und Anbau: Heidekraut wächst häufig in lichten Laubwäldern, Gebüschen und Mooren. Es gedeiht hauptsächlich auf sauren, humosen, nährstoffarmen Sand- oder Torfböden. Das Heidekraut bildet oft großflächige Matten, aber ausgedehnte Heidelandschaften (z. B. Lüneburger Heide) bleiben nur durch regelmäßige Schafbeweidung erhalten. Im Gartenbau wird es zumeist im Sommer durch Ableger der Seitenäste gepflanzt.
Nutzung: Heidekraut wird schon in den Kräuterbüchern des 16. und 17. Jh. ausführlich beschrieben. Auch Dioskurides erwähnte die Nutzung der Blüten bei Bissen und Insektenstichen. Als Droge werden von der Volksmedizin auch heute noch von den Zweigen gerebelte Blüten und während der Blüte gesammeltes, getrocknetes Kraut sowie frische, oberirdische Teile blühender Pflanzen verwendet. Das Kraut enthält Arbutin, Hydrochinon, Flavonoide, Gerbstoffe, Saponine und Mineralien. Zubereitungen aus Heidekraut (Tees, Aufgüsse) werden vor allem bei Rheuma, Nieren-, Blasen- und Prostataerkrankungen angewendet. Zudem soll es bei Magen-Darm-Beschwerden, Gicht, Arthritis, Erkältungen, Husten, Leber- und Gallenleiden sowie bei Schlafstörungen als mildes Schlafmittel helfen. Obwohl der Droge harntreibende, antimikrobielle, antirheumatische, adstringierende und wundheilungsfördernde Wirkungen nachgesagt werden, konnte das bisher nicht eindeutig belegt werden. In Teemischungen finden die Blüten auch als reine Schmuckdroge Verwendung. Die holzigen, zähen Zweige haben in früheren Zeiten noch weitere Nutzungen ermöglicht: Heidekraut war das am häufigsten verwendete Kraut zur Herstellung von Besen und wurde daneben zu Flechtwerk und Seilen (Fasern) verarbeitet. Heidekraut-Reisig brennt ausgezeichnet. Aus der Rinde können Gerbstoffe extrahiert werden und die Treibspitzen liefern gelbe Farbstoffe. Früher erzeugte man aus den Blüten eine Art Wein und mit jungen Schösslingen wurde Bier gewürzt, bis dafür Hopfen eingeführt wurde.

Heidelbeere (Blaubeere)

Vaccinium myrtillus L.

Familie: Ericaceae

Habitus: Sommergrüner, buschiger Halbstrauch, 15–40 cm hoch, Zweige scharfkantig, grün.

Blätter: Wechselständig, kurz gestielt, Spreite klein, eiförmig-elliptisch, zugespitzt, Rand fein gesägt.

Blüten: Einzeln in den Blattachseln, kurz gestielt, nickend, fünf Kronblätter, kugelförmig verwachsen, grünlich oder rosa, April–Juli.

Früchte: Blauschwarz bereifte Beeren.

Herkunft: Die Heidelbeere ist einheimisch. Anfang des 20 Jh. begann man, aus der Wildart spezielle Kultursorten zu züchten. Dabei kreuzte man die großfrüchtige, amerikanische Art *V. corymbosum* ein.

Verbreitung und Anbau: Die Blaubeere steht verbreitet in lichten Wäldern, Heiden und Mooren an mageren Standorten und auf sandigen, kalkfreien Böden. Die Kultivierung erfolgt über Aussaat (Herbst) oder Stecklinge (Sommer).

Nutzung: Die Blaubeere wird als Wildobst, für Kompott, Marmelade, Joghurt, Quark, Süßwaren, Saft und Wein verwendet. Die Beeren enthalten Fruchtsäuren, Pektin, Zucker (20%), Ballaststoffe (5%), Vitamine, Catechingerbstoffe, Anthocyane und Flavonoide. Der Lebensmittelindustrie dient die Blaubeere als Farbstofflieferant zum Färben von Speisen und Getränken. Früher lieferte sie blaue und grüne Textilfarbstoffe. Blätter und Früchte können medizinisch genutzt werden. Die Pflanze besitzt adstringierende und antiseptische Wirkungen. Getrocknete Beeren haben die beste Wirksamkeit. Mit ihnen behandelt die Volksmedizin u. a. Durchfall, Ruhr und Hämorrhoiden. Blattaufgüsse bzw. Tees helfen bei Diabetes, denn sie enthalten blutzuckersenkendes Glukochinon, und dienen als Hausmittel zur Behandlung von Magen-Darm-Beschwerden, Rheuma, Gicht, Mundgeschwüren, Zahnfleisch- und Hauterkrankungen.

Preiselbeere
Vaccinium vitis-idaea L.

Familie: Ericaceae
Habitus: Wintergrüner, niedriger Strauch, 20–30 cm hoch, unterirdische, schuppig beblätterte Ausläufer, Sprosse rundlich, anfangs flaumig behaart, später kahl.
Blätter: Wechselständig, kurz gestielt, Spreite verkehrt-eiförmig, lederartig, Oberseite dunkel-, Unterseite bleichgrün, am Rand oft umgerollt.
Blüten: In mehrblütigen Trauben, Krone glockig verwachsen, 4–5 kleine Kronzipfel, weiß, z. T. rötlich, Mai–August.
Früchte: Beeren, reif scharlachrot.
Herkunft: Einheimisch.
Verbreitung und Anbau: Die Preiselbeere steht verbreitet in Nadelwäldern, Strauchheiden und Mooren. Sie benötigt saure, nährstoffarme Böden mit hohem Humusgehalt. Es gibt inzwischen viele Kultursorten, die über halbreife Stecklinge (Sommer), Augenstecklinge (Frühling, Frühherbst) oder aus gezogenen Setzlingen vermehrt werden. Zudem wird seit zwei Jahrhunderten die im Nordosten der USA beheimatete **Cranberry** (*V. macrocarpon*) angebaut.
Nutzung: Die saftigen, roh säuerlich-herben Beeren liefern Wildobst, finden aber hauptsächlich gekocht in Gelees, Konfitüren, Mus, Saft, Sirup, alkoholischen Getränken oder Soßen Verwendung. Preiselbeeren werden sehr gerne zu Wild gegessen. Sie enthalten Kohlenhydrate (5%), Ballaststoffe (2%), Mineralien und Vitamine. Frische und getrocknete Früchte gelten als gutes Mittel gegen Durchfall. Als Teeaufguss wurden getrocknete Blätter früher gegen Diabetes, Arthritis, Gicht, Rheuma und Gonorrhoe (Tripper) verwendet. Sie enthalten Arbutin, ein Harnwegsantiseptikum, und Hydrochinon. Diese Stoffe haben auch toxische (mutagen, karzinogen) sowie die Leber schädigende Effekte und lassen längere Anwendungen nicht ratsam erscheinen. Blätter und Stiele ergeben einen gelben und die Früchte einen purpurnen Farbstoff.

Rosmarin
Rosmarinus officinalis L.

Familie: Laminaceae
Habitus: Immergrüner, reich verzweigter Strauch, 0,5–1,5 m hoch, Zweige vierkantig, aufsteigend, Borke graubraun, intensives Aroma, zahlreiche Varietäten.
Blätter: Gegenständig, ungestielt, schmal-nadelförmig, Spreite ledrig, Ränder nach unten gerollt, Oberseite dunkelgrün, Unterseite weiß-filzig behaart.
Blüten: Traubige Blütenstände, in wenigblütigen, blattachselständigen Scheinquirlen, fünf Kronblätter, blau, selten weiß oder rosa, zu zweilippiger Blütenkrone verwachsen, Oberlippe geteilt, aufrecht oder zurückgebogen, Unterlippe dreiteilig, mit breitem Mittellappen, zwei hervorspringende Staubblätter, Juni–September.
Früchte: Braune Nüsschen.
Herkunft: Die Heimat des Rosmarins liegt an den Küsten des Mittelmeeres. Im 1. Jh. n. Chr. kam er nach Mitteleuropa. Vor allem Mönche waren für die Ausbreitung verantwortlich. Zuerst war er nur als Gewürz in Gebrauch. Ab dem 16. Jh. wurde er vermehrt in der Medizin eingesetzt.
Verbreitung und Anbau: Rosmarin kommt in Mitteleuropa nur in Garten- bzw. Topfkulturen vor. Er braucht trockene, kalkhaltige Böden. Er überwintert nur in milden Gebieten im Freien, denn er benötigt ca. 10 °C und viel Licht. Die Vermehrung erfolgt über im August geschnittene Stecklinge oder Aussaat im Frühjahr.
Nutzung: Rosmarin enthält ca. 2% ätherisches Öl (Pinen, Camphen, Borneol, Campher, Cineol), ferner Harze, Flavonoide, Gerb- und Bitterstoffe. Blätter und Triebspitzen dienen, besonders in der italienischen Küche, frisch, getrocknet oder pulverisiert als Gewürz für Suppen, Soßen, Salate, Gebäck, Süßwaren, Fleisch-, Fisch-, Pilz- und Kartoffelgerichte sowie für Essig, Wein, Liköre und Tees. Rosmarinöl wurde um 1300 als erstes ätherisches Öl aus einer Pflanze extrahiert und war Bestandteil des ersten destillierten Parfüms: „Aqua Reginae Hungariae". Auch heute findet man es in Parfüms („Kölnisch Wasser"), Seifen, Shampoos, Hautpflegemitteln und Badezusätzen. In der Naturheilkunde wird Rosmarin wegen seiner anregenden, krampflösenden, schmerzstillenden, entzündungshemmenden und schweißtreibenden Wirkungen bei Koliken, Verdauungsstörungen, Nervosität, Migräne, Kopfschmerzen, Hypotonie, Durchblutungsstörungen, Periodenbeschwerden, Gicht und Rheuma eingesetzt. Er kommt als Tee, Weingeist, Badezusatz oder Öl zur Anwendung. Die Blatternte erfolgt von Mai–August. Das Erntegut muss rasch bei maximal 35 °C getrocknet werden, damit die Inhaltsstoffe erhalten bleiben. Früher konservierte man auch Lebensmittel mit Rosmarin. Die Blätter verbrannte man früher als Räucherstäbchen. Blätter und Blüten ergeben einen gelbgrünen Farbstoff.

Schwarzer Holunder
Sambucus nigra L.

Familie: Sambucaceae
Habitus: Sommergrüner Strauch oder Baum, 2–10 m hoch, mit ausgebreiteten Ästen, Rinde am Stamm rissig, mit warzigen Lentizellen, hellbraun-grau, an jungen Zweigen grün.
Blätter: Gegenständig, unpaarig gefiedert, mit 3–7 Fiederpaaren, Blättchen eiförmig oder länglich zugespitzt, Rand dicht gesägt.
Blüten: In großen, flachen, gipfelständigen, dichtblütigen, aufrechten Trugdolden mit fünf Hauptästen, fünf radförmig verwachsene, gelblich-weiße Kronblätter, Juni–Juli.
Früchte: Schwarz-violette, beerenartige Steinfrüchte.
Herkunft: Einheimisch.
Verbreitung und Anbau: Holunder steht wild vor allem in feuchten Wäldern, Gebüschen und auf Schuttplätzen. Kalkhaltiger, nahrhafter Boden ist ideal für ihn. Er wird auch als Kulturstrauch angebaut. Die Vermehrung erfolgt durch Aussaat im Herbst oder Steckhölzer im Winter.
Nutzung: Die Früchte enthalten 9% Ballaststoffe, 7% Kohlenhydrate, Mineralien, ätherisches Öl sowie viel Vitamin C und B. Aus ihnen werden Saft, Sirup, Wein, Gelee, Marmelade, Backwaren und Suppen zubereitet. Roh sind sie wegen harzartiger Stoffe in den Samen, die durch Hitze allerdings unschädlich gemacht werden, ungenießbar und führen zu Vergiftungen. Zudem fanden die Früchte als Färbemittel für bläuliche Farbtöne für Wein, Haare und Textilien Verwendung. In Teig gebackene Blütenstände gelten als Delikatesse. Aus ihnen werden auch Wein, Sekt, Tee und Gelee erzeugt. Die Pflanze war bereits den Griechen des Altertums als Heilmittel bekannt. So berichtet Dioskurides von der Herstellung eines Abführmittels aus Beeren und Rinde. Als Drogen werden vom Kork befreite Rinde, Blüten, Blätter, Früchte und getrocknete Wurzeln verwendet. Da häufig sämtliche Teile des Strauches eine medizinische Verwendung fanden, wurde Holunder auch als „Apotheke des Einödbauern" bezeichnet. Heißer Fruchtsaft und Mus gelten als wirksames Hausmittel gegen Erkältungen und fiebrige Grippe. Tee aus getrockneten Beeren hilft gegen Koliken und Durchfall. Holunderblüten aus sorgfältig getrockneten, gesiebten Blütenständen werden volkstümlich als Tee gegen Erkältungen, Fieber, Nebenhöhlenentzündungen, zur Steigerung der Bronchialsekretion, zum Schwitzen, bei Husten, Schnupfen, Kehlkopfentzündung, Entzündungen im Mund, Rheuma und Gicht empfohlen. Auch die Schulmedizin empfiehlt sie zur Vorbeugung von Grippe und Erkältungen. Äußerlich sollen Kräuterkissen bei Schwellungen, Entzündungen und Schmerzen der Haut durch Verletzungen, Verbrühungen, Frostbeulen etc. helfen. Aus frischen Blüten wird Holunderwasser destilliert. Es wirkt stimulierend und leicht adstringierend. Es wird als Spülung bei Augenleiden und als Hautpflegemittel genommen. Die Blüten sind auch Bestandteil von kosmetischen Ölen, Cremes und Salben. Mit dem Mark junger Zweige behandelte man verbrannte und verbrühte Hautpartien. Innere Rinde nahm man gegen Arthritis und Verstopfung sowie zur Herstellung einer einhüllenden Salbe. Die Wurzel wird nicht mehr verwendet, stellt aber ein hochwirksames Abführmittel dar. Das harte, feste Holz wird von Drechslern geschätzt und wurde früher zu Fleischspießen, Spielzeug und mathematischen Instrumenten verarbeitet. Es gibt Nachweise, dass einst oft Musikinstrumente aus Holunderholz gefertigt wurden. Hohle Stämme lieferten Pfeifen. Aus den Blättern wird ein potentes Insektenmittel hergestellt und man kann mit ihnen Öle und Fette grün anfärben. Mit Alaunbeize liefern sie eine haltbare Farbe. Die Pflanze ist Bestandteil von Kompostdüngern. Der blaue Farbstoff der Früchte eignet sich als Säurezeiger, denn er nimmt in basischem Milieu eine grüne und in saurem Milieu eine rote Farbe an. Holundermark wurde auch bei der Herstellung mikroskopischer Präparate verwendet.

Gewöhnlicher Schneeball
Viburnum opulus L.

Familie: Viburnaceae
Habitus: Mehrjähriger Strauch, buschig verzweigt, 1–4 m hoch, schwach filzig behaart, Zweige kantig, grau, mit schuppigen Knospen.
Blätter: Gegenständig, kurze Stiele, Spreite mit 3–5 Lappen, eiförmig, Rand deutlich gezähnt, Unterseite dicht filzig behaart.
Blüten: In endständigen Trugdolden, innere Blüten fertil, glockenförmig, klein (0,5 cm Durchmesser), Randblüten steril, ausgebreitet (2 cm Durchmesser), beide Typen mit fünfzähliger, weißer Krone, Mai–Juli.
Früchte: Scharlachrote, kugelige Steinfrüchte, Oberfläche glänzend.
Herkunft: Einheimisch.
Verbreitung und Anbau: Der Gewöhnliche Schneeball wächst überwiegend auf schweren, etwas feuchten Böden in der Sonne oder im Halbschatten. Er steht in Hecken, Gebüschen, auf Lichtungen und an Waldrändern. Für Pflanzungen kann er durch Aussaat im Herbst oder durch Stecklinge im Sommer angepflanzt werden.

Nutzung: Die Rinde des Gewöhnlichen Schneeballs enthält ein Cumarin (Scopoletin), das beruhigend und krampflösend auf die Muskulatur wirkt. Weitere Inhaltsstoffe sind der Bitterstoff Viburnin, schmerzlindernde Salicoside, Valeriansäure, Harz und Gerbstoffe, die für eine adstringierende Wirkung sorgen. Schneeball wird bei Schmerzen der Eierstöcke und Gebärmutter, z. B. bei Menstruationsbeschwerden, drohenden Fehlgeburten oder nach Geburten sowie gegen Bluthochdruck, nervöse Verdauungsbeschwerden und Muskelkrämpfe verordnet. Die Rinde wird entweder im Frühjahr vor dem Öffnen der Blattknospen oder im Herbst abgeschält, bevor sich die Blätter verfärben. Aus getrockneten Rindenstücken werden Tees, Aufgüsse, Tinkturen, Salben und Cremes zubereitet. Die Pflanze gilt als schwach giftig und darf nicht ohne ärztlichen Rat verwendet werden. Rohe Beeren erzeugen Übelkeit. Sie können allerdings gekocht verzehrt oder als Gelee eingemacht werden. Aus den Früchten wird ein roter Farbstoff gewonnen und aus getrockneten Früchten kann Tinte hergestellt werden. Früher fertigte man aus den Ästen Spazierstöcke und Fleischspieße.

Efeu

Hedera helix L.

Familie: Araliaceae

Habitus: Immergrüner, kletternder Strauch, verzweigt, Stängel verholzt.

Blätter: Wechselständig, lederartig, Spreite oben dunkelgrün marmoriert, glänzend, unten hell, an jungen Sprossabschnitten unter den Blüten breit-lanzettlich oder eiförmig, sonst 3–5 spitze Lappen.

Blüten: In einfacher, endständiger Dolde, Blüten unscheinbar, fünf grünlich-weiße Kronblätter, Staubgefäße gelb, blüht nur an warmen Orten, August–November.

Früchte: Kugelige, erbsengroße Beeren, blauschwarz, im Winter reif, giftig.

Herkunft: Einheimisch.

Verbreitung und Anbau: Efeu rankt sich mit Haftwurzeln an Bäumen und Mauern empor. Er bevorzugt Lehm- oder Kalkböden und steht auf Ruderalflächen, in Hecken, Laub- und Mischwäldern. Efeu wird in Parks, auf Friedhöfen und zur Gebäudebegrünung gepflanzt, weil er dichte Matten bildet. Eine Pflanze kann 400–500 Jahre, z. T. sogar 1000 Jahre alt werden.

Nutzung: Efeu enthält gegen Bakterien, Pilze, Leberegel und Darmparasiten wirksame Saponine (z. B. Hederasaponin C), ein Amöben abtötendes Alkaloid (Emetin), Glykoside, Mineralien, Jod und Säuren. Die Saponine lösen Krämpfe und fördern den Auswurf. Als Hausmittel nutzte man Blättertee und Tinkturen gegen Darmparasiten, Leberegel, Zahnschmerzen, Hautausschläge, Verbrennungen, Kratze, Warzen, eitrige Entzündungen, Gicht und Rheuma. Die Schulmedizin gebraucht Efeu in Säften oder Tropfen gegen Asthma (vor allem bei Kindern), Bronchitis, Keuch- und Krampfhusten. Achtung, Beeren und junge Blätter lösen Kontaktallergien aus. Bis ins 20. Jh. fertigte man aus dem klebrigen Harz der Luftwurzeln Zahnplomben an. Die Zweige ergeben gelbe und braune Farbstoffe. Blattaufgüsse färben Haare sowie verbleichte Seide und Taft dunkel. In Soda gekochte Blätter liefern Seife. Das Holz wird zum Gravieren verwendet.

Weiße Seerose
Nymphaea alba L.

Familie: Nymphaeaceae
Habitus: Mehrjährige Wasserpflanze, Stiele rund, seilartig, 0,5–2,5 m lang.
Blätter: Wechselständige Schwimmblätter, entspringen dem Rhizom, Stiele sehr lang, Spreite sehr groß, rundlich-oval, weit auseinander stehende Basallappen und tiefe Bucht.
Blüten: Endständig, groß, doppelte Blütenhülle, über 20 Kronblätter, weiß, elliptisch-lanzettlich, Kelch vierblättrig, Narbenkopf flach, Blüten öffnen sich zum Sonnenaufgang und schließen sich nachmittags, Juni–September.
Früchte: Eiförmige Samen, klein, glatt.
Herkunft: Einheimisch.
Verbreitung und Anbau: Die Seerose wächst in der Schwimmblattzone stehender und langsam fließender Gewässer. Sie liebt nährstoffreichen, schlammigen Grund. In der Natur ist sie mittlerweile sehr selten und streng geschützt.

Oft wird sie in Teichen gepflanzt. Die Vermehrung erfolgt meistens über Ausläufer, die man vom Frühjahr bis Frühsommer einsetzt.
Nutzung: Im Herbst, nachdem die Blätter abgestorben sind, lagert das Rhizom große Mengen Stärke ein. Früher erntete man in Notzeiten die Rhizome und stellte daraus Mehl her, das mit Getreidemehl vermischt zum Brotbacken genommen wurde. Auch die Samen sind stärkehaltig. Sie können gegessen oder geröstet als Kaffee-Ersatz genommen werden. Ferner enthält das Rhizom reichlich Gerbstoffe (Gallo-, Ellagtannine). Sie wurden einst extrahiert und zum Gerben von Leder genommen. Gelegentlich verwendete die Kräutermedizin getrocknetes und pulverisiertes Rhizom als adstringierende, antiseptische, schmerzstillende und beruhigende Arznei gegen chronischen Durchfall, Erkrankungen der Vagina, Entzündungen im Mund bzw. Rachen, Furunkel und Verbrennungen. Die **Gelbe Teichrose** (*Nuphar lutea*) kann wie die Weiße Seerose verwendet werden.

Blauer Eisenhut

Aconitum napellus L.

Familie: Ranunculaceae
Habitus: Mehrjährige, aufrechte Staude, 30–150 cm hoch, kahl oder behaart.
Blätter: Wechselständig, 5- bis 7fach fiederteilig, Zipfel schmal-linealisch, untere Blätter gestielt, obere sitzend.
Blüten: In dichten Trauben, fünf blau-violette Blütenhüllblätter, die beiden oberen formen einen kapuzenförmigen Helm, der breiter als hoch ist, Juni–September.
Früchte: Kleine Nussfrüchte.
Herkunft: Einheimisch.
Verbreitung und Anbau: Der Blaue Eisenhut ist eine selten bis zerstreut vorkommende, geschützte Wildpflanze höherer Lagen. Er gedeiht auf feuchten, kalkigen, humus- und stickstoffreichen Böden und ist in Bruchwäldern, Auen, Quellfluren, an Bachufern sowie auf feuchten Almwiesen anzutreffen. Im Gartenbau vermehrt man die Pflanze durch Teilung während der Ruhephase oder durch Aussaat im Frühjahr.
Nutzung: Alle Pflanzenteile enthalten giftige Alkaloide, z. B. Aconitin. Die Wurzel ist am wirksamsten. Sie wird im Herbst ausgegraben und für

Absude, Tinkturen und Salben aufbereitet. Aus dem Blauen Eisenhut werden schmerzlindernde Medikamente gegen Neuralgien, Ischiasschmerzen, Arthritis, Rheuma und Gicht hergestellt. Früher benutzte man ihn auch als Antidot bei Vergiftungen. Zudem besitzt er beruhigende, fiebersenkende und diuretische Wirkungen. Im Jahr 1833 gelang Geiger die Herstellung des Aconitins als Reinsubstanz. Neue Erkenntnisse zeigen, dass es auch gegen Herzinsuffizienz hilft. Eisenhut darf nicht eigenhändig verwendet werden. Im Altertum und Mittelalter lieferte der Eisenhut Pfeil- und Lanzengifte. Aus dem **Gelben Eisenhut** (*A. vulparia*) extrahierte man ebenfalls Gift für Pfeile, Lanzen und Köder zur Fuchs- und Wolfsjagd. Seine Heilkraft ist geringer als die vom Blauen Eisenhut. Der Gelbe Eisenhut besitzt blass-gelbe Blüten, die einen charakteristischen, schmalen und hohen Helm formen. Er gedeiht an feuchten, schattigen Plätzen entlang von Bachufern, Wegrändern und im Gebüsch. Er blüht von Juni bis August.

Sumpfdotterblume

Caltha palustris L.

Familie: Ranunculaceae
Habitus: Mehrjährige Staude, buschiger Wuchs, z. T. kriechend, 15–50 cm hoch, Stiel hohl, unten rot überlaufen.
Blätter: Wechselständig, groß, rund oder nierenförmig, Oberseite dunkelgrün glänzend, Grundblätter gestielt, obere sitzend mit deutlichen Scheiden, Rand gekerbt oder gezähnt.
Blüten: Endständig, fünf dottergelbe, glänzende, eiförmige Hüllblätter, Unterseite z. T. grünlich, März–August.
Früchte: Schwimmfähige Balgfrüchte.
Herkunft: Einheimisch.
Verbreitung und Anbau: Die Sumpfdotterblume ist eine verbreitete Wildpflanze in Feuchtbiotopen, besonders auf nährstoffreichen, feuchten Böden.
Nutzung: In der überlieferten Volksmedizin war die Pflanze bei Gallen- und Leberbeschwerden in Gebrauch. Diese Heilwirkungen sind aber umstritten, denn sie wurden ihr im Sinne der Signaturenlehre zugesprochen. Danach stellt die gelbe Blütenfarbe einen Bezug zur Leber dar. Heute ist die Sumpfdotterblume noch in einigen Hustenmischungen enthalten. Das Kraut enthält reichlich Saponine, ferner Anemonin sowie Cholin. In den Blüten liegt zudem Carotin vor. Bislang wird die Pflanze von der Schulmedizin wegen möglicher Giftwirkungen nicht genutzt. Anemonin wirkt ätzend, es wird aber beim Trocknen abgebaut. Frische Blätter sollen daher nicht gegessen werden, aber junge Blätter lassen sich unter zweimaligem Wasserwechsel als Kochgemüse zubereiten. Auch die Wurzeln sind gekocht essbar. In Essig oder Öl eingelegte Blütenknospen eignen sich als Kapernersatz. Aus der Blüte lässt sich eine gelbe, wenig dauerhafte Farbe gewinnen, die mit Aluminium vermischt verwendet wird.

Gewöhnliche Küchenschelle
Pulsatilla vulgaris Miller

Familie: Ranunculaceae
Habitus: Mehrjährige Staude, Grundrosette
mit blühendem Stiel, 5–40 cm hoch, dicht
weich behaart.
Blätter: Grundblätter in Rosette angeordnet,
lange Stiele, 2- bis 4fach gefiedert, Blattzipfel
schmal, zugespitzt, seidig behaart, drei quirl-
ständige, gefiederte, unten verwachsene Hochblätter umgeben die Blüten.
Blüten: Endständige, glockige Einzelblüte,
zunächst aufrecht, später nickend, sechs breit-
eiförmige, zugespitzte Hüllblätter, purpurn oder
violett gefärbt, außen zottig behaart, zahlreiche
gelbe Staubblätter, März–Mai.
Früchte: Lange Nussfrüchte, mit federförmigen Griffeln versehen, bilden ein buschiges
Köpfchen.
Herkunft: Einheimisch.
Verbreitung und Anbau: Die Küchenschelle
ist eine seltene, streng geschützte Wildpflanze.
Sie liebt sonnige, warme Standorte und gedeiht
auf trockenem, kalkhaltigem Untergrund. Man
findet sie auf Trocken- und Halbtrockenrasen
sowie in lichten Gebüschen. Für die Gartenkultur kann sie durch Teilung nach der Blüte, Wurzelstecklinge im Winter oder Aussaat im Sommer angezogen werden.
Nutzung: Frisches Kraut ist ausgesprochen giftig. Neben Saponinen, Harzen und Gerbstoffen
enthält die Küchenschelle Protoanemonin, ein
starkes Gift, das sich erst beim Trocknen in das
weniger giftige Anemonin umwandelt. Die
Küchenschelle ist eine alte Heilpflanze, die
schon im Mittelalter verwendet wurde. Sie verfügt über beruhigende, krampflösende, blutreinigende und schmerzstillende Eigenschaften.
Die Pflanzen schnitt man während der Blütezeit und verwendete sie frisch für Tinkturen,
Elixiere, Öle und Extrakte oder trocknete sie für
Teezubereitungen. Heute wird die Pflanze nur
noch in der Homöopathie gegen Bronchitis,

Keuchhusten, Husten, Erkältungen, Blutvergif-
tung, Kopfschmerzen, Migräne, Schlaflosigkeit,
Magen-Darm-Erkrankungen, bakterielle Hautin-
fektionen, Glaukome, Gebärmutter- und Eier-
stockentzündungen sowie Nieren- und Blasenleiden gebraucht. Allerdings kann sie auch für
die Schulmedizin in Zukunft zu einer potenten
Heilpflanze werden. Wegen ihrer Giftigkeit darf
sie nur durch ausgebildetes, medizinisches Personal verabreicht werden. Falsche Dosierungen
führen zu Durchfall und Erbrechen. Hautkon-
takt mit dem Kraut ruft Blasenbildung hervor.
Mit einem grünen Farbstoff aus den Blüten färbte man früher Ostereier.

Scharbockskraut

Ranunculus ficaria L.

Familie: Ranunculaceae
Habitus: Mehrjährige, niederliegende, z. T. aufrechte Staude, 5–15 cm hoch, Stängelbasis rot.
Blätter: Wechselständig, lange Stiele, Spreite dreieckig oder herzförmig, Rand wellig, Oberfläche glänzend, untere Blattachseln oft mit Brutknöllchen.
Blüten: Endständig, drei kelchförmige, grünliche Hüllblätter, acht schmal-lanzettliche, gelb glänzende Honigblätter, März–Mai.
Früchte: Balgfrüchte.
Herkunft: Einheimisch.
Verbreitung und Anbau: Scharbockskraut ist ein verbreiteter Frühjahrsblüher an tiefgründigen, feuchten Standorten. Man findet es an schattigen Stellen auf Wiesen, an Bachufern, in Laubwäldern, Gebüschen und Quellfluren.
Nutzung: Scharbockskraut ist reich an Vitamin C, Saponinen (Ficarin), Alkaloiden (Chelidonin,

Cholerythrin) und Gerbstoffen. Früher aß man junge Blätter als Salat gegen Skorbut, eine berüchtigte Vitamin-C-Mangelerkrankung. Daher stammt auch der Name „Scharbock" (= Skorbut). Blätter, Stielspitzen und Blütenknospen schmecken sehr würzig und eignen sich als Suppenzutat. Ferner können sie zu Gemüse verkocht werden. In Essig eingelegte Blütenknospen dienen als Kapernersatz zum Würzen von Fleischgerichten. In einigen Likören sind die Blüten als Aromastoff enthalten. Nach der Blüte bildet sich in den oberirdischen Pflanzenteilen giftiges Protoanemonin. Die sind dann roh nicht mehr zum Verzehr geeignet. Allerdings können noch die stärkehaltigen Wurzeln und Brutknollen als Gemüse zubereitet werden. Die Volksmedizin nutzte Extrakte, Saft oder Tee gegen Hauterkrankungen (Warzen, Krätze). Außerdem wirkt die Pflanze adstringierend und soll gegen Hämorrhoiden helfen. Extrakte sind in Salben und Zäpfchen enthalten. Die Ernte für medizinische Zwecke erfolgt nach der Blüte.

Schwarzkümmel

Nigella sativa L.

Familie: Ranunculaceae
Habitus: Einjähriges Kraut, 20–40 cm hoch,
Stiel leicht behaart, kaum verzweigt.
Blätter: Wechselständig, 2- bis 3fach gefiedert,
Zipfel sehr schmal, linealisch, behaart.
Blüten: Endständige Einzelblüte, fünf weiße
Hüllblätter mit bläulichen oder grünlichen Spitzen, die Fruchtknoten bis zur Spitze verwachsen, Honigblätter zweilippig, kurz becherförmig, Juli–September.
Früchte: Drüsig-raue Balgfrüchte, Samen
schwarz, dreikantig.
Herkunft: Schwarzkümmel stammt aus dem
östlichen Mittelmeerraum und Kleinasien. In
der Zeit Karls „des Großen" begann auch bei
uns der Anbau als Gewürz.
Verbreitung und Anbau: Schwarzkümmel
wird in Mitteleuropa zuweilen an gut entwässerten, sonnigen Stellen kultiviert. Die Aussaat
erfolgt im Herbst oder Frühjahr. Zuletzt ging
der Anbau zurück, daher stehen nur noch selten verwilderte Pflanzen auf Ruderalflächen
und Äckern.
Nutzung: Die Samen besitzen einen würzigen
Muskatgeschmack. In ihrer Heimat waren sie
ein wichtiges Gewürz für Brot, Teigwaren,
Fleisch und Gemüse, bis im 5. Jh. Pfeffer nach
Europa kam. Noch heute findet man die Samen
in griechischen oder türkischen Gewürzmischungen. Die Samen enthalten ätherisches Öl
(1%), Saponine, Gerb- und Bitterstoffe. Das bittere Nigellon löst Bronchialspasmen und Thy-
mochinon fördert den Gallenfluss. Öl und gemahlene Samen spielten als Aufguss in der
Volksmedizin bei Blähungen, Durchfall, Gallen-
koliken, Wurmparasiten, Hodenentzündungen,
Hämorrholden und Abszessen eine Rolle.
Wöchnerinnen nahmen früher Schwarzkümmel
zur Anregung der Milchsekretion. Für die
Schulmedizin könnten die Wirkungen gegen
Asthma und Keuchhusten interessant werden.

Samenöl nahm man früher als Mottenmittel.
Der verwandte **Damaszener Schwarzkümmel** *(N. damascena)* liefert ein Öl, das für
Parfüms und Lippenstifte verwendet wird. Letzterer steht oft als dekorative Pflanze in Kleingärten.

Nutzung: Akelei ist eine alte Heilpflanze. Heute wird die Pflanze wegen ihrer Giftigkeit nur selten verwendet. Besonders die Samen enthalten Alkaloide und ein giftiges Blausäure-Glykosid. Blätter, Wurzel und Samen verfügen über adstringierende, diuretische sowie schweißtreibende Wirkungen und töten Parasiten ab. Die Samen verwendete man früher gegen Haarläuse und andere äußere Körperparasiten. Die Wurzel wurde bei Hauterkrankungen eingesetzt. Blätter und Blüten nutzte man innerlich als Diuretikum, Schlafmittel sowie gegen Skorbut und Gelbsucht. Äußerlich wurden sie bei Hautausschlägen und Mundgeschwüren eingesetzt. In der Homöopathie ist Akelei noch bei Nervenleiden in Gebrauch. Die Blüten sind sehr reich an Nektar und ergeben frisch eine dekorative Salatbeigabe bzw. getrocknet ein Teegetränk.

Gewöhnliche Akelei
Aquilegia vulgaris L.

Familie: Ranunculaceae
Habitus: Einjährige, aufrechte Staude, 30–90 cm hoch, Stängel verzweigt, kahl.
Blätter: Wechselständig, doppelt dreizählig geteilt, Einzelblättchen mit dreieckigem Umriss, rundliche Segmente an der Spitze, Grundblätter lang gestielt, oberste Blätter sitzend.
Blüten: An langen Stielenden, nickend, fünf blaue, weiße oder rote Hüllblätter und fünf gleich gefärbte Honigblätter mit langen, eingerollten Spornen, Mai–Juli.
Früchte: Nussfrüchte.
Herkunft: Einheimisch.
Verbreitung und Anbau: Akelei ist eine verbreitete Wildpflanze an unterschiedlichen Standorten. Sie steht in lichten Mischwäldern, Gebüschen, beschatteten Wiesen und Mooren. Die Pflanze bevorzugt mäßig trockene, nährstoffreiche, lockere Lehm- oder Kalkböden.

Frühlings-Adonisröschen
Adonis vernalis L.

Familie: Ranunculaceae
Habitus: Mehrjährige, aufrechte Staude, 10–30 cm hoch, verzweigt, Stängel glatt, dicht beblättert, am Grund schuppig.
Blätter: Wechselständig, 2- bis 4fach gefiedert, Zipfel fein, linealisch.
Blüten: Endständig, einzeln, groß, aufrecht oder nickend, 10–20 Kronblätter, länglich-lanzettlich, goldgelb glänzend, Kelchblätter eiförmig, März–Mai.
Früchte: Runzlige Nussfrüchte (Achänen).
Herkunft: Ost- und Südeuropa.
Verbreitung und Anbau: Das Frühlings-Adonisröschen ist in Mitteleuropa extrem selten und strengstens geschützt. Es steht an sonnigen Standorten auf trockenen, kalkigen oder sandigen, z. T. steinigen Böden. Man findet es in Steppen, Heidewiesen, Trockenrasen und Kiefernhainen.

Nutzung: Die Pflanze enthält Glykoside mit stärkender und beruhigender Wirkung auf die Herzfunktion. Sie sind in Mitteln gegen Herzinsuffizienz, Herzmuskelschäden, Mitralstenosen, nervöse Herzbeschwerden, Herzrhythmusstörungen, Herzrasen, Ödeme und niedrigen Blutdruck enthalten. Die Wirksamkeit von Monopräparaten ist ein wenig umstritten, doch Kombinationen mit Meerzwiebel und Maiglöckchen zeigen eindeutig positive Effekte. In der Volksmedizin trank man früher einen harntreibenden Tee aus Adonisröschen bei Geschlechtskrankheiten sowie Nieren- und Blasensteinen. Selbstmedikation sollte unterbleiben, da die Glykoside giftig wirken. Das Adonisröschen wird in der Blüte geschnitten und für Tees bzw. Medikamente getrocknet. Auch das verwandte, rot blühende **Sommer-Adonisröschen** (*A. aestivalis*) enthält Herzglykoside. Es diente in der Hausmedizin als Tee zur Blutreinigung, gegen Ödeme, Nieren- und Blasensteine sowie als Schlafmittel für ältere Menschen.

Schöllkraut

Chelidonium majus L.

Familie: Papaveraceae
Habitus: Mehrjährige, buschig verzweigte Staude, 30–90 cm hoch, kahl oder dünn behaart, mit orangem Milchsaft.
Blätter: Wechselständig, Spreite fiederspaltig, Abschnitte stumpf, doppelt gekerbt oder gezähnt, wenig behaart, Unterseite blaugrün.
Blüten: Doldenförmige Blütenstände, vier rundliche, getrennt stehende Kronblätter, goldgelb, April–Oktober.
Früchte: Schotenförmige Kapseln.
Herkunft: Einheimisch.
Verbreitung und Anbau: Schöllkraut liebt schattige, feuchte Stellen auf stickstoffreichem Boden. Es steht oft in der Nähe von Siedlungen, in Unkrautfluren, lichten Wäldern, Hecken und an Wegrändern. Es kann durch Aussaat oder Teilung der Wurzel im Frühling gepflanzt werden.

Nutzung: Der Milchsaft enthält mit Opiaten verwandte Alkaloide, ätherisches Öl, Saponine, Flavonoide und Carotinoide. Schöllkraut besitzt beruhigende, krampflösende, schmerzstillende, harntreibende und abführende Wirkungen. Es regt den Kreislauf und die Gebärmutterfunktion an. Bereits antike, griechische Heilschriften beschreiben Anwendungen bei Gelbsucht, Leberbeschwerden, Gallensteinen, Verstopfung, Gicht und Arthritis. Die moderne Medizin nutzt es auch bei Asthma, Bronchitis, Krampfhusten, Magengeschwüren und für die Krebstherapie. Chelidonin-Alkaloid hemmt Zellteilungen. Absude aus abgekochtem Kraut und der Milchsaft werden traditionell bei Augen- und Hautleiden aufgetragen, denn Schöllkraut hilft gegen Warzen, Hühneraugen, Schuppenflechte sowie Ausschlag. Das Kraut wird in der Blüte geerntet und frisch für Tees, Aufgüsse und Tinkturen verarbeitet. Der Milchsaft verliert beim Trocknen seine Wirkung. Zu hohe Dosen verursachen Durchfall.

Klatsch-Mohn
Papaver rhoeas L.

Familie: Papaveraceae
Habitus: Einjähriges Kraut, 30–60 cm hoch, Stiel feinborstig behaart, wenig verzweigt.
Blätter: Wechselständig, sitzend, Spreite tief fiederspaltig, behaart, blaugrün bereift, Rand gezähnt.
Blüten: Endständige, große Einzelblüte, nur wenige Tage aufblühend, zwei kurzlebige Kelchblätter, vier Kronblätter, scharlachrot mit schwarz gefleckter Basis, Mai–Oktober.
Früchte: Verkehrt-eiförmige Kapseln, Unterseite abgerundet, Samen klein, dunkel.
Herkunft: Einheimisch.
Verbreitung und Anbau: Klatsch-Mohn kommt wild in ganz Europa vor. Er saumt Weg- sowie Ackerränder und steht in Unkrautfluren. Mohn bevorzugt lehmigen, nährstoffreichen Untergrund. Für Kulturen wird er im Herbst oder Frühling ausgesät.

Nutzung: Klatsch-Mohn enthält Alkaloide (Rhoegenin, Rhoeadin), aber keine Opiate, ferner Anthocyane, den roten Farbstoff Rhoearubin, Gerb-, Bitter- und Schleimstoffe. Er besitzt adstringierende, schleimlösende, schmerzstillende, beruhigende und antikarzinogene Effekte. Die Schulmedizin verwendet ihn nicht, doch die Hausmedizin stellt aus den Blütenblättern Tee oder Sirup (besonders für Kinder) gegen Husten, Verdauungsstörungen, Schlaflosigkeit, Fieber und leichte Schmerzen her. Die Blüten werden Tee- und Kräutermischungen als Farbessenz zugesetzt. Zudem liefern sie einen roten Farbstoff zum Färben von Arzneien, Wein und (früher) von Tinte. Sie müssen kurz nach dem Erblühen gesammelt und sorgfältig getrocknet werden, sonst verlieren sie ihre Farbe und Wirkung. Die Samen werden gegessen, ganz oder gemahlen als Gewürz (Gebäck, Salat) verarbeitet und liefern Salat- bzw. Kochöl. Vor der Blüte gepflückte Blätter dienen als Kochgemüse bzw. Salat- und Suppenbeilage.

Schlaf-Mohn
Papaver somniferum L.

Familie: Papaveraceae
Habitus: Einjähriges Kraut, selten verzweigt,
0,3–1,5 m hoch, enthält Milchsaft.
Blätter: Wechselständig, Spreite graugrün, wel-
lig, Rand unregelmäßig gesägt oder gezähnt.
Blüten: Endständige, große Einzelblüte, vier
Kronblätter, violett oder weiß, mit dunklem
Zentrum, zwei Kelchblätter, die früh abfallen,
Juni–August.
Früchte: Kugelige, oben abgeflachte Samen-
kapsel, Samen winzig, grau-schwarz.
Herkunft: Vorderasien, südöstlicher Mittel-
meerraum; vor 3000 Jahren verbreitete er sich
über Griechenland in Europa.
Verbreitung und Anbau: Schlaf-Mohn liebt
Sonne und entwässerten Boden. Der Anbau er-
folgt meistens in Asien, zur Samengewinnung
auch in Europa. In den meisten Ländern ist der
Anbau streng reglementiert.

Nutzung: Die Sumerer nutzten schon um 4000
v. Chr. Schlaf-Mohn als Arzneipflanze. Der narkotisierende, schmerzstillende, adstringierende,
auswurffördernde Milchsaft enthält 25 Alkaloide (z. B. Morphium, Codein, Heroin). Er lindert
Schmerzen, Hustenanfälle und Durchfall. Unreife, grüne Samenkapseln werden angeritzt. Der
herausquellende Milchsaft trocknet zu Rohopium mit 10–20% Morphium ein. Morphium erhält man auch aus Mohnstroh. Rohopium wird
als Gesamtextrakt verwendet oder die Alkaloide
werden isoliert. Morphium ist ein starkes
Schmerzmittel, das bei unheilbaren Leiden verabreicht wird (z. B. Krebs). Nur die Samen sind
alkaloidfrei. Sie werden verzehrt oder in Backwaren und Fleischgerichten verarbeitet. Samenöl enthält 60% Linol- und 30% Ölsäure. Kaltge-
presstes Öl wird als Salatöl (Erste Pressung), für
Farben, Seifen, Cremes, Salben oder (früher) als
Lampenöl (Zweite Pressung) verwendet. Der
Presskuchen dient als eiweißreiches Viehfutter.

Hohler Lerchensporn
Corydalis cava Schweigg et Koerte

Familie: Fumariaceae
Habitus: Mehrjährige Staude, 10–35 cm hoch, Stängel unverzweigt, unten keine schuppigen Niederblätter, Wurzelknolle im Alter hohl.
Blätter: Gegenständig, lange Stiele, Spreite zart, kahl, 2- bis 3fach dreizählig gefingert, ganzrandig, Tragblätter der Blüten sitzend.
Blüten: In endständiger, dichter Traube, Einzelblüten zweilippig, mit zwei gespornten, äußeren und zwei schmalen, inneren Kronblättern, violett oder weiß, Sporn herabgebogen, zwei kleine Kelchblätter, März–Mai.
Früchte: Längliche Kapseln mit dunklen Samen.
Herkunft: Einheimisch.
Verbreitung und Anbau: Der Hohle Lerchensporn ist eine lokal verbreitete Wildpflanze auf feuchten, humusreichen Böden an warmen, halbschattigen Standorten. Er steht im Unterwuchs von Hecken, Gebüschen, lichten Wäldern und auf Ruderalflächen.
Nutzung: Der Hohle Lerchensporn und der nahe verwandte **Gefingerte Lerchensporn** (*C. solida*) sind alte Heilpflanzen. Sie verfügen über krampflösende, schmerzstillende, antiseptische, beruhigende und halluzinogene Wirkungen. Außerdem senkt Lerchensporn den Pulsschlag herab. Besonders die Knolle enthält einige Alkaloide. Aus der Pflanze wurden auch Substanzen extrahiert, die auf die Herzmuskelaktivität und gegen Krebs wirken. Die ältesten Anwendungen sind aus der chinesischen Medizin bekannt, die die Pflanze spätestens seit dem 8. Jh. verwendet. Die Knollen werden entweder vor der Blüte oder während des Sommers ausgegraben, nachdem die oberirdischen Pflanzenteile abgestorben sind. Aus ihnen bereitet die Kräutermedizin Absude zu, die innerlich als Beruhigungs-, Schlaf- und Schmerzmittel, insbesondere bei Menstruationsbeschwerden und Hexenschuss, verabreicht werden. Auch in der Therapie der Parkinson'schen Krankheit und anderer neurologischer Erkrankungen besitzt Lerchensporn eine gewisse Bedeutung. Anwendungen mit Lerchenspornextrakten dürfen wegen möglicher Gesundheitsschäden durch Giftwirkungen nur von qualifiziertem Personal durchgeführt werden.

Gewöhnliches Seifenkraut

Saponaria officinalis L.

Familie: Caryophyllaceae
Habitus: Mehrjährige Staude, 30–80 cm hoch, wenig verzweigt, häufig kriechend, unterirdisches Rhizom, Stängel rötlich, kantig gegliedert.
Blätter: Kreuzgegenständig, ei- oder lanzettlich, zugespitzt, drei deutliche Nerven, Rand leicht gewellt.
Blüten: In endständigen Rispen, Krone ausgebreitet, ragt aus dem walzenförmigen Kelch hervor, fünf rosafarbene, nicht ausgerandete Kronblätter, Juni–September.
Früchte: Kapseln.
Herkunft: Seifenkraut stammt aus den gemäßigten Regionen Eurasiens. Es ist in Mitteleuropa seit Jahrhunderten eingebürgert.
Verbreitung und Anbau: Seifenkraut wächst verbreitet in Unkrautfluren, Auen, an Wegrändern, Ufern und auf Kiesböden. Es liebt lockeren, feuchten Untergrund. Häufig steht Seifenkraut in der Nähe ehemaliger Webereien, die es früher nutzten. Gezielter Anbau erfolgt heute nur noch vereinzelt. Samen werden im Frühjahr ausgebracht und Grünstecklinge werden im Sommer gepflanzt.
Nutzung: Die Assyrer verwendeten Seifenkraut schon im 8. Jh. v. Chr. als Waschmittel. Seifenkraut lieferte bis zur industriellen Seifenherstellung sehr schonende Waschmittel. Antiquitätensammlungen nehmen es immer noch zur Reinigung alter Möbel, Tapeten, Gobbelins und Spitzenarbeiten. Die Blätter, der Stängel, vor allem aber das Rhizom und die Wurzeln enthalten 2–5% Saporubin. Dieses Saponin ist der Hauptwirkstoff des Seifenkrauts. Saponine schäumen in Wasser auf und lösen Schmutz ab. Sie lösen auch Schleim und lassen Pilze absterben. Seifenkraut hilft daher als Heilmittel gegen Akne, Schuppenflechte, Hautekzeme, Husten und verschleimte Bronchien. Zudem regt es den Gallen- und Harnfluss an. Vor der Entdeckung der Antibiotika nahm man es zur Behandlung von Geschlechtskrankheiten (Syphilis). Zu hohe Dosierungen reizen jedoch den Magen-Darm-Trakt und können rote Blutkörperchen schädigen. Früher setzte man es auch Bier zu, um den Schaum zu stabilisieren. Die Blätter werden im Sommer, Rhizome und Wurzeln im Frühherbst gesammelt und jeweils sofort getrocknet. Seifenlauge erzeugt man durch Kochen getrockneter Pflanzenteile in entkalktem Wasser. Tee aus Seifenkraut bereitet man aus einem Wurzel- oder Blätterabsud zu.

Vogel-Sternmiere
Stellaria media (L.) Villars

Familie: Caryophyllaceae
Habitus: Ein-, selten zweijähriges, niederliegendes Kraut, 5–20 cm hoch, Stängel dünn, rund, einreihig behaart.
Blätter: Gegenständig, untere gestielt, Spreite oval-eiförmig, zugespitzt, kahl oder etwas behaart.
Blüten: In lockeren, wenigblütigen Scheindolden, Krone klein, fünf feine, tief gespaltene Kronblätter (z. T. fehlend), so lang wie der Kelch, Staubblätter rot-violett, Januar–Dezember.
Früchte: Kapseln mit sechs Klappen.
Herkunft: Einheimisch.
Verbreitung und Anbau: Die Vogel-Sternmiere ist eine sehr häufige Wildpflanze auf Ruderalflächen, Schuttplätzen, an Weg- und Feldrändern. Sie liebt feuchte, stickstoffreiche Böden und wird als mattenbildender Bodendecker in Gärten gepflanzt. Die Aussaat erfolgt ganzjährig.

Nutzung: Die Vogel-Sternmiere enthält Saponine, Flavonoide (Rutin), Kieselsäure, große Mengen an Kalium sowie Vitamin A, B und C. Es handelt sich um eine alte, bereits im Mittelalter geschätzte Heilpflanze. Sie war wegen ihrer kühlenden und schmerzlindernden Eigenschaften gegen Ekzeme, Geschwüre, Abzesse, Schuppenflechte, Juckreiz und Hautreizungen beliebt. Auch moderne medizinische Hautsalben enthalten Extrakte der Vogel-Sternmiere. Das Kraut verfügt auch über blutreinigende, adstringierende, karminative und antirheumatische Effekte. Die Kräutermedizin verwendet die Vogel-Sternmiere auch bei Verstopfung, Nierenproblemen und als Augenspülung. Für Aufgüsse oder Rheumatees nimmt man getrocknete, für Breiumschläge frische, oberirdische Pflanzenteile, die ganzjährig geschnitten werden. Früher mischte man Kraut und Samen Suppen, Gemüse und Salaten bei oder backte Vogelmieren-Kuchen. Außerdem liefert sie schon lange Futter für Geflügel und Ziervögel.

Kermesbeere
Phytolacca americana L.

Familie: Phytolaccaceae
Habitus: Mehrjährige Staude, 1–2 m hoch, Stängel aufrecht, kräftig, gefurcht, Basis etwas verholzt, Äste rötlich, gabelig verzweigt.
Blätter: Wechselständig, gestielt, Spreite mattgrün, eiförmig-lanzettlich.
Blüten: In mehr oder weniger aufrechten Blütentrauben, zwittrig, Blütenhülle fünfzählig, Hüllblätter breit-eiförmig, grünlich oder blassrosa, Juli–September.
Früchte: Schwarz-purpurne, zehnfurchige, eiförmige Beeren, bedecken traubenartig den Stiel.
Herkunft: Nordamerika.
Verbreitung und Anbau: Die Kermesbeere ist eine sehr anspruchslose, wärmeliebende Pflanze, die in der Sonne und im Halbschatten gedeiht. Sie kommt in Mitteleuropa fast ausschließlich als Kulturpflanze vor. Nur in südli-chen Weinanbaugebieten ist sie verwildert an-zutreffen. Die Vermehrung erfolgt durch Teilung (März, Oktober) oder Aussaat (Frühjahr).
Nutzung: Die Beeren wurden früher, überwiegend in Portugal, Spanien und Frankreich, zum Färben von Rotwein verwendet. Der rote Fruchtsaft wurde außerdem zum Färben von Zuckerwaren, als wenig permanente Tinte und (nicht sehr lichtechter) Textilfarbstoff genutzt. Der Farbstoff (Betacyan) ist dem der Roten Bete ähnlich. Gekochte, junge Schösslinge und Blätter galten in der Vergangenheit als Alternative zum Spargel bzw. Spinat. Abgekochte Früchte lieferten Kuchenzutaten. Rohe oder nur halb gare Pflanzenteile sind aufgrund des Gehaltes an stark schleimhautreizenden Saponinen und toxischen Lectinen giftig und führen u. a. zu Erbrechen, blutigem Durchfall, Schwindel, Blutdruckabfall sowie in schweren Fällen zu Krämpfen und Tod durch Atemlähmung. In Nordamerika war die Kermesbeere eine wichtige Hellpflanze. Früher war dort die Kermesbeere u. a. als Brech- und Abführmittel, gegen Autoimmunerkrankungen, Ulkus, Drüsenschwellungen, Bronchitis, Krebs und Rheuma gebräuchlich. Die Drogen sind getrocknete Wurzeln und die Beeren. Sie haben schmerzstillende, entzündungshemmende, auswurffördernde, antirheumatische und narkotisierende Wirkungen. Derzeit werden weitere Anwendungen im Bereich der antiviralen Therapie bei Grippe, Polio oder HIV erforscht. Die Pflanze enthält sehr potente antivirale und die Zellteilung beeinflussende Proteine. Heute ist die Kermesbeere ein wichtiges Mittel in der Homöopathie (Mandel-, Gelenkentzündungen, grippale Infekte). Aus dem Wurzelstock kann Seife gewonnen werden.

Gewöhnlicher Portulak
Portulaca oleracea L.

Familie: Portulacaceae
Habitus: Einjähriges Kraut, 10–30 cm hoch, Stängel fleischig, kriechend oder aufsteigend, am Grund verzweigt.
Blätter: Wechselständig, oben fast gegenständig, Spreite verkehrt-eiförmig oder oval, fleischig, Grund keilförmig.
Blüten: Je 1–3 in Blattwinkeln oder Gabelästen, fünf blassgelbe Kronblätter, am Grund leicht verwachsen, Juni–September.
Früchte: Deckelkapseln.
Herkunft: Portulak stammt ursprünglich aus Westasien und vom östlichen Mittelmeerraum, wo er seinen Verbreitungsschwerpunkt hat. Aus ihm wurde für Kulturen der **Sommer-Portulak** hervorgezüchtet (*P. o.* ssp. *sativa*), der weniger verzweigt ist sowie zartere und größere Blätter aufweist. Portulak war schon im antiken Griechenland (3. Jh. v. Chr.) und Rom (1. Jh. n. Chr.) eine Nahrungspflanze. Er ist auch schon lange in Mitteleuropa eingebürgert, wie Samenfunde aus der Römerzeit und dem Spätmittelalter (13.–15. Jh.) zeigen. Das Kräuterbuch von Leonhart Fuchs (1543) nennt den Gewöhnlichen und Sommer-Portulak. Er konnte jedoch wohl in Mitteleuropa erst ab dem 18. Jh. mit Einsetzen von regelmäßig warmem Sommerwetter verstärkt angebaut werden. Heute ist er nahezu in Vergessenheit geraten.
Verbreitung und Anbau: Portulak wächst verwildert in Unkrautfluren, an Äckern, Wegen und Bahndämmen in sommerwarmen Regionen (Elsaß, Rheintal, Bodensee etc.). Er liebt nährstoff- oder kalkreiche Sandböden an offenen, sonnigen Stellen. Sommer-Portulak wird von Mai bis September ausgesät und nach 3–4 Wochen geerntet. In den letzten Jahren kam mit dem nordamerikanischen **Winter-Portulak** (*Montia perfoliata*) ein weiteres Portulakgewächs als Salat in den Nahrungspflanzenanbau.
Nutzung: Die würzigen Blätter und Triebspitzen werden für Salate, Gemüse, Soßen, Suppen und Kräuterquarks verarbeitet. Portulak kann frisch, gefrostet oder eingelegt verwendet werden, letzteren aß man früher im Winter zur Skorbutvorbeugung. Die Blütenknospen galten als Kapernersatz. Weitere Inhaltsstoffe sind 3,5% Kohlenhydrate, je 1,5% Eiweiß und Ballaststoffe sowie Mineralien, besonders Magnesium, Calcium, Kalium und Eisen. Zudem enthält Portulak Vitamin C, B und A. Die fett- und proteinreichen Samen lassen sich gemahlen als Mehlzusatz für Brot und Pfannkuchen verwenden. Portulak enthält Ω-3-Fettsäuren, die vor Herzinfarkten schützen und das Immunsystem stärken. Ferner wirkt das Kraut fiebersenkend, diuretisch und antiseptisch. Presssaft und Breiumschläge dienten der Volksmedizin zur Behandlung von Husten, Ohrenschmerzen, Insektenstichen, Verbrennungen und Furunkeln. Tees und Aufgüsse nahm man gegen Kopfschmerzen, Ruhr, Magen-Darm-Entzündungen, Blutungen und Hämorrhoiden.

Futter-Rübe (Runkel-Rübe)

Beta vulgaris var. *rapacea* Koch

Familie: Chenopodiaceae
Habitus: Zweijähriges Kraut, 0,5–2 m hoch, Spross reich verzweigt, Hypokotyl und z. T. Wurzel bilden im ersten Jahr einen dicken, überwiegend oberirdischen Rübenkörper (Sprossrübe), Rinde meistens gelblich, Fleisch weiß.
Blätter: Grundständige Blattrosette, erscheint im ersten Jahr, lange, kräftige Stiele, Spreite oval, ledrig, gewellt, Rand grob gekerbt, Blütensprossblätter wechselständig.
Blüten: Im zweiten Jahr erscheinen knäuelige Teilblütenstände mit 2–4 Blüten, die insgesamt einen rispigen Blütenstand formen, Blüten unscheinbar grünlich, zwittrig, Blütenhülle (Perianth) fünfspaltig, Juni–September.
Früchte: Einsamige, an der Basis verwachsene Nüsschen.
Herkunft: Als Urform der Rüben gilt die Wildbete (*B. vulgaris* ssp. *maritima*) mit ihrer bleistiftdünnen, essbaren Wurzel. Sie ist an der Nordsee- und Mittelmeerküste heimisch. Der älteste Fund stammt aus Nordholland (2000 v. Chr.). Als Nutzpflanze wurde die Rübe jedoch zuerst in Babylonien (800 v. Chr.) erwähnt, gelangte aber offenbar über den Seehandel erst von Sizilien aus dorthin. Für Mitteleuropa sind alle Nennungen bis 1561 unsicher. In der heutigen Zeit hat die Futter-Rübe wegen der Konkurrenz durch den Mais viel von ihrer Bedeutung eingebüßt.
Anbau und Verbreitung: Die Futter-Rübe gibt es in Mitteleuropa nur als Kulturpflanze im Feldbau. Sie liebt tiefgründige, feinkrümelige, humus- und nährstoffreiche Böden bei sehr guter Wasserversorgung. Die Rübe gedeiht am besten unter warmem Klima mit langer Sonnenscheindauer während der Wachstumsphase. Die Samen sind gegen Trockenheit, Nässe und Infektionen sehr empfindlich. Im Frühjahr erfolgt die Aussaat. Im Oktober beginnt die Ernte mit Rodemaschinen. Zur Samengewinnung werden junge Rüben im Herbst für eine erneutes Pflanzen im nächsten Frühjahr eingelagert.
Nutzung: Der Rübenkörper enthält 88% Wasser und etwa 5% Zucker. Er dient seit ewigen Zeiten als Winterfutter für Nutztiere, vornehmlich für Rinder. Die Blätter werden entweder unmittelbar frisch oder als Silage verfüttert. Sowohl die Blätter als auch die Stiele können als Gemüse zubereitet werden, obwohl sie nicht übermäßig lecker schmecken. Die Blütentriebe bieten eine Alternative zu Brokkoli.

Zucker-Rübe

Beta vulgaris var. *altissima* Döll

Familie: Chenopodiaceae
Habitus: s. Futter-Rübe, Rübe aber überwiegend unterirdisch (Wurzelrübe), vor allem von der Wurzel und nur z. T. vom Hypocotyl gebildet, Rinde und Fleisch weiß.
Blätter: s. Futter-Rübe.
Blüten: s. Futter-Rübe.
Früchte: s. Futter-Rübe.
Herkunft: Als Urform der Rübe gilt ebenfalls die Wildbete (*B. vulgaris* ssp. *maritima*). Lange Zeit gab es neben teuer importiertem Rohrzucker nur Honig als heimischen Süßstoff. Im Jahr 1747 fand der Apotheker S. Markgraf heraus, dass Rüben- und Rohrzucker identisch sind. Ab Mitte des 18. Jh. begann die systematische Züchtung von Zucker-Rüben. Im Jahr 1802 öffnete in Schlesien die erste Rübenzuckerfabrik. Als Zuckerimporte aus England wegen der Kontinentalblockade durch Napoleon ausfielen, erlebte Rübenzucker einen ersten, kurzen Boom. Der Anbau kam danach erst ab Mitte des 19. Jh. durch die Züchtung von Hochleistungssorten wieder in Schwung.
Verbreitung und Anbau: Bezüglich Anbau und Ernte unterscheidet sich die Futterrübe nicht von der Zuckerrübe. Nach der Ernte müssen die Rübenkörper rasch verarbeitet werden, weil der Zucker sonst veratmet wird.
Nutzung: Die Rüben und auch die Blätter wurden als Gemüse gegessen. Erste Kulturformen enthielten 6–8% Zucker (Saccharose). Anfang des 20. Jh. betrug der Zuckeranteil 16%. Moderne Zuchtrüben enthalten 20% Zucker. In Fabriken zerkleinert man sie zu Schnitzeln. Aus mit Wasser versetzten und erhitzten Schnitzeln gewinnt man den Rohsaft. Er wird zu Dünnsaft gereinigt, zu Dicksaft eingedampft, bis schließlich brauner Rohzucker abzentrifugiert und auskristallisiert wird. Rohzucker wird oft zu weißem Zucker raffiniert. Rübenschnitzel und Melasse, ein Rückstand bei der Zuckergewin-

nung, dienen als Futtermittel. Der Zucker kommt direkt in den Handel oder wird von der Lebensmittelindustrie als Süßmittel gebraucht. Auch im Nonfood-Bereich wird Rübenzucker vielfältig eingesetzt. Die Biotechnologie nimmt ihn als Energie- und Kohlenhydratquelle für Mikroorganismen. Der Chemieindustrie dient Rohzucker als Rohstoff für Polyurethane, Polyolharze und Saccharosetenside, die für Folien, Polsterungen, Klebstoffe, Kosmetika, Lacke, Pharmaka, Dichtungs- und Lebensmittel gebraucht werden. Glucose liefert Glukonsäure, Sorbitol und Tenside (Alkylpolyglukoside) für Waschmittel, Textildruck-Additive, Pharmaka, Kunststoffe, Konservierungs-, Frostschutz-, Wasch- und Reinigungsmittel. Fructose liefert Alkohole und Aldehyde (Furfurale) für Kunststoffpolymere, Farben, Pigmente, Detergenzien und Agrochemikalien. Spezielle Bakterien überführen Zucker in Polyhydroxybuttersäure (PHB), woraus man biologisch abbaubare Kunststoffe für Becher, Flaschen, Folien etc. erzeugt.

Mangold
Beta vulgaris var. *cicla* L.

Familie: Chenopodiaceae
Habitus: Zweijähriges Kraut, im ersten Jahr aufrechte Blattrosette, 0,3–1 m hoch, im zweiten Jahr Ausbildung eines verzweigten Blütenschaftes, wenig verdickte, helle Hauptwurzel.
Blätter: Grundblattrosette mit aufrechten Blättern, Stiele kräftig (Speicherorgane), sortenabhängig rot, weiß oder gelb, Spreite oval, ledrig, gewellt, Rand grob gekerbt, Sprossblätter wechselständig.
Blüten: In knäueligen Teilblütenständen (Quirlen) mit 2–4 Blüten, bilden insgesamt einen rispigen Blütenstand, unscheinbar grünlich, zwittrig, Perianth fünfspaltig, Juni–September.
Früchte: Fruchtknäuel mit einsamigen, kleinen Nüsschen.
Herkunft: Auch Mangold ist ein Abkömmling der Wildbete (*B. vulgaris* ssp. *maritima*), die an den Spülsäumen der europäischen Meereskü-

sten wild wächst. Mangold gilt als eine der ältesten, genutzten *Beta*-Rübenarten. Er gelangte wohl über Sizilien nach Babylonien (800 v. Chr.) und die Römer brachten ihn schließlich nach Mitteleuropa, wie Funde in Kastellen zeigen. Zur Zeit Karls „des Großen" wurde er vermutlich in Klostergärten der Benediktiner und in kaiserlichen Gärten gepflanzt. Eine gesicherte Darstellung stammt erst aus dem Jahr 1532. Mangoldanbau war in der Zeit danach sehr verbreitet, wurde aber vom 16. Jh. an durch Spinat zurückgedrängt. Er blieb jedoch bis ins 20. Jh. ein wichtiges Gemüse.
Verbreitung und Anbau: Mangold ist sehr robust und stellt kaum Ansprüche an seinen Standort. Auch im Halbschatten wächst er noch üppig. Während des Sommers können die äußeren Blätter immer wieder frisch geerntet werden. Bleiben die inneren Blätter unbeschädigt, treibt die Pflanze bis in den Herbst neue Blätter aus. Mangold ist winterhart und kann die kalten Monate gut überdauern. Im Gewächshaus kann er fortlaufend geerntet werden, wobei nur winterlicher Lichtmangel die hohen Erträge bremst. Die Aussaat erfolgt von April bis Juni.
Nutzung: Mangold enthält 3% Kohlenhydrate, 2% Eiweiß, 1,7% Mineralstoffe, Carotin (0,004%), Vitamin C (0,04%) und auch 0,7% Oxalsäure. Er liefert Blatt- und Blattstielgemüse und wird gerne in Eintopfgerichten verarbeitet. Man unterscheidet den wie Spinat zubereiteten Schnitt- oder Blattmangold mit schmaler Mittelrippe von dem Rippenmangold mit breiten, fleischigen Blattrippen, die mit den Blattstielen als spargelartiges Gemüse verwendet werden. Früher wurde Mangold auch zu medizinischen Zwecken verwendet, z. B. Presssaft bei Zahn- und Ohrenschmerzen.

Rote Bete (Rote Rübe)

Beta vulgaris var. *vulgaris* L. (syn. *B. v.* var. *conditiva* Alefeld)

Familie: Chenopodiaceae

Habitus: Zweijähriges Kraut, 0,6–1,5 m hoch, geschwollene, rote (selten weiße) Sprossrübe (Hypocotyl), im ersten Jahr mit Blattrosette, im zweiten Jahr erscheint der Blütenspross („Schosser").

Blätter: Grundständige Blattrosette, sehr lange, dünne Stiele, mit kräftiger rötlicher Färbung, Spreite ledrig, gewellt, Rand gesägt, Sprossblätter wechselständig.

Blüten: Einzeln oder in knäueligen Teilblütenständen (Quirlen) mit 2–4 Blüten, bilden insgesamt einen rispigen Blütenstand, unscheinbar, zwittrig, Perianth fünfspaltig, grün oder rötlichgrün, Juni–September.

Früchte: Fruchtknäuel mit einsamigen, kleinen Nüsschen.

Herkunft: Die Rote Bete stammt wie Mangold, Zucker- und Futterrüben von der Wildbete (*B. vulgaris* ssp. *maritima*) ab und kam mit den Römern nach Mitteleuropa. Erste Nennungen stammen aus dem 9. Jh., doch auch für diese Art gibt es erst ab dem 15. Jh. gesicherte Beschreibungen. Moderne Zuchtformen entstanden im 19. und 20. Jh., wobei die Rübe eine gleichmäßigere Farbverteilung annahm.

Verbreitung und Anbau: Als anspruchslose Pflanze ist die Rote Bete heute sehr verbreitet. Sie wird am besten auf tiefen, humosen und feuchten Lehmböden angepflanzt. Die Aussaat erfolgt von April–Mai.

Nutzung: Die augenfällige rote Farbe beruht hauptsächlich auf dem Glykosid Betanin, einem Farbstoff, der die Rote Bete in der Vergangenheit auch zu einer Färberpflanze werden ließ. Betanin verwendet man heute noch als Naturfarbstoff für Lebensmittel, der aber nicht sehr hitzebeständig ist. Sorten mit gelber oder weißer Rübe enthalten Betaxanthin. Die Knolle enthält etwa 8,5% Kohlenhydrate (Saccharose, Glucose, Fructose, Pektin), 2,5% Ballaststoffe, 1,5% Eiweiß, 1% Mineralstoffe (Kalium, Calcium, Eisen), Vitamin A, B und C, Frucht- sowie etwas Oxalsäure. Rote Bete wird gekocht bzw. gedünstet als Gemüse oder süß-sauer eingelegt als Salat gegessen. Zudem presst man Saft aus der Rübe. Die Pflanze soll gesundheitsfördernde Wirkungen haben. So gilt sie als appetitanregend, blutbildend und gallensekretionsfördernd. Im medizinischen Bereich wird der Frischsaft in der Krebsbehandlung eingesetzt, da er die Sauerstoffversorgung der Blutes verbessern soll. In der Volksheilkunde wird Rote Bete bei Blutarmut, Leber- und Nierenleiden empfohlen. Die Aufnahme sehr großer Mengen der Droge können jedoch wegen des Oxalsäuregehaltes zu Nierenschäden führen.

Guter Heinrich
Chenopodium bonus-henricus L.

Familie: Chenopodiaceae
Habitus: Mehrjährige, aufrechte Staude, 15–60 cm hoch, Stiel kantig, bogig aufsteigend, verzweigt, z. T. rötlich, anfangs mehlig bestäubt.
Blätter: Wechselständig, untere Stiele geflügelt, Spreite dreieckig oder spießförmig, Rand leicht buchtig eingesenkt.
Blüten: In knäuelförmigen Ähren, bilden gemeinsam eine endständige, fast blattlose, oft nickende Rispe, Blüten zwittrig, klein, unscheinbar grün, Blütenhülle mit 3–5 Zipfeln, Mai–August.
Früchte: Dunkelbraune oder schwarze, in die Blütenhülle eingeschlossene Achänen.
Herkunft: Ursprünglich stammt Guter Heinrich aus dem Mittelmeerraum. Er ist aber seit dem Altertum eingebürgert.
Verbreitung und Anbau: Guter Heinrich kommt bei uns als Wildpflanze eher selten vor.

Er steht meistens in der Umgebung von Siedlungen, auf Ruderalflächen, Weiden und an Wegrändern. Er bevorzugt sandige, nährstoffreiche Lehmböden. Im Gartenbau erfolgt die Aussaat von Mai bis Oktober. Er gilt als sehr robust.
Nutzung: Der Gute Heinrich ist eine alte, fast in Vergessenheit geratene Gemüsepflanze mit einem herben Aroma. Junge Blätter und Sprosse enthalten viele Mineralien (Eisen etc.) und Vitamine. Sie können wie Spinat bzw. Spargel zubereitet oder als Suppenzutat verwendet werden. Mancherorts galten die Knospen als Delikatesse. Die Pflanze besitzt leicht abführende und vermifuge Wirkungen. Sie enthält Saponine und Oxalsäure, die sich bei Nierenleiden, Arthritis, Rheuma etc. ungünstig auswirken. Früher legte man Breiumschläge zur Behandlung hartnäckiger Wunden, Abszesse und Verbrennungen an. Das Kraut liefert zudem goldene und grüne Farbtöne. Die Samen mischte man früher gelegentlich Brotmehl bei. Zuvor mussten aber die Saponine ausgespült werden.

Gemeiner Queller
Salicornia europaea L.

Familie: Chenopodiaceae
Habitus: Einjähriges, z. T. mehrjähriges, sukkulentes Kraut, 10–40 cm hoch, regelmäßig gegenständig verzweigt, Stängel dickfleischig, knotig gegliedert, hellgrün, zur Blütezeit rötlich gefärbt.
Blätter: Gegenständig, paarweise scheidenförmig verwachsen, Spreite schuppig, fleischig, durchscheinend.
Blüten: In endständiger Ähre, Blüten klein, zwittrig, in den Spross eingesenkt, Hülle mit 3–4 Lappen.
Früchte: Achänen.
Herkunft: Einheimisch.
Verbreitung und Anbau: Queller ist eine häufige Pionierpflanze an Schlickküsten der Nord- und Ostsee. Außerdem wächst er in Salzwiesen und vereinzelt an salzigen Stellen des Binnenlandes. Er bildet oft größere Polster. Queller lässt sich nur schwer kultivieren. Reife Samen müssen im Herbst in feuchter Erde ausgesät werden.
Nutzung: Das Kraut liefert ein salziges Kochgemüse, eine frische Suppenbeilage und es kann roh oder sauer eingelegt als Salatbeilage verwendet werden. Queller spielte als Pionierpflanze bei der Landgewinnung an der Nordseeküste eine große Rolle, weil er den Schlick verfestigt. Ferner gewann man früher Pottasche für die Glas- und Seifenherstellung aus Queller. Die Samen enthalten reichlich Protein und ein hochwertiges Öl, lassen sich aber nur sehr mühselig sammeln. Das Samenöl besitzt eine ähnlich hohe Qualität, wie das der Färberdistel. Gelegentlich nahm man sie früher als Mehlzusatz. Auch Kühe fressen die Pflanze gerne. Neben dem Gemeinen Queller gibt es im Watt einige andere Wuchsformen, die als eigenständige Kleinarten betrachtet werden, so der **Ästige Queller** *(S. ramosissima)* oder der **Aufrechte Queller** *(S. dolichostachya)*.

Kali-Salzkraut

Salsola kali L.

Familie: Chenopodiaceae

Habitus: Einjähriges, aufrechtes Kraut, 30–90 cm hoch, Stängel kahl oder spärlich rau behaart, locker ästig oder buschig verzweigt, graugrün.

Blätter: Untere Blätter gegen-, obere wechselständig, sitzend, schmal pfriemförmig, fleischig verdickt.

Blüten: Blattachselständig, 1–3 Einzelblüten stehen zusammen, von zwei langen, an der Spitze borstigen Vorblättern überragt, Blüten zwittrig, unscheinbar grünlich, Hüllblätter auf der Rückseite mit quergestelltem Kiel, Juli–Oktober.

Früchte: Kleine Nüsschen, von knorpelig-dorniger oder pergamentartiger Blütenhülle umschlossen.

Herkunft: Einheimisch.

Verbreitung und Anbau: Kali-Salzkraut steht vorwiegend an sandigen, salzigen Küstenstandorten, z. B. Dünen, kommt aber auch im Binnenland auf sandigen Flächen sowie in Unkrautfluren vor.

Nutzung: Salzkraut enthält große Mengen von Alkalisalzen (Natrium, Kalium). Früher verarbeitete man es zu Pottasche und Waschsoda. Dazu erntete man die ganzen Pflanzen und trocknete sie. Das Heu wurde verbrannt. Dabei tropfte Salzlauge heraus, die in einer Grube aufgefangen wurde. Diese Masse benutzte man zur Herstellung von Seife und Glas. Junge Blätter können im Frühjahr gepflückt und zu Gemüse oder Salat verarbeitet werden. Früher fand frischer Presssaft aus dem Kraut in der Volksheilkunde als harntreibendes Mittel Verwendung.

Spinat

Spinacia oleracea L.

Familie: Chenopodiaceae
Habitus: Einjähriges Kraut, 60–90 cm hoch, verzweigter Blütenspross.
Blätter: Grundrosette, aufrechte Stiele, Spreite pfeil-, spieß- oder eiförmig bzw. dreieckig, Rand manchmal gezähnt.
Blüten: Diözisch (außer monözische Zuchtformen) oder z. T. zwittrig, unscheinbar gelbgrün, männliche Blüten in unbeblätterten Scheinähren, mit vier, selten drei oder fünf Hüllblättern, weibliche in achselständigen Knäulen, mit 2–4 Hüllblättern, zwittrige Blüten betont männlich oder weiblich, April–Oktober.
Früchte: Kleine Nüsschen (Achänen).
Herkunft: Spinat ist nur als Kulturpflanze bekannt. Im Altertum gab es ihn noch nicht. Erst im 7.–10. Jh. begann der Anbau in China und Arabien, doch eventuell stammt er auch aus dem Kaukasus. Die nächste verwandte Wildart ist *S. turkestanica*. Die Mauren brachten ihn im 12. Jh. nach Spanien, wo er im 16. Jh. eine gängiges Gemüse war. Nach Mitteleuropa kam er wohl erst als Mitbringsel der Kreuzfahrer aus dem Orient. Erst mit Erfindung der Gefriertechnik stieg seine Bedeutung, weil nur dabei die Inhaltsstoffe bei längerer Lagerung erhalten bleiben. Heute gelangen nur 15% der Ernte auf den Frischmarkt.
Verbreitung und Anbau: Spinat kann zu verschiedenen Zeiten während der Vegetationsperiode ausgesät werden, um eine fast ganzjährige Ernte zu ermöglichen. Für den Anbau ist humoser Lehm- oder Lössboden besonders geeignet.
Nutzung: Spinat liefert Kochgemüse oder wird in Aufläufen, Suppen und Soßen verarbeitet. Zarte, frische Blätter und Stiele lassen sich roh als Salat zubereiten. Spinat ist ein wertvolles Blattgemüse mit 2,5% Eiweiß, 2% Ballaststoffen, 0,5% Kohlenhydrate, viel Vitamin C (0,05%) und A (Carotin: 0,004%), mehreren B-Vitaminen sowie im Vergleich zu anderen Blatt-

gemüsen reichlich Mineralstoffen (1,5%), besonders Eisen, Calcium und Kalium. Aufgrund seines hohen Nitratgehaltes sollte Spinat nicht zu oft und von Säuglingen erst ab dem vierten Monat gegessen werden. Zudem liegt viel Oxalsäure vor, die bei Arthritis, Rheuma und Steinleiden sowie Calciummangel ungünstig ist. Spinat hat dennoch heilende Effekte (abführend, karminativ, blutzuckersenkend). Früher wurde der Pflanzensaft, oft mit Wein vermischt, wegen des angeblich hohen Eisenanteils (600 mg/kg) bei hohem Blutverlust verabreicht. Tatsächlich liegen nur 60 mg/kg Eisen vor. Die Blätter aß man bei Fieber und Lungenentzündungen. Noch heute setzt man Blattzubereitungen bei Magen-Darm-Beschwerden, Wachstumsstörungen, Ermüdung, zur Blutbildung und in der Rekonvaleszenz ein. Die Blätter liefern einen gelben Farbstoff und grünes Chlorophyll für Lebensmittelfarben.

Buchweizen

Fagopyrum esculentum Moench

Familie: Polygonaceae
Habitus: Einjähriges Kraut, 15–60 cm hoch, verzweigt, Stiel später oft rötlich.
Blätter: Wechselständig, untere kurz gestielt, obere fast sitzend, Spreite herzpfeilförmig, Lappen stumpf oder abgerundet, am Rande weit ausgeschweift, Nebenblätter umhüllen kragenförmig den Stängel.
Blüten: In knäueligen, traubigen Blütenständen, entspringen den Blattachseln, Blüten klein, fünf Kronblätter, weiß oder rosa, mit Nektarien, Juni–September.
Früchte: Dreikantige, kastanienbraune Nüsse, erst glänzend, in der Reife matt.
Herkunft: Buchweizen ist in Zentralasien beheimatet. Er wurde im 14. Jh. von den Mongolen oder Kreuzrittern nach Mitteleuropa gebracht. Durch die Araber kam er nach Westeuropa.

Verbreitung und Anbau: Buchweizen ist in Mitteleuropa in erster Linie eine Kulturpflanze. Verwilderte Exemplare sind selten. Er ist sehr kälteempfindlich und nimmt bereits bei 3 °C Schaden. Dafür stellt er kaum Bodenansprüche. Er wächst sogar auf sandigen, nährstoffarmen Heide- sowie auf Moorböden. Man kultivierte ihn in Europa zunächst in Heidegebieten. Er hat eine sehr kurze Wachstumsphase und wird daher gerne nach der Getreideernte angebaut. Zu Beginn des 20. Jh. war Buchweizen weit verbreitet, verlor aber danach durch die Konkurrenz der Getreidearten stark an Bedeutung. Heute baut man ihn für Biokost wieder häufiger an.
Nutzung: Die Körner enthalten 71% Kohlenhydrate (vor allem Stärke), 10% wertvolles Eiweiß mit 6% Lysin, 4% Ballaststoffe, 2% Fette und 5% Rutin, ein Flavonglykosid. Die Samen werden in speziellen Mühlen geschält und gemahlen, um Mehl, Flocken, Grütze, Grieß und sogar Bier zu erzeugen. Aus Mehl werden meistens Pfannkuchen und Fladen, aber kaum Brot gebacken. Die Blätter liefern ein Kochgemüse. Buchweizen wird auch als Viehfutter oder zur Gründüngung angebaut. Grüne Pflanzen enthalten Fagopyrin, das bei Tieren zu einer Hautentzündung (Fagopyrismus) führen kann. Deshalb darf er nicht in großen Mengen verfüttert werden. Buchweizen besitzt auch eine gewisse Bedeutung in der volkstümlichen Medizin. Rutin, weitere Flavonoide sowie Fagopyrin gelten als die Hauptwirkstoffe. Rutin stillt Blutungen, dichtet Blutkapillaren ab und senkt den Blutdruck. Man behandelte mit dem Kraut Bluthochdruck, Blutungen der Netzhaut, Venenstauungen, Krampfadern, Quetschungen, Erfrierungen, nahm es zur Arterioskleroseprophylaxe und Anregung der Milchsekretion von Wöchnerinnen. Heute interessiert sich auch die Schulmedizin für diese Anwendungen. Als Droge dienten in der Blüte geerntete Blätter und Blüten, die als Breiumschlag oder Tee zubereitet wurden. Aus den Blüten kann ein brauner Farbstoff gewonnen werden.

Schlangen-Knöterich

Polygonum bistorta L.

Familie: Polygonaceae
Habitus: Ausdauernde Staude, 0,3−1,2 m hoch, Blütenstängel gerade, unverzweigt, kahl.
Blätter: Wechselständig, Grund mit tütenförmiger Scheide um den Stängel, untere mit geflügelten Stielen, Spreite länglich-eiförmig, etwas wellig, Unterseite bläulich-grün.
Blüten: Endständige, dichte Scheinähren, bestehen aus büscheligen Wickeln, fünf elliptische Hüllblätter, rosa, selten weiß, Staubblätter überragen die Blütenhülle, Mai−August.
Früchte: Dreisamige Achänen.
Herkunft: Einheimisch.
Verbreitung und Anbau: Der Schlangen-Knöterich ist eine verbreitete, feuchtigkeitsliebende Pflanze, die auf nährstoffreichen, mäßig sauren Böden wächst. Sie steht wild auf feuchten Wiesen, an Bachrändern oder in Auwäldern. Als Gartenpflanze kann sie durch Aussaat bzw. Teilung im Frühjahr oder Herbst vermehrt werden.
Nutzung: Junge Blätter und Stängel werden als Wildgemüse mit spinatartigem Geschmack zubereitet. Früher wurden die Wurzeln, die große Mengen Stärke und auch Eiweiß enthalten, geröstet oder gekocht als Suppen- und Eintopfzutat gegessen. Aus Gebieten wie Sibirien ist die Herstellung von Schlangen-Knöterichmehl bekannt, das zum Brot backen genutzt wurde. Er besitzt auch medizinische Eigenschaften, wobei Gerbstoffe die entscheidenden Inhaltsstoffe sind. Als adstringierende Gerbstoffdroge nimmt die Kräutermedizin die Wurzeln bei Durchfallerkrankungen, zur Wundbehandlung sowie bei Mund- und Rachenentzündungen. Überlieferte Anwendungen sind zudem Menstruationsbeschwerden, Hämorrhoiden, innere Blutungen und Analfissuren. Insgesamt wird Schlangen-Knöterich aber selten verordnet. Der Name dieser Pflanze weist nicht nur auf die Form der Wurzel hin, sondern auch auf die volksheilkundliche Verwendung gegen Schlangenbisse.

Die Rhizome erntet man am besten im Herbst und trocknet sie für Tee, Tinkturen oder Absude. Die Wurzel wurde z. T. zum Gerben von Leder verwendet. Die Pflanze ist wegen ihrer nektarreichen Blüten eine gute Bienenweide. Das schnell zerfallende, trockene Laub ist als gutes Grünfutter verwendbar.

Gemüse-Rharbarber

Rheum rhabarbarum L.

Familie: Polygonaceae
Habitus: Ausdauernde, kräftige Staude 1–2 m hoch, gestauchter Spross.
Blätter: In Grundrosette, Stiele fleischig, oft rötlich, Spreite gelappt.
Blüten: Rispenförmiger Blütenstand, sechs gelblich-grüne Hüllblätter, Mai–Juni.
Früchte: Achänen, dreikantig, geflügelt.
Herkunft: Rhabarber stammt aus Zentralasien, wo ca. 50 Arten beheimatet sind. Medizinal-Rhabarber (*R. palmatum*) wurde schon um 3000 v. Chr. in China genutzt. Aber erst 1732 erhielt der holländische Arzt Boerhaave von einem tatarischen Händler geschmuggelte Samen. Der Handel war zwischen Sibirien und der Mongolei behördlich untersagt und wurde erst 1762 freigegeben. 1867 folgte *R. officinale* nach Mitteleuropa. Gemüse-Rhabarber entstand im 19. Jh. durch Kreuzung aus beiden.

In Deutschland begann der kommerzielle Anbau 1848 bei Hamburg.
Verbreitung und Anbau: Rhabarber benötigt tiefe, nährstoffreiche, humose Böden und Sonne. Die Vermehrung erfolgt im Herbst bzw. Frühjahr über Teilung des Wurzelstocks, weil die Samen schlecht keimen.
Nutzung: Die Blattstiele vom Gemüse-Rhabarber werden gekocht als Marmelade, Kompott, Obstsalat, Kuchenbelag gegessen und zu Saft bzw. Süßmost verarbeitet. Die Stiele enthalten Vitamin C, Äpfel- und Oxalsäure. Die Blätter sind giftig, vermutlich durch Glykoside. Getrocknete, mindestens sechs Jahre alte Wurzeln des Medizinal-Rhabarbers sind seit Jahrhunderten als Heilmittel in Gebrauch. Anthrachinon-Glykoside und Gerbstoffe vermitteln abführende bzw. adstringierende Wirkungen. Extrakte oder Wurzelpulver sind in Arzneimitteln gegen Verstopfung, Magen-Darm-Katarre sowie in Schlankheitsmitteln und Blutreinigungstees enthalten. Als Hausmittel nahm man Rhabarber bei Durchfall, Leber- und Gallenleiden, Hämorrhoiden, Menstruationsproblemen, Hautausschlag und Verbrennungen.

Garten-Sauerampfer

Rumex rugosa Campdera

Familie: Polygonaceae
Habitus: Mehrjährige, aufrechte Staude, 0,3–1,2 m hoch, Blütentrieb oben ästig.
Blätter: Grundblätter aus Wurzelstock entspringend, lang gestielt, aufrecht, Sprossblätter wechselständig, kurz gestielt, umfassen den Stängel, Spreite pfeil- oder länglich-eiförmig, Rand wellig.
Blüten: Schmale, rispige Blütenstände, diözisch, sechs grünliche Hüllblätter, bei der Fruchtreife oft rot, Mai–Juli.
Früchte: Dreikantige Nüsschen (Achänen).
Herkunft: Einheimisch.
Verbreitung und Anbau: Garten-Sauerampfer findet man meistens im Anbau und zuweilen verwildert. In Deutschland erlangte er nie die Bedeutung wie in Westeuropa. Er wird durch Aussaat oder Teilung im Frühjahr vermehrt. Die Ausgangsart der Kulturform ist der **Große Sauerampfer** (*R. acetosa*), der auf Feuchtwiesen, Äckern, in Gräben und an Wegrändern steht. Weitere nutzbare Arten sind **Gemüse-** (*R. patientia*) und **Krauser Ampfer** (*R. crispus*).

Nutzung: Kleingehackte Blätter würzen u. a. Suppen, Soßen, Pfannkuchen, Pürees, Fisch- und Fleischgerichte, können aber auch zu Salat und Gemüse verarbeitet werden. Sauerampfer enthält je 2% Eiweiß, Kohlenhydrate, Ballaststoffe, dazu Vitamin C (0,05%), Carotin (0,004%), 0,36% Oxalsäure, weitere Säuren und ein Flavonoid. Das Kraut hat kühlende, harntreibende und adstringierende Wirkungen. In der Volksheilkunde trank man Saft als kühlendes Getränk bei Fieber. Bei Hautleiden und Wundinfektionen machte man Breiumschläge. Mit Wurzelabsuden behandelte man Gelbsucht, Steinleiden und innere Blutungen. Der Saft diente zur Milchgerinnung sowie zum Entfernen von Flecken (Schimmel, Tinte) auf Leinen bzw. Holz und Rost von Silber. Aus getrockneten Wurzeln lassen sich Nudeln herstellen und Samen lieferten einen Brotmehlzusatz. Wurzeln (gelb, graugrün) und Stängel (graublau) ergeben Farbstoffe.

Rundblättriger Sonnentau

Drosera rotundifolia L.

Familie: Droseraceae
Habitus: Mehrjährige Staude, 5–20 cm hoch, Stiel blattlos, rötlich überlaufen, überragt die Blattrosette deutlich.
Blätter: In grundständiger Rosette, langstielig, rund, mit rötlichen Drüsenhaaren besetzt, die einen klebrigen Flüssigkeitstropfen tragen.
Blüten: In traubenartigen, endständigen Blütenständen, kurz gestielt, fünf Kronblätter, weiß, nur in direktem Sonnenlicht offen, Juni–August.
Früchte: Kapselfrüchte, Samen geflügelt.
Herkunft: Einheimisch.
Verbreitung und Anbau: Sonnentau wächst in Mooren und Feuchtheiden auf kalkfreiem, nassem Untergrund. Er steht auf stickstoffarmen Böden und ergänzt seinen Nährstoffbedarf durch den Fang von Insekten. Verfängt sich ein Insekt in den klebrigen Blatthaaren, krümmen sich die Tentakel um die Beute und zersetzen sie mit dem Drüsensekret. Sonnentau gehört zu den stark bedrohten, streng geschützten Arten.
Nutzung: Im 17. Jh. gab es in Mittel- und Westeuropa den begehrten Sonnentaulikör „Rosa Solis" mit angeblich aphrodisierender und stärkender Wirkung. Als Heilpflanze ist Sonnentaukraut seit dem Mittelalter bekannt. Ein wichtiger Inhaltsstoff ist das bakterizide Naphthochinonderivat Plumbagin. Sonnentau wirkt gegen Keuchhusten, Bronchitis, Lungentuberkulose und Asthma, weil die Wirkstoffe glatte Muskeln entspannen und somit Anfälle mildern. Extrakte und Tinkturen sind in einigen Hustenmitteln enthalten. Tee aus getrocknetem Kraut ist ein überliefertes Hausmittel gegen Keuchhusten. Nach der Ernte muß die Pflanze rasch bei maximal 40 °C getrocknet werden, damit die Inhaltsstoffe erhalten bleiben. Verzehr von frischem Kraut führt zu Durchfall und Erbrechen. Teilweise verwendete man den Pflanzensaft zur Milchgerinnung bei der Quark- und Dickmilcherzeugung.

Wald-Sauerklee

Oxalis acetosella L.

Familie: Oxalidaceae
Habitus: Mehrjährige, kriechende Staude, 8–15 cm hoch, Stiele schwach behaart.
Blätter: Grundständig, lange Stiele, kleeartig dreizählig geteilt, Blättchen umgekehrt herzförmig, Oberseite gelblich-grün, Unterseite rötlich, am Abend, bei Erschütterung und Regen herunterklappend.
Blüten: Endständig, sitzen einzeln auf dünnen Stielen, die in Blattachseln entspringen, fünf verkehrt-eiförmige Kronblätter, weiß oder schwach rosa mit violetten Adern, Grund mit gelbem Fleck, Basen miteinander verbunden, Kelchblätter frei, klein, eiförmig, April–Mai
Früchte: Fünfadrige, kahle Kapseln.
Herkunft: Einheimisch.
Verbreitung und Anbau: Wald-Sauerklee ist eine verbreitete Wildpflanze im Unterwuchs von Gebüschen, Laub-, Misch- und Fichtenwäldern. Er bildet an schattigen Standorten auf feuchtem, humusreichem Untergrund oft großflächige Matten.
Nutzung: Wald-Sauerklee enthält reichlich Vitamin C und 0,3–1,3% Oxalsäure (Kleesäure). Letztere verleiht den Blättern einen würzig-säuerlichen Geschmack. Die Blätter werden als Zutat für Salate, Gemüse, Kräutersuppen, Grüne Soßen und Mayonnaise verwendet. Kinder und Wanderer essen Blätter und Rhizome gerne als erfrischende Wegzehrung. In Notzeiten aß man die Blätter, um Skorbut vorzubeugen. Früher nutzte man Sauerklee gegen Verstopfung, Fieber, als harntreibendes Mittel bei Blasenbeschwerden und zur Linderung von Abszessen sowie Zahnfleischentzündungen. Die Pflanze welkt sehr rasch und muss frisch gegessen oder als Tee zubereitet werden. Auch durch Kochen verliert Sauerklee seinen Geschmack. Oxalsäure unterstützt die Entstehung von Gallen- und Nierensteinen. Darum soll Sauerklee nur in kleinen Mengen verwendet werden.

Ruprechtskraut

Geranium robertianum L.

Familie: Geraniaceae
Habitus: Einjähriges, z. T. überdauerndes, verzweigtes Kraut, z. T. niederliegend, 20–50 cm hoch, oft rötlich, drüsig behaart.
Blätter: Gegenständig, lange Stiele, Spreite 3- bis 5fach fingerförmig geteilt, Blättchen wiederum doppelt fiederspaltig, behaart, oft rötlich.
Blüten: Endständig, meist zu zweit am Stielende, fünf rosafarbene (selten weiße) Kronblätter mit drei hellen Längsstreifen, April–Oktober.
Früchte: Zweiklappige Springfrüchte mit geradem Schnabel.
Herkunft: Einheimisch; ursprünglich vermutlich Westeuropa.
Verbreitung und Anbau: Ruprechtskraut ist eine häufige Wildpflanze. Es steht gerne an feuchten, schattigen Stellen in Wäldern, Hecken, Steinbrüchen, Kiesgruben, Geröllhalden und an Steinmauern.

Nutzung: Die Pflanze enthält ätherisches Öl, den Bitterstoff Geraniin und, besonders in der Wurzel, Tannine. Ruprechtskraut wirkt adstringierend, schwach diuretisch und antirheumatisch. Es lieferte der überlieferten Kräutermedizin Mittel gegen Darm-Erkrankungen (Durchfall, Katarre, Ruhr, Geschwüre), Rheuma, Nierenleiden, Gelbsucht, Hämorrhoiden, Nasenbluten, eitrige Wunden, Herpes, Rachen- und Zahnfleischentzündungen. Dazu wurden entweder frisch gepresster Saft oder Tees bzw. Absude aus getrockneten Pflanzen verabreicht. Das Kraut erntete man in der Blütezeit, die Wurzel grub man im Frühjahr oder Spätherbst aus. In der modernen Medizin wird Ruprechtskraut derzeit nicht eingesetzt, aber es könnte für die Diabetestherapie interessant werden, weil es den Blutzuckerspiegel senkt. In der Landwirtschaft prüft man derzeit den Einsatz der Pflanze zur Bekämpfung schädlicher Schmetterlingslarven. Zudem ergibt die Pflanze einen braunen Farbstoff.

Echte Nelkenwurz

Geum urbanum L.

Familie: Rosaceae

Habitus: Mehrjährige, verästelte Staude, aufrecht, 60–130 cm hoch, Stängel dünn, etwas gebogen, fein kantig, behaart, entspringt den Grundblattachseln.

Blätter: Grundblattrosette, kurze Stiele, Spreite gefiedert, 1–5 ungleiche Blättchenpaare, unregelmäßig doppelt gezähnt, Endblättchen groß, rundlich, tief gelappt, Stängelblätter wechselständig, 1- bis 5fach geteilt, oft dreiteilig, Rand gezähnt, Nebenblätter rund oder nierenförmig, ungleichmäßig gezähnt.

Blüten: An Stielenden, formen lockere Blütenstände, fünf rundliche, gelbe Kronblätter, Kelchblätter lanzettlich, später zurückgeschlagen, Mai–September.

Früchte: Nussfrüchte mit purpurnen, hakenförmigen Borsten.

Herkunft: Einheimisch.

Verbreitung und Anbau: Echte Nelkenwurz gedeiht an schattigen, feuchten Stellen in Laubwäldern, Hecken und an Wegen.

Nutzung: Echte Nelkenwurz ist ein altes Heilkraut. Vor allem die Wurzel enthält ätherisches Öl, Bitter- und Gerbstoffe (30%). Nelkenwurz besitzt kräftigende, adstringierende, antiseptische, entzündungshemmende, fiebersenkende und blutungsstillende Wirkungen. Als Gerbstoffdroge empfiehlt sie sich bei Magen-Darm-Erkrankungen (Durchfall, Entzündungen, Katarre) sowie Zahnfleisch- und Rachenentzündungen. Sie wird auch bei Gebärmutterblutungen, Scheidenausfluss, Hämorrhoiden und unreiner Haut gebraucht. Früher nahm man die Wurzel gegen Vergiftungen. Die Wurzel eignet sich in kleinen Mengen als Gewürz und lässt sich für ein Teegetränk auskochen. Junge Blätter isst man als Gemüse oder Salat. Ätherisches Öl der Wurzel wird als Nelkenöl extrahiert. Getrocknete Wurzeln verbreiten einen Knoblauchgeruch und dienten als Mottenmittel.

Bach-Nelkenwurz

Geum rivale L.

Familie: Rosaceae
Habitus: Mehrjährige, aufrechte Staude, 30–50 cm hoch, Stängel rotbraun, drüsig behaart, an der Spitze wenig verzweigt.
Blätter: Grundrosette aus Fiederblättern mit 3–6 Paaren ungleicher Seitenblättchen, Endblättchen groß, rund, gelappt oder eingeschnitten, Ränder gesägt, Nebenblätter der Grundblätter bilden eine mit dem Stängel verwachsene Scheide, obere Stängelblätter dreilappig, Blattspitzen gesägt.
Blüten: Nickende Köpfchen mit 3–5 glockenförmigen Blüten auf langen Stielen, Blütenorgane fünfzählig, Kelchblätter eng anliegend, dreieckig-lanzettlich, lang zugespitzt, purpurn, behaart, Außenkelchblätter länglich, kürzer, Kronblätter rosa-violett, herzförmig, überragen den Kelch kaum, Mai–September.
Früchte: Federige Nussfrüchte.

Herkunft: Einheimisch.
Verbreitung und Anbau: Bach-Nelkenwurz bevorzugt feuchte, basische Kalkböden. Sie wächst verbreitet bis zerstreut in Feuchtwiesen, Wäldern, Auen, an Ufern und in nassen Gräben. In Bergregionen findet man sie häufig auf Felsvorsprüngen.
Nutzung: Bach-Nelkenwurz liefert Blattgemüse. Die Blätter werden im Frühjahr gepflückt und in Salzwasser gekocht. Frische oder getrocknete Wurzeln lassen sich als Speisewürze verwenden und können für ein schokoladenartiges Getränk in Wasser aufgekocht werden. Die Blüten enthalten reichlich Nektar. Deshalb saugen Kinder die Blüten gerne aus. Die Pflanze trägt deshalb auch den Namen Heilands- oder Himmelsbrot, der im Gebiet der Schwäbischen Alb geprägt wurde. Bach-Nelkenwurz enthält zwar ähnliche Wirkstoffe wie die Echte Nelkenwurz, doch ihre Heilwirkung ist geringer. Dennoch kennt die Kräutermedizin einige Anwendungen für den Bach-Nelkenwurz: Durchfall (besonders bei Kindern), Magen-Darm-Leiden, Leberbeschwerden sowie Hauterkrankungen. Die Wurzeln können ebenfalls als Mottenmittel verwendet werden.

Garten-Erdbeere

Fragaria ananassa (Duchesne)

Familie: Rosaceae
Habitus: Mehrjährige Staude, 10–25 cm hoch, oberirdisch wurzelnde Ausläufer aus den Laubblattachseln bringen Tochterrosetten hervor, Blütenstängel aufrecht.
Blätter: Grundständige Rosette langstieliger, dreizählig gefiederter Blätter, Fiedern rundlich-oval, Rand deutlich gesägt, Unterseite seidig behaart, hellgrün.
Blüten: Endständig, fünf Kronblätter, weiß, rundlich, nicht ausgerandet, Kelchblätter umgeschlagen, so lang wie Kronblätter, lanzettlich, Nebenblätter bilden fünfzipfligen Außenkelch, April–Juli.
Früchte: Sammelnussfrüchte, kleine, gelblich-grüne Nüsschen sitzen auf dem fleischigen, roten Blütenboden ("Erdbeere").
Herkunft: Die Garten-Erdbeere entstand um 1742 aus einer Kreuzung der nordamerikanischen Scharlach-Erdbeere (*F. virginiana*), die 1623 nach Europa kam, mit der 100 Jahre später von Frézier nach Paris gebrachten Chile-Erdbeere (*F. chiloensis*). Der Engländer Knight kreuzte beide Arten zur Gartenerdbeere. In der Folge entstanden über 1000 Sorten.
Verbreitung und Anbau: Erdbeeren werden im Garten- und Feldbau kultiviert. Sie gedeihen in warm-gemäßigten Breiten am besten. Erdbeeren sind gegenüber Infektionen sehr anfällig. Deshalb legt man oft Stroh unter die Pflanzen, um Blätter und Früchte sauber zu halten.
Nutzung: Die Garten-Erdbeere ist ein köstliches Obst. Sie enthält etwa 90% Wasser, 6% Kohlenhydrate, 2% Ballaststoffe, 0,5% Mineralstoffe, Vitamin B und viel Vitamin C (0,8%). Sie verdirbt leicht und wird frisch gegessen oder in Süßspeisen, Eiscremes, Kuchen, Marmelade, Süßigkeiten (Bonbons etc.), Saft und Rumtopf verarbeitet. Erdbeerlikör und -wein sind beliebte Getränke. Rote Anthocyane werden als Lebensmittelfarbstoff verwendet (E 163).

Wald-Erdbeere

Fragaria vesca L.

Familie: Rosaceae
Habitus: Mehrjährige Staude, s. Garten-Erdbeere, aber kleiner: 5–15 cm hoch.
Blätter: s. Garten-Erdbeere
Blüten: s. Garten-Erdbeere, aber kleiner
(< 2 cm), April–Juli.
Früchte: s. Garten-Erdbeere, jedoch mit
1–2 cm Durchmesser viel kleiner.
Herkunft: Einheimisch.
Verbreitung und Anbau: Die Wald-Erdbeere
liebt nährstoffreiche, lehmige und feuchte Böden. Sie steht in lichten Wäldern, an Lichtungen,
Wegrändern und Böschungen. Im 14. Jh. wurde
sie, wie im 17. Jh. die wildwachsende Zimt-Erd-
beere (*F. moschata*), kultiviert, doch beide wurden durch die Garten-Erdbeere verdrängt.
Nutzung: Die Frucht enthält 6,5% Kohlenhydrate (Glucose, Fructose), 4,5% Rohfaser, Vitamin C, Mineralien und Salicylsäure. Sie ist ge-
haltvoller als die Garten-Erdbeere. Die Wald-Er-
beere isst man mindestens seit der Jungsteinzeit.
Als Obst spielt sie heute kaum eine Rolle, da sie
leicht verdirbt und sich schlecht konservieren
oder gefrieren lässt. Aber sie wird z. T. frisch zu
Marmelade, Likör, Saft, Sirup, Rumtopf, Wein,
Süßspeisen und Sorbets verarbeitet. Die Wald-
Erdbeere ist ein altes Heilkraut. Blätter und Wurzeln enthalten ätherisches Öl, Flavonoide und
Gerbstoffe. Blatt- und Wurzelextrakte werden
als Tee und Absud gegen Durchfall, Gicht, Gelbsucht, Nervosität, Anämie, Leber- und Gallenleiden eingesetzt. Wirkungen gegen Asthma und
Bronchitis sind umstritten. Frische Beeren helfen
beim Entfernen von Zahnstein. Fruchtsaft trägt
man bei Sonnenbrand und Hautverunreinigun-
gen auf. Einige Hautpflegecremes enthalten
Fruchtextrakte. Junge, frische Blätter ergeben
Aromatee und verfeinern Bowlen. Getrocknet
sind sie in Duftmischungen enthalten. Die Blätter erntet man im Spätfrühjahr, die Wurzeln im
Frühjahr oder Herbst.

Großer Wiesenknopf
Sanguisorba officinalis L.

Familie: Rosaceae
Habitus: Mehrjährige Halbrosettenstaude, 0,3–1 m hoch, Stängel hohl, kahl, gerillt, gabelästig verzweigt.
Blätter: Grundblätter in Rosette, lange, oft rötliche Stiele, unpaarig gefiedert, 3–7 Blättchenpaare, eiförmig, Rand scharf gesägt, beiderseits mindestens 12 Zähne, Nebenblätter häutig, Stängelblätter wechselständig, mit 3–4 Fiederpaaren.
Blüten: Endständige, länglich-eiförmige Köpfe, Blüten sehr klein, zwittrig, Krone fehlt, Kelch weinrot, Juni–September.
Früchte: Kleine Nüsschen, bei der Reife vom Blütenboden umschlossen.
Herkunft: Einheimisch.
Verbreitung und Anbau: Der Große Wiesenknopf wächst an sonnigen Plätzen auf lehmigen oder torfigen, nährstoffreichen Böden. Er steht oft in Feuchtwiesen und Flachmooren. Die Vermehrung erfolgt durch Aussaat im Herbst bzw. Frühling oder durch Teilung im Frühling.
Nutzung: Vor der Blüte geerntete Blätter und Triebe ergeben Gemüse, Salat- und Suppenbeilagen. Der Große Wiesenknopf ist eine überlieferte Heilpflanze, die heute kaum noch gebraucht wird. Die Wirksamkeit konnte nicht eindeutig belegt werden. Vor allem die Wurzel enthält Tannine, Terpenglykoside (Sanguisorbin), Saponine, Flavonoide, Sterole und Vitamin C. Die Volksmedizin spricht ihm blutstillende, kühlende, adstringierende, entzündungshemmende und antibiotische Wirkungen zu. Man behandelte mit ihm Wunden, Zahnfleisch-, Darm-, Myom- und klimakterische Menstruationsblutungen, Hämorrhoiden, Venenentzündungen, Krampfadern, Bakterienruhr, Darmkatarre, Durchfall und Hauterkrankungen (Verbrennungen, Geschwüre etc.). In der Blüte geschnittenes Kraut oder im Herbst bzw. Frühjahr geerntete Rhizome und Wurzeln bereitete man für Tees, Aufgüsse, Extrakte und Tinkturen auf.

Kleiner Wiesenknopf (Pimpernelle)

Sanguisorba minor Scopoli

Familie: Rosaceae

Habitus: Mehrjährige, aufrechte Halbrosetten-staude, 20–60 cm hoch, Stängel verästelt, dünn, rund oder kantig, unten behaart.

Blätter: Grundblätter in Rosette, Stängelblätter wechselständig, unpaarig gefiedert, 3–12 unge-fähr gleichgroße Fiederpaare, Blättchen rund oder elliptisch, Rand grob gezähnt, 3–9 Zähn-chen an jeder Seite, Nebenblätter überwiegend mit den Stielen verwachsen.

Blüten: In endständigen, runden, zweihäusigen Blütenköpfchen, Blüten mit kurzen, gestauch-ten Blütenstielen, einem Deck- und zwei Vor-blättern, Kelch becherförmig, grünlich, früh abfallend, Kronblätter fehlen, obere Blüten weiblich, mit roten Griffeln, untere Blüten männlich, mit heraushängenden Staubfäden und gelben Staubbeuteln, männliche Blüten erblühen zuerst, Mai–September.

Früchte: Vierkantige, gerippte Nüsschen.

Herkunft: Mittelmeergebiet; aber seit langem bei uns eingebürgert.

Verbreitung und Anbau: Der Kleine Wiesen-knopf steht zerstreut und z. T. verbreitet an trockenen Orten, wie Trockenrasen, Halb-trockenrasen, Trockenwäldern, Wegrändern und Gebüschen. Es ist eine wärmeliebende Pflanze, die kalkigen Boden bevorzugt. Er wird gerne in Gemüse- und Kräutergärten gepflanzt. Zwischen März und August kann die Aussaat erfolgen, sofern die Temperaturen mindestens 10 °C betragen.

Nutzung: Frische Wurzeln und besonders vor der Blüte gepflückte Blätter besitzen einen an-genehmen, scharfen, nussartigen Geschmack. Bislang konnten die Geschmacksstoffe noch nicht eindeutig identifiziert werden, aber grundsätzlich enthält der Kleine Wiesenknopf ähnliche Wirkstoffe wie der Große Wiesen-knopf. Die Wurzel wird als Gemüse gekocht. Aus den sehr Vitamin-C-reichen Blättern berei-tet man Gemüse oder Salate zu. Außerdem nimmt man sie als Gewürz für Erfrischungsge-tränke, Wein, Branntwein, Suppen, eingelegte Gurken, Eierspeisen, Soßen („Frankfurter Grü-ne Soße"), Fleisch- und Fischgerichte. Sie sind auch Bestandteil der „Hamburger Aalkräuter". Der Kleine Wiesenknopf wurde in der Volksme-dizin als Tee oder Aufguss bei Appetitlosigkeit, Magen-Darm-Beschwerden, Sonnenbrand, Ekzemen, blutenden Wunden und zur Blutrei-nigung verwendet. Er erlangte aber nicht die medizinische Bedeutung des Großen Wiesen-knopfes.

Gewöhnlicher Frauenmantel
Alchemilla vulgaris L.

Familie: Rosaceae
Habitus: Mehrjährige Halbrosettenstaude, 30–60 cm hoch, büschelig verzweigt, behaart.
Blätter: Wechselständig, Spreite rund, mit 9–11 runden, unregelmäßig gezähnten Lappen, höchstens zur Hälfte eingeschnitten, Grundblätter groß, gestielt, Stängelblätter kurz- oder ungestielt, mit Nebenblättern.
Blüten: In doldigen Rispen, Blüten grünlichgelb, mit vier, z. T. verwachsenen Kelch- und Außenkelchblättern, Kronblätter fehlen, Mai–Juli.
Früchte: Klettige Nüsschen.
Herkunft: Einheimisch.
Verbreitung und Anbau: Frauenmantel ist in ganz Europa zu finden. Er liebt feuchte Böden und wächst im Halbschatten oder in der Sonne auf Wiesen, Weiden, an Waldrändern und Bachufern. In der Sammelart „Gewöhnlicher Frauenmantel" sind über 60, kaum voneinander unterscheidbare Kleinarten zusammengefasst. Die Vermehrung für den Gartenbau erfolgt durch Aussaat im Frühling oder Teilung im Herbst bzw. Winter.
Nutzung: In Nächten mit hoher Luftfeuchte scheiden die Blätter an den Rändern Wasser aus, das sich am Morgen zu großen Tropfen in der Mitte der handförmigen Blätter sammelt. Im Mittelalter wurde diesem Wasser große Zauberkraft zugeschrieben, weshalb es von den Alchemisten als Bestandteil der Rezepturen zur Goldherstellung verwendet wurde. Die Verwendung dieser Pflanze in der Kräutermedizin ist dagegen begründet. Gerbstoffe, Saponine, Salicylsäure gehören zu den Inhaltsstoffen, die dem Kraut wundheilende, entzündungshemmende, fiebersenkende, adstringierende, entwässernde und blutreinigende Wirkungen verleihen. Gequetschte Blätter dienten als Medizin gegen Insektenstiche, Verletzungen und offene Wunden. Als Tee oder Spülung helfen getrocknete Frauenmantelblätter gegen Scheidenausfluss, Nachgeburtsverletzungen, Durchfall, Magen-, Darm- und Menstruationsbeschwerden. Junge Blätter werden frisch für Salate, Gemüse oder als würzende Beilage genommen.

Gewöhnlicher Odermennig

Agrimonia eupatoria L.

Familie: Rosaceae
Habitus: Mehrjährige, rau behaarte Staude, 0,3–1,2 m hoch, wenig verzweigt, Stängel rötlich.
Blätter: Wechselständig, gefiedert, 3–6 Paare großer, gezähnter Blättchen, zwischen denen je 2–3 kleine Blättchen stehen, Endblättchen länglich, untere Blätter langstielig, obere Blätter sitzend, Spreite flaumig behaart, Unterseite silbrig.
Blüten: In endständiger, schlanker Traube, fünf gelbe, eirunde Kronblätter, Juni–August.
Früchte: Achänen, mit abstehenden, hakigen Dornen besetzt.
Herkunft: Einheimisch.
Verbreitung und Anbau: Der Gewöhnliche Odermennig ist eine häufige Wildpflanze, die kalkige, trockene Böden bevorzugt. Er wächst auf Trockenwiesen, in Hecken, Gebüschen, an Weg- sowie Straßenrändern und kann im Garten kultiviert werden. Die Aussaat erfolgt im Frühling. Am besten gedeiht er inmitten anderer Wildpflanzen.
Nutzung: Odermennig ist eine alte Heilpflanze, deren Heilwirkungen angeblich der griechische König Eupator (132–63 v. Chr.) entdeckte. Das Kraut, insbesondere die Blätter, enthalten 8% Gerbstoffe, ferner Triterpene, ätherisches Öl, Kieselsäure, Schleimstoffe sowie Vitamin B und K. Dieser Wirkstoffkombination verdankt der Odermennig wundheilende und adstringierende Eigenschaften. Er galt in der Volksheilkunde als exzellentes Wundkraut. In Frankreich wurden Extrakte einem Kräuterwasser (Eau d`Arquebusade) zugesetzt, das im Mittelalter zur Versorgung von Schusswunden diente. Auch in der heutigen Zeit wird Odermennig noch Wundsalben beigemischt. Außerdem hilft er gegen Durchfall, Koliken, Verdauungs-, Leber- und Gallenbeschwerden, Blinddarmreizung, Zirrhose, Zystitis, Bindehautreizungen, Zahnfleisch- und Rachenentzündungen, Hautekzeme sowie Hämorrhoiden. Breiumschläge aus mit Wein vermischten Blättern lindern Schmerzen bei Rheuma, Verstauchungen und Prellungen. Seine Anwendung bei Inkontinenz, Nieren- und Blasenleiden ist heute umstritten. Odermennig ergibt einen vorzüglichen Erfrischungstee. Professionelle Sänger trinken Odermennigtee zur Stimmbandpflege. Früher würzte man mit den Blüten Met (Honigwein). Die oberirdischen Pflanzenteile werden in der Blüte geschnitten und für Tees, Aufgüsse, Tabletten, Tinkturen und Salben getrocknet. Aus der Wurzel lässt sich ein gelber Farbstoff gewinnen.

Echtes Mädesüß

Filipendula ulmaria Miller

Familie: Rosaceae
Habitus: Mehrjährige Staude, 0,6–2 m hoch, mäßig verzweigt, kantiger, oft rötlicher Stängel.
Blätter: Wechselständig, lange Stiele, Fiederblätter aus 2–5 Paaren spitz-eiförmiger, doppelt gezähnter Blättchen, zwischen denen kleine Blättchen sitzen, endständige Fieder mit 3–5 Lappen, Unterseiten filzig behaart.
Blüten: In großen, dichtblütigen Rispen, Blüten sehr klein, fünf gelblich-weiße Kronblätter, verströmen Mandelaroma, Juni–September.
Früchte: Spiralig gewundene Achänen.
Herkunft: Einheimisch.
Verbreitung und Anbau: Das Echte Mädesüß steht verbreitet an feuchten Plätzen, z. B. in Gräben, Mooren, lichten Wäldern, an Bachufern und auf sumpfigen Wiesen. Es verträgt keinen allzu sauren Untergrund. Mädesüß wird auch in Gärten gepflanzt. Es wird entweder im Frühjahr ausgesät oder durch Teilung im Frühling bzw. Herbst vermehrt.
Nutzung: Mädesüß enthält den Aromastoff Vanillin, Salicylsäureverbindungen (Spiracin, Gaultherin), Gerbstoffe, ätherisches Öl und Schleime. Es war ein heiliges Kraut der keltischen Druiden. Traditionell würzt man mit den Blüten Met, Bier, Kräuterweine, Marmelade und Kompott. Aus den Blüten kann man auch einen Sirup für Erfrischungsgetränke und Fruchtsalate erzeugen. Aus Knospen gepresstes Öl diente als Parfümrohstoff. Getrocknete Blüten nahm man zum Aromatisieren von Wäsche und als Raumdeodorant. Junge Blätter lieferten ein Suppengewürz und, ebenso wie Blüten und Wurzel, Teekraut. Die gesamte Pflanze kann medizinisch genutzt werden. Die Wirkungen beruhen vor allem auf der Salicylsäure, die 1838 erstmals extrahiert wurde. Bis zu seiner künstlichen Herstellung lieferte Mädesüß den Rohstoff für Aspirin, das gegen über vierzig Erkrankungen und Beschwerden verwendet wird, u. a. gegen Fieber, Kopfschmerz und zur Herzinfarktprävention. Mädesüß gilt als schonendes, reizlinderndes Mittel gegen Magenreizungen, Übersäuerung, Sodbrennen, Ulkus, Übelkeit, Durchfall und Ruhr. Es ist besonders bei Durchfallerkrankungen von Kindern geeignet. Zudem hilft es gegen Infektionen (Grippe, Lungenentzündung, Diphtherie), Rheuma, Gelenkschmerzen, Fieber und als harntreibendes Kraut gegen Blasenkatarre. Aus dem frischen Rhizom werden homöopathische Präparate gegen Blasenbeschwerden hergestellt. Blühende Pflanzen werden geschnitten, bei maximal 40 °C getrocknet und zu Tees, Aufgüssen oder Tabletten verarbeitet. Im Hausgebrauch wird meistens Blütentee verwendet. Das Kraut liefert einen gelben und die Wurzel einen schwarzen Farbstoff.

Große Brennnessel

Urtica dioica L.

Familie: Urticaceae
Habitus: Mehrjährige Staude, 0,3−1,5 m hoch, Stängel vierkantig, rau behaart.
Blätter: Gegenständig, kurze Stiele, schmale Nebenblätter, Spreite ei- oder herzförmig, zugespitzt, von Brenn- und Borstenhaaren bedeckt, Oberseite dunkel-, Unterseite hellgrün, Rand grob gezähnt.
Blüten: In kätzchenartigen Rispen, entspringen den oberen Blattachseln, diözisch, Blüten unscheinbar grün, weibliche Blütenstände kürzer als männliche, die Hüllblätter weiblicher Blüten unterschiedlich, die männlicher Blüten gleich groß, Juni−Oktober.
Früchte: Kleine, einsamige Nüsschen.
Herkunft: Einheimisch.
Verbreitung und Anbau: Die Große Brennnessel wächst häufig in Gebüschen, Gärten, an Wald- und Wegrändern sowie auf Ruderalflu-

ren. Sie liebt beschattete Plätze auf stickstoffreichen, feuchten Böden.
Nutzung: Junge Blätter sind reich an Vitamin A, C, Mineralien und Kieselsäure. Sie werden wie Spinat gekocht bzw. in Pfannkuchen oder Suppen verarbeitet. Roh würzen sie Salatsoßen oder Weichkäse. Getrocknete Blätter ergeben Kräutertee. Aus jungen Sprossen kann Nesselbier erzeugt werden. Die Brennnessel wirkt adstringierend, blutstillend, harntreibend, blutdruck- und vermutlich blutzuckersenkend. Die Hauptwirkstoffe des Krauts sind Flavonoide und ätherisches Öl. Die Brennhaare enthalten ferner Histamin, Serotonin und Ameisensäure, die Wurzeln Gerbstoffe, Sterole, Glukoside und immunstimulierende Saccharide. Die Volksheilkunde verwendete die Brennnessel bei Anämie, starker Menstruation, Masern, Scharlach, Lähmungen, Nieren-, Leber- und Gallenleiden, Harnwegsinfekten, Rheuma, Arthritis, Gicht, Hämorrhoiden, Verbrennungen, Insektenstichen, Ekzemen, Haarausfall und Schuppen. Indikationen der Schulmedizin sind Rheuma, Harnwegsinfekte, Reizblase, Prostataleiden, Nieren- und Blasensteine. Kraut und Wurzeln werden zu Säften, Tees, Aufgüssen, Tinkturen, Salben oder Tabletten aufbereitet. Brennnesselchlorophyll wird industriell zu grüner Lebensmittel- und Medikamentenfarbe (E 140) verarbeitet. Die Wurzel liefert mit Aluminium vermischt einen gelben Farbstoff. Im Gartenbau dient Brennnesselbrühe als Naturdünger und zur Blattlausvertilgung. Frisch geschnittene Pflanzen legte man früher in Speisekammern aus, um Ungeziefer zu vertreiben. Bis 1720 baute man die Brennnessel als Faserpflanze für Kleider, Betttücher, Zeltbahnen, Seile und Papier an. Die Stängelfasern wurden zu rauem Nesselstoff versponnen. Aus den Überresten gewann man Stärke, Protein und Äthanol. Brennnesselsaft lässt Milch gerinnen und diente als Ferment in der Quarkerzeugung. Zudem dichtet er kleine Holzgefäße ab. Samenöl nutzte man vereinzelt als Lampenöl.

Faser-Hanf

Cannabis sativa ssp. *sativa* L.

Familie: Moraceae

Habitus: Einjähriges Kraut, 1,5–4 m hoch, Stiel aufrecht, vierkantig, rau behaart, im Alter verholzt, weibliche Pflanzen (Hanfhennen) stärker verzweigt und belaubt als männliche Pflanzen (Femelhanf).

Blätter: Wechselständig, lange Stiele, Spreite tief handförmig, 3- bis 9fach geteilt, Fiedern fingerförmig, zugespitzt, Ränder gezähnt.

Blüten: Diözisch, unscheinbar grünlich, Blüten vom Femelhanf in endständigen, lockeren Rispen, Hanfhennen mit paarigen Blüten in den Blattachseln, zu Scheinähren zusammengefasst, Juli–August.

Früchte: Kleine, rundliche Nussfrüchte.

Herkunft: Hanf stammt aus Steppengebieten warmer Regionen Zentralasiens. Die 1–1,5 m hohe Wildform des Faserhanfes ist der **Rausch-Hanf** (*C. s.* ssp. *indica*). Er wächst wild zwischen dem Iran und Nordindien. Hanf ist eine uralte Nutzpflanze. In China begann um 4200 v. Chr. die systematische Nutzung. Auch in Mitteleuropa hat Hanf eine lange Geschichte. Die ersten Funde (Seil-, Stoffreste) und Belege für den Anbau stammen aus der Zeit um 800–400 v. Chr. Auch die Römer brachten Samen mit. Ab dem frühen Mittelalter wurde er wegen seiner Fasern angebaut. Vom 16. Jh. an nutzte man seine Heilwirkungen. Im 17. Jh. erlebte Hanfanbau seine Blütezeit. Danach verdrängten Baumwoll- und Juteimporte den Hanf. Anfang des 20. Jh. kam erneut ein Aufschwung, nachdem verbesserte Verarbeitungstechniken verfügbar waren. In den Weltkriegen gewann Hanf als einheimische Pflanze weiter an Bedeutung. Nach dem Zweiten Weltkrieg sank der Anbau wegen der Konkurrenz durch Kunstfasern und wurde in den fünfziger Jahren eingestellt. 1981 wurde Hanfanbau außer für Forschungszwecke in Deutschland völlig untersagt, nachdem Indischer Hanf (Rausch-Hanf) schon seit 1929 wegen der Verwendung als Rauschmittel verboten war. Seit 1996 ist der Anbau mit Sondergenehmigungen wieder erlaubt, sofern die Pflanzen weniger als 0,3 % Tetrahydrocannabinol enthalten. Gleichzeitig erlebte der Anbau und Handel mit Hanfprodukten eine Renaissance.

Verbreitung und Anbau: Hanf ist recht anspruchslos. Er benötigt kaum Dünger und wächst mühelos gegen Unkräuter an. Am besten gedeiht er jedoch auf tiefgründigen, humus-, kalk- und stickstoffhaltigen Böden. Die Temperaturen dürfen nicht unter 5 °C liegen. Verwilderte Pflanzen stehen manchmal in Unkrautfluren. Die Aussaat erfolgt zwischen April und Mai.

Nutzung: Alle Pflanzenteile können genutzt bzw. rückstandsfrei entsorgt werden. In der Fasergewinnung aus dem Stängelbast liegt die Hauptbedeutung des Hanfes. Der gewinnbare Faseranteil liegt bei 20 % des Stängelgewichtes. Nach der Mahd und Trocknung löst man 15–28 mm lange Fasern durch Knickmaschinen

Samenöl ist reich an Linol- (50%), Linolen- (20%) und Ölsäure (12%) sowie an Vitamin E und K. Es kann als Salatöl und zur Margarineherstellung verwendet werden. Im Mittelalter diente es als Lampenöl und zur Seifenproduktion. Für den Haushalt werden heute Möbelpolituren, Schuhcremes und Waschpulver aus Hanföl hergestellt. Ferner kann es auch als Heizölersatz bzw. mit Diesel vermischt als Kraftstoff eingesetzt werden. Die wertvolle γ-Linolensäure setzt man Hautcremes, Pflegeölen, Lacken und Farben zu. Pressrückstände der Ölgewinnung werden an Vieh verfüttert. Im 16. Jh. begann in Europa die Nutzung als Heilpflanze, wobei Hanf hier erst nur äußerlich angewendet wurde. Blüten, deren Tragblätter und Sprossteile tragen Harzdrüsen. Indischer Hanf ist besonders harzreich. Das Harz (Haschisch) enthält über 60 Cannabinoide (Tetrahydrocannabinol, Cannabidiolsäure etc.), Substanzen mit schmerzlindernder, beruhigender, abschwellender, krampflösender und halluzinogener Wirkung. Hanf wurde und wird oft wegen seiner berauschenden Wirkung geraucht und ist deshalb seit Langem umstritten. Schon Papst Innozenz belegte 1145 Hanf als Droge mit einem Bann. Samen und Tinkturen werden traditionell gegen Verdauungsprobleme (Koliken, Verstopfung etc.), Schwäche, Dehydration, Anämie, Asthma, Husten, Migräne, Hühneraugen, Krampfadern, Rheuma, Arthritis, Gicht, Gonorrhoe (Tripper), Blasenleiden und Wunden empfohlen. Im Mittelalter nahm man ferner aus Blütenständen extrahiertes „Hanfkrautwasser" oder Wurzelaufgüsse gegen Kopfschmerzen. Für die moderne Medizin sind die Schmerzdämpfung, Unterdrückung des Brechreizes bei der Chemotherapie, Appetitanregung und Gewichtszunahme bei HIV-Patienten, Senkung des Augenkammerdruckes bei Glaukom-Patienten und Wirkungen gegen Herpes sowie Neurodermitis bedeutsam.

oder die „Röste", d.h. bakteriellen Abbau der holzigen Stängelbestandteile, heraus. Die Fasern bleiben auch bei Nässe sehr reißfest. Traditionell werden sie für Seile, Bindfäden, Segeltuch, Stoffe, Leinwände und Papier gebraucht. Hanftextilien sind in Mitteleuropa seit 800 v. Chr. in Gebrauch. Ab dem 14. Jh. stellte man auch Papier und Zellstoff aus Hanffasern her. Stramin, die Unterseite von Teppichen, fertigte man früher aus Hanf. Die Autoindustrie interessiert sich heutzutage für Hanffasern zur Fertigung von Pressformteilen (Hutablagen, Wandverkleidungen), Dämmstoffen, Hartfaserplatten (Spanplatten, Schalbretter) und Bremsscheiben. Auch Hanfkleidung erlebt wieder einen Aufschwung. Die fett- (26%) und eiweißreichen (27%) Samen können ganz oder gemahlen zu Brei, Suppen, Bratlingen, Gebäck, Pfannkuchen und Getränken (Limonade etc.) verarbeitet werden. Im Mittelalter waren Hanfsamen eine beliebte, eiweißreiche Kost. Die Stängel können als Gemüse oder Salat verzehrt werden. Das grünliche

Hopfen

Humulus lupulus L.

Familie: Moraceae

Habitus: Mehrjährige, rankende Staude, 3–6 m lang, Stiel rechtswindend, mit rauen Klimmhaaren.

Blätter: Gegenständig, lange Stiele, Spreite tief geteilt, herzförmiger Grund mit 3–7 Lappen, rau behaart, Ränder grob gesägt.

Blüten: Diözisch, männliche Blüten in Rispen, unscheinbar grünlich-weiß, weibliche Blüten grünlich, Blütenstände mit maximal 60 Einzelblüten bilden zapfenförmige Kätzchen („Hopfendolden") aus kurzer, mit länglich-ovalen Hochblättern besetzter Achse, den Hochblattachseln entspringen Teilinflorszenzen mit 2–6 Blüten, Mai–September.

Früchte: Kleine, einsamige Nüsse.

Herkunft: Wildtypen des Hopfens sind in Europa und Asien verbreitet. Der Ursprung liegt vermutlich in Zentralasien. Der Beginn des Gebrauchs von Hopfen bei der Biererzeugung, z B. bei den Germanen, ist nicht belegt. Er begann vermutlich erst im frühen Mittelalter, obwohl es auch die Theorie gibt, Wildhopfen entstammt verwildertem, vorgeschichtlichem Kulturhopfen. Vom 5.–7. Jh. gab es die ersten Kulturen, weil Wildhopfen nicht mehr ausreichte. Ein Zentrum früher Kulturen war Franken. Für 736 und 768 n. Chr. sind erste Hopfengärten in der Hallertau und Freising erwähnt. Das erste Münchener Bier wurde um 815 gebraut. Die älteste, heute noch erhaltene Brauerei eröffnete um 1143 im Kloster zu Weihenstephan. Nennenswerter Hopfenanbau entwickelte sich ab dem 13. Jahrhundert. Aber erst im 17. Jh. festigte Hopfen endgültig seine überragende Bedeutung bei der Bierherstellung. Die Hopfenkultivierung erlebte im 18. und 19. Jh. durch staatliche Förderung eine besonders starke Entwicklung.

Verbreitung und Anbau: Wild wachsender Hopfen steht auf feuchten Böden an Flussufern, in Au- und Bruchwäldern, Hecken und Wald-

rändern. Er verträgt zeitweilige Überflutung. Als Liane schlingt er sich an Bäumen und Sträuchern empor. In Kulturen werden ausschließlich weibliche Pflanzen verwendet. Hopfen gedeiht am besten auf tiefgründigen, lehmigen Böden mit guter Wasserführung. Während der Wachstumsphase benötigt er Wärme und Feuchtigkeit. Die Anzucht erfolgt über vom Wurzelstock abgeschnittene, unterirdische Sprossabschnitte („Fechser"), deren Knospen austreiben. Die Pflanzen ranken sich an 6–8 m hohen Holzstangen oder Drahtgerüsten empor. Aus einem Wurzelstock können mehrere Ranken entspringen. Deutschland und Tschechien sind weltweit betrachtet die bedeutendsten Zentren der Hopfenproduktion. Die deutschen Hauptanbaugebiete liegen bei Heidelberg, Nürnberg und in der Hallertau. Ausgereifte Hopfendolden werden im Spätsommer bzw. Frühherbst mit Maschinen geerntet oder von Hand abgerupft. Das Erntegut wird in Darren getrocknet, bis es gleichmäßig etwa 12% Feuchtigkeit enthält.

Nutzung: Die Deckblätter und Fruchtschuppen der Hopfendolden tragen gestielte, becherförmige Drüsenhaare, die neben ätherischen Ölen (Myrcen, Humulen etc.) die bitteren Harzverbindungen Lupulin und Humulon absondern. Die Drüsenschuppen lassen sich als klebriges Pulver (Hopfenmehl) abschütteln. Seit dem 8. Jh. setzt man Hopfen als Gewürz und Konservierungsmittel von Bier ein. Ungefähr 200–400 g Hopfenmasse werden für einen Hektoliter gebraucht. Nach dem deutschen Reinheitsgebot von 1447 ist neben Gerste, Malz und Wasser nur Hopfen als Bierzusatz erlaubt. Beim Brauen wird der Hopfen mit der süßen Malzwürze verkocht. Die süße Malzwürze reichert dabei Bitterstoffe sowie ätherisches Öl an und wandelt sich zur bitteren Würze um, die das Gärsubstrat darstellt. Die Bitterstoffe und ätherischen Öle verleihen dem Bier sein Aroma, fällen Eiweiß aus und stabilisieren den Schaum. Sie töten auch Bakterien ab und konservieren das Bier zusammen mit Gerbstoffen (Tanninen), die ebenfalls im Doldengewebe vorliegen. In der Medizin werden Hopfenextrakte als Beruhigungs- bzw. Schlafmittel sowie zur Nervenstärkung und Appetitanregung verabreicht. Hopfen ist in einer Vielzahl medizinischer Teemischungen enthalten. Als Hausmittel werden meistens die Hopfenblüten und nicht das an Inhaltsstoffen reichere Hopfenmehl als Tee aufgebrüht. Früher kam Hopfen als schmerzstillendes, antiseptisches, fiebersenkendes und diuretisches Mittel auch gegen klimakterische Menstruationsbeschwerden, Nieren- und Blasenerkrankungen sowie als Breiumschlag gegen Ekzeme, Geschwüre und Entzündungen der Haut zum Einsatz. Im Hopfen enthaltenes Östrogen regt die Milchproduktion bei Frauen an. Zudem soll es für die verstärkte Fettgewebebildung bei Männern verantwortlich sein, die reichlich Bier konsumieren. Destillierte Hopfenöle und Hopfenextrakte werden Parfüms als Duftstoffe sowie Getränken und Lebensmitteln als Aromastoffe zugesetzt. Junge Triebe enthalten viel Vitamin C. Sie können roh oder gekocht als Gemüse gegessen werden und waren im 18. und 19. Jh. besonders beliebt. Blütenköpfe und Blätter ergeben einen braunen Farbstoff. Aus faserreichen Ranken fertigte man früher Säcke, Matten, Stricke und Papier.

Schmalblättrige Lupine

Lupinus angustifolius L.

Familie: Fabaceae
Habitus: Ein- oder zweijähriges Kraut, 40–80 cm hoch, Stängel rund, aufrecht, hellgrün, behaart.
Blätter: Wechselständig, 5- bis 7fach handförmig eingeschnitten, Abschnitte länglich, verkehrt-eiförmig oder lanzettlich, beiderseits behaart.
Blüten: In vielblütigen, deutlichen Quirlen, bilden endständige Traube, blaue, zygomorphe Schmetterlingsblüten, kurz gestielt, Spitze des Schiffchens oft purpur-violett, Mai–August.
Früchte: Dicht behaarte, gerade Hülse mit 4–7 Samen.
Herkunft: Die Blaue Lupine stammt aus dem Mittelmeergebiet. Sie war bereits als Zierpflanze eingebürgert worden, bevor Anfang des 19. Jh. mit dem Anbau begonnen wurde. Die **Weiße** (*L. albus*) und die **Gelbe Lupine** (*L. luteus*), zwei weitere angebaute Arten, stammen ebenfalls aus dem mediterranen Raum. Die Weiße Lupine wurde dort wohl schon in vorchristlicher Zeit kultiviert.
Verbreitung und Anbau: Die Blaue Lupine ist in ganz Mitteleuropa zu finden. Sie gedeiht auch auf sandigen, kalkarmen Böden, die aber recht feucht sein sollten. Sie steht an Wald-, Straßen- und Wegrändern. Die Aussaat kann bis Juni erfolgen.
Nutzung: Die Pflanze wird wegen ihrer symbiontischen, stickstoffbindenden Wurzelknöllchenbakterien als Rohbodenpionier, zur Verbesserung armer Waldböden und zur Gründüngung angepflanzt. Im Gewebe und auch in den Samen sind bittere Alkaloide (z. B. Lupinin, Spartein, Gramin) enthalten, die zu Vergiftungen führen können. Vergiftungssymptome sind: Speichelfluss, Erbrechen, Schluckbeschwerden, Herzrhythmusstörungen, aufsteigende Lähmung, eventuell Tod durch Atemlähmung. Bei Tieren auftretende Vergiftungen („Lupinose")

haben ihre Ursache dagegen häufiger im Gift des Schimmelpilzes *Phomopsis leptostromiformis*, der oft als Endophyt in Lupinen lebt. Anfang des 20. Jh. gelang es, bitterstoffarme Sorten zu züchten, die sich als eiweißreiches Grünfutter für Vieh eignen. Alkaloidarme Samen sind sogar für den menschlichen Verzehr geeignet. Sie enthalten etwa 25% Fett und 40% hochwertiges Eiweiß, das u. a. die essentiellen Aminosäuren Tryptophan und Methionin enthält. Es gilt als potentieller Soja-Ersatz. Dioskurides und mittelalterliche Autoren beschrieben die Lupine als Diuretikum und schrieben ihr Heileffekte gegen Würmer, Milzleiden, Geschwüre, Hautkrankheiten, Entzündungen, Ischias und Appetitlosigkeit zu. Sie setzte sich als Heilkraut aber nie durch. Historisch sind Lupinen in Notzeiten als Gemüse oder Kaffee-Ersatz (Samen) gebräuchlich gewesen. Die Alkaloide mussten aber zuvor ausgespült werden.

Rot-Klee (Wiesen-Klee)

Trifolium pratense L.

Familie: Fabaceae
Habitus: Mehrjährige Staude, 15–40 cm hoch, verzweigt, Stängel aufrecht, kantig, behaart.
Blätter: Wechselständig, dreizählig gefiedert, Blättchen elliptisch-eiförmig, mit charakteristischem, pfeilförmigem, weißem Fleck auf der Oberseite, Nebenblätter eiförmig, grannenartig zugespitzt.
Blüten: In endständigen, kugeligen oder eiförmigen Blütenköpfen, zygomorphe Schmetterlingsblüten, hellrot, Kelch röhrig-glockig, Honigduft, Juni–September.
Früchte: Eiförmige, einsamige Hülsen.
Herkunft: Einheimisch.
Verbreitung und Anbau: Rot-Klee wächst auf Wiesen und Weiden. Er liebt eher feuchte Stellen und steht auch auf armen Böden. Im Anbau wird Klee zwischen Frühjahr und Herbst in Reinkultur oder Grasmischungen ausgesät. Später

Klee überwintert und blüht im Frühjahr. Frühklee kann dreimal pro Jahr geerntet werden.
Nutzung: Rot-Klee ist eine Weide- und Futterpflanze, die frisch oder getrocknet als Heu verfüttert wird. Aus gepresstem, trockenem Kraut werden Konzentrate und Pellets erzeugt. Die Blätter enthalten 4% Eiweiß. Keimlinge, Blätter und junge Blütenköpfe können als Gemüse oder Salat gegessen werden. Getrocknete Blüten ergeben einen süßlichen Tee. Die Blütenköpfe dienen als Heilmittel. Apotheken bieten Flüssigextrakte und Fertigarzneimittel an, die krampf- und schleimlösend wirken. Sie finden besonders bei Husten und Keuchhusten Anwendung. In der Volksmedizin wird die Droge bei chronischen Hautkrankheiten (Schuppenflechte, Ekzeme) angewendet. Er soll auch gegen Brust-, Lymphdrüsen und Eierstockkrebs wirken und enthält ein Indolizinalkaloid (Slaframin), das z. Z. für die AIDS- und Diabetes-Therapie getestet wird. In Irland und Schottland nahm man einst trockene Blütenköpfe für ein Stampfbrot (Thambrak).

Weiß-Klee
Trifolium repens L.

Familie: Fabaceae
Habitus: Mehrjährige Staude, kriechend, 5–50 cm hoch, unbehaart, an den Knoten wurzelnd.
Blätter: Wechselständig, dreizählig gefiedert, Blättchen eiförmig, fein gezähnt, kahl, oft mit hellem Fleck.
Blüten: In endständigen, lang gestielten, runden Köpfchen, zygomorphe Schmetterlingsblüten, gelblich-weiß, Kronröhre kurz, Mai–Oktober.
Früchte: Mehrsamige Hülsen.
Herkunft: Einheimisch.
Verbreitung und Anbau: Als Wildpflanze ist Weiß-Klee in ganz Europa verbreitet. Er gedeiht auf nährstoffreichen, dichten Lehm- und Tonböden. Man trifft ihn häufig auf sonnigen Rasenflächen, Wiesen, Äckern und Ruderalstellen an. Er breitet sich durch Ausläufer schnell aus.

Nutzung: Die Pflanze wird seit dem 18. Jh. als Weidepflanze mit hohem Eiweißgehalt angebaut. Sie ist zudem eine gute Bienenweide. Keimlinge, Blätter und junge Blütenköpfchen können als Salat- oder Gemüsebeilage verzehrt werden. Getrocknete Blätter verbreiten ein Vanillearoma und eignen sich als Kuchenzutat. Mit getrockneten Blütenköpfen lässt sich Tee aufbrühen. Weiß-Klee werden antirheumatische und reinigende Effekte nachgesagt. Eine weitere, ähnlich wie Weiß-Klee verwendete Art, ist der **Schweden-Klee** (*T. hybridum*). Im Volksglauben sind die, bei diversen Kleearten selten vorkommenden, vierblättrigen Kleeblätter Glücksbringer, aber nur, wenn sie zufällig entdeckt werden.

Puffbohne (Pferdebohne, Dicke Bohne)

Vicia faba L.

Familie: Fabaceae
Habitus: Einjähriges Kraut, 0,5–1,2 m hoch, Stiel aufrecht, vierkantig, hohl.
Blätter: Wechselständig, paarig gefiedert, Fiedern elliptisch, zugespitzt, blaugrün, Nebenblätter am Blattgrund klein, eirund oder pfeilförmig.
Blüten: In kurz gestielten Trauben, blattachselständig, je 3–11 zygomorphe Schmetterlingsblüten, Fahne und Schiffchen weiß, Flügel am Grund mit schwarz-violettem Fleck (Honigdrüsen) oder violetten Streifen in der Mitte, Mai–August.
Früchte: Hülsen, stielrund, lederartig, samtig behaart, mit 2–6 braunen Samen.
Herkunft: Die Wildform der Puffbohne ist unbekannt. Vermutlich ist ihre Stammform ausge-

storben. Ableitungen aus wilden *Vicia*-Arten sind nicht gelungen. Der Ursprung liegt zwischen Afghanistan und Kleinasien, wo der Anbau zwischen 7000 und 4000 v. Chr. begann. Der älteste Nachweis stammt aus Israel (6500 v. Chr.). Nördlich der Alpen verbreitete sie sich erst in der späten Bronzezeit (1200–800 v. Chr.). In den ersten Jahrhunderten nach Christus entwickelte sich ein Anbauschwerpunkt an der Nordseeküste, weil sie als einzige Hülsenfrucht auf salzigen Böden in Küstennähe gedeiht. Ab dem 17. Jh. erlahmte der Anbau in Europa, weil Grüne Bohnen und Feuerbohnen in Mode kamen.
Verbreitung und Anbau: Die Puffbohne ist eine reine Kulturpflanze, von der zwei Unterarten in vielen Sorten angebaut werden: *V. faba* ssp. *minor* für kleinkörnige Samen und *V. faba* ssp. *major* für großkörnige Samen. Die Puffbohne liebt feuchtes, kühles Klima und toleriert in der Keimphase niedrige Temperaturen. Sie stellt hohe Bodenansprüche und braucht kalkige, nährstoffreiche und tiefe Böden. Die Aussaat beginnt Mitte Februar, die Ernte ab Anfang Juni.
Nutzung: Voll entwickelte, aber noch unreife, milchige Samen von *V. f.* ssp. *major* isst man als Gemüse zu Schweinefleisch, Bratwürsten oder Speck. Sie enthalten 4% Eiweiß, 3% Kohlenhydrate, 0,5% Fett und Vitamin C. Vollreife, gekochte Samen dienen als Eintopf- und Suppenzutat. Industriell werden sie zu Gefrier- und Nasskonserven verarbeitet. Reife Samen von *V. f.* ssp. *minor* wurden bis 1920 gemahlen zu Suppen und Brei verarbeitet. Sie enthalten 25% wenig hochwertiges Eiweiß (viel Cystein und Methionin), 60% Kohlenhydrate, 7% Fasern, 1% Fett und Mineralien (Kalium, Phosphat). Heute dienen sie nur als Kraftfutter für Vieh. Die Blätter liefern ein Spinatgemüse. Puffbohnen enthalten Glykoside (Vicin, Convicin), Lectine und Gerbstoffe. Früher verwendete man sie bei Husten, Nieren- und Genitalleiden bzw. als Breiumschlag bei Hautentzündungen, Warzen und Verbrennungen. Pottasche aus den kaliumreichen Stielen diente örtlich zur Seifenherstellung.

Gemüse-Erbse

Pisum sativum L.

Familie: Fabaceae

Habitus: Einjähriges, niederliegendes oder kletterndes Kraut, 0,3–2 m hoch, verzweigt.

Blätter: Wechselständig, paarig gefiedert, 1–3 Blättchenpaare, eiförmig oder breit-elliptisch, in Wickelranke auslaufend, Spreite bläulich-grün, Nebenblätter groß, halbkreisförmig.

Blüten: In lang gestielten, blattachselständigen Trauben aus 1–3 zygomorphen Schmetterlingsblüten, weiß, rosa oder purpurn, Schiffchen öffnet sich nicht, Mai–Juni.

Früchte: Aufgeblähte Hülsen, Innenseiten oft mit harter Pergamentschicht.

Herkunft: Die Erbse stammt aus dem östlichen Mittelmeerraum sowie Vorder- und Mittelasien, wo sie schon in der Mittelsteinzeit um 7800–5300 v. Chr. genutzt wurde. Damit gehört sie zu den ältesten Kulturpflanzen. Ursprungsformen sind *P. s.* ssp. *elatius* und *P. s.* ssp. *humile*, die in der Heimat der Gemüse-Erbse wild wachsen. In Mitteleuropa tauchte die Erbse mit den ersten Ackerbaukulturen um 4500 v. Chr. auf. Es ist unklar, ob es noch Acker-Erbsen (*P. s.* ssp. *arvense*) oder schon Gemüse-Erbsen waren. In der Jungsteinzeit verringerte sich der Anbau, stieg jedoch in der Bronzezeit ab 1800 v. Chr. wieder an. Der Anbau blieb bis zur Zeitenwende auf die Mittelgebirge und südlichen Regionen beschränkt. Im Mittelalter kam sie in Mode und ab Mitte des 19. Jh. entwickelte sie sich zur bedeutendsten Hülsenfrucht Mitteleuropas.

Verbreitung und Anbau: Die Gemüse-Erbse wird im Feld- und Gartenbau gepflanzt. Die wichtigsten Gruppen sind Pal- bzw. Schal-, Mark-, Zucker- und Futter-Erbsen. Die Erbse bevorzugt maritimes Klima mit einem warmen Frühjahr und nicht übermäßig heißem Sommer. Am besten wächst sie auf humusreichen, lockeren und gleichmäßig feuchten Lössböden. Die Pflanze reichert den Boden durch symbiotische Knöllchenbakterien im Wurzelraum mit Stick-

stoff an. Die Ernte erfolgt von Juni bis August. Im Feldbau kommen Erntemaschinen zum Einsatz. Die Verarbeitung beginnt sofort nach der Ernte, weil die Samen bei der Maschinenernte oft beschädigt werden, wodurch sie leicht zu gären anfangen.

Nutzung: Die Erbse liefert ein ausgezeichnetes Frisch- und Konservengemüse. Unreife Samen enthalten 6% hochwertiges Eiweiß, 12% Kohlenhydrate, 4% Ballaststoffe und 0,5% Fett. In reifen Samen liegen 23% Eiweiß, 58% Kohlenhydrate (Glucose, Fructose, Saccharose), 17% Ballaststoffe und 1,5% Fett vor. Ferner sind Erbsen reich an Vitamin A, B und C. Ihr Geschmack wird vom Gehalt an Zucker, Äpfel- und Zitronensäure bestimmt. Unreife **Pal-Erbsen** (*P. s.* ssp. *sativum*) werden als Frischgemüse und reife als Trockenerbsen für Suppen, Eintöpfe, Brei und Pürees verwertet. Nur junge **Mark-Erbsen** (*P. s.* ssp. *medullare*) werden als Gemüse genommen, denn vollreif werden sie beim Kochen nicht weich. **Zucker-Erbsen** (*P. s.* ssp. *saccharatum*)

fehlt die Pergamentschicht in den Hülsen, so dass Hülsen mit den Samen als Frischgemüse zubereitet werden können. Vereinzelt nahm man in kargen Zeiten geröstete Erbsensamen als Kaffee-Ersatz. Junge Schösslinge und Blätter ergeben ebenfalls Gemüse. Erbsenpflanzen können als Gründünger untergepflügt, als Mulch verwendet oder als Untersaat in Getreidefeldern eingesetzt werden, weil sie zur Stickstoffversorgung des Bodens beiträgt. Mark-Erbsen werden industriell als Stärkelieferant genutzt. Die Stärke wird wiederum in der Lebensmittel-, Chemie-, Papier- und Textilindustrie u. a. für Waschpulver, Wäschesteife, Zahnpasta, Baustoffe (Dämm-, Faserplatten), Kunststoffe, Folien, Enthärter, Düngemittel, Herbizide und zur Fermentation in der Biotechnologie weiterverarbeitet (s. Weizen). Mark-Erbsenstärke enthält bis 80% Amylose, die zur Produktion wasserlöslicher, transparenter, aber stabiler Folien dient.

Saat-Luzerne

Medicago sativa L.

Familie: Fabaceae
Habitus: Mehrjährige Staude, 30–80 cm hoch, kahl, buschig verzweigt.
Blätter: Wechselständig, kurzstielig, dreifach gefiedert, Spreite oval, gezähnt.
Blüten: In kurzen, länglichen oder kugeligen Trauben, kleine, zygomorphe Schmetterlingsblüten, Krone purpurn, blau-violett (selten weiß), Juni–Oktober.
Früchte: Gedrehte Hülsen.
Herkunft: Ihre Heimat liegt in Zentralasien. Schon im Altertum kam sie nach Europa. Um 500 v. Chr. baute man sie in Griechenland an. Die Araber brachten sie im 8. Jh. n. Chr. nach Spanien, von wo sie nach Mitteleuropa kam.
Verbreitung und Anbau: Die Saat-Luzerne wird oft als zweijährige Feldkultur gepflanzt. Verwilderte Pflanzen stehen an Acker- und Wegrändern. Sie gedeiht an warmen, sonnigen Plätzen auf kalkigen, gut entwässerten Löss- und Lehmböden. Nach der Aussaat im Frühling können die Pflanzen bis zum Frühherbst fünf Mal geschnitten werden. Die Saat-Luzerne gilt als die ursprünglichste Luzernenart. Ferner baut man die **Sand-** (*M. varia*) und die gelbe **Sichel-Luzerne** (*M. falcata*) an.
Nutzung: Die eiweißreiche (3%) Luzerne dient als Bienenweide, Gründünger, Gesundungspflanze und als Heufutter. Es ist die älteste Futterpflanze für Pferde und Kühe, deren Milchleistung sie fördert. Blätter und Keimlinge ergeben Salat oder Suppenbeilagen. Industriell liefert die Luzerne Vitamin K, grüne Chlorophyll- (E 140) und gelbe Carotinfarbstoffe (E 160a). Früher galt sie wegen adstringierender, diuretischer, schmerzstillender, appetitanregender, fieber- und cholesterinsenkender Effekte als Heilkraut. Man nahm Blattaufgüsse zur Stärkung nach Krankheiten, bei Anämie, Blutungen, klimakterischen Beschwerden und Fieber. Mit Samenöl werden z. T. Farben hergestellt.

Gelber Steinklee
Melilotus officinalis (L.) Pallas

Familie: Fabaceae
Habitus: Zweijähriges, verästeltes Kraut,
0,3–1,5 m hoch, Stängel hohl, kantig gerippt,
verströmt Waldmeistergeruch.
Blätter: Wechselständig, dreizählig gefiedert,
Fiedern elliptisch, 18–22 Paar Seitennerven,
Rand unregelmäßig gesägt.
Blüten: In gestielten, reichblütigen Trauben,
kleine, zygomorphe Schmetterlingsblüten, gelb,
Schiffchen kürzer als Flügel und Fahne, Juni–
September.
Früchte: Eiförmige, braune Hülsen.
Herkunft: Gelber Steinklee stammt aus Eurasi-
en. Der verwandte **Weiße Steinklee** (*M. alba*)
ist in Mitteleuropa beheimatet.
Verbreitung und Anbau: Gelber Steinklee ist
anspruchslos und verträgt Trockenheit. Er
wächst an Bahndämmen, Acker- und Straßenrändern sowie auf Ruderalflächen. Steinklee
wird z. T. im Feldbau kultiviert und dazu im
Herbst oder Frühjahr ausgesät.
Nutzung: Steinklee enthält Melilotin, das beim
Trocknen Cumarin freisetzt, ätherisches Öl, Flavonoide, Gerb- und Schleimstoffe. Venensalben
enthalten Steinklee-Extrakte, denn er hilft als
venenstärkendes Mittel bei Krampfadern, Hämorrhoiden, Ödemen und beugt Thrombosen
vor. Zudem wirkt er schmerzlindernd, entzündungshemmend, krampf- und schleimlösend.
Tees oder Breiumschläge nahm man früher gegen Husten, Schlaflosigkeit, Nervosität, Kopfschmerzen, Verdauungsprobleme, Geschwüre,
Quetschungen, Schwellungen, Verbrühungen
und Gelenkschmerzen. Trockene Blätter würzen Süßspeisen, Salate und wurden einst geraucht. Frische Blätter, Blüten und junge Sprosse liefern Gemüse. Trockensträuße vertreiben
Motten. In vergorenen oder schlecht getrockneten Blättern bildet sich das Antigerinnungsmit-
tel Dicumarol, ein Rattengift. Gelber Steinklee
wird auch als Gründünger und Bienenweide angebaut. **Weißer Steinklee** *(M. alba)* enthält
weniger Wirkstoffe. Er dient als Gründünger,
Futter (Silage, Heu), Bienenweide und z. T. als
Salat- oder Suppenzutat.

Gewöhnlicher Hornklee

Lotus corniculatus L.

Familie: Fabaceae

Habitus: Mehrjährige, kriechende oder aufrechte Staude, 10–30 cm hoch, ästig verzweigt, sehr formenreich, behaart oder kahl.

Blätter: Wechselständig, erscheinen fünfzählig, dreizählig gefiedert und zwei gleichgroße Nebenblätter, Blättchen eiförmig-lanzettlich.

Blüten: Köpfchenartige Dolde aus 4–5 zygomorphen Schmetterlingsblüten, leuchtend gelb, Fahne und Schiffchen oft purpurrot überlaufen, Juni–August.

Früchte: Schwarze, glänzende Hülsen.

Herkunft: Hornklee ist in Europa und Vorderasien heimisch. Im 19. Jh. begann man ihn systematisch anzubauen.

Verbreitung und Anbau: Gewöhnlicher Hornklee steht verbreitet auf basenreichen, nährstoffarmen Wiesen oder Halbtrockenrasen. Er verkraftet auch salzige Böden und Trockenheit. Er gilt als ausgesprochen widerstandsfähig und liefert selbst unter ungünstigen Bedingungen noch gute Futtererträge. Die Samen können im Herbst und Frühling ausgebracht werden.

Nutzung: Gewöhnlicher Hornklee wird teilweise als Grünfutterpflanze angebaut. Er kann entweder direkt auf Weiden oder als Heu verwendet werden. Allerdings findet man ihn nur selten in Reinkultur. Vielmehr ist er ein häufiger Bestandteil von Klee-Gras-Mischungen. Aus den Blüten kann ein gelb-oranger Farbstoff extrahiert werden. Hornklee enthält Cyanid-Glykoside und besitzt offenbar gewisse Heilwirkungen (fiebersenkend, krampflösend, beruhigend, kardiotonisch, blähungstreibend sowie gegen Wurminfektionen), hielt aber bislang keinen Einzug in die Kräutermedizin.

Weitere, bislang unerwähnte Ackerfutterpflanzen aus der Gruppe der Schmetterlingsblütler sind u. a. **Serradella** *(Ornithopus sativus),* die **Esparsette** *(Onobrychis viciifolia)* sowie diverse Kleearten, z. B. **Alexandriner Klee** *(Trifoli-*

um alexandrinum) oder **Inkarnatklee** *(T. incarnatum).* Serradella war im 19. und Anfang des 20. Jh. recht bedeutsam, spielt aber heute keine Rolle mehr. Sie stammt aus Portugal. Esparsette wird insbesondere in trockenen Gegenden kultiviert. Sie kann 5–10 Jahre genutzt werden. Alexandriner Klee stammt aus Nordafrika und wird in Mitteleuropa seit den fünfziger Jahren gepflanzt. Inkarnatklee kommt aus dem westlichen Mittelmeerraum und wird seit dem 19. Jh. auch in Mitteleuropa kultiviert, meistens in Mischungen mit Gräsern.

Speise-Linse
Lens culinaris Medicus

Familie: Fabaceae

Habitus: Einjähriges Kraut, niederliegend oder rankend, 15–50 cm hoch, reich verzweigt, Stängel dünn, weichhaarig.

Blätter: Wechselständig, fiederspaltig, 2–7 Paare kleiner, eiförmiger oder elliptischer Blättchen, obere Blätter mit einer Wickelranke an der Spitze.

Blüten: Je 1–4 zygomorphe Schmetterlingsblüten entspringen den Blattachseln, lang gestielt, klein, unscheinbar, Krone weiß oder blassblau, Fahne mit dunkler Aderung, Mai–Juli.

Früchte: Hülsen, kurz, trapezförmig, etwas aufgebläht, mit zwei Samen, diese diskusförmig, gelbgrün oder rotbraun.

Herkunft: Linsen wurden zuerst im östlichen Mittelmeerraum (Ägypten, Vorderasien) angebaut. Die Verwendung wilder Linsenarten ist aus der Altsteinzeit (20000–7000 v. Chr.) be-

legt. Die Wildformen zählten bei der Entstehung der Ackerbaukulturen zu den ersten domestizierten Pflanzen. Bereits während der Jungsteinzeit begann offenbar die systematische Zucht großsamiger Formen. Als Vorfahren der Speise-Linse gelten die Arten *L. nigricans* und *L. orientalis*. Aus ihrem Ursprungsgebiet gelangte die Linse schon mit der ältesten Ackerbaukultur (4600–3800 v. Chr.) in die mitteleuropäischen Mittelgebirge. Bis zur Bronze- (1100–800 v. Chr.) und Eisenzeit (ab 800 v. Chr.) nahm der Anbau dort zu. Zwischen dem Ende der Römerzeit und dem Spätmittelalter (350–1200 n. Chr.) ging der Linsenanbau zurück und verlor danach noch weiter gegenüber den Getreidearten. Nennenswerter Linsenanbau wurde nach 1920 nur noch in wenigen kargen Gebirgsregionen betrieben (Schwäbische Alb, Niederbayern, Franken, Tirol etc.). Nach dem Krieg kam der Linsenanbau in Mitteleuropa fast zum Erliegen. Heute existieren nur sehr wenige Anbauflächen.

Verbreitung und Anbau: Die Linse pflanzt man gerne an warmen, trockenen Standorten. Sie stellt geringe Ansprüche an den Boden. Vielfach wird sie auf Kalk- und Lössböden kultiviert. Das Temperaturminimum während der Keimphase beträgt 5 °C. Mit maximal 125 Tagen ist die Vegetationsdauer relativ kurz.

Nutzung: Reife Samen enthalten 51% Kohlenhydrate, 24% Eiweiß, 11% Rohfaser bzw. Ballaststoffe, 1,5% Fett sowie viele Vitamine und Mineralien. Linsen werden in Suppen, Eintöpfen oder als Brei gegessen. Sie sind leichter verdaulich als andere Hülsenfrüchte. Grüne Hülsen oder Keimsprosse können als Gemüse verzehrt werden. Früher verwendete man Linsenmehl in armen Gegenden zum Brotbacken. Auch als Viehfutter kamen Linsen zum Einsatz. Die Linse gilt als geeignetes Nahrungsmittel zur Überwindung von Verstopfungen, weil sie eine leicht abführende Wirkung besitzt.

Garten-Bohne

Phaseolus vulgaris L. (Foto nächste Seite)

Familie: Fabaceae
Habitus: Einjähriges Kraut, buschig verzweigt, zwei Varietäten: (a) links windende, 2–4 m hohe **Stangen-Bohne** (*P. v.* var. *vulgaris*), (b) nicht windende, 30–50 cm hohe **Busch-Bohne** (*P. v.* var. *nanus*).
Blätter: Wechselständig, dreizählig gefiedert, Fiedern herzförmig, zugespitzt, lang, Endfieder besitzt längeren Stiel als Seitenfiedern, Nebenblätter klein.
Blüten: In langen Trauben mit 3–5 kurz gestielten Blüten, Trauben länger als Tragblätter, fünf Kronblätter formen zygomorphe Schmetterlingsblüte, weiß, gelb oder lila gefärbt, Kelch zweilippig, Juni–September.
Früchte: Lange, gerade, glatte Hülsen.
Herkunft: Der Ursprung der Gartenbohne liegt in Südamerika und Mexiko. Als Stammform der Gartenbohne gilt die dort heimische Wild-Bohnen-Art *P. aborigineus*, deren Hülsen bei der Reife aufspringen. Die Wildart wurde bereits 6000 v. Chr. genutzt. Die Kulturform entstand noch vor Beginn der indianischen Ackerbaukultur. Die Spanier brachten die Gartenbohne im 16. Jh. nach Europa, wo sie sich rasch verbreitete. Seit Anfang des 20. Jh. erhöhte sich mit der Möglichkeit, Nass- und Gefrierkonserven herzustellen, die wirtschaftliche Bedeutung enorm. Gemessen an der Anbaufläche ist die Busch-Bohne heute die bedeutendste Körnerleguminose.
Verbreitung und Anbau: Garten-Bohnen-Arten kommen in Mitteleuropa nur als Kulturpflanzen vor. Es gibt von den beiden Varietäten viele Sorten. Im Feldbau pflanzt man überwiegend die Buschbohne, während die Stangenbohne mehr in Gärten oder Gewächshäusern steht. Die Busch-Bohne stellt geringere Bodenansprüche als die Stangen-Bohne. Beide Formen wachsen abgesehen von Sand- oder reinen Tonböden auf allen Bodentypen. Humusreicher Löss bietet idealen Untergrund. Als frostempfindliche Gewächse benötigen sie mindestens 8 °C zum Keimen und 12 °C beim Heranwachsen. Die Aussaat beginnt im Mai und endet Mitte Juli. Die Stangen-Bohne benötigt ein Gerüst aus Holzstangen oder Spanndrähten, an dem sie emporwächst. Die Ernte beginnt im Juli. Für größere Flächen gibt es Erntemaschinen. Busch-Bohnen werden in 1–3, Stangen-Bohnen in 10–20 Teilernten gepflückt.
Nutzung: Die Garten-Bohne ist ein wertvolles, eiweißreiches Gemüse. Die Hülsen werden meistens im grünen, unreifen Zustand gepflückt. Grüne Bohnen enthalten im Frischgewicht 6 % Kohlenhydrate, 2 % Eiweiß und 0,2 % Fett. Reife Samen enthalten 48 % Kohlenhydrate, 21 % Eiweiß mit vielen essentiellen Aminosäuren und 2 % Fett. Grüne Bohnen werden gekocht als Gemüse, Salat- oder Suppenbeilage gegessen. Industriell verarbeitet man sie zu Konserven. Reife Samen braucht man bei der Herstellung von Suppen und Pürees. Rohe Hülsen sollten nicht gegessen werden, weil sie das giftige Blausäure-Glykosid Phaseolin enthalten, das erst beim Kochen zersetzt wird. Junge Blätter eignen sich roh oder gekocht als Küchenkraut. In Notzeiten röstete man die Samen auch als Ersatz für Kaffeebohnen. Die Garten-Bohne besitzt gewisse Heilwirkungen. Früher behandelte man Hautgeschwüre mit Samenmehl-Umschlägen. Bereits in der Volksmedizin kam die Bohne als mildes Diuretikum und Antidiabetikum zum Einsatz. Getrocknete, von Samen befreite Hülsen sind in Arzneien und Tees gegen Harnwegsinfekte, Blasen- oder Nierensteine sowie in Antidiabetika enthalten. Sie enthalten viel Kalium und wenig Natrium. Daher wirkt die Bohne entwässernd sowie entlastend auf Herz und Kreislauf. Chromsalze in den Hülsen sorgen vermutlich für die antidiabetischen Effekte. Ferner nimmt man antikarzinogene Effekte durch Enzymhemmstoffe und Lignane an. Die Garten-Bohne eignet sich, wie alle Leguminosen, gut zur Gründüngung, weil sie Knöllchenbakterien an den Wurzeln trägt, die Luftstickstoff binden.

Feuer-Bohne

Phaseolus coccineus L.

Familie: Fabaceae
Habitus: Einjähriges, rankendes Kraut, links windend, 2,5–5 m hoch, buschig verzweigt.
Blätter: Wechselständig, dreizählig gefiedert, Fiedern herzförmig, zugespitzt, Endfieder besitzt längeren Stiel als Seitenfiedern, Spreite oberseits stark, unterseits schwach behaart.
Blüten: In traubigen Blütenständen mit zahlreichen gestielten, zygomorphen Schmetterlingsblüten, Blütentrauben kürzer als Tragblätter, entspringen den Blattachseln, fünf Kronblätter, scharlachrot oder weiß, Kelch zweilippig, Juni–Oktober.
Früchte: Raue, anfangs wollige, 20–30 cm lange Hülsen, Samen nierenförmig, Färbung weißgrau bzw. weiß-rot geflammt (weißblütige Sorten) oder violett, schwarz gesprenkelt (rotblütige Sorten).

Herkunft: Die Feuer-Bohne stammt wie die Garten-Bohne von der südamerikanischen Wild-Bohnen-Art *P. aborigineus* ab. Doch erlangte sie keine so große Bedeutung wie die Garten-Bohne. Aus der Zeit zwischen 7000 und 5500 v. Chr. stammen die ältesten Funde. Ihre erste urkundliche Erwähnung in Europa stammt aus dem Jahr 1635. Sie verbreitete sich vor allem wegen ihrer dekorativen Blüten rasch in Mitteleuropa.
Verbreitung und Anbau: Die Feuer-Bohne kommt in Mitteleuropa nur als Gartenkulturpflanze vor. Sie ist zwar frostempfindlich, verträgt Kälte und Wind jedoch besser als die Garten-Bohne. Ihre Nährstoff- und Feuchtigkeitsansprüche sind allerdings höher. Sie entwickelt sich am besten auf humusreichem Mutterboden. Die Aussaat erfolgt im Frühling an sonnigen Stellen. Die Pflanzen werden an Stangen, Zäunen oder Schnüren gezogen. In der Fruchtfolge sollte sie, wie alle Leguminosen, nicht aufeinander oder auf andere Hülsenfrüchte folgen.

Nutzung: Von der Feuer-Bohne isst man die jungen Hülsen, bevor sie hart werden, als Gemüse. Junge, grüne Hülsen sind reich an Vitamin C (0,03%). Zudem enthalten sie 30% Kohlenhydrate, 7% Eiweiß, 2% Faserstoffe, 1% Fette und etliche Mineralstoffe (Calcium, Eisen, Phosphor). Reife Samen werden in Salaten, Suppen und Eintopfgerichten verarbeitet. In getrockneten Samen liegen 62% Kohlenhydrate, 20% Eiweiß, 5% Faserstoffe, 2% Fette und neben Eisen erhebliche Mengen an Calcium und Phosphor vor. Hülsen und Samen müssen vor dem Verzehr gekocht werden, damit das giftige Phasin zerstört wird. Auch junge Blätter und Blüten können gegessen werden.

Salatgurke
Cucumis sativus L.

Familie: Cucurbitaceae
Habitus: Einjähriges, rankendes oder kriechendes Kraut, 10–30 cm hoch, Spross verzweigt, bis 10 m lang, Stiel vierkantig, rau behaart.
Blätter: Wechselständig, lang gestielt, Umriss fünfeckig, ungeteilt oder mit handförmigen, spitzen Lappen, steif behaart.
Blüten: Monözisch, männliche Blüten in Gruppen, weibliche einzeln in Blattachseln, fünf gelbe, trichterförmig verwachsene Kronblätter.
Früchte: Vielsamige, grüne Beerenfrüchte.
Herkunft: Obwohl die Herkunft der Gurke unklar ist, lässt sich ihr Anbau in Nordindien schon auf 3000 v. Chr. datieren. Auch Griechen und Römer bauten Gurken an. Im Frühmittelalter war Gurkenanbau eher im slawischen Raum verbreitet und kam erst gegen Ende des Mittelalters nach Mitteleuropa, obwohl die Gurke hier bekannt war. Von Seefahrern für die eigenen Gärten mitgebracht, breitete sie sich über den Gartenbau in der Nähe der Hafenstädte schließlich in ganz Mitteleuropa aus. Gerade in Norddeutschland waren nach alter slawischer Sitte in Salz („Saure Gurken") oder in Essig und Gewürze eingelegte „Essig- oder Senfgurken" im Sommer als billiges Volksnahrungsmittel von Bedeutung. Der Gewächshausanbau begann im 19. Jh. in England. Heute werden Gurken in verschiedenen Sorten angebaut.

Verbreitung und Anbau: Gurkenanbau ist heute weit verbreitet. Im Freiland baut man vorwiegend Einlege- und Schälgurken, im Gewächshaus meistens Salatgurken an. Die Salatgurke ist das bedeutendste Gewächshausgemüse Mitteleuropas. Die Pflanzen benötigen relativ hohe Temperaturen. Sie keimen erst bei 10–12 °C. Die Gurke braucht stickstoffreichen, humosen und feuchten Boden.

Nutzung: Die Gurke enthält sehr viel Wasser (97%) und hat einen recht hohen Kaliumgehalt. Sie ist eine der kalorienärmsten Früchte. Hauptsächlich lassen sich die angebotenen Gurkensorten als Salat- und Schälgurken sowie Einlegegurken nutzen. Salatgurken verzehrt man überwiegend frisch als Salat oder in Kräuterquarks. Schälgurken können als Senf- oder süßsaure Gurken konserviert werden und liefern Schmorgemüse. Einlegegurken werden in Essig oder Salzlake eingelegt und direkt oder als Brotauflage verzehrt. Das Samenöl ähnelt Olivenöl und wird für Salatsoßen genommen. Gurkensaft ist in Pflegecremes enthalten, weil er die Haut elastisch hält. Gurkenmasken dienen zur Pflege unreiner Haut. Medizinisch besitzt die Gurke eine gewisse Bedeutung als Hausmittel. Die Frucht verfügt über diuretische, reinigende und einhüllende Eigenschaften. Sie wird innerlich bei Hitzeausschlag und äußerlich bei Sonnenbrand, Verbrühungen und Bindehautentzündungen angewendet. Die Samen töten Wurmparasiten ab und können besonders gegen Bandwürmer eingesetzt werden.

Riesen-Kürbis

Cucurbita maxima Duchesne

Familie: Cucurbitaceae
Habitus: Einjähriges, verzweigtes Kraut, kriechend oder kletternd, 1–1,5 m hoch, Stängel kantig, oft gefurcht, hohl.
Blätter: Wechselständig, lange Stiele, Spreite sehr groß, rund oder nierenförmig, abgerundete Lappen, rau behaart.
Blüten: Monözisch, in den Blattwinkeln, weibliche Blüten einzeln, männliche mit längeren Stielen in Büscheln, fünf Kronblatter trichterförmig verwachsen, gelb, innen behaart, Juni–Juli.
Früchte: Mächtige Beeren (40–50 kg).
Herkunft: Der Riesen-Kürbis kommt aus Südamerika (Peru), wo er seit vorchristlicher Zeit angebaut wird. Seine Urform ist unbekannt, eventuell ist es *C. andreana.* Mit Kolumbus kam er nach Europa und zog über Fürstenhäuser und Klöster in die Gartenkultur der Europäer ein. Er verdrängte ab dem 17. Jh. den hierzulande angebauten **Flaschen-** (*Lagenaria siceraria*) und **Wachs-Kürbis** (*Benincasa hispida*).
Verbreitung und Anbau: Der Kürbis braucht warme, sonnige Stellen und sehr nährstoffreiche, gedüngte Böden. Die Samen werden von März–April in Vorkulturen angezogen oder im Mai direkt ins Freiland gesät.
Nutzung: Das Fruchtfleisch enthält Kohlenhydrate (3%), Ballaststoffe (3%), Eiweiß (1%), Vitamine (B, C) und kann zu Marmelade, Konservengemüse, für Eintöpfe, Gemüse, Aufläufe, Suppen, Kuchen und gemahlen als Mehlzusatz verarbeitet werden. Auch Blüten, Blätter, Stängel und Samen sind essbar. Die Samen wirken gegen Bandwürmer und diuretisch. Sie sind in Mitteln gegen Prostataleiden enthalten. Mit Fruchtfleisch lassen sich Verbrennungen und Entzündungen der Haut lindern. Es wird Gesichtsmasken gegen trockene Haut zugesetzt. Kürbiskerne enthalten 40% Öl, das als Lampenöl verwertbar ist.

Zucchini

Cucurbita pepo var. *giromontiina* Greber

Familie: Cucurbitaceae

Habitus: Einjähriges, niederliegendes Kraut, 1–1,5 m hoch, ausladend, Stängel scharfkantig gefurcht, hohl, behaart.

Blätter: Wechselständig, lange Stiele mit 5–6 Kanten, Spreite eiförmig oder dreieckig, oft tief fünffach gelappt, steif behaart, Rand grob gezähnt.

Blüten: Monözisch, in den Blattwinkeln, weibliche Blüten einzeln, männliche mit längeren Stielen in Büscheln, fünf Kronblätter trichterförmig verwachsen, gelb, innen behaart, Juni–Juli.

Früchte: Längliche Beeren, dunkelgrün meliert oder gelb, Stiel sechskantig.

Herkunft: Zucchini ist eine Varietät vom auch hier gepflanzten **Garten-Kürbis** (*C. pepo*), der aus Mexiko und dem östlichen Nordamerika stammt. Dieser wird dort seit ca. 6000 v. Chr.

angebaut, aber die Ursprungsform ist unbekannt. Zucchini ist in Italien sehr beliebt. Nach Überlieferungen soll einer der ersten italienischen Forschungsreisenden Samen aus der Neuen Welt mitgebracht haben. Der Anbau begann in der Poebene nachweislich vor über 300 Jahren. In Mitteleuropa hat Zucchini erst in den letzten Jahrzehnten an Bedeutung gewonnen.

Verbreitung und Anbau: Zucchini ist hier eine reine Kulturpflanze. Er wird am besten im April aus Samen vorkultiviert und ab Mitte Mai ausgepflanzt. Die Pflanze besitzt einen großen Nährstoff- sowie Wasserbedarf und gedeiht an sonnigen Plätzen am besten.

Nutzung: Zucchini enthält Kohlenhydrate, Protein, viel Kalium, daneben Eisen, Calcium sowie Vitamin B und C. Er kann für eine Vielzahl von Gerichten gekocht, gedünstet, gebraten, überbacken oder roh gegessen werden (Gemüse, Aufläufe, Suppen, Salate). Die männlichen Blüten werden in Teig gebacken verzehrt. Aus dem z. T. heute noch (z. B. in Österreich) angebauten **Öl-Kürbis** (*C. pepo* var. *oleifera*) gewinnt man hochwertiges Speiseöl. Geröstete Kerne gelten als köstlicher Knabbersnack.

Wassermelone

Citrullus lanatus var. *vulgaris* (Schrader) Mansfeld

Familie: Cucurbitaceae
Habitus: Einjähriges Kraut, 50–80 cm hoch, kriechend, verzweigt, rauhaarig.
Blätter: Wechselständig, lange Stiele, 3–5 stumpfe Lappen, Unterseite spärlich behaart.
Blüten: Meistens monözisch, einzeln in Blattachseln, fünf Kronblätter trichterförmig verwachsen, gelb, Juni–August.
Früchte: Große, grüne Beeren, bis 25 kg.
Herkunft: Sie stammt aus den Wüsten und Trockensavannen Süd- und Zentralafrikas, wo sie seit Jahrtausenden genutzt wird. Heutige Zuchtformen stammen von wild wachsenden Melonen (*C. l.* var. *lanatus*) ab. Samenfunde aus der Römerzeit lassen auf die Kenntnis der Melone nördlich der Alpen schließen. Im 16. und 17 Jh. baute man sie in West- und Südeuropa an.

Verbreitung und Anbau: Die Melone ist von ihren hohen Wärmeansprüchen her eher in Südeuropa zu finden. In den letzten Jahren gab es auch in Deutschland erfolgreiche Anbaubemühungen, z. B. unter Glas oder in heißen Sommern an sonnigen, geschützten Stellen im Freiland. Sie braucht viel Wasser und humosen Boden. Gesät wird im Frühjahr.
Nutzung: Das saftige Fruchtfleisch wird roh gegessen und in Desserts bzw. Salaten verarbeitet. Die Melone ist reich an Pektin und wird zu Sirup oder Gelee verarbeitet. Gekochte Blätter sind ebenfalls essbar. Das Fruchtfleisch wird auch für kosmetische Gesichtsmasken genommen. Es wirkt diuretisch, fiebersenkend und hilft bei Steinleiden. Die Samen sind essbar und liefern gemahlen einen Mehlzusatz (Kuchen, Brot). Sie enthalten 30% Protein und 20–40% Öl und wirken gegen Rund- sowie Bandwürmer. Das Öl dient zur Herstellung von Seife, Speise- und Lampenöl.

Wald-Weidenröschen

Epilobium angustifolium L.

Familie: Onagraceae
Habitus: Mehrjährige, aufrechte Staude, 0,6–2 m hoch, Stängel mit Drüsenhaaren besetzt, dicht beblättert, selten verzweigt.
Blätter: Wechselständig, Spreite ungeteilt, lanzettlich, Unterseite blaugrün, Rand leicht gezähnt und umgebogen.
Blüten: Endständige, reichblütige Trauben, vier umgekehrt-eiförmige, gestielte Kronblätter, hellrot oder violett, Kelchblätter außen rötlich, Juni–September.
Früchte: Schmale, schotenähnliche Kapseln, öffnen mit vier, sich nach außen biegenden Klappen, Samen glatt, mit langem Haarschopf (Schirmchenflieger).
Herkunft: Einheimisch.
Verbreitung und Anbau: Das Wald-Weidenröschen wächst verbreitet auf sandigen, felsigen und torfigen Böden. Es steht gerne auf Kahl-schlägen, Ruderalflächen, Lichtungen und an Waldrändern. Aufgrund der Samenflugweiten von über 10 km und die hohe Samenproduktion ist innerhalb kürzester Zeit eine großflächige Ausbreitung möglich.
Nutzung: Junge Blätter und die süßlichen Sprosse ergeben ein kohl- bzw. spargelähnliches Gemüse. Die Blätter können auch als Salat oder Tee verwendet werden. Auch die Blüten bzw. Blütenstiele sowie die Wurzeln sind roh oder gekocht essbar. Das Weidenröschen gilt als sehr gehaltvolle Nahrungspflanze. Kraut und Wurzeln werden medizinisch verwendet. Die Pflanze verfügt über einhüllende, krampflösende, adstringierende und abführende Eigenschaften. Nachgewiesene Inhaltsstoffe sind u. a. Gerbstoffe, Flavonoide (Myricitrin, Isoquercitrin, Quercitrin, Guajaverin) und Steroide (z. B. β-Sitosterol). In der Volksheilkunde wird Weidenröschen als Droge gegen Prostatavergrößerung, Hauterkrankungen (Geschwüre, Entzündungen, Schürfwunden), Mundgeschwüre und Darmkrämpfe eingesetzt. Untersuchungen zu turmorhemmenden Wirkungen lassen eine positive Wirkung vermuten. Nachgewiesen ist auch eine gewisse antimikrobielle Aktivität. Früher wurden die Samenhaare versponnen und zu Textilien verarbeitet oder als Zunder genommen. Aus Stängelfasern flocht man Kordeln.

Gewöhnliche Nachtkerze

Oenothera biennis L.

Familie: Onagraceae
Habitus: Zweijähriges, aufrechtes Kraut, 0,8–1,5 m hoch, Stängel selten verzweigt, rund oder leicht kantig, behaart.
Blätter: Grundständige Rosette im ersten Jahr, lange Stiele, Spreite verkehrt-eiförmig, stumpf zugespitzt, buchtig oder schwach gezähnt, im zweiten Jahr Blütenspross, wechselständig beblättert, Blätter kurzstielig bzw. sitzend, Spreite länglich-lanzettlich, spitz, klein gezähnt.
Blüten: Einzeln in den Blattwinkeln, vier Kronblätter, leuchtend-gelb, herz- oder eiförmig, öffnen sich abends, verwelken am Vormittag, vier Kelchblätter, lang zugespitzt, Juni–August.
Früchte: Braune Kapseln, länglich, behaart.
Herkunft: Nordamerika.
Verbreitung und Anbau: Die Gewöhnliche Nachtkerze steht verbreitet auf trockenen, steinigen, kiesigen oder sandigen Lehmböden an Bahndämmen, Wegrändern, in Sandgruben und Steinbrüchen. Für den Gartenbau wird sie im Spätfrühling ausgesät.
Nutzung: Die Wurzeln (Rapunzel, Rapontika, Schinkenwurzel) waren früher ein beliebtes Gemüse, das man wie Schwarzwurzeln kochte oder als Salat aß. Die Blüten eignen sich als Salatzierde. Den Indianern waren schon lange Heilwirkungen der Nachtkerze vertraut. In Europa wurde die arzneiliche Nutzung relativ spät entdeckt. So wird erst seit 1980 das Samenöl („Primrose Oil") gegen Ekzeme, Akne, brüchige Fingernägel, Arthritis, Leberschäden (Alkohol), Bluthochdruck und Cholesterinerhöhung angewendet. Studien zeigen auch Effekte bei Multipler Sklerose. Blütensirup lindert Keuchhusten, Rinde und Blätter liefern Mittel gegen Husten, Asthma und Magen-Darm-Leiden. Aus den Blüten kann ein gelber Farbstoff extrahiert werden. Das Samenöl enthält viel γ-Linolensäure (8–14%). Es ist z. T. in Hautcremes und Kosmetika enthalten.

Blut-Weiderich
Lythrum salicaria L.

Familie: Lythraceae
Habitus: Mehrjährige, aufrechte Staude, 0,5–1,5 m hoch, flaumig behaart. Der Stängel ist vierkantig.
Blätter: Gegenständig, sitzend, unten manchmal in Dreierwirteln und oben wechselständig, Spreite lanzettlich, am Grund abgerundet oder herzförmig, Rand glatt.
Blüten: Quirlständig, zu endständigen, schlanken, ährenartigen Blütenständen zusammengefasst, Blüten sitzen einzeln in Achseln der Tragblätter, sechs purpurrote Kronblätter, Juni–September.
Früchte: Eiförmige Kapseln.
Herkunft: Einheimisch.
Verbreitung und Anbau: Blut-Weiderich kommt verbreitet in Feuchtbiotopen vor, z. B. in Flachmooren, Feuchtwiesen sowie an See-, Teich- und Bachufern.

Nutzung: Blut-Weiderich ist eine überlieferte Heilpflanze, die im 19. Jh. während der Choleraepidemien verwendet wurde. Die Pflanze besitzt starke adstringierende, bakterizide, blutstillende und harntreibende Eigenschaften. Sie enthält Ellagtannine, Flavonoide (Vitexin, Orientin), Pektin, Harze, Cholin und das Glykosid Salicarin, dem Blut-Weiderich vor allem die adstringierenden Effekte verdankt. Er hilft gegen Durchfall, Darmblutungen, Ruhr, Cholera, Hepatitis, Typhus, Ödeme, Krampfadern, Hämorrhoiden und starke Menstruation. Äußere Anwendungen findet Blut-Weiderich zum Spülen und reinigen von Wunden, blutenden Wunden, Ekzemen, eitrigen Hautentzündungen und Scheidenausfluss sowie bei Nasenbluten. Die Ernte der oberirdischen Pflanzenteile erfolgt während der Blüte. Absude und Aufgüsse können aus frischem oder getrocknetem Kraut hergestellt werden. Aufgrund seines hohen Gerbstoffgehalts zwischen 9% (Wurzel) und 14% (Blüten) gerbte man früher auch Leder mit Blut-Weiderichsaft. Außerdem wurden damit Holz und Seile imprägniert, damit es bzw. sie im Wasser nicht so schnell faulen. In Notzeiten aß man sogar die Blätter als Gemüse und brannte Schnaps aus ihnen. Pulverisiertes Kraut wird teilweise in Gesichtsmasken gegen Hautrötungen verwendet. Zwecks Aufbereitung sammelt man die Pflanzen in der Blüte und verarbeitet sie frisch bzw. trocknet sie für Absude und Aufgüsse.

Diptam

Dictamnus albus L.

Familie: Rutaceae
Habitus: Mehrjährige, aufrechte Staude,
0,5–1,5 m hoch, Stängel stark behaart, aromatischer Duft.
Blätter: Wechselständig, unpaarig gefiedert,
7–11 Fiederpaare, Fiedern länglich oder breit
eiförmig, zugespitzt, Spreite wegen durchscheinender Öldrüsen punktiert.
Blüten: In endständiger, lockerer Traube, Blüten leicht zygomorph, mit zwei Vorblättern,
fünf zungenförmige Kronblätter, rosa mit dunklen Adern, Staubblätter lang, fadenförmig nach
vorne gebogen, Mai–Juni.
Früchte: Kapseln, in fünf Teilfrüchte zerfallend, schleudern schwarze Samen heraus.
Herkunft: Einheimisch.
Verbreitung und Anbau: Diptam ist eine selten oder zerstreut auf trockenen Kalkböden
wachsende Pflanze. Sie steht an warmen, sonnigen Stellen in Gebüschen, lichten Wäldern
und Heiden. In Gartenkulturen kann sie durch
Aussaat im Spätsommer angezogen werden.
Nutzung: Diptam ist eine überlieferte Heilpflanze der volkstümlichen Medizin, die in der
Schulmedizin keine Rolle spielt. Die Pflanze
enthält eine Vielzahl ätherischer Öle (Bergapten, Fraxinellon, Thymolmethyläther, Pinen,
Anethol, Estragol, Myrcen, Limonen, Cineol
u. a.), Alkaloide (Skimmianin, Fagarin, Dictamnin), Saponine, Bitterstoffe, Anthocyane und
Flavonglykoside. Sie hat fiebersenkende, bakterizide sowie auswurffördernde Wirkungen und
hemmt Pilzinfektionen. Im Mittelalter verwendete man frische oder getrocknete Wurzelrinde
und Blätter gegen Wurminfektionen, Magen-Darm-Beschwerden, Gelbsucht, Röteln, Epilepsie, Hysterie, Hauterkrankungen (Krätze,
Ekzeme), zur Austreibung der Nachgeburt, Unterstützung der Menstruation und Wundheilung sowie als Abführmittel und Diuretikum.
Am Ende des 19. Jh. nahm man Diptam zum

Einreiben bei Gelenkschmerzen und Rheuma.
Heute wird er Teemischungen zugesetzt. Mit
getrockneten Blätter kann ein aromatischer Tee
aufgebrüht werden. Diptam ist zudem ein Bestandteil der Schwedenkräuter. Die ätherischen
Öle sind leicht entzündlich. Diptamöl verarbeitete man früher in Kosmetika.

Wein-Raute

Ruta graveolens L.

Familie: Rutaceae
Habitus: Mehrjähriger, buschiger Halbstrauch, 30–90 cm hoch, bleich graugrün, Stängel rund, starr, Basis verholzt.
Blätter: Wechselständig, 2- bis 3fach gefiedert, die Endabschnitte sind spatel- bzw. eiförmig oder lanzettlich, die vorderen Abschnitte sehr fein gesägt, Spreite fleischig, graugrün, mit Öldrüsen.
Blüten: In lockeren Trugdolden, endständige Blüten fünf-, seitliche vierzählig, Kronblätter gelb, eirund, löffelartig ausgehöhlt, Rand gewellt oder gezähnt, Kelchblätter lanzettlich, Juni–August.
Früchte: Kapseln mit kantigen Samen.
Herkunft: Die Wein-Raute stammt aus dem Mittelmeerraum. Sie gelangte vermutlich schon mit den Römern, spätestens aber im frühen Mittelalter nach Mitteleuropa.

Verbreitung und Anbau: Die Wein-Raute wird hier in Kräutergärten angebaut. Zuweilen trifft man verwilderte Exemplare an. Sie gedeiht an trockenen, sonnigen Standorten, stellt nur geringe Bodenansprüche und kann in kühlen Klimaten überwintern. Der Anbau erfolgt durch Aussaat (Herbst) oder Teilung (Frühling, Herbst). Die Samen benötigen 18 Monate zum Keimen.

Nutzung: Die Wein-Raute ist ein traditionelles Heil- und Gewürzkraut. Man aß sie bereits im antiken Griechenland und Rom. Im mittelalterlichen Europa glaubte man, Wein-Raute könne Fliegen abwehren. Sie wurde in Gerichtssälen aufgestellt, um die Richter vor Infektionen (z. B. Flecktyphus) durch die Angeklagten zu schützen. Wein-Raute hat krampflösende, harntreibende und die Gefäße kräftigende Wirkungen. Sie enthält 0,2–0,4% ätherisches Öl, außerdem Alkaloide, Cumarine, Flavonoide (Rutin), Lignane, Harze, Bitter- und Gerbstoffe. Die Volksmedizin nutzte sie bei vielen Indikationen: Venenentzündungen, Verdauungsproblemen, Koliken, Durchfall, Darmwürmern, Gelbsucht, Krämpfen, fiebrige Infektionen, Herzklopfen, Nervosität, Husten, Mund- und Rachenenzündungen, Ohren- und Zahnschmerzen, Rheuma, Gicht, Hautausschlägen, Schwellungen, Verrenkungen, Verstauchungen, Menstruationsbeschwerden, zur Erleichterung der Geburt, Kontrazeption und zum Schwangerschaftsabbruch. Die moderne Naturheilkunde nimmt sie als leichtes Schlaf- bzw. Beruhigungsmittel, Diuretikum, bei Venenentzündungen und zur Kräftigung der Netzhaut. Man verwendet extrahiertes Öl, Tees bzw. Aufgüsse aus während oder nach der Blüte geschnittenem Kraut. Die Wein-Raute dient frisch oder getrocknet zum Würzen der „Hamburger Aalsuppe", von Salaten, Soßen, Käse-, Wild-, Fleisch- und Fischgerichten sowie Grappa. Blätter und junge Schösslinge liefern Öl für Parfüms und Lebensmittelaromastoffe. Aus dem Kraut kann ein roter Farbstoff extrahiert werden. Getrocknetes Kraut wehrt Motten ab.

Echtes Hirtentäschel

Capsella bursa-pastoris (L.) Medikus

Familie: Brassicaceae
Habitus: Ein- oder zweijähriges Kraut,
20–40 cm hoch, einfach oder leicht verzweigt,
Stängel fein gerillt, behaart.
Blätter: Grundständige Rosette, gestielt, Spreite
schmal-länglich, gezähnt oder gefiedert, Stängelblätter wechselständig, Grund geöhrt, umfasst den Stängel, Spreite z. T. fiederteilig, oben
ungeteilt.
Blüten: In Trauben, anfangs als dicht gedrängte
Scheindolde, vier kleine, weiße Kronblätter,
kreuzweise angeordnet, Kelchblätter umgekehrt-eiförmig, Februar–November.
Früchte: Langstielige Schoten, dreieckig oder
herzförmig, zusammengedrückt.
Herkunft: Einheimisch.
Verbreitung und Anbau: Das Echte Hirtentäschel ist eine weit verbreitete, kulturbegleitende
Wildpflanze auf Ruderalfluren, Ödland, an

Weg- und Feldrändern. Es ist ausgesprochen anspruchslos, bevorzugt jedoch lockeren, nährstoffreichen Untergrund. Im Gartenbau kann es
im Frühjahr ausgesät werden. Es verbreitet sich
auch sehr gut selbständig.
Nutzung: Das Kraut ist vitaminreich und wurde früher zur Skorbutvorbeugung gegessen.
Junge Blätter ergeben eine Salatbeilage. Sie nehmen mit zunehmendem Alter einen pfefferartigen Geschmack an und lassen sich anstelle von
Kresse verwenden. Die Keimlinge können als
Salatbeilage, die Wurzeln als Ersatz für Ingwer
und die Samen an Stelle von Senf genommen
werden. Die Samen enthalten 35% essbares Öl,
das zudem früher als Lampenöl eingesetzt wurde. Hirtentäschel ist seit dem Mittelalter eine
Heilpflanze der Volksmedizin. Das Kraut enthält Flavonoide, Amine und ein blutungsstillendes Peptid, das aber möglicherweise von einem
parasitischen Pilz (*Albugo candida*) stammt.
Das Kraut hat zudem gefäßverengende, kreislaufstabilisierende, adstringierende und harn-

treibende Effekte. Die Schulmedizin verwendet
Hirtentäschel nicht, weil der Wirkstoffgehalt zu
sehr schwankt und die Potenz nicht sehr hoch
ist. Als Hausmittel diente es zur Behandlung
von Wunden, Nasenbluten, Menstruationsstörungen, Hämorrhoiden, Krampfadern, Bluturin, Blasenentzündungen, Husten, Rheuma,
Gicht, Rachenentzündungen, Diabetes, Leberund Gallenbeschwerden. Zudem diente es als
Wehenmittel. Hirtentäschel wurde das ganze
Jahr über geerntet und frisch (Breiumschläge)
oder getrocknet (Tee, Absude) verwendet. Von
Interesse ist, dass Hirtentäschel eine Fumarsäure enthält, die im Tierversuch das Wachstum
von Krebszellen hemmt. Die Samen enthalten
Substanzen, die Stechmückenlarven abtöten.

Knoblauchrauke

Alliaria petiolata (von Bieberstein)
Cavanilles et Grande

Familie: Brassicaceae
Habitus: Zweijähriges Kraut, 0,2–1 m hoch,
Stängel aufrecht, kahl, unverzweigt.
Blätter: Wechselständig, untere mit langen
Stielen, Spreite nierenförmig, Rand grob ge-
kerbt, obere herz-eiförmig, spitz gezähnt.
Blüten: In trugdoldigen Trauben, vier weiße,
kreuzweise angeordnete Kronblätter, Mai–Juni.
Früchte: Vierkantige Schoten.
Herkunft: Einheimisch.
Verbreitung und Anbau: Die Knoblauchrauke
wächst häufig im Halbschatten auf frischen,
nährstoffreichen, humosen und lockeren Lehmböden. Sie steht an Hecken, Gebüschsäumen
Wald-, Straßen- und Wegrändern.
Nutzung: Die Knoblauchrauke enthält u. a.
Senföle, wie sie auch beim Knoblauch vorkommen. Zerriebene Blätter verbreiten einen milden Knoblauchgeruch. Das frische Kraut wurde
früher in der Volksheilkunde gegen Erkrankungen der Atemwege (Bronchitis), Insektenstiche,
Zahnfleischentzündungen, Wurmerkrankungen
sowie zur Behandlung offener Wunden verwendet. Es hat antiseptische, schleimlösende sowie antiasthmatische Eigenschaften und tötet
Wurmparasiten ab. Die Ernte für medizinische
Zwecke erfolgt vor der Blüte. Das Erntegut wird
frisch für Breiumschläge verwendet oder für
Tees, Absude bzw. zur Ölextraktion getrocknet.
Im Haushalt nutzt man Blätter und Keimlinge
als Salat- oder Suppenwürze. Knoblauchrauke
enthält relativ viel Vitamin C und diente früher
zur Vorbeugung gegen Skorbut. Aus dem Kraut
kann ferner ein gelber Farbstoff extrahiert
werden.

Wiesen-Schaumkraut

Cardamine pratensis L.

Familie: Brassicaceae
Habitus: Mehrjährige, aufrechte Staude, 20–70 cm hoch, formenreich, Stängel hohl, kahl, einfach.
Blätter: Grundrosette mit langstieligen, gefiederten Blättern, 1–7 Blättchenpaare, Spreite rundlich, ei- oder nierenförmig, Endfieder groß, dreilappig, Stängelblätter kurz gestielt oder sitzend, fiederschnittig, lange, schmale Fiedern, Rand schwach gezähnt.
Blüten: Endständige Trugdolden mit 8–20 Einzelblüten, Tragblätter fehlend, vier rundliche Kronblätter, rosa, lila, selten weiß mit dunkler Nervatur, April–Juni.
Früchte: Schmale Schoten.
Herkunft: Einheimisch.
Verbreitung und Anbau: Wiesen-Schaumkraut ist eine verbreitete Wildpflanze auf feuchten Wiesen, Weiden, in Flachmooren sowie offenen Au- und Mischwäldern. Gelegentlich findet man es auch in Gärten. Es gibt spezielle Gartenzüchtungen. Wiesen-Schaumkraut kann durch Samen im Frühjahr, durch Blattspitzenstecklinge im Sommer oder durch Teilung im Frühjahr bzw. Herbst angepflanzt werden.
Nutzung: Wiesen-Schaumkraut enthält sehr viel Vitamin C, Senfölglykoside, Mineral- und Bitterstoffe. Junge Blätter, Sprosse und Knospen verleihen Soßen, Salaten und Suppen einen angenehmen, etwas bitteren Geschmack. Die Senfölglykoside regen die Leber- und Gallentätigkeit an. Das Kraut verfügt zudem über krampflösende, antirheumatische, verdauungsfördernde und diuretische Eigenschaften und wirkt besonders gut gegen Husten und Asthma. Einige Hustensäfte und –bonbons enthalten Schaumkrautextrakte. Als Hausmittel nimmt man Schaumkraut gegen Magenschmerzen und chronische Hauterkrankungen. Im Frühling oder Sommer werden die Pflanzen geschnitten und entweder frisch verarbeitet oder für Tees getrocknet.

Weißer Meerkohl

Crambe maritima L.

Familie: Brassicaceae
Habitus: Mehrjährige Staude, 30–75 cm hoch, buschig verzweigt, kahl, Stängel am Grund holzig, sonst fleischig, rund.
Blätter: Wechselständig, untere Blätter gestielt, Spreite groß, oval oder elliptisch, wellig, blaugrün, wachsartig, Rand buchtig oder unregelmäßig gefiedert, oberste Blätter schmal linealisch.
Blüten: In endständigen, traubigen Rispen, Einzelblüten auf langen Stielen, vier weiße, umgekehrt-eiförmige Kronblätter, Mai–August.
Früchte: Zweigliedrige, harte Schoten, unteres Glied stielförmig, oberes Glied kugelig, nicht aufspringend.
Herkunft: Die Heimat des Meerkohls befindet sich an den Küsten der Nord- und Ostsee sowie am Schwarzen Meer. Die Pflanze wurde schon von den Römern wild gesammelt. Planmäßiger Anbau ging aber erst um 1750 von England her aus und erreichte schließlich auch u. a. Holland sowie Deutschland. Damals galt Meerkohl als eine beliebte Nahrungspflanze. Er konnte im Freien, auf Mistbeeten und in Häusern gezogen werden. In der Folgezeit verdrängten ihn andere Gemüsearten, aber gerade in den letzten Jahren lebte das Interesse am Meerkohl wieder auf.

Verbreitung und Anbau: Meerkohl ist eine sehr seltene Pflanze an Spülsäumen und Dünen der Nord- und Ostseeküste. Zuweilen wird die Pflanze in Gartenkulturen angebaut. Meerkohl benötigt luftige, sonnige Plätze auf sandigem oder lehmigem Grund. Die Vermehrung erfolgt im Herbst oder Winter durch Aussaat bzw. über Wurzelstecklinge. Die Samen brauchen Frost zum Keimen.

Nutzung: Meerkohl enthält viel Vitamin C und liefert Gemüse. Junge Blätter und Blattstiele können gedünstet werden. Teilweise werden die Sprosse und Blattstiele durch Verhüllen vergeilt, d. h. sie bilden mangels Licht wenig Chlorophyll und wachsen in die Länge, um an Licht zu gelangen. Vergeilte, junge Sprosse lassen sich wie Spargel zubereiten. Auch die stärkereichen Wurzeln können gekocht zubereitet werden.

Färber-Waid

Isatis tinctoria L.

Familie: Brassicaceae
Habitus: Zweijähriges Kraut, 0,3–1,4 m hoch, Stängel reich verzweigt.
Blätter: Grundrosette im ersten Jahr, mit länglichen, z. T. weich behaarten Blättern, Blütentrieb im zweiten Jahr, Blätter in der unteren Hälfte wechselständig, kahl, blaugrün und schmal, umfassen herz- oder pfeilförmig den Stängel.
Blüten: In dichtblütigen Doppeltrauben, vier gelbe Kronblätter, Mai–August.
Früchte: Schwarz-glänzende, hängende, flache Schoten.
Herkunft: Südosteuropa.
Verbreitung und Anbau: Färber-Waid steht auf trockenen Rasen und an Wegrandern in Regionen mit warmen, trockenen Sommern. Es handelt sich um Abkömmlinge aus früheren Kulturen.

Nutzung: Im mittelalterlichen Europa waren es hauptsächlich Bauern in Thüringen, die durch Waidanbau zu Wohlstand kamen. Im Jahr 2- bis 3mal vor der Blüte gesammelte Blätter wurden in Waidmühlen verarbeitet, zu Kugeln geformt, getrocknet und so in den Handel gebracht. Färber-Waid lieferte zu dieser Zeit den besten blauen Textilfarbstoff. Der Niedergang des Waidanbaus begann mit der Entdeckung des Seewegs nach Ostindien im Jahre 1560. Indigoimporte aus *Indigofera*-Sträuchern (Leguminosen) lieferten billigere, ergiebigere und beständigere Farben. In jüngster Zeit gibt es in Thüringen wieder Anbauversuche mit Waid. Ziel ist es, Waid als Naturfarbstofflieferant und für die Herstellung von Holzschutzmitteln zu verwenden, da er mindestens zwei Substanzen enthält, die Pilze effizient abtöten. Waid besitzt wohl Heilwirkungen (antiseptisch, adstringierend, antikarzinogen, antiviral u. a.), doch im Gegensatz zur chinesischen Medizin hielt er bisher in die europäische Kräutermedizin keinen Einzug.

Garten-Kresse

Lepidium sativum L.

Familie: Brassicaceae
Habitus: Einjähriges Kraut, 20–50 cm hoch, Stängel stielrund, kahl, bläulich bereift, oben ästig verzweigt.
Blätter: Wechselständig, obere einfach, linealisch, untere fiederteilig, Abschnitte linealisch.
Blüten: In achsel- und endständigen Trauben, vier Kronblätter, weiß oder rötlich, Mai–Juli.
Früchte: Kleine, geflügelte Schoten.
Herkunft: Die Wildform der Garten-Kresse wächst in Ägypten, Israel, Äthiopien und Tibet. In Ägypten wurde sie schon in der Pharaonenzeit genutzt, doch der Anbau begann in Vorderasien (Persien). Sie wurde auch im antiken Griechenland und Rom geschätzt. Die Landgüterverordnung von Karl „dem Großen" führte die Kresse auf.
Verbreitung und Anbau: Die Garten-Kresse ist in Kultur anspruchslos und lässt sich selbst im Winter auf der Fensterbank ziehen. Zuweilen steht sie in Unkrautfluren. Am besten gedeiht sie an warmen Plätzen auf lockeren, humosen und feuchten Böden. Sie kann permanent ausgesät werden und wird in nur 7–10 Tagen erntereif.
Nutzung: Die Garten-Kresse enthält Senföle (Diallylsulfid etc.), Bitterstoffe, viel Eiweiß (4%), Mineralstoffe (Calcium, Eisen) und Vitamin C (0,06%). Frisch geschnittene Keimpflanzen werden als Würze für Salate, Soßen, Quark, Kräuterbutter, Mayonnaise, Kartoffeln, Eier- und Fleischspeisen verwendet. Die Samen werden gequetscht zu Senf verarbeitet und liefern ein ess- sowie brennbares Öl. Die Kresse fand bei Skorbut, Husten, Asthma, Abwehrschwäche, Hämorrhoiden und Syphilis (Wurzel) medizinische Verwendung. Sie hat harntreibende, antibakterielle und antiasthmatische Effekte. Die kurze Keimdauer wird bei physiologischen Tests für den „Kresse-Test" genutzt, wobei die Keimlinge als Indikator für wachstumshemmende und toxische Verbindungen dienen.

Weißer Senf

Sinapis alba L.

Familie: Brassicaceae
Habitus: Einjähriges, ästig verzweigtes Kraut, 0,3–1,2 m hoch, Stängel aufrecht, gerillt, unten einzelne, steife Haare.
Blätter: Wechselständig, Spreite rauhaarig, leierförmig gelappt, gezähnt oder gefiedert, obere gestielt und gefiedert.
Blüten: In Doldentrauben mit Blüten ohne Tragblätter auf langen Stielen, vier gelbe Kronblätter, Juni–Juli.
Früchte: Geschnäbelte, behaarte Schoten.
Herkunft: Die Heimat vom Weißen Senf liegt im östlichen Mittelmeergebiet und in Westasien. Er diente schon den alten Kulturen des Zweistromlandes um 2000 v. Chr. als Nutzpflanze. Als Wildform vermutet man den Acker-Senf (*S. arvensis*). Weißer Senf war bei den Römern beliebt und kam in der Römerzeit oder im frühen Mittelalter nach Mitteleuropa.

Verbreitung und Anbau: Weißer Senf steht meistens in Kulturen, wächst aber auch verwildert in Unkrautfluren. Er liebt kalk- und humusreiche Lehmböden mit gleichmäßiger Wasserversorgung. Die Aussaat beginnt ab März und kann mehrfach wiederholt werden. In warmen Breiten wird Weißer Senf eher zur Körnergewinnung und in gemäßigten Zonen oft als Zwischenfrucht (Viehfutter, Gründüngung) angebaut.
Nutzung: Weißer Senf ist eine uralte Öl-, Heil- und Gewürzpflanze. Die Samen enthalten 35% Öl, das Speiseöl liefert, Eiweiß, Schleime und 1,5–4,5% des Senföl-Glykosids Sinalbin. Aus gemahlenen Samen stellt man Senf her, der zu Fleisch und Wurst gegessen wird. Das scharfe Sinalbin-Senföl wird erst beim Zerstören der Samen durch ein ebenfalls in den Samen befindliches Enzym freigesetzt. Im Haushalt dienen Senfkörner als Einmachwürze für Gurken, Rote Bete etc. und als Gewürz für Suppen, Eintopf-, Bohnen- und Kohlgerichte. Auch Blätter und junge Sprosse würzen pikante Salate, Eintöpfe, Wurst-, Quark- und Eierspeisen. Die Römer nahmen im Altertum das Kraut als Gemüse und Gewürz für jungen Wein. Weißer Senf ist zudem eine alte Heilpflanze mit antibiotischen, diuretischen, karminativen, verdauungs- und auswurffördernden Eigenschaften. Schon Hippokrates empfahl Breiumschläge und die moderne Kräutermedizin nimmt Senfpflaster, -bäder oder -spiritus bei Rheuma, Arthritis, Bronchitis, Frostbeulen, Wunden, Furunkeln oder Hautausschlägen. Innerlich wird er bei Husten, verschleimten Atemwegen und Verdauungsproblemen verordnet. Weißer Senf sollte vorsichtig eingesetzt werden, weil er auch haut- und schleimhautreizende Stoffe enthält. Die Grünmasse dient zur Gründüngung und als Viehfutter. Futtersenf darf nur wenige Senföle enthalten. Sorten mit hohem Erucasäure-Gehalt im Samenöl eignen sich für technische Zwecke (u. a. Lampenöl, Schmierstoffe, s. Raps).

Raps

Brassica napus ssp. *napus* L.

Familie: Brassicaceae
Habitus: Einjähriges Kraut, 1–2 m hoch, Stängel blau bereift, oben verzweigt.
Blätter: Wechselständig, Basis umfasst halb den Stängel, Spreite blaugrün, unten fiederspaltig, oben einfach, schmal.
Blüten: In gestauchten Trauben, vier gelbe Kronblätter, die ersten Blüten von den Knospen überragt, April–August.
Früchte: Zweiklappige Schoten.
Herkunft: Raps ist eine Kreuzung aus Kohl (*B. oleracea*) und wildem Rübsen (*B. rapa* ssp. *campestris*), die sich vermutlich natürlicherweise im Mittelmeerraum vollzog. Raps kann auch (zusätzlich) an der Nordsee- oder Atlantikküste entstanden sein, weil die Elternarten auch dort wild wachsen. Raps und Rübsen blieben lange nur kulturbegleitende, ungenutzte Unkräuter. Erst im Mittelalter gewann man das Öl durch

Quetschen oder Schroten und anschließendes Pressen der Samen in Ölmühlen. „Rüböl" (aus Raps oder Rübsen) wurde erstmals 1291 in Frankfurt erwähnt. Vom 14.–17. Jh. sammelte man Samen von wildem Raps und Rübsen, doch langsam begann sich der Feldbau zu lohnen, weil der Bedarf an pflanzlichem Lampenöl stieg, das heller und geruchloser war sowie zunehmend billiger als Talg bzw. Waltran wurde. Arme Bevölkerungsteile nahmen Rüböl als Speiseöl. Echter Rapsfeldbau begann im 17. Jh. in Holland. Mit Erfindung der Hydraulikpresse (1795) und der Industrialisierung im 19. Jh. stieg die Nachfrage nach technischen Ölen enorm. Seit dem 20. Jh. stehen im Vergleich zu früher ergiebigere Sorten und Extraktionsverfahren zur Verfügung. Einen neuen Schub erlangte Raps, als 1963 Sorten mit auch für die Ernährung hochwertigem Öl entstanden.

Verbreitung und Anbau: Raps ist weit verbreitet, doch der Anbauschwerpunkt liegt in den wintermilden Küstengebieten der Nord- und Ostsee. Raps benötigt tiefe, lockere Böden. Meistens wird im Herbst Winterraps ausgesät, der als Rosettenpflanze überwintert. Sommerraps ist seltener, weil er weniger Ertrag bringt.
Nutzung: Rapssamen enthalten ca. 50% Öl (Öl-, Linol- und Erucasäure) und 25% Protein. Früher lieferte es Brenn- und Schmieröl. Heute wird Rapsöl mit anderen Ölen vermischt als Speiseöl, zur Backfett- und Margarineherstellung verwendet. Rapsöl ist von Natur aus reich an Erucasäure (20–60%), die für die Ernährung wertlos, aber ein gefragter Rohstoff für vielerlei Nutzungen im sogenannten Nonfood-Bereich ist. Es gibt für die Speiseölproduktion spezielle Zuchtformen mit wenig bzw. ohne Erucasäure, dafür aber mit mehr Öl- bzw. Linolsäure. Bei einigen Sorten wurden zudem die bitteren, für Nutztiere oft toxischen Senföle herausgezüchtet, so dass sich der Presskuchen als eiweißreiches Kraftfutter eignet. Im Nonfood Sektor wird Rapsöl bzw. seine Bestandteile (Fettsäuren, Glycerin) oder chemisch modifizierte Komponen-

ten (Fettsäuremethylester, Fettsäureamine, Fett-alkohole, Glycerinderivate) reichhaltig eingesetzt. Die Chemie-, Leder-, Papier-, Kosmetik-, Farb- und Bergbauindustrie benötigt Produkte, die auf Rapsöl basieren: Schmierstoffe, Sägeket-ten- und Hydrauliköle, Lacke, Firnisse, Farben, Pigmente, Mineralöladditive, Pharmazeutika, Textilhilfsstoffe, Netzmittel, Emulgatoren, Flota-tionsmittel bei der Erdölförderung, Kunst- und Imprägnierstoffe, Kunstharze, Cellophan, syn-thetischer Kautschuk, Sprengstoff, Biozide, Weichmacher, Tenside, Metallseifen, Weich-spüler, Seifen, Wasch-, Reinigungs- und Desin-fektionsmittel. In den letzten Jahren diskutierte man verstärkt den Einsatz von Raps als Natur-diesel, Biodiesel oder Heizölersatz. Reines Pflanzenöl ist nicht normierbar und hoch vis-kos, so dass es als Treibstoff nur in speziellen Motoren verbrannt werden kann. Als Biodiesel nimmt man daher chemisch verändertes Öl mit viel niedrigerer Viskosität, z. B. Rapsölmethyles-ter (RME). Weitere Varianten zur Verwendung von Rapsöl ergeben sich durch gemeinsame Raf-finierung mit Mineralöl, Zugabe eines Benzin-Alkohol-Gemisches oder Mischung aus Rapsöl, RME und Bioethanol. In diesem Zusammen-hang hat es Ökobilanzierungen gegeben, die ei-ne ökologische Nutzungsabwägung versuchen. Hierbei kam u. a. heraus, dass selbst bei Nut-zung aller Bodenreserven, die z. B. einem dicht besiedelten und energieintensiven Industrieland wie Deutschland für den Anbau agrarischer Pro-dukte zur Verfügung stehen, mit der Energie-pflanze Raps nur maximal 5 % des derzeitigen Diesel-Verbrauchs abgedeckt werden könnten. Eine derartige Energiemenge ließe sich wesent-lich einfacher über eine weniger intensive, d.h. energiesparende und damit umweltschonende Bewirtschaftung landwirtschaftlicher Flächen einsparen. Ein Beispiel für eine derartige Nut-zung liefert der ökologische Landbau, der nur ein Drittel der Energie benötigt, die bei konven-tioneller Bewirtschaftung eingesetzt werden muss. Problematisch ist auch der Energieroh-

stoffanbau auf Stilllegungsflächen, wie er gerade für den Biodieselanbau propagiert wird. Dies läuft dem eigentlichen Sinn einer extensiven Nutzung landwirtschaftlicher Flächen entgegen. Raps ist eine intensiv zu behandelnde landwirt-schaftliche Pflanze. So werden die Landwirte praktisch durch das Subventionssystem, das Ab-nahmegarantien und zusätzliche Subventionen für den Anbau von Industrie- und Energieroh-stoffen zulässt, wieder zu einer verstärkten Bewirtschaftung angehalten. Es bleiben noch folgende Nutzungen von Raps zu nennen: Raps-stroh wird als Brennmaterial und Dünger ver-wertet. Blätter und knospende Blütentriebe sind als Salat oder Gemüse essbar. Im 19. Jh. und noch in den sechziger Jahren des 20. Jh. wur-den von April–Mai geschnittene, junge Blätter als Schnittkohl gekocht. Sie waren mangels an-derer Gemüsearten in dieser Jahreszeit sehr be-gehrt. In Mitteleuropa wurde auch der **Kultur-Rübsen** (*B. rapa* ssp. *oleifera*) zur Ölgewinnung angebaut. Diese anspruchslose Ölpflanze wächst auch in rauen Lagen auf armen Böden. Rübsen wird heute bei uns kaum noch ange-baut, wohl aber in anderen Regionen der Erde (Indien, China etc.). Rübsen unterscheidet sich vom Raps dadurch, dass bei ihm geöffnete Blü-ten über den Knospen stehen. Zudem ist er klei-ner als Raps. Rübsenöl ist fast identisch mit den alten Rapssorten. Es dient(e) als Speise-, Lam-penöl und zu technischen Zwecken. Eine weite-re, verwandte Ölpflanze ist der **Leindotter** (*Camelina sativa*), die aus Westasien und Rus-sland eingeschleppt wurde und z.T. noch immer angepflanzt wird.

Steckrübe (Kohlrübe)

Brassica napus ssp. *rapifera* Metzger

Familie: Brassicaceae
Habitus: Zweijähriges Kraut, 1–2 m hoch, Stängel verzweigt, bläulich bereift, Hypocotyl und Teile der Wurzel zu einer Rübe verdickt.
Blätter: Im ersten Jahr grundständige Rosette, Spreite kräftig, leierartig oder fiederspaltig, im zweiten Jahr verzweigter Spross, Blätter wechselständig, Spreite blaugrün, die Stängelbasis halb umfassend.
Blüten: Langgestreckte Trauben, vier gelbe Kronblätter, kreuzweise angeordnet, offene Blüten von den Knospen überragt, Mai–August.
Früchte: Zweiklappige Schoten.
Herkunft: Die Steckrübe ist eine Unterart vom Raps und stammt ebenfalls aus einer Kreuzung von Kohl (*B. oleracea*) und wildem Rübsen (*B. rapa* ssp. *campestris*), die sich vermutlich im Mittelmeerraum vollzog. Die damals noch kleinen Rüben wurden von Dioskurides und Plinius im 1. Jh. n. Chr. als wenig ertragreiches Gemüse beschrieben. In Kräuterbüchern des 16. Jh. tauchten Beschreibungen der damals wohl häufig genutzten Steckrübe auf, wobei gelbe und weiße Sorten genannt wurden. Planmäßiger Anbau setzte offenbar erst zu dieser Zeit ein. Steckrübenanbau war bis ins 20. Jh. hinein sehr bedeutsam, vor allem in Nord- und Ostdeutschland, verlor aber zunehmend wegen der Konkurrenz durch die Kartoffel an Bedeutung.

Verbreitung und Anbau: Die Kohlrübe wird im einjährigen Feld- und (seltener) Gartenbau kultiviert. Die Aussaat erfolgt im Frühjahr, wobei Jungpflanzen zunächst in Vorkulturen herangezogen werden. Die Pflanze braucht tiefe, feuchte Böden und lässt sich auch an kühlen und feuchten Stellen kultivieren, die für Rote Bete, Zucker- und Runkelrüben ungeeignet sind. Die Steckrübe ist schlecht lagerfähig, kann aber bis in den Winter auf dem Feld bleiben, z. B. nach einer Hauptfrucht.

Nutzung: Die Steckrübe enthält Kohlenhydrate (7%), Eiweiß (1%), Rohfasern (1%), Vitamin C (0,03%), geschmacksgebende Senföle sowie Mineralien (Kalium, Calcium). Sie diente zwar schon immer überwiegend als Viehfutter, aber sie avancierte gerade in den Jahren mit Kartoffelmissernten zu einem Grundnahrungsmittel (z. B. 1917/18). Heute wird der größte Teil der Ernte als Viehfutter verwertet. Gelbfleischige Sorten mit viel Carotin (Vitamin A) dienen auch der menschlichen Ernährung. Diese Sorten liefern vorwiegend Eintopfzutaten, Gemüse oder, fein geschnitten, Salatbeilagen. In Notzeiten wurde sogar Marmelade aus der Steckrübe zubereitet.

Klippenkohl (Wildkohl)

Brassica oleracea L.

Familie: Brassicaceae
Habitus: Zwei- oder mehrjährige Staude, 0,6–1,2 m hoch, kahl, blaugrün, Stängel meistens ästig verzweigt, am Grund verholzend.
Blätter: Wechselständig, geflügelter Stiel, an der Basis groß, fleischig, blaugrün bereift, gewellt, geteilt, obere sitzend, stängelumfassend, Spreite ungeteilt.
Blüten: In lockeren, verlängerten Trauben, vier weißgelbe Kronblätter, Blüten überragen die Früchte, Mai–September.
Früchte: Langgezogene Schoten mit kurzem, kegelförmigem Schnabel.
Herkunft: Der Klippenkohl stammt ursprünglich aus dem Mittelmeergebiet, wo er heute noch seine Hauptverbreitung hat. Er wurde bereits im Griechenland der Antike genutzt, wie von Theophrast im 4. Jh. v. Chr. beschrieben. Aus dem Klippenkohl züchtete man im Verlauf der Geschichte zahlreiche Varietäten heraus.
Verbreitung und Anbau: Vom Wilden Kohl existieren einige Unterarten, die in bestimmten, von Bergen oder dem Meer abgegrenzten Gebieten vorkommen. *B. oleracea* wächst an den Küsten des Atlantiks (England, Belgien, Frankreich) und kommt in Mitteleuropa nur auf Helgoland vor. Er gedeiht in wintermilden, luftfeuchten Klimalagen auf mäßig trockenen, felsigen Kalkböden.
Nutzung: Wilder Kohl wurde ursprünglich als Gemüse und z. T. als Heilpflanze verwendet. Die mineral- und vitaminreichen (A, B, C) Blätter können roh, gedünstet oder gebraten gegessen werden. Außerdem lassen sich Blütenstände, Knospen und unreife Früchte als Gemüse zubereiten. Man spricht dem Kohl verdauungsfördernde und die Magenschleimhaut schützende Eigenschaften zu. Breiumschläge nahm man in der alten Heilkunst gegen Arthritis, Zerrungen, Kopfschmerzen und zur Unterstützung der Wundheilung. Alle heutigen Kohlformen leiten sich vom Wildkohl ab. Dabei sind die Unterschiede auf Änderungen erblicher Kleinmerkmale zurückzuführen, die durch Neukombinationen bei gezielten oder spontanen Kreuzungen entstanden. Wie sich allerdings die Entwicklung der unterschiedlichen Kohlarten vollzogen hat, lässt sich nur unvollständig rekonstruieren.

Wirsing

Brassica oleracea convar. *capitata* var. *sabauda* L.

Familie: Brassicaceae
Habitus: Zweijähriges Kraut, kurzer Strunk, bildet im zweiten Jahr unter Auflösung des Kopfes (gestauchte Sprossachse) Blütensprosse, 1–1,5 m hoch.
Blätter: Wechselständig, kurzer Stiel, Spreite dunkel- oder gelbgrün, ungeteilt, blasig-gekraust, äußere oben etwas abstehend, Rand z. T. zerschlitzt.
Blüten: In lockeren Trauben, vier gelbe Kronblätter, Mai–September.
Früchte: Schoten.
Herkunft: Auch Wirsing stammt vom Wildkohl (*B. oleracea*) ab. In der frühen Neuzeit (16. Jh.) wird der Wirsing erstmals aus dem mitteleuropäischen Raum beschrieben. Dabei wird vermerkt, dass dieser Kohl in Savoyen entstanden

ist, weshalb er den auch heute noch benutzten Namen Savoyer Kohl trägt. Wirsing leitet seiner Form nach zu den Blätterkohlarten über, weil seine blasig-gewellten Außenblätter abspreizen und der gesamte Kopf etwas lockerer ist. Er gilt neben den glatten Kopfkohlen als eigene Varietät.
Verbreitung und Anbau: Der Wirsing bevorzugt nährstoffreiche, lockere und feuchte Böden. Jungpflanzen werden von Januar–Februar zuerst in Frühbeeten angezogen und von Mai–Juli ausgepflanzt. Die Ernte ist je nach Sorte zu unterschiedlichen Jahreszeiten möglich. Dauerwirsing bleibt sogar bis zum ersten Frosteinbruch im Freien. Eine Besonderheit ist der „Adventswirsing", der in Gegenden mit milden Wintern zur Adventszeit gepflanzt und im zeitigen Frühjahr geerntet wird.
Nutzung: Frischer Wirsingkohl wird im Haushalt vorwiegend als Kochgemüse, aber auch roh für Salate genutzt. Er wird hauptsächlich als Wintergemüse verwendet. Zudem kommt er als Tiefkühl- und Nasskonserve in den Handel. Er enthält ungefähr 3% Eiweiß, 2,5% Kohlenhydrate, 1,5% Ballaststoffe, Senfölglykoside, Mineralien, Vitamin C (0,045%) und auch Vitamin A (0,0004%).

Kopfkohl

Brassica oleracea convar. *capitata* L.

Familie: Brassicaceae

Habitus: Ursprünglich mehrjährige Staude (faktisch zweijährig), bildet im zweiten Jahr unter Auflösung des Kopfes (gestauchte Sprossachse) 1,5–2 m hohe Blütensprosse, bläulich bereift, oben verzweigt.

Blätter: Wechselständig, im ersten Jahr grundständiger Kopf aus eng geschlossener Blattrosette, Blätter fleischig, lappenförmig, mit Wachs überzogen, gelbgrün beim **Weißkohl** (*B. o.* convar. *c.* var. *capitata* forma *alba*), durch Anthocyane rotviolett beim **Rotkohl** (*B. o.* convar. *c.* var. *capitata* forma *rubra*), im zweiten Jahr gestielte, oft leierförmig gefiederte oder ungeteilte Stängelblätter, obere sitzend, länglich oder linealisch, meistens ganzrandig.

Blüten: In lockeren Trauben, vier gelbe Kronblätter, Mai–September.

Früchte: Fast walzenförmige Schoten.

Herkunft: Kopfkohl stammt wie alle Kulturkohle vom Wildkohl (*B. oleracea*) ab. Der Ursprung des Kohlanbaus liegt am Mittelmeer. Schriftliche Zeugnisse gibt es schon aus dem griechischen und römischen Altertum. Plinius kannte verschiedene Kohlsorten. Allerdings gab es im Mittelmeerraum keine Sorten mit geschlossenen Köpfen, sondern nur losen Blattkohl. Aus Mitteleuropa tauchten Hinweise auf die Kohlverwendung erst im Mittelalter auf (9.–15. Jh.). Es wird angenommen, dass es Kopfkohl spätestens ab dem 11. oder 12. Jh. gab. In den Kräuterbüchern des 16. Jh. werden viele Kohlsorten dargestellt u. a. Weiß- und Rotkohl. Weltweit liegt Kopfkohl heute nach Gemüseerntemengen hinter der Tomate an zweiter Stelle. Weißkohl ist häufiger als Rotkohl.

Verbreitung und Anbau: Kopfkohl wird normalerweise im einjährigen Anbau und nur zur Saatgutgewinnung zweijährig gezogen. Man erntet die „Kohlköpfe" des ersten Jahres. Die verschiedenen Sorten erreichen zwischen Juni

Hier zu sehen: Rotkohl.

als Frischprodukt und in Konserven gehandelt. Früher war Sauerkraut im Winterhalbjahr die einzige Vitamin-C-Quelle. Sauerkraut wirkt auch Fäulnisprozessen im Darm entgegen. Kohl besitzt einige Heilwirkungen. Von Dioskurides stammt die Empfehlung, Kohl bei Durchfall, Schlangenbissen und Wurmbefall zu verabreichen. Tatsächlich wirkt Saft aus frischen Kohlköpfen gegen Geschwüre im Magen und Zwölffingerdarm. Kohl enthält einen sogenannten „Anti-Ulkus-Faktor", der die Schleimhäute schützt. Weiteren Nutzen bringt der Verzehr von Sauerkraut oder Kohl bei Darmträgheit, Ischias, Venenentzündungen, Rheuma und Bronchialkatarren. Kohlblätter dienen als Hausmittel zur äußeren Anwendung bei Wunden, Geschwüren, Gürtelrose, Röteln und Verbrennungen. Aus Rotkohl können blaue Farbstoffe extrahiert werden. Der helle **Spitzkohl** ist die dritte verbreitete Form des Kopfkohls. Seine spitz-ovalen Köpfe werden bereits von Mai–Juni geerntet und damit stellt er die Ausnahme unter den eher als Wintergemüse genutzten Kopfkohlen dar. Er ist aber nicht so lange lagerfähig wie die späten Sorten.

und November ihre Erntereife. Normal werden Jungpflanzen zuerst unter Glas angezogen, bevor sie ins Freiland kommen. Kohl benötigt schwere, nährstoff-, kalk- und humusreiche Lehmböden und eine sehr gute Wasserversorgung.

Nutzung: Kopfkohl ist ein seit Jahrhunderten verwendetes Nahrungsmittel. Die Lagerfähigkeit von mehreren Monaten macht ihn zu einem begehrten Wintergemüse. Er enthält ca. 4% Kohlenhydrate, 2,5% Ballaststoffe, 1,5% Eiweiß, Mineralien (Kalium, ferner Calcium, Phosphor, Magnesium), Vitamin C (0,05%), Fruchtsäuren und Senfölglykoside, die den Geschmack bestimmen. Weiß- und Rotkohl werden hauptsächlich in Eintöpfen oder als Gemüse gekocht bzw. als Rohkostsalat (Krautsalat) zubereitet. Auch Keimsprosse eignen sich als Salatbeilage. Für die Nahrungsmittelindustrie ist die Erzeugung von Sauerkraut aus Weißkohl durch Milchsäuregärung sehr wichtig. Es wird

Hier zu sehen: Spitzkohl.

Grünkohl (Grüner Krauskohl)

Brassica oleracea convar. *acephala* var. *sabellica* L.

Familie: Brassicaceae
Habitus: Zweijähriges Kraut, hochwüchsiger Stängel, 0,5–1,5 m hoch, Blattrosette an der Spitze.
Blätter: Wechselständig, lange Stiele, stark gekraust, hell-, dunkel- oder violettgrün.
Blüten: Lockere Trauben im zweiten Jahr, vier gelbe Kronblätter, Mai–September.
Früchte: Schoten.
Herkunft: Auch Grünkohl leitet sich vom Wildkohl (*B. oleracea*) ab. Sehr wahrscheinlich entstand diese Zuchtform in Griechenland oder Italien. Ein krausblättriger Blattkohl wurde schon im 3. Jh. v. Chr. in Griechenland kultiviert. Diese, von den Römern als „Sabellinischer Kohl" bezeichnete und angebaute Form, wird als Vorläufer des Grünkohls angesehen.

Verbreitung und Anbau: Grünkohl liebt humus-, kalk- und nährstoffreiche Böden, ist aber im Vergleich zu anderen Kohlen anspruchslos. Er wird noch bei Schnee und Frost geerntet. Im Frühjahr bilden sich am Stamm oft noch zarte Sprosse für eine Nachernte. Er wird ab Mitte Mai direkt ausgesät oder man zieht zuvor Jungpflanzen an. Die Ernte erfolgt 3–5 Monate nach dem Auspflanzen.
Nutzung: Grünkohl gehört mit 4% Eiweiß, 4% Ballaststoffen, 1,2% Kohlenhydraten zu den nährstoffreichsten Kohlarten, weist mit 1,7% den höchsten Mineralgehalt (Calcium, Kalium, Eisen) auf und enthält jeweils sehr viel Vitamin C (0,12%) bzw. A (0,004%). Frische Blätter des Grünkohls sind vorwiegend in Norddeutschland ein beliebtes, winterliches Kochgemüse. Der Geschmack verbessert sich, wenn der Kohl nach dem ersten Frost geerntet wird, weil sich die Stärke in Zucker umwandelt und das Zellgewebe lockerer wird. Grünkohl kommt auch als Tiefkühlkost und Nasskonserve auf den Markt.

Sprosskohlarten und ist vermutlich auf den Formenkreis der mediterranen Wildkohlgruppe (*B. rupestris-incana*) zurückzuführen. Schon Plinius beschrieb im 1. Jh. n. Chr. Verdickungen des Stammes beim Pompejaner Kohl.

Verbreitung und Anbau: Markstammkohl benötigt nährstoffreiche Lehmböden und kann auch in kühlem, feuchtem Klima angebaut werden. Er verkraftet leichten Frost und kann bis in den Winter hinein im Freien verbleiben. Die Anzucht erfolgt vorwiegend durch Aussaat, aber auch über zuvor angezogene Jungpflanzen.

Nutzung: Markstammkohl ist eine reine Grünfutterpflanze, deren Blätter und Strünke meistens frisch verfüttert werden. Er enthält u. a. etwa 2% Eiweiß. Markstammkohl kann auch siliert werden, aber man erhält wegen des relativ niedrigen Gehalts an Trockensubstanz (13%) kein hochwertiges Gärfutter.

Markstammkohl

Brassica oleracea convar. *acephala* var. *medullosa* Thellung

Familie: Brassicaceae
Habitus: Zweijähriges Kraut, 1–2 m hoch, im ersten Jahr einfacher, kräftiger Strunk, erreicht 10 cm Durchmesser, im zweiten Jahr mit verzweigtem Blütentrieb.
Blätter: Wechselständig, lange Blattstiele, Spreite länglich-oval, blaugrün, Rand oft gelappt, Blattnarben abgefallener Blätter am unteren Teil des Strunks.
Blüten: In Trauben, vier gelbe Kronblätter, Mai–September.
Früchte: Schoten.
Herkunft: Auch Markstammkohl stammt vom Wildkohl (*B. oleracea*) ab. Er zählt zu den

Kohlrabi

Brassica oleracea convar. *caulorapa* var. *gongylodes* L.

Familie: Brassicaceae
Habitus: Zweijähriges Kraut, 0,2–1 m hoch, oberirdische Sprossknolle, nach Überwinterung schießt ein Blütenspross.
Blätter: Wechselständig, aber rosettig, bläulichgrün, Stiele lang, rund, Spreite länglich-eiförmig, Rand z. T. gezähnt.
Blüten: In Trauben, vier gelbe Kronblätter, Mai–September.
Früchte: Schoten.
Herkunft: Vermutlich leitet er sich vom Formenkreis der mediterranen Wildkohle (*B. rupestris-incana*) ab. Bereits im 2. Jh. v. Chr. kannten die Römer den „Pompejaner Kohl" mit verdicktem Spross, der als Vorläufer des Kohlrabi gilt. Im 8. Jh. wird Kohlrabi erwähnt, war jedoch mit Sicherheit erst im 16. Jh. bekannt. Ab

dem 19. Jh. entwickelte er sich zu einem bedeutenden Gemüse.
Verbreitung und Anbau: Kohlrabi bevorzugt lockere, nährstoffreiche, gleichmäßig feuchte Böden. Er schießt sehr früh und leicht, was bei der Anzucht durch starke Temperaturschwankungen zwischen Tag und Nacht verhindert wird. Er erreicht in nur 1,5–2 Monaten seine Erntereife. Es gibt Sorten mit grün-weißen oder rötlichen Knollen.
Nutzung: Kohlrabiknollen und z. T. die Blätter werden roh als Salat sowie gedünstet bzw. gekocht als Gemüse zubereitet. Das Gewebe der jungen Sprossknolle enthält 4% Kohlenhydrate, 2% Eiweiß, 1,5% Ballaststoffe, recht viel Vitamin C (0,07 g) und etwas Vitamin A (0,0002%), Fruchtsäuren, Senfölglykoside und Oxalsäure. Mit dem Alter bilden sich im Mark Leitbündel aus, wodurch die Knollen holzig werden. Die Blätter enthalten sehr viel mehr Vitamin C, Carotin, Calcium und Eisen als die Knollen. Sie gelten zudem als verdauungsfördernd.

Blumenkohl

Brassica oleracea convar. *botrytis* var. *botrytis* L.

Familie: Brassicaceae
Habitus: Zweijähriges Kraut, 40–80 cm hoch, gestauchte Sprossachse.
Blätter: Wechselständig, gestielt, Spreite lang-elliptisch, wellig, blaugrün, bewachst, Rand z. T. gelappt oder gezähnt.
Blüten: Bereits im ersten Jahr weiße, gewölbte, fleischige Infloreszenzanlage (Blume) aus vielen Teilblütenständen, deren Blüten steril bleiben, nur Seitentriebe bilden Trauben mit fertilen Blüten, vier gelbe Kronblätter, Mai–August.
Früchte: Schoten.
Herkunft: Blumenkohl geht auch auf den Wildkohl (*B. oleracea*) zurück, aber er ist eine junge Kohlsorte, die im frühen Mittelalter noch unbekannt war. Man glaubt, dass er in Südgriechenland entstand. Im Jahr 1490 brachten ihn Genueser Händler nach Italien. Von dort breitete er sich in Europa aus. Danach entwickelte er sich zu einem wichtigen Gemüse. Ein bekanntes Zuchtzentrum Mitteleuropas entstand in Erfurt.

Verbreitung und Anbau: Blumenkohl braucht tiefe, sandige, nährstoff- und humusreiche Lehmböden und viel Wasser. Die Ernte erfolgt, bevor sich die Blütentriebe der Blume strecken und ihre kompakte Struktur verlieren. Vor der Ernte deckt man die Blume mit den äußeren Blättern ab, damit sie weiß bleibt. Es gibt auch Sorten mit grünen und violetten Köpfen.

Nutzung: Blumenkohl ergibt Kochgemüse und Salat. Er wird frisch, tiefgefroren oder sauer eingelegt gehandelt. Er ist leicht verdaulich und eignet sich als Diät-, Schon-, Baby- und Kindernahrung. Er enthält je 3% Kohlenhydrate und Ballaststoffe, 2,5% Eiweiß, viel Vitamin C (0,07%), Fruchtsäuren und Kalium. Die Samen enthalten eine Substanz, die gegen Wurzelschwarzfäule-Bakterien wirkt.

Brokkoli (Spargelkohl)

Brassica oleracea convar. *botrytis* var. *italica* Plenck

Familie: Brassicaceae
Habitus: Ein- oder zweijähriges Kraut, 50–70 cm hoch, Spross kräftig, verzweigt.
Blätter: Wechselständig, gestielt, Spreite lang-elliptisch, wellig, blaugrün, bewachst, Rand z. T. gelappt oder gezähnt.
Blüten: Im ersten Jahr verzweigter, dichter Blütenstand, mit voll entwickelten, grünen oder violetten Knospen, Seitensprosse mit Köpfen, alle Blütentriebe bilden Trauben mit fertilen Blüten, vier gelbe Kronblätter, Mai–August.
Früchte: Schoten.
Herkunft: Auch Brokkoli stammt vom Wildkohl (*B. oleracea*) ab. Seine Geschichte ist nicht vollständig geklärt, denn früher unterschied man nicht zwischen ihm und Blumenkohl. Als Heimat vermutet man Süditalien oder auch Kreta bzw. Zypern. Nach Mitteleuropa kam er wohl frühestens um 1660.

Verbreitung und Anbau: Brokkoli benötigt tiefen, humosen, nährstoffreichen und feuchten Untergrund. Er wird im Feld- und Gartenbau wie Blumenkohl meistens zunächst von Januar–März in Anzuchtbeeten herangezogen und dann umgesetzt. Beim Brokkoli bilden sich Seitentriebe, wenn der Hauptspross abgeschnitten wird, so dass auch kontinuierlich geerntet werden kann.

Nutzung: Brokkoli wird frisch für Gemüse, Suppen, Aufläufe, Gemüsekuchen und Salate zubereitet. Er welkt rasch, kann aber tiefgefroren werden. Auch die Blätter und blühenden Triebe ergeben Gemüse. Brokkoli ist sehr gesund und zeichnet sich durch einen hohen Gehalt an Vitamin C (0,11%), Vitamin A (0,002%) und Vitamin B_2 (0,0002%) aus. Weitere Inhaltsstoffe sind Eiweiß (3,3%), Ballaststoffe (3%), Kohlenhydrate (2%), Mineralien und gegen Darmkrebs wirkende Stoffe (Sulforaphan, Indolcarabinol etc.).

Rosenkohl

Brassica oleracea convar. *oleracea* var.
gemmifera De Candolle

Familie: Brassicaceae
Habitus: Zweijähriges Kraut, 0,4–1,5 m hoch,
im ersten Jahr einfacher, kräftiger Strunk, in
den Blattachseln dichte, geschlossene Knospen
(„Röschen"), im zweiten Jahr mit verzweigtem
Blütentrieb, aus den „Röschen" austreibend.
Blätter: Wechselständig, lange Blattstiele, Um-
riss eiförmig, Spreite aufgetrieben, blaugrün,
mit Wachsüberzug, gipfelständige Blätter for-
men sehr lockeren Kopf.
Blüten: In Trauben, vier gelbe Kronblätter,
Juli–August.
Früchte: Schoten.
Herkunft: Rosenkohl stammt ebenfalls vom
Wildkohl (*B. oleracea*) ab. Er stellt aber wohl
die jüngste Kulturform des Kohls dar, die erst-
mals 1785 in Belgien auftauchte („Brüsseler

Kohl"). Vermutlich entstand er durch Mutation
einer hochstämmigen Kohlsorte oder auch
durch Einkreuzung von Kopfkohl. Dem Rosenkohl ähnliche Varianten gab es eventuell aber
auch schon im 13. und 14. Jahrhundert. Mitteleuropa zählt heute zu den Anbauschwerpunk-
ten in der Welt.
Verbreitung und Anbau: Rosenkohl benötigt
im Gegensatz zu manchen anderen Kohlsorten
volles Licht. Auch er bevorzugt als Starkzehrer
nährstoffreiche Lehmböden mit guter Wasserversorgung. Leichten Frost toleriert er. Im Feld-
und Gartenbau werden normalerweise Jungpflanzen von Mai–Juni ins Freiland gesetzt, gelegentlich werden Samen auch direkt ausgebracht. Dank vieler Sorten mit verschieden
langen Vegetationsperioden kann von September–Dezember geerntet werden. Bei manueller
Ernte können die Röschen mehrfach von einer
Pflanze abgepflückt werden. Für die industrielle
Verwertung verwendet man Erntemaschinen,
die den Strunk komplett abschneiden. Die
Zuchtwahl geht heute zu Sorten, die sich maschinell gut ernten lassen und deren Röschen
sich gleichzeitig entwickeln.
Nutzung: Rosenkohl bietet sich als typisches
Herbst- und Wintergemüse an. Die Röschen
werden vorwiegend frisch als Kochgemüse zubereitet, lassen sich aber auch gut zu Tiefkühl-
und Nasskonserven verarbeiten. In Konserven
wird Rosenkohl oft in Mischungen mit anderen
Gemüsen angeboten. Er kann auch roh in Salaten verarbeitet werden. Rosenkohl lässt sich zudem gut einlagern, wofür die Strünke mit den
Röschen in Kühlhäuser eingelagert werden.
Rosenkohl besitzt den höchsten Vitamin-C-Gehalt aller Kohlsorten (0,12%). Außerdem ist sein
Kalium- und Eisengehalt bemerkenswert hoch.
Weitere Inhaltsstoffe sind Eiweiß (4,5%), Ballaststoffe (4,5%), Kohlenhydrate (4%) und Senfölglykoside.

Stoppelrübe (Weiße Rübe)

Brassica rapa ssp. *rapa* L.

Familie: Brassicaceae
Habitus: Zweijähriges Kraut, im ersten Jahr Blattrosette mit Wurzelrübe, im zweiten Jahr verzweigter, kräftiger Spross.
Blätter: Wechselständig, kräftige Stiele, Umriss länglich-oval, Spreite formenreich, je nach Sorte ganzrandig, gesägt, gelappt oder gefiedert.
Blüten: Endständige Trauben, vier gelbe Kronblätter, Mai–August.
Früchte: Schoten.
Herkunft: Die Stoppelrübe ist eine rübenbildende Unterart des Rübsens (*B. rapa* ssp. *oleifera*), ähnlich dem Verwandtschaftsverhältnis zwischen der Kohlrübe und dem Raps. Die Abstammung der Stoppelrübe ist nicht eindeutig geklärt. Möglicherweise entstanden die Kulturformen mehrfach unabhängig voneinander in Asien (Indien, Pakistan, Afghanistan), Südeuropa und Nordafrika. Die Nutzung der Rübe ist aus dem klassischen Altertum Griechenlands und Roms überliefert. In Mitteleuropa war sie ab dem frühen Mittelalter eine wichtige Nutzpflanze. Heute verbreitete Sorten mit sehr kurzer Vegetationsperiode (9–10 Wochen) hat man wohl im 16. und 17. Jh. in kühl-gemäßigten Breiten gezüchtet. Die Zuchtform der Teltower Rübchen galt schon um 1700 als Delikatesse.
Verbreitung und Anbau: Die Stoppelrübe ist mit vielen Sorten, die sich u. a. in Form und Färbung unterscheiden, in Mitteleuropa verbreitet, wobei besonders **Stielmus** (*B. r.* var. *esculenta* convar. *communis*), **Teltower Rübchen** (*B. r.* var. *rapa* subvar. *pygmaea*), **Mai-** (*B. r.* var. *rapifera* convar. *majalis*) und **Herbstrüben** (*B. r.* var. *rapa* subvar. *rapifera*) bekannt sind. Es handelt sich um Schwachzehrer, die am besten in der Sonne oder im Halbschatten auf lehmigem Sandboden gedeihen. Die Stoppelrübe wird im einjährigen Anbau kultiviert. Je nach Sorte wird sie zwischen Mai und Herbst ausgesät. Manche Herbstformen zieht man im Ge-

wächshaus. Die kurze Vegetationszeit von je nach Sorte 8–16 Wochen erlaubt sogar eine Pflanzung der Stoppelrübe als Zweitfrucht, etwa in nach der Getreideernte umgepflügte Stoppelfelder (Name!). Die Pflanzen verkraften Kälte und Frost relativ gut, so dass sie bis in den Winter hinein auf den Feldern verbleiben können und erst bei Bedarf geerntet zu werden brauchen.
Nutzung: Stoppelrüben finden als Nahrungsmittel und Frischfutter Verwendung. Sie enthalten etwa 5% Kohlenhydrate, 4% Ballaststoffe, 1% Eiweiß, 0,7% Mineralien, Phenyläthyl-Senföl sowie Vitamin A, B und C. Sie werden gedünstet oder gekocht als kalorienarmes Gemüse zubereitet, Mairüben liefern auch Rohkostsalat. Herbstrüben schmecken durchweg herber als Frühjahrsorten. Neben den Rüben können auch die Blätter zu Gemüse verkocht oder Salaten beigemischt werden. Sie schmecken allerdings etwas herb. Stielmus, das im Rheinland und in Westfalen verbreitet ist, wird als Salat verwen-

Hier zu sehen: Herbstrüben.

det oder wie Spinat bzw. Stielmangold gekocht. Zur Frischfuttererzeugung werden vornehmlich ganze Pflanzen verwendet. Früher wurden sie ausschließlich in Mieten eingelagert, können heute aber auch als Gärfutter siliert werden. Ein altes, aus der Yangtse-Region Chinas stammendes Gemüse ist **Pak-Choi** (*B. rapa* ssp. *chinensis*), das derzeit u. a. in Holland im Gewächshaus- und Freilandanbau getestet wird. Er war wohl Mitte des 19. Jh. in Deutschland bekannt, es ist aber unklar, wann er hierhin kam und erstmals angebaut wurde. In China ist der Anbau seit dem 15. Jh. belegt. Der **Chinakohl** (*B. rapa* ssp. *pekinensis*) war noch in den fünfziger Jahren in Mitteleuropa nahezu unbekannt, wird aber nunmehr als Blattgemüse angebaut und gehandelt. Er enthält sehr viel Wasser (95%) und ist sehr kalorienarm. Sein Mineral- und Vitamingehalt ist nicht überwältigend hoch, aber er enthält wertvolle Aminosäuren. Bei Chinakohl handelt es sich um eine Kreuzung zwischen Pak-Choi und der Stoppelrübe. Er entstand vermutlich in Nordchina und wird dort seit dem 15. Jh. angebaut. Missionare brachten im 18. Jh. erstmals Samen nach Europa, wo auch, zunächst jedoch erfolglose, Kulturversuche unternommen wurden. Pak-Choi und Chinakohl werden als Blattgemüse oder Blattsalate zubereitet.

Garten-Rettich

Raphanus sativus var. *niger* (Miller) Kerner

Familie: Brassicaceae
Habitus: Ein- oder zweijähriges Kraut, 1–1,6 m hoch, Rübe aus Wurzel und z. T. Hypocotyl, mit Blattrosette, Blütenstängel röhrig, verzweigt.
Blätter: Wechselständig, Spreite hell, leierförmig, stumpflappig oder fiederteilig, mit großem, geschweift-gekerbtem Endabschnitt, oft rot geädert, zerstreut mit Borsten besetzt.
Blüten: In lockeren Blütentrauben (im zweiten Jahr), vier Kronblätter, weiß mit dunklen Adern oder violett, diagonal zu den vier Kelchblättern gestellt, Mai–Juni.
Früchte: Kegelförmig zugespitzte Gliederschoten.
Herkunft: Als Heimat wird Vorderasien und der östliche Mittelmeerraum betrachtet. Als Stammpflanzen werden die mediterrane

Strandrettich (*R. raphanistrum* var. *maritimus*), der bereits eine verdickte Wurzel besitzt, und Landra (*R. r.* var. *landra*) angesehen. Der mitteleuropäische Gewöhnliche Hederich (*R. r.* var. *raphanistrum*) ist vermutlich später eingekreuzt worden, jedoch kein unmittelbarer Urahn des Garten-Rettichs. Der Beginn des Rettichanbaues ist unklar, wobei China und Ägypten genannt werden. Sicher ist nur, dass Theophrast ihn im 4. Jh. v. Chr. erwähnte und es später von Dioskurides sogar eine Abbildung gab. Auch im alten Rom wurde Rettich reichlich verwendet. Er wurde wohl auch schon von den Römern im 1. und 2. Jh. n. Chr. in Germanien angebaut. Im 9. Jh. pflanzten ihn Mönche in Klostergärten der Schweiz und Deutschlands. Spätestens ab dem 19. Jh. existierten diverse Sorten. Rettich ist heute besonders im süddeutschen Raum beliebt.
Verbreitung und Anbau: Rettich beansprucht nährstoffreiche, tiefgründige, lockere Böden und regelmäßige Wasserversorgung. Er verträgt

keine Hitze. Kreuzungen haben zu einer großen Vielfalt an Kulturformen für den Früh-, Sommer- und Herbstanbau geführt, z. B. weißer Sommer- und schwarzer Herbstrettich. Er wird einjährig kultiviert und sortenabhängig von April–August im Freiland oder Gewächshaus ausgesät.

Nutzung: Rettich besitzt als Gemüse und Heilpflanze eine Bedeutung. Es handelt sich bei den Rüben um Holzrüben, die aber zart bleiben. Rohe Rüben werden gesalzen pur gegessen (z. B. zu Bier), als Brotbelag oder in Salaten verarbeitet. Zudem können die Blätter, Blütenstände, eingeweichte Samen und eingelegte, unreife Schoten als würzige Gemüse- oder Salatbeilagen gegessen werden. Rettich hat einen scharfen Geschmack, der durch schwefelhaltige Allyl- und Butyl-Senföle hervorgerufen wird. Weitere wichtige Inhaltsstoffe sind ätherisches Öl (Raphanol), Vitamin C und Raphanin, das gegen Bakterien- und Pilzinfektionen wirkt. Man aß Rettich früher zum Schutz vor Skorbut. Schon im Mittelalter fand er im heilpflanzlichen Bereich Verwendung. Rettichpresssaft fördert die Gallensekretion, hemmt Entzündungen und wirkt abführend. Er wird bei Leber- und Gallenbeschwerden sogar von der Schulmedizin empfohlen. Zudem wird er noch heute vereinzelt bei Keuchhusten oder Katarren der Atemwege genutzt. Die Samen wirken auswurffördernd, karminativ, harntreibend und abführend. Sie kamen in der Volksmedizin bei Bronchitis, Asthma, Durchfall, Blähungen und Sodbrennen zum Einsatz. Mit Breiumschlägen behandelte man Hautverletzungen. Aus den Samen kann essbares Öl extrahiert werden. In Ostasien ist der Verbrauch an Rettich wesentlich verbreiteter als in Europa, wobei er dort auch als Kochgemüse und Viehfutter verwendet wird.

Öl-Rettich

Raphanus sativus var. *oleiformis* Persoon

Familie: Brassicaceae
Habitus: Zweijähriges Kraut, 0,3–1 m hoch,
Stängel röhrig, verzweigt, bildet im Gegensatz
zum Garten-Rettich keine ausgeprägte Rübe.
Blätter: Wechselständig, Spreite gelappt oder
gezähnt, rau behaart.
Blüten: In endständigen, lockeren Trauben,
vier Kronblätter, weiß, vielfach mit violetten
Adern, Mai–Juni.
Früchte: Gestielte Schoten.
Herkunft: Die Geschichte des Ölrettichs entspricht der des Garten-Rettichs, von dem er eine Variante darstellt. Der Ölrettich wurde schon
vor 2000 Jahren in China und Ägypten kultiviert, während sich der Anbau in Mitteleuropa
bis Anfang des 20. Jh. nicht durchsetzte. Auch
Anbauversuche zur Bearbeitung und Verbesserung der Öl- und Futternutzung in den dreißi-
ger Jahren führten zunächst zu keiner wesentlichen Verbreitung. Erst mit der Ausweitung des
Zwischenfruchtanbaus stieg in den letzten Jahrzehnten seine Bedeutung merklich an.
Verbreitung und Anbau: Ölrettich wird hierzulande überwiegend nach einer Hauptfrucht
ausgesät, weil seine Entwicklungszeit mit
6–8 Wochen ausgesprochen kurz ist. Seine
Ansprüche an Boden und Klima sind gering. Er
gedeiht auch auf leicht sauren Böden und toleriert Trockenheit sowie Frost. Für eine große
Grünmassenerzeugung ist allerdings eine reich-
liche Düngung notwendig.
Nutzung: Der Ölrettich dient heute zumeist
zur Gründüngung, spielt aber auch als Zwischenfrucht eine Rolle zur Eindämmung von
Rübennematoden (Rundwürmer). Es gab alte
Sorten mit gegen Nematoden resistenten Pflanzen, die durch intensive Züchtung zu eigenstän-
digen Sorten weiterentwickelt wurden. Solche
Pflanzen werden von den Nematoden als Wirtspflanze angenommen, ermöglichen aber keinen
vollen Entwicklungszyklus des Parasiten und

tragen so zur Verminderung der Nematodenpo-
pulation bei. Ölrettich hat sich inzwischen als
sehr schnellwüchsige Pflanze auch zu einer
Ackerfutterpflanze entwickelt. Er kann bis über
die Blüte hinaus frisch oder als Gärfutter verfüttert werden. Ölrettich enthält ca. 1,5% Eiweiß
und mit dem Alter steigende Konzentrationen
an Senfölen, was die Futterqualität herabsetzt.
Der Anbau zur Ölgewinnung (Speise-, Lampenöl) aus den Samen wird vor allem in Ostasi-
en betrieben. In Mitteleuropa spielte die Verwendung des Öls als Brennöl kaum eine Rolle.
Regional wird auch der nahe verwandte **Gewöhnliche Hederich** (*R. r.* var. *raphanistrum*)
zur Gewinnung von Speiseöl und technischen
Ölen genutzt. Diese, meistens weiß bzw. seltener hellgelb blühende, einjährige Pflanze wurde
darüber hinaus früher auch als spinatähnliches
Wildgemüse und zur Senfherstellung genutzt.

Radieschen

Raphanus sativus var. *sativus* L.

Familie: Brassicaceae
Habitus: Einjähriges Kraut, 30–80 cm hoch, erst Hypocotylknolle mit Blattrosette, danach Bildung des Blütentriebes.
Blätter: Blattrosette an der Knolle, Spreite leierförmig-fiederteilig, mit kurzen Haaren, am Blütentrieb wechselständig.
Blüten: In lockeren Trauben, vier Kronblätter, weiß oder rosa, Mai–Juni.
Früchte: Aufgedunsene Schoten.
Herkunft: Das Radieschen ist eine verhältnismäßig junge Kulturpflanze, die erstmals im 16. Jh. in Nordwesteuropa in Erscheinung trat. Es ist unklar, ob es direkt vom am westlichen Mittelmeer und Atlantik verbreiteten Landra (*R. raphanistrum* ssp. *landra*) abstammt oder eine Weiterentwicklung des Rettichs darstellt. In jedem Fall enthält das Radieschen auch andere *Raphanus*-Ursprungsarten als der Rettich.

Verbreitung und Anbau: Das Radieschen bevorzugt nährstoffreiche, lockere Böden mit gleichmäßiger Wasserversorgung. Die Aussaat erfolgt von März–September, unter Folie sogar noch etwas früher. Nach vier Wochen sind die Knollen erntereif. Früher gab es u. a. schwarze und gelbe Formen, die heute wegen der Nachfrage nach durch Anthocyane rot gefärbten, runden Sorten weitgehend verdrängt worden sind.
Nutzung: Das Radieschen isst man frisch in Rohkostsalaten oder gesalzen als Brotbelag. Es hält sich selbst im Kühlschrank nur wenige Tage. Der scharfe Geschmack stammt vom Allyl-Senföl, wobei es inzwischen auch sehr milde Sorten gibt. Das Radieschen enthält zudem 4% Ballaststoffe, 3% Kohlenhydrate, 1,5% Eiweiß, Mineralien sowie Vitamin C, B und A. Eine Besonderheit bilden die sogenannten Eiszapfen-Formen, bei denen auch die Wurzel in die Rübenbildung einbezogen ist. Das ist am Speicherkörper durch den Ansatz von Seitenwurzeln erkennbar.

Meerrettich

Armoracia rusticana Meyer et Scherbius

Familie: Brassicaceae
Habitus: Mehrjährige, kahle Staude, 0,4–1,5 m hoch, Stiel kantig gefurcht, verzweigt, kurze Seitentriebe, würziger Duft.
Blätter: Grundständige Rosette, lange Stiele, länglich-oval, Grund herzförmig, Rand wellig, gekerbt, Stängelblätter wechselständig, kurze Stiele, lanzettlich.
Blüten: In dichtblütigen Trauben am im zweiten Jahr wachsenden Blütentrieb, vier kleine, weiße Kronblätter, Mai–August.
Früchte: Abgeflachte, rundliche Schötchen (in kühlem Klima oft nicht reifend).
Herkunft: Meerrettich stammt aus Südosteuropa und Westasien, wo er etwa seit 2000 Jahren kultiviert wird. In Mitteleuropa wird er seit dem 12. Jh. angebaut. Möglicherweise brachten ihn schon die Kelten sehr viel früher von ihren Zügen aus der Ukraine nach Europa mit.

Verbreitung und Anbau: Als Kulturflüchtling steht er auf Wiesen, an Weg-, Feld- und Bachrändern. Er bevorzugt sonnige oder halbschattige Stellen auf entwässerten, nährstoffreichen und tiefgründigen Böden. Meerrettich wird durch Ausaat oder Setzen von Seitenwurzeln (Fechser) älterer Pflanzen angebaut.
Nutzung: Einjährige Wurzeln dienten ursprünglich als Heilmittel, heute jedoch überwiegend als Gewürz. Sie enthalten 0,2% stechend riechende Senföle (i.b. Sinigrin), zudem Glykoside, Vitamin C und Kalium. Zerriebene Wurzeln werden frisch zu Fleisch, Fisch, Wurst und Salaten gegessen oder für Würzsoßen, Kräuterkäse, -quark etc. verarbeitet. Die Naturheilkunde nutzt die antibakteriellen, fiebersenkenden und harntreibenden Eigenschaften bei Erkältungen, Nieren-, Harnwegs- und Atemwegserkrankungen. Breiumschläge, für die auch Blätter genommen werden, helfen gegen Rheuma, Gicht, Arthritis, Kopf- und Zahnschmerzen. Getrocknete Blätter liefern einen gelben Farbstoff.

Färber-Wau
Reseda luteola L.

Familie: Resedaceae
Habitus: Zweijähriges Halbrosettenkraut, 0,5–1,5 m hoch, unverzweigt.
Blätter: Grundständige Blattrosette im ersten Jahr, wechselständige Stängelblätter im zweiten Jahr, Spreite lanzettlich, ungeteilt, Rand wellig.
Blüten: In endständigen, reichblütigen, rutenförmigen Trauben, auf kurzen Stielen stehend, unscheinbar gelblich-grün, vier Kronblätter, Juni–September.
Früchte: Grünliche, sechskantige Kapseln.
Herkunft: Färber-Wau stammt ursprünglich aus dem Mittelmeergebiet, ist aber seit langer Zeit in Mitteleuropa eingebürgert. Aus dem klassischen Altertum gibt es Nennungen der Pflanze durch römische Schriftsteller, die Grünfärbungen blauer Textilien durch Überfärben mit Färber-Wau beschreiben. Die ältesten Samenfunde in Mitteleuropa stammen aus jung-steinzeitlichen Uferbausiedlungen im schweizerischen Alpenvorland. Archäologische Funde aus römischer Zeit lassen einen speziellen Anbau vermuten. Die Pflanze wurde bis ins vergangene Jahrhundert hinein in vielen Gegenden kultiviert. Sie verlor rasch an Bedeutung, nachdem synthetische Farbstoffe erzeugt werden konnten.

Verbreitung und Anbau: In Wildbeständen steht Färber-Wau natürlicherweise auf Schuttfluren und an Wegrändern. Er wächst meistens auf kalkreichen Böden. Im Anbau benötigt er nährstoffreiche, lockere und trockene Lehm- oder Tonböden. Die Aussaat erfolgt zwischen Juli und August und die Ernte im folgenden Sommer. In sonnigen und heißen Klimaten wird die beste Farbstoffqualität erzielt.

Nutzung: Der Name verrät, dass die Pflanze zum Färben gebraucht wurde. Sie enthält in den Blättern, Blüten und im Stängel den gelben Farbstoff Luteolin. Bei Beginn der Blüte wurde das Kraut mit den Wurzeln ausgerissen, in Garben gebunden und für spätere Anwendungen getrocknet aufbewahrt. Durch Kochen in heißem Wasser lässt sich Luteolin extrahieren. Es lieferte einen Textilfarbstoff, vor allem aber Wandfarbe. Wau galt als die farbechteste, gelbfärbende Pflanze und bot eine gute, heimische Alternative zum teuren Safran. Arzneilich wurde das Kraut früher als Beruhigungsmittel und die Wurzeln als harn- und schweißtreibendes Mittel verwendet. Aus den Samen gepresstes Öl nahm man gelegentlich als Lampenöl.

Kapuzinerkresse

Tropaeolum majus L.

Familie: Tropaeolaceae
Habitus: Mehrjährige Staude, kriechend, 10–30 cm hoch, Ranken maximal 3 m lang.
Blätter: Wechselständig, Spreite bläulich-grün, schirmförmig, Oberseite wachsartig, glatt, Stängel lang, rund, sehr saftig.
Blüten: Einzeln in Blattachseln, Krone fünfzählig, trichterartig, mit langem Sporn, orange-rot, Juni–September.
Früchte: Dreiteilige, hellgrüne Kapseln.
Herkunft: Die „Rote Blume aus Peru" kam im 16. Jh. durch spanische Seeleute von Peru nach Europa.
Verbreitung und Anbau: In Mitteleuropa ist die Kapuzinerkresse eine beliebte Gartenpflanze, von der es inzwischen über 30 Sorten gibt. Sie ist kälte- und frostempfindlich und wird hier nur einjährig angebaut. Sie benötigt leichten, humosen Boden. Die Pflanze wird im April und Mai in Töpfen angezogen und nach den „Eisheiligen" ins Freiland gesetzt. Sie wächst in der Sonne und im Halbschatten.

Nutzung: Mit ihrem kresseartigen, frischen Geschmack ist die Kapuzinerkresse zu einer beliebten Salatbeigabe geworden. Der pfefferartige Nachgeschmack wird durch einen hohen Gehalt an Schwefelverbindungen verursacht. Blätter, Knospen, Blüten und Samen werden zum Würzen von Salaten oder Quark verwendet. In Essig eingelegte, unreife Früchte liefern Kapernersatz. Die Pflanze enthält viel Vitamin C und ein antibiotisches Glykosid. Extrakte wirken abführend sowie gegen Pilze und Krebs. Auch bei Atemwegs- und Urogenitalleiden, zur Skorbutvorbeugung und Stärkung körpereigener Abwehrkräfte ist sie geeignet. Der Saft gilt als schleimlösendes, reizstillendes Hustenmittel. Die Indianer behandelten infizierte Wunden mit frischen Blättern. Kapuzinerkresse dient auch zur biologischen Blattlausbekämpfung. Das Samenöl kann für Farben und Firnisse genommen werden.

Stockrose (Stockmalve)

Althaea rosea L.

Familie: Malvaceae
Habitus: Mehrjährige Staude, 1–3 m hoch, meistens unverzweigt, Stängel verholzt, jüngere Stielteile oft filzig behaart.
Blätter: Wechselständig, lange Stiele, Spreite handförmig gelappt, grau-filzig.
Blüten: Je 1–4 Blüten in Blattachseln, oben in langer Ähre, fünf Kronblätter, ausgebreitet, weiß, gelb, rosa, rot oder nahezu schwarz, Juli–Oktober.
Früchte: Scheibenförmige Spaltfrüchte, zerfallen in viele einsamige Teilfrüchte.
Herkunft: Die Heimat ist unbekannt, wird jedoch in Südwest- und Zentralasien vermutet. Im südöstlichen Europa werden einzelne Arten wahrscheinlich seit Jahrhunderten angepflanzt. Diese verwilderten häufig. In Mitteleuropa ist sie vorwiegend in Bauern- und Kleingärten zu finden.

Verbreitung und Anbau: Sie liebt sonnige, geschützte Plätze. Die Vermehrung erfolgt durch Aussaat (Frühling, Herbst), Wurzelstecklinge (Dezember) oder Teilung nach der Blüte.
Nutzung: Als Färbepflanze wurde eine Sorte mit schwarzroten Blüten (*A. r.* var. *nigra*) verwendet. Sie wurde noch um 1900 in Süddeutschland angebaut, um getrocknete Blüten hauptsächlich nach Frankreich und in die Türkei zu exportieren. Dort dienten die Blüten zum Färben von Wein und Likör. Der rotviolette Anthocyan-Farbstoff liegt im Saft der Blütenblätter vor. Die Stockrose wurde auch als Heilkraut verwendet. Sie enthält Phytosterine, Gerb- und Bitterstoffe. Getrocknete Blüten (diuretisch, einhüllend) bzw. die Wurzel (adstringierend) helfen als Tee oder Sirup bei Husten, Atemwegskatarren, Gastritis, Harnwegsinfekten, Menstruationsbeschwerden und als Gurgelmittel bei Mund- und Rachenentzündungen. Die Schulmedizin verwendet sie nicht als Einzeldroge. Stängelfasern eignen sich zur Papierherstellung.

Echter Eibisch

Althaea officinalis L.

Familie: Malvaceae
Habitus: Mehrjährige Staude, 0,6–1,5 m hoch, Stängel flaumig behaart, verzweigt.
Blätter: Wechselständig, samtweich behaart, 3- bis 5fach gelappt, häufig fächerartig gefaltet, obere Blätter undeutlich gelappt, mehr dreieckig oder eiförmig, Rand unregelmäßig gezähnt.
Blüten: Blattachselständige Trauben, fünf Kronblätter, breit dreieckig, weiß oder blassrosa, Außenkelch mit 6–9 Lappen, Juni–September.
Früchte: Rundliche Spaltfrüchte mit ringförmig angeordneten Samen.
Herkunft: Die Heimat des Echten Eibisch wird in der Region um das Kaspische, Schwarze und östliche Mittelmeer vermutet. Wahrscheinlich brachten die Römer ihn aus Syrien und Ägypten nach Mitteleuropa.
Verbreitung und Anbau: Echter Eibisch ist in der freien Natur selten zu finden. Er steht in Salzwiesen und Brackwassermarschen der Ostseeküste. Gelegentlich wachsen auch verwilderte oder verschleppte Exemplare im Binnenland. Im Gartenbau benötigt Echter Eibisch feuchtnasse Böden und viel Sonne. Die Aussaat erfolgt durch reife Samen im Sommer oder Teilung im Herbst. Kulturen für medizinische Zwecke findet man überwiegend in Osteuropa, aber auch in Deutschland, Belgien und Frankreich.
Nutzung: In der Medizin werden vor allem zweijährige Wurzeln verwendet. Sie enthalten Schleimstoffe (25–35%), Stärke (35%), Pektin, Sterine und Gerbstoffe. Die Blätter beinhalten weniger Schleimstoffe als die Wurzeln, dafür aber ätherisches Öl. Die Heilwirkungen des Eibisch wurden schon im 9. Jh. v. Chr. beschrieben. Reizlindernde und einhüllende Eigenschaften der Schleime stehen im Vordergrund. Außerdem hemmt Echter Eibisch Entzündungen. Er wird gegen Husten, Halsschmerzen, Zahnfleischentzündungen, Magen-Darm-Reizungen, Durchfall und Harnwegsinfekte genommen. Getrocknete Wurzelstücke gelten als die ältesten Hustenbonbons. Die Volksmedizin gebraucht Eibisch auch bei Verstopfung und für Umschläge gegen Verbrennungen, Geschwüre, Insektenstiche sowie Reizungen, Verletzungen und Entzündungen der Haut. Einige Pflegemittel und Kosmetika für strapazierte Haut enthalten Eibischextrakte. Die Wurzeln werden im Herbst ausgegraben und rasch getrocknet. Anschließend werden sie für Aufgüsse, Tees, Sirup, Tinkturen und Salben verarbeitet. Die Blatternte erfolgt im Spätsommer. Samen, Blüten und junge Blätter werden Salaten beigemischt bzw. dienen zum Eindicken von Suppen. Abgekochte und anschließend gebratene Wurzeln liefern Gemüse. Aus Wurzel- und Stängelfasern kann Papier hergestellt werden, aus der Wurzel ein Klebstoff und aus den Samen ein Öl für Farben und Lacke.

Wilde Malve

Malva sylvestris L

Familie: Malvaceae
Habitus: Zwei- oder mehrjährige Staude, niederliegend oder aufrecht, 0,5–1,5 m hoch, Stiel
behaart, buschig verzweigt.
Blätter: Wechselständig, lange Stiele, Spreite
rundlich, nieren- oder herzförmig, mit
5–7 handförmigen Lappen (maximal 2/3 eingeschnitten), Rand deutlich gezähnt, Oberseite oft
mit dunklem Fleck.
Blüten: Je 2–6 Blüten stehen büschelig in den
Blattachseln, lange Stiele, fünf Kronblätter, läng-
lich-herzförmig, rosaviolett oder purpurn, mit
dunklen, an der Spitze verzweigenden Längsstreifen, Grund bewimpert, Mai–September.
Früchte: Flache Spaltfrüchte, scharf berandet.
Herkunft: Einheimisch.
Verbreitung und Anbau: Die Wilde Malve ist
weit verbreitet. Sie liebt stickstoffreiche, entwässerte Böden und steht in Unkrautfluren, an Wegrändern, Hecken und Mauern. Im Gartenbau
wird sie durch Aussaat im Frühling bzw. Herbst
oder durch Teilung in der Ruhezeit gepflanzt.
Nutzung: Malvenblätter enthalten viel Vitamin
A, B und C sowie Schleim- und Gerbstoffe, die
auch in der Wurzel vorliegen. Sie werden roh
als Salat und gekocht als Gemüse zubereitet.
Unreife Früchte und Blüten liefern Salatbeilagen. Getrocknete Blätter und Blüten sind in
Teemischungen enthalten. Gerb- und Schleimstoffe wirken adstringierend, schleimlösend,
entzündungshemmend und abschwellend. Sie
lindern Bronchitis, Halsschmerzen, Asthma,
Emphyseme, Koliken, Magen-Darm-, Nieren-
und Blasenbeschwerden. Hohe Dosen wirken
abführend. Kompressen helfen äußerlich gegen
nässende Hautekzeme, Furunkel, Abszesse und
Juckreiz. Blüten und Blätter sammelt man im
Sommer. Aus der Pflanze lassen sich cremefar-
bene, gelbe und grüne Farbstoffe gewinnen.
Stängelfasern wurden früher vereinzelt zu Kordeln, Stoffen und Papier verarbeitet.

Tüpfel-Johanniskraut
Hypericum perforatum L.

Familie: Clusiaceae
Habitus: Mehrjährige Staude, 30–60 cm hoch, Stängel zweikantig, Basis verholzt, im oberen Teil verzweigt.
Blätter: Gegenständig, Spreite breit-eiförmig oder gerade, kahl, mit durchscheinenden Ölbehältern punktiert.
Blüten: Verzweigte Blütenstände, fünf lanzettliche, gelbe Kronblätter, Rand häufig schwarz gefleckt, Kelchblätter lanzettlich, spitz, Staubgefäße zahlreich, gelb, Juni–September.
Früchte: Kapseln.
Herkunft: Einheimisch.
Verbreitung und Anbau: Tüpfel-Johanniskraut ist eine verbreitete Wildpflanze. Es steht häufig auf trockenen Böden an Wegrändern, Wiesen, in lichten Wäldern und auf Ruderalflächen. Im Herbst oder Frühjahr kann die Pflanze durch Aussaat oder Teilung gepflanzt werden.
Nutzung: Johanniskraut ist eine alte Heilpflanze, die schon Hippokrates und Paracelsus bekannt war. Wegen der beim Zerreiben der Blüten austretenden roten Farbstoffe sprach man ihm magische Eigenschaften zu. Auch in der Signaturenlehre erhielt Johanniskraut eine besondere Bedeutung und es spielte bei alten Bräuchen eine Rolle, z. B. wurde es in der Johannisnacht verfüttert, damit das Vieh gesund bleibe. Es enthält ätherisches Öl, Flavonoide (Rutin), Gerbstoffe, Harze, Sitosterol, Hyperforin und den roten Farbstoff Hypericin, der wichtigste Wirkstoff. Hypericin und Hyperforin wirken als Nerventonika und helfen bei Depressionen. Außerdem wirkt Johanniskraut entzündungshemmend, antiseptisch, kühlend, schmerzstillend, harntreibend, adstringierend und gegen Würmer. Indikationen sind: Erkältungen, Verdauungsbeschwerden, mangelhafte Gallensekretion, Durchblutungsstörungen und in der Volksmedizin nächtliches Bettnässen (Kinder), Bronchitis, Asthma, Rheuma sowie Gicht. Johanniskrautöl, ein altes Hausmittel, hilft bei leichten Verbrennungen, Erfrierungen, Sonnenbrand, Wunden, Blutergüssen, Muskelschmerzen, Quetschungen, Verstauchungen, Bindegewebsentzündungen, Rheuma, Gürtelrose, Krampfadern und Hämorrhoiden. In den letzten Jahren wurde Johanniskraut gegen das HI-Virus (AIDS) getestet, aber diese Studien brachten bisher keine eindeutigen Resultate. Johanniskrautpräparate erhöhen die Lichtempfindlichkeit der Haut und können zu Hautreizungen führen. Die Pflanze wird am Anfang der Blütezeit geschnitten und für Tees, Tinkturen, Cremes und medizinische Öle aufbereitet. Für Johannisöl extrahiert man Blüten in Lein- oder Olivenöl. Die Blätter werden Salaten beigemischt und als Liköraroma verwendet. Das Kraut liefert gelbe, rote, braune und lila Naturfarbstoffe. Früher nahm man die Blüten auch zur Metherstellung.

März-Veilchen

Viola odorata L.

Familie: Violaceae
Habitus: Mehrjährige Staude, 5–10 cm hoch, mit oberirdischen, wurzelnden Ausläufern.
Blätter: In grundständiger Rosette, lange Stiele, Spreite ei-, herz- oder nierenförmig, fein behaart, Rand gekerbt, Unterseite oft glänzend, Nebenblätter ganzrandig, spitz.
Blüten: Endständig an langen Blütenstielen, zwei aufwärts, drei abwärts gerichtete Kronblätter, dunkelviolett, Zentrum weißlich mit dunklen Adern, gerader Sporn, aromatischer Duft, März–April.
Früchte: Eiförmige Kapseln mit kleinen, hellbraunen Samen.
Herkunft: Ursprünglich Südeuropa, aber seit Jahrhunderten eingebürgert.
Verbreitung und Anbau: Das März-Veilchen kommt in Mitteleuropa als verbreitete Wildpflanze vor. Es liebt nährstoffreichen Untergrund und steht auf Wiesen, in lichten Wäldern, Hecken, an Wegrändern und Bachufern.
Nutzung: Im antiken Griechenland baute man das März-Veilchen als Gewürz für Wein kommerziell an. Im 19. Jh. wurde es in Europa in großem Stil zur Parfümherstellung verwendet. Der Hauptduftstoff ist Ionon, das seit 1893 auch synthetisch hergestellt wird. Blütenextrakte runden den Geschmack von Likören, Eis sowie Süßigkeiten ab und werden für Mundwässer verwendet. Frische oder kandierte Blüten verzieren Torten und Gebäck. Auch Blätter und Knospen sind essbar. Als Heilpflanze besitzt das März-Veilchen ebenfalls eine hohe Bedeutung. Die Pflanze enthält das Alkaloid Violin, Saponine, ätherisches Öl und Pflanzensäuren. Blütensirup, Wurzelextrakte oder aus der ganzen Pflanze gewonnene Auszüge lösen Schleim, wirken antiseptisch, hemmen Entzündungen, schützen Schleimhäute vor Reizungen und haben abführende sowie diuretische Effekte. Veilchen-Essenzen lindern Keuchhusten, Asthma, Bronchitis und Halsentzündungen. Auch gegen Harnwegsinfekte, Rheuma und selbst Krebs (Lungen-, Bronchial-, Brustkrebs) sollen die Inhaltsstoffe des Veilchens wirken. Die Blätter gelten als Mittel zur äußerlichen Anwendung bei Hauterkrankungen (z. B. Ekzeme), Mundinfektionen und Kopfschmerzen. Die Pflanzen werden in der Blüte gesammelt und für Tees, Tinkturen oder Auszüge luftgetrocknet. Die Blüten können auch frisch verwendet werden. Aus den Blüten kann ein Pigment gewonnen werden, das sich als Lackmus zum Testen von Säuren und Laugen eignet.

Lein

Linum usitatissimum L.

Familie: Linaceae
Habitus: Einjähriges Kraut, 70–90 cm hoch, kahl, im oberen Teil wenig verzweigt.
Blätter: Wechselständig, schmal-lanzettlich, Spreite dreinervig, ganzrandig.
Blüten: Endständig, fünf hellblaue, ausgebreitete Kronblätter, Kelchblätter klein, bewimpert, Juni–Oktober.
Früchte: Rundliche Kapseln mit 8–10 braunen oder goldgelben, eiförmigen Samen.
Herkunft: Die Kulturform *L. usitatissimum* stammt von Wildarten ab, vermutlich von *L. bienne* (Schmalblättriger Lein). Er kommt wild am Mittelmeer, in Nordafrika sowie in Vorder- und Mittelasien vor. Zuerst baute man die Wildart an, bis daraus Kultur-Lein gezüchtet wurde. Vor 6000–8000 Jahren diente Lein den Sumerern und Ägyptern als Faser- und Samenlieferant. Ägyptische Mumien wurden in Lei-

nentücher gehüllt. In Europa kultivierten schon u. a. die Pfahlbautenbewohner der Jungsteinzeit Lein. Im 2. und 3. Jh. n. Chr. gab es kleinwüchsigen Kulturlein mit dünnen Fasern. Im Mittelalter und der frühen Neuzeit entstand in Deutschland eine Hochburg der Leinproduktion. Mit Aufkommen der geschmeidigeren und leichter zu färbenden Baumwolle brach der Leinanbau ein. Im Alpenvorland wurde bis ins 20. Jh. Winter-Lein gepflanzt, der im Herbst ausgesät und im Frühjahr danach geerntet wird. Seine Vegetationsperiode entsprach dem Schmalblättrigen Lein, der wohl direkt aus Italien über die Alpen gelangte. In anderen Gegenden pflanzte man Sommer-Lein, d.h. Aussaat im Frühjahr und Ernte im Sommer. Diese Sorte nahm offenbar den Weg vom östlichen Mittelmeergebiet über den Balkan und Ungarn nach Mitteleuropa. Dabei entwickelte sich aus ursprünglichem *L. bienne* die Sommerform.
Verbreitung und Anbau: Heute wird Lein wieder vermehrt als nachwachsender Rohstoff

angebaut. Kultur-Lein benötigt tiefe Böden mit guter Wasserversorgung und warme, sonnige Plätze. Er wird im Frühling ausgesät. Wildwachsende Arten (*L. bienne*, *L. perenne*) trifft man selten an.

Nutzung: Aus Lein werden Fasern und Öl gewonnen. Entsprechend existieren zwei Varietäten, der Faser-Lein (*L. usitatissimus*) und der stärker verzweigte Öl-Lein (*L. mediterraneum*), aus denen aber viele Übergangsformen gezüchtet wurden. Ursprünglich diente Lein als Faserpflanze, zumal sich bei alten Sorten die Samenkapseln öffneten und die Samenkörner herausschleuderten (Spring-Lein). Erst die Züchtung von „Schließ-Lein" reduzierte die Samenverluste. Zur Fasergewinnung werden die Pflanzen zunächst aus dem Boden gerupft. Traditionell ließ man sie sich in langsam fließendem Wasser oder im morgendlichen Tauniederschlag durch Bakterien und Pilze zersetzen (Wasser- bzw. Tauröste), damit sich die maximal 60 cm langen Bastfaserbündel voneinander trennen. Es gibt heute chemische, jedoch weniger schonende Trennverfahren. Nachfolgende Bearbeitungsschritte sind Knicken, Brechen und Schwingen der Stängel, damit sich die Faserbündel weiter auftrennen und Pflanzenreste abgelöst werden. Im nächsten Schritt zieht man die Stiele über ein Nagelbrett (Hecheln), um die Fasern gleichzurichten. Dann trennt man Kurz- und Langfasern voneinander. Langfasern lassen sich am besten zu Garn verspinnen und zu festem Leinen verweben. Leinen zeichnet sich als dauerhaftes, kühles und glänzendes, aber auch steifes Gewebe aus, wenn es dick gewebt ist. Weitere (moderne) Faserprodukte sind: Zellulose, Papier, Bauplatten, Mulchmatten, Erosionsschutzmaterialien, Kunststoffersatz, Dämm- sowie Füllstoffe in Autos. Aus Leinsamen gepresstes Öl ist reich an Linolen- (50%), Linol- (20%) sowie Ölsäure (15%) und enthält etwas Stearin- und Palmitinsäure. Es ist ein wertvolles Speiseöl, wird aber vor allem für technische Zwecke eingesetzt. Als leicht trocknendes Öl

eignet es sich als Grundstoff für Linoleum, Kitt, Schmierseife, Firnis, Lack, Möbelpolituren, Holzschutzmittel, Druck- und Malerfarben. Zudem wird es bei der Erzeugung von Papier, Wachstüchern, Lederprodukten, Weichmachern und PVC-Stabilisatoren eingesetzt. Im 14. Jh. stellte man erstmals Farben und wasserdichte Gewebe aus Leinöl her. Im 19. Jh. wurde es viel in Farben und ab 1860 zu Linoleum verarbeitet. Seit 1980 nimmt der Gebrauch wieder zu. Pressrückstände dienen als Futtermittel. Leinsamen enthalten neben Öl 25% Ballaststoffe, 20–25% Protein und 3–10% Schleimstoffe. Sie werden in Backwaren verarbeitet und als Heilmittel verwendet. Leinöl lindert die Schmerzen und unterstützt die Heilung von Schuppenflechte, Hautausschlägen, Gürtelrose und Verbrennungen. Die Schleimstoffe sind allerdings die wichtigsten medizinischen Wirkstoffe der Samen, denn sie schützen gereizte Schleimhäute. Daneben enthalten die Samen reiz- und entzündungshemmende Glukoside (Linamarin, Lotaustralin). Linamarin setzt bei der Verdauung etwas Blausäure frei. Lein ist daher schwach giftig, aber ernsthafte Vergiftungen treten normalerweise nicht auf. Man kann bei Halsschmerzen, Heiserkeit, Husten und Zahnfleischentzündungen mit Leinsamenaufgüssen gurgeln bzw. spülen. Leinsamen werden bei Stuhlträgheit als Abführmittel verabreicht. Die Schleime quellen im Darm auf und vermitteln einen Dehnungsreiz, der den Stuhlgang anregt. Das Öl unterstützt dabei als Gleitmittel den Vorgang. Die Samen wirken auch gegen Harnwegsinfekte und offenbar gegen Krebs. Äußerlich angelegte Breiumschläge nützen bei Eiterbeulen, Furunkeln und Brustfellentzündungen. Für Aufgüsse lässt man die Leinsamen in Wasser aufquellen, für Breiumschläge werden die Samen zuvor zerquetscht. Mit Blättern und Rinde behandelte man früher Tripper.

Wiesen-Schlüsselblume

Primula veris L.

Familie: Primulaceae
Habitus: Mehrjährige Staude, 10–25 cm hoch, Blütenstiele aufrecht, behaart.
Blätter: Grundrosette, Spreite löffelförmig, in einen Stiel mündend, runzelig, behaart, Rand gekerbt.
Blüten: In endständiger, einseitswendiger, nickender Dolde aus 10–30 gelben Blüten, fünf Kronblätter zu einer Röhre verwachsen, Kronzipfel ausgebreitet, Schlund mit orangefarbenem Fleck, Kelch lang, kantig, glockig aufgeblasen, März–Mai.
Früchte: Kapselfrüchte.
Herkunft: Einheimisch.
Verbreitung und Anbau: Die Wiesen-Schlüsselblume steht oft in Gruppen auf Wiesen, Weiden, in lichten Wäldern und Gebüschen. Sie ist in der Natur selten geworden und streng geschützt. Im Gartenbau wird sie im Spätsommer ausgesät oder durch Teilung im Frühjahr bzw. Herbst vermehrt.
Nutzung: Die Pflanze enthält ca. 10% Saponine, dazu ätherisches Öl, Glykoside, Salicylate, Kieselsäure, Flavonoide und Gerbstoffe. Sie besitzt beruhigende, entzündungshemmende, fiebersenkende, krampf- und schleimlösende Eigenschaften. Bereits im antiken Griechenland setzte man die Schlüsselblume bei Lähmungen, Gicht und Rheuma ein. Die Schulmedizin behandelt mit ihr schleimigen Husten, Atemwegskatarre und Bronchitis, die Volksmedizin zudem Kopfschmerzen, Schlaflosigkeit, kleine Wunden, Sonnenbrand, Gelenk- und Nervenschmerzen. Junge Blätter und Blüten werden in Salaten und Kräutersuppen verarbeitet. Die Blüten lieferten früher Primelwein und Kräuteressig bzw. sie wurden kandiert oder in Gelees eingekocht. Über die Jahrhunderte hinweg verwendete man Extrakte, um die Haut weiß und geschmeidig zu erhalten.

Kleines Immergrün

Vinca minor L.

Familie: Apocynaceae
Habitus: Mehrjährige, immergrüne Staude oder Halbstrauch, 15–30 cm hoch, Stiel kriechend und wurzelnd, bildet Rasen, Blütentriebe aufsteigend, mit Milchsaft.
Blätter: Gegenständig, Spreite elliptisch oder breit-lanzettlich, dunkelgrün glänzend.
Blüten: Einzeln in Blattachseln stehende, gestielte Röhrenblüten, fünf violette Kronblätter, Zipfel flach ausgebreitet, schmal-dreieckig, schräg abgeschnitten, Februar–Mai.
Früchte: Lanzettliche Balgfrüchte.
Herkunft: Einheimisch.
Verbreitung und Anbau: Das Kleine Immergrün wächst wild an schattigen Plätzen in Gebüschen, Hecken, Laubwäldern und an Mauern. Es bevorzugt lockere Kalk- oder Lehmböden. Kulturformen werden oft als Bodendecker in Parks, Gärten und auf Friedhöfen

angepflanzt. Die Vermehrung erfolgt durch Teilung oder halbreife Stecklinge.
Nutzung: Das Kleine Immergrün enthält Alkaloide, Bitter- (Vinicin) und Gerbstoffe. Das Alkaloid Vincamin erweitert die Blutgefäße und wird bei Durchblutungsstörungen im Gehirn eingesetzt. Außerdem besitzt Immergrün blutstillende und adstringierende (Kraut) sowie krampflösende und blutdrucksenkende (Wurzel) Wirkungen. Es kann bei Nasenbluten, starker Menstruation, Wunden und Hauterkrankungen eingesetzt werden. Das Kraut wird während der Blütezeit geschnitten und für Aufgüsse, Tinkturen oder Pulver getrocknet bzw. für die industrielle Extraktion der Alkaloide verwertet. Selbstmedikationen sind aufgrund der giftigen Alkaloide nicht ratsam. Die Stiele werden vereinzelt von Korbmachern verwendet. Das verwandte, in Norditalien und auf dem Balkan beheimatete **Große Immergrün** (*V. major*) besitzt ähnliche Heilwirkungen wie das Kleine Immergrün. Es wird auch in Mitteleuropa gepflanzt.

178

Waldmeister

Galium odoratum (L.) Scopoli

Familie: Rubiaceae
Habitus: Mehrjährige, 10–30 cm hohe, aufrechte Staude, Stängel glatt, vierkantig, unverzweigt, weitläufiges Rhizom.
Blätter: Etagenförmig angeordnete Scheinquirle mit 6–8 Blättchen, Quirle bestehen aus zwei gegenständigen Blättern, deren Nebenblätter vergrößert sind, Blättchen lanzettlich-eiförmig, zugespitzt, gekielt, Rand mit kleinen, rauen Borsten.
Blüten: In endständigen Trugdolden, Krone klein, vierspaltig, trichterförmig, weiß, April–Juni.
Früchte: Nussartige Spaltfrüchte.
Herkunft: Einheimisch.
Verbreitung und Anbau: Waldmeister kommt verbreitet im schattigen Unterwuchs von Buchen- und Laubmischwäldern vor. Er bevorzugt nährstoffreiche, feuchte Kalksteinböden. Waldmeister bildet häufig dichte Matten, weil er sich durch Rhizomausläufer vegetativ vermehrt.
Nutzung: Waldmeister enthält ein Cumaringlykosid, ein von Zimtsäure abstammender Stoff, dem er seinen typischen, aromatischen Duft verdankt. Vor der Blüte ist der Cumaringehalt am höchsten. Waldmeister liefert Geschmackskomponenten für Liköre, Süßspeisen (Eis, Pudding, Zuckerwaren) und Duftkomponenten für Parfüms. Vor der Blüte geschnittene, gewelkte Pflanzen sind eine unverzichtbare Zutat in Maibowlen und eignen sich als Salatbeilage. Waldmeister enthält ferner Gerb- und Bitterstoffe sowie Asperulosid. Aus Asperulosid bilden sich im Körper Prostaglandine, d.h. Gewebshormone, die u.a. auf die Blutgefäße und Gebärmutterfunktion wirken. Als Heilmittel werden dem Waldmeister adstringierende, harntreibende, krampflösende und beruhigende Wirkungen zugesprochen. Er unterstützt die Leberfunktion und kräftigt die Blutgefäße. Waldmeistertee hilft gegen Thrombophlebitis, Darmkrämpfe, Krampf-

adern, Leberstauungen, Hepatitis, Uterusentzündungen, Menstruationsbeschwerden, Migräne, Nervosität und bei Kindern gegen Schlaflosigkeit. Zerquetschte, frische Blätter stillen Blutungen aus kleinen Wunden. Der Geruch trockener Blätter vertreibt lästige Insekten, z. B. Motten. Die Ernte erfolgt vor oder zu Beginn der Blüte. Aus der Wurzel kann ein roter Farbstoff extrahiert werden.

Färberröte (Krapp)
Rubia tinctorum L.

Familie: Rubiaceae
Habitus: Mehrjährige Staude, 50–80 cm hoch, als „Spreizklimmer" brauchen die langen, schlaffen Sprosse Halt, Stängel vierkantig, geflügelt, an den Kanten rückwärts-stachelig.
Blätter: In Quirlen mit 4–6 Blüten, Spreite oval oder lanzettlich, kurz gestielt, rau behaart.
Blüten: In end- und blattachselständigen Rispen, fünf gelbe Kronblätter, röhrenförmig, Juli–August.
Früchte: Rotbraune, glatte Beeren.
Herkunft: Krapp stammt aus dem östlichen Mittelmeergebiet und Vorderasien. Er wurde schon im Altertum angebaut, z. B. in Ägypten und im römischen Reich, und war ein bedeutendes Handelsgut zwischen Asien und Europa. Als Kulturpflanze kam er im Mittelalter aus der Türkei nach Mitteleuropa. In Frankreich und Süddeutschland entstanden größere Anbaugebiete, die ganz Europa belieferten. Mitte des 19. Jh. lag der Verbrauch bei 50000 t, das entspricht 1000 t reinem Farbstoff. Mit der synthetischen Herstellung des Farbstoffs (Alizarin) im Jahr 1869 aus Steinkohleteer wurde der Krappanbau unrentabel. Kostete die synthetische Herstellung von 1 kg Alizarin 1871 noch 270 RM, betrug sie 1913 nur noch 1,78 RM.
Verbreitung und Anbau: Krapp steht verwildert an alten Kulturstandorten. Er liebt kalkhaltigen Boden und benötigt trockene, sommerwarme Lagen. Für den Anbau zieht man reife Samen ein Jahr im Gewächshaus an und pflanzt sie im Frühsommer ins Freie.
Nutzung: Das Rhizom enthält Alizarin (Türkisches Rot), ein rotes Anthrachinon. Es wird seit dem Altertum zum Färben benutzt. Im 3. Jh. v. Chr. färbten die Ägypter Stoffe mit Krapp und auch der Fes, die türkische Kopfbedeckung, wurde mit ihm gefärbt. Die Wurzelstöcke drei Jahre alter Pflanzen wurden im Frühling und Herbst ausgraben, getrocknet und zerkleinert oder gemahlen. Frisches Rhizom ist innen stark gelb gefärbt. Der rote Farbton bildet sich erst beim Trocknen und besitzt eine lange Lagerfähigkeit, ohne an Farbkraft einzubüßen. Wolle wird mit Alaun rot und mit Eisenbeize gelb gefärbt. Alizarin diente auch als Pigment für Tinte und Farben. Die Wurzel verfügt über adstringierende und entwässernde Eigenschaften. Sie fand als Mittel bei Menstruationsstörungen sowie Nieren- und Blasensteinen Verwendung. Wegen möglicher karzinogener Effekte von Rubiadinen darf die Droge heute nicht mehr angewendet werden. Mit den rauen Blättern und Stielen polierte man früher z. T. Metalloberflächen.

Tabak

Nicotiana tabacum L.

Familie: Solanaceae
Habitus: Einjähriges, 2–2,5 m hohes Kraut, 20–30 Blätter entlang der Hauptsprossachse, Seitentriebe (Geiztriebe) entspringen den Blattachseln.
Blätter: Wechselständig, untere am Stängel herablaufend, Spreite breit-lanzettlich, sehr lang, ganzrandig.
Blüten: Endständige, traubenförmige Rispen mit 100–150 Blüten, Krone röhrenförmig, aus fünf verwachsenen, rötlichen bzw. lachsfarbenen Kronblättern, Kronzipfel zugespitzt.
Früchte: Kapselfrucht, eine Pflanze erzeugt ca. 1 Mio. sehr feine Samen.
Herkunft: Tabak stammt aus Südamerika, vermutlich Nordwestargentinien und Bolivien. Wildformen sind nicht bekannt. Bereits die ersten spanischen Conquistadoren begegneten Tabak rauchenden Indianern, aber erst um 1560

gelangten Samen durch den Portugiesen Joan Nicot nach Europa. Zuerst wurde Tabak als Gartenzierde gepflanzt, dann begann man, nach indianischem Vorbild zusammengerollte Blätter zu rauchen. Damit startete der Siegeszug des Tabakkonsums durch die ganze Welt.
Verbreitung und Anbau: Optimale Anbaubedingungen herrschen in warmen Klimazonen. Tabakpflanzen lieben sandige Böden, hohe Temperaturen (25–30 °C) und während der Entwicklung reichlich Niederschläge. In kühlen Klimaten werden Setzlinge zuerst in Warmbeeten bei 12 °C unter Glas angezogen und mit Beginn der warmen Jahreszeit ins Freiland umgesetzt. In Deutschland gibt es sogar im kühlen Schleswig-Holstein Tabakanbau. Während der Wachstumsphase werden die Geiztriebe und teilweise auch die Blütenstände abgeschnitten, um den Nikotingehalt der Blätter zu steigern.
Nutzung: Das Alkaloid Nikotin ist der entscheidende Inhaltsstoff der Tabakpflanze. Auch Bärlapp-, Coca-, Kirsch- und Brennnesselpflanzen

enthalten geringe Nikotinmengen, doch Tabak ist die Weltwirtschaftspflanze des Nikotins. Es wird in der Wurzel gebildet und von dort in den Spross und die Blätter transportiert. Trockene Tabakblätter enthalten 0,5–18% Nikotin. Es regt in geringen Mengen das Nervensystem an und steigert über vermehrte Adrenalinausschüttung den Blutdruck. In hohen Dosen wirkt es lähmend und andauernder Konsum führt zu einer allmählichen Gewöhnung (Sucht). Nikotin dringt über die Schleimhäute der Lunge, des Mundes sowie der Nase in den Körper ein, so dass Tabak geraucht, gekaut oder geschnupft werden kann. Bei der Ernte pflückt man die größten Blätter, das dritte und vierte Blatt, zuerst heraus. Sie dienen als Deckblätter für Zigarren. Danach erntet man die vertrockneten Rosettenblätter (Grumpen) und letztlich das Mittel-, Haupt- und Obergut. Junge, hellgrüne Blätter werden für Zigarren, fast gelbe Blätter für Zigaretten verwendet. Unmittelbar nach der Ernte trocknet man die Blätter in dunklen, luftigen Schuppen oder unter Heißluft. Der Wasserentzug erfolgt dabei langsam, damit die Blätter durch Abbauprozesse reifen. Getrocknete Blätter werden anschließend zu Ballen oder in Fässern zusammengepresst, in denen man ihn wochenlang fermentieren lässt. Beim Abbau von Eiweißen, Stärke etc. entstehen die gewünschten Farb- und Aromastoffe, wobei der Tabak seinen charakteristischen Geruch und Geschmack annimmt. Im Anschluss an die Fermentation wird der Tabak in Zigarren- und Schneidgut (Zigaretten, Kau- und Pfeifentabak) sortiert und erneut gelagert. Erst danach kommt er in die Endverarbeitung. Früher diente Tabak auch als wirksames Kontaktinsektizid. Neben dem Nikotin enthalten Tabakblätter mit Anabasin und Nornikotin zwei weitere insektizide Substanzen. Aus minderwertigem Tabak, Abfallprodukten und sehr nikotinreichen Sorten kochte man eine Brühe, die anschließend versprüht wurde. Aus den Blättern kann ein geschmacks- und geruchsloses Protein extrahiert werden, das wie Eiweiß geschlagen werden kann und sich verflüssigen sowie gelieren lässt. Diese Substanz wird derzeit auf ihre Verwendung als kalorienarme Beimischung für Mayonnaisen und Dressings getestet. Tabak besitzt auch gewisse Heilwirkungen (auswurffördernd, beruhigend, krampflösend, diuretisch). Von inneren Anwendungen ist wegen der Suchtgefahr abzuraten, doch äußerlich aufgelegte Blätter lindern Schmerzen durch Rheuma, Schwellungen, Hautleiden, Insektenstiche und Hämorrhoiden. Tabak wird z. T. als Zeigerpflanze für Ozonbelastungen in der Luft angepflanzt. Gelb blühender, gelegentlich kultivierter **Bauern-Tabak** (*N. rustica*) stammt ebenfalls aus Südamerika. Er wächst zuweilen verwildert auch in Unkrautfluren. Er enthält ebenfalls Nikotin und wird geraucht.

Kartoffel

Solanum tuberosum L.

Familie: Solanaceae
Habitus: Mehrjährige, buschige Staude, 30–50 cm hoch.
Blätter: Wechselständig, unterbrochen unpaarig gefiedert, Blättchen spitz-oval.
Blüten: In lockeren, endständigen Trauben, fünf Kronblätter, weiß oder violett, schirmförmig verwachsen, Staubgefäße bilden gelbe, abstehende Säule, Juni–August.
Früchte: Grüne Beeren.
Herkunft: Der Ursprung der Kartoffel liegt in der Anden Südamerikas. In dieser Region wachsen etwa 90 von insgesamt 160–200 amerikanischen Wildkartoffelarten und dort sind ungefähr 400 Sorten im Anbau. Der älteste Kartoffelfund stammt vom Titicacasee aus der Periode zwischen 750 v. Chr. und der Zeitenwende. Die Kulturarten stammen wahrscheinlich von *S. vernei* ab. Spätestens ab 400 n. Chr. züchteten die Inkas Kartoffeln und bauten sie planmäßig an. Die spanischen Conquistadoren begegneten 1526 erstmals der Kartoffel. Sie war als lange haltbare Chuño-Konserve eine wichtige Handelsware der Inkas. Zwischen 1540 und 1565 gelangten Kartoffeln nach Spanien (z. B. an den Königshof Philipps II.). Gleichzeitig begann dort der Anbau, zunächst in kleinem Maßstab (z. B. in Apothekergärten). Im Jahr 1565 brachte der Sklavenhändler Hawkins Kartoffeln von Venezuela nach England. Die Sendungen nach Spanien und England vermischten sich schließlich zu den heutigen Kultursorten. Erste Belege für den Anbau in Gärten Mitteleuropas stammen aus der Zeit von 1587–1598 (Breslau, Nürnberg, Göppingen). Dennoch gelangte die Kartoffel nur langsam in den Feldbau. In Niedersachsen und Westfalen wurde der Feldbau erst ab 1640 und in Württemberg ab 1710 forciert. Letztlich kam im 18. Jh. der Durchbruch zum Grundnahrungsmittel, als Friedrich „der Große" und Wilhelm I. in Preußen ein Anbauzentrum schufen,

um Hungersnöte durch Kriege abzuwenden. Zunächst begegnete die Bevölkerung den ersten, noch unansehnlichen Sorten mit Skepsis, zumal sie in Europa kaum Knollen ausbildeten. Auch die damals übliche Anbauform der Dreifelderwirtschaft musste abgewandelt werden, d.h. der als Brachfläche zur Regeneration anstehende dritte Feldabschnitt wurde nunmehr mit Kartoffeln bepflanzt, anstatt Vieh darauf weiden zu lassen. Zu Beginn des 19. Jh. war die Kartoffel endgültig ein Grundnahrungsmittel, doch Probleme tauchten durch Krankheiten auf (Kartoffelfäule), so dass es in Deutschland 1917/18 durch Ernteausfälle zu einem Hungerwinter kam. Heute ist der Kartoffelverbrauch im wohlhabenden Mitteleuropa etwas rückläufig, weil sie ihre dominierende Rolle als Grundnahrungsmittel eingebüßt hat.

Verbreitung und Anbau: Die Kartoffel stellt keine besonderen Bodenansprüche, doch humusreicher, leicht saurer und lockerer Untergrund ist am günstigsten. Die diversen, kultivierten Kartoffelsorten werden einjährig angebaut. Die Vermehrung erfolgt über Knollen, aus deren „Augen" Sprossachsen treiben. Sie können bei Temperaturen ab 8 °C ins Freie gesetzt werden. Oft werden die Knollen noch durch Folien- oder Vliesbedeckung geschützt. Normalerweise erfolgt die Ernte von August-September. Mit bestimmten Vorkeimtechniken können Frühkartoffeln erzeugt werden, die im Juni und Juli erntefähig sind.

Nutzung: Die Kartoffel bildet Sprossknollen, die sich am Ende von unterirdischen Stolonen entwickeln. Es sind die nutzbaren Teile der Pflanze. Frische Knollen enthalten Kohlenhydrate (15%, vor allem Stärke), hochwertiges Eiweiß (2%), Ballaststoffe (2%), Mineralien (1%), Vitamin C (0,02%) und B. Die Kartoffel bildet fast doppel soviel Eiweiß und Kohlenhydrate pro Flächeneinheit wie Getreide. Gekochte, gebratene oder frittierte Kartoffeln werden als Gemüse, Püree, Klöße, Bratlinge, Pommes Frites, Chips etc. gegessen. Aus getrockneten Kartoffeln werden Pulver für Fertiglebensmittel (Klöße, Püree, Brot- bzw. Kuchenmehlzusatz etc.) hergestellt. Außerdem verfüttert man Kartoffeln in der Schweinemast (Fleischveredlung), erzeugt Industriealkohol, Spirituosen und reine Stärke aus ihnen, die vielfältig weiterverarbeitet wird, z. B. zu Glucose, Dextrin, Dickungsmitteln, Puddingpulver, Papier, Klebstoffen, Appreturmittel für die Textilverarbeitung (s. Weizen). Das giftige Alkaloid Solanin ist im Kraut und in geringen Mengen auch in den Knollen enthalten. Grüne Stellen sollen daher aus den Knollen herausgeschnitten werden. Mit Kartoffelsaft lassen sich Woll- und Seidenstoffe gut reinigen. Geschälte, rohe Kartoffeln lindern als Hausmittel Schmerzen und Schwellungen der Haut.

Aubergine (Eierfrucht)
Solanum melongena L.

Familie: Solanaceae
Habitus: Einjähriges, buschiges Kraut,
0,5–2,5 m hoch, Stiel rund, violett.
Blätter: Wechselständig, lange Stiele, Spreite
gelappt oder oval, Unterseite samtig behaart.
Blüten: Nur 1–2 lang gestielte Blüten je Pflanze, blattachselständig, zwittrig, fünf schirmförmig verwachsene Kronblätter, purpur-violett,
Juni–August.
Früchte: Vielsamige, schwammige Beere,
weiß, gelb oder violett, Form variabel.
Herkunft: Großfrüchtige Arten stammen vermutlich aus Indien, kleinfrüchtige Varianten aus
China. In Indien begann die Kultivierung in vorchristlicher Zeit. Um 1200 n. Chr. brachten die
Araber Samen nach Spanien. Im 13. Jh. begann
dort und in Italien der Anbau. In Mitteleuropa
hielt die Eierfrucht erst nach dem Zweiten
Weltkrieg Einzug.

Verbreitung und Anbau: Die wärmebedürfti-
ge Eierfrucht ist bei uns eine reine Kulturpflanze. Im Freiland wird sie nur selten an warmen,
sonnigen Orten, z. B. im Oberrheingebiet, mit
Folien- und Vliesbedeckung angebaut. In Gewächshäusern findet man sie häufiger. Sie liebt
schwere, tiefgründige Böden. Aussaat und Anzucht erfolgen im Februar in Töpfen. Ab Mai
kommen die Pflanzen z. T. ins Freiland.
Nutzung: Die Eierfrucht ist ein beliebtes Gemüse, das gedünstet, geschmort oder gebraten
wird. Sie besitzt einen hohen Nährwert und re-
guliert den Cholesterinspiegel. Im frischen Zustand enthält sie 3,5% Kohlenhydrate (Glucose,
Fructose), 1,4% Ballaststoffe, 1,2% Eiweiß und
0,2% Fett. Zudem liegen Mineralien, Vitamine
(B, C), Säuren, Phenole, Anthocyan-Farbstoffe
(Glykoside) und Alkaloide vor. Letztere rufen
einen bitteren Geschmack hervor, der beim Kochen oder Braten verschwindet. Blattabsude
helfen gegen innere Blutungen und Wunden.
Wurzelabsude wirken adstringierend.

Tomate

Lycopersicon esculentum Miller

Familie: Solanaceae
Habitus: Einjähriges, verzweigtes Kraut, 0,7–2 m hoch, behaart, Triebe im Innern verholzt.
Blätter: Wechselständig, grob unterbrochen, 1- bis 2fach gefiedert, dunkelgrün, fleischig.
Blüten: Einzelblüten oder in lockeren Trauben mit 6–20 Blüten, 5–6 gelbe, verwachsene Kronblätter, Staubblätter bilden hervorstehende Säule, Juni–Oktober.
Früchte: Dicke, rote, fleischige Beeren.
Herkunft: Die Tomate stammt aus der Andenregion Perus und Ecuadors, wo sie schon um 500 v. Chr. angebaut wurde. Sie war dort vor der Entdeckung Amerikas durch die Europäer eine begehrte Nahrungspflanze. Man vermutet, dass sie aus der Kirschtomate *L. e.* var. *cerasiforme* hervorging. Im Lauf des 16. Jh. gelangte sie nach Europa, blieb dort aber lange nur eine

Zierpflanze in Botanischen Gärten und an Fürstenhöfen, weil sie als giftig betrachtet wurde. Ab Mitte des 18. Jh. begann nennenswerter Anbau. Sie gelangte 1890 nach Deutschland und erst nach dem Ersten Weltkrieg erlangte die Tomate eine große Bedeutung als Nahrungspflanze.
Verbreitung und Anbau: Die Tomate ist eine wärmeliebende Pflanze, die oft im Gewächshaus gezogen wird, in Weinbauregionen aber auch problemlos im Freiland gepflanzt werden kann. Sie braucht sonnige, windgeschützte Stellen auf nährstoffreichen, lockeren Böden. Für den Freilandanbau werden von März–April kleine Pflanzen aus Samen angezogen und im Mai ausgepflanzt. Im kommerziellen Anbau werden Seitentriebe abgeschnitten, um größere Früchte zu erhalten. Es gibt heute eine Vielzahl verschiedener Tomatensorten.
Nutzung: Die Tomate zählt heute zu den bedeutendsten Salatpflanzen. Sie enthält mit 3% Kohlenhydraten und 1% Eiweiß relativ wenige Nährstoffe, besitzt jedoch Fruchtsäuren, ätherisches Öl, einen hohen Mineral- (Kalium etc.) und Vitamingehalt, besonders Vitamin C (0,03%) und Carotin (Vitamin A: 0,0008%). Unreife Früchte enthalten giftiges Solanin. Die Tomate wird roh als Salat oder gekocht als Suppen- oder Gemüsebeilage gegessen. Zudem wird sie zu Saft, Ketchup, Tomatenmark, Trockentomaten oder Pulver für Tütensuppen etc. verarbeitet. Die Samen sind schwer zu gewinnen, liefern aber ein Speiseöl, das auch in Seifen enthalten ist. Das Fruchtfleisch hilft gegen fettige Haut und ist zum Einreiben bei Verbrennungen, Verbrühungen oder Sonnenbrand geeignet. Lycopin, ein Carotin, schützt vor Herzinfarkten. Letztlich sind Blattextrakte in einigen Mückenabwehrmitteln enthalten.

Gemüse-Paprika

Capsicum annuum L. Sendtner

Familie: Solanaceae
Habitus: Einjähriges, buschiges Kraut, 50–80 cm hoch, Stängelbasis verholzt.
Blätter: Wechselständig, gestielt, Spreite eiförmig oder lanzettlich, zugespitzt.
Blüten: Meistens einzeln, selten zu 2–3 in den Blattachseln, gestielt, glockig, fünf Kronblätter, weiß oder grünlich, Juni–September.
Früchte: Große, hohle Beerenfrüchte (Schoten), Form und Farbe variabel.
Herkunft: Paprika stammt aus Südamerika, wo er in vorkolumbianischer Zeit weit verbreitet war. Erste Nutzungen von Wildarten sind aus der Zeit um 7000 v. Chr. bekannt. Die Kultivierung begann vermutlich um 3000–5000 v. Chr. in Mexiko. Kolumbus brachte 1493 von seiner ersten Reise nach Amerika Paprika nach Spanien. Am Ende des 16. Jh. begann verstärkter Anbau als Pfeffer-Ersatz in Südeuropa, Ungarn und auf dem Balkan. Im 19. Jh. konnte „Süßer Paprika" ohne scharfe Alkaloide gezüchtet werden. In Deutschland gab es den Paprika schon ab 1542 als Topfkultur, doch intensiver Anbau setzte erst im 20. Jh. nach dem Zweiten Weltkrieg ein.
Verbreitung und Anbau: Paprika kommt in Mitteleuropa nur als Kulturpflanze vor. Er liebt warme, sonnige Stellen und benötigt nährstoffreichen, humosen Boden. Die Pflanzen werden zunächst im Gewächshaus aus Samen angezogen und können z. T. ab Mai ins Freie gesetzt werden. Es gibt vielerlei Sorten mit unterschiedlichem Aussehen und Geschmack. Bei uns wird überwiegend Gemüse-Paprika gepflanzt.
Nutzung: Die Paprikasorten lassen sich grob in Gemüse- und Gewürz-Paprika unterteilen. Gemüse-Paprika enthält nur wenig von den scharf schmeckenden Capsaicin-Alkaloiden. Weitere Inhaltsstoffe sind 3% Kohlenhydrate, 2% Ballaststoffe, 1% Eiweiß, Mineralien, ein scharf schmeckendes Öl (Anguin), ätherisches

Öl, sehr viel Carotin (rote Früchte ca. 0,004%) sowie Vitamin C (0,14%). Gemüse-Paprika wird roh, sauer eingelegt oder gekocht als Salat bzw. Gemüse in verschiedenen Speisen verarbeitet (Gulasch, Eintöpfe, Aufläufe, Pizza etc.). Blätter und Blüten sind ebenfalls in kleinen Mengen als Suppenzutat essbar (die Blätter enthalten hautreizende Toxine). Paprika besitzt verdauungsfördernde Eigenschaften. Zudem wirken die Inhaltsstoffe gegen Rheuma und Hämorrhoiden. Paprikaextrakte sind in Rheumamitteln und die Durchblutung fördernden Sportsalben enthalten. Gewürz-Paprika wird in kleinen Mengen als Speisewürze genommen. *Capsicum a.* var. *annuum* wird getrocknet zu Pulver verarbeitet und als Fertiggewürz für Fleisch, Suppen, Gemüse, Chips etc. angeboten bzw. als Lebensmittelfarbstoff verwendet. Er enthält mehrere Xanthine und antibiotisch wirkendes Capsicidin.

Tollkirsche

Atropa bella-donna L.

Familie: Solanaceae
Habitus: Mehrjährige, stark verzweigte Staude, 0,5–1,5 m hoch, Stiel stumpfkantig, flaumig behaart, z. T. kahl.
Blätter: Wechselständig, kurze Stiele, Spreite oval-eiförmig, spitz.
Blüten: Einzeln, blattachselständig, nickend, Stiele lang, fünf Kronblätter, grünlich-violett-braun, glockenförmig verwachsen, Kronzipfel spitz, zurückgeschlagen, Kelch klein, Juni–September.
Früchte: Schwarz glänzende Beeren, vom Kelch teilweise eingehüllt.
Herkunft: Einheimisch.
Verbreitung und Anbau: Die Tollkirsche wächst an Lichtungen und Kahlschlägen von Laub-, Misch- und Nadelwäldern. Sie liebt lockere, humusreiche Kalkböden an sonnigen, warmen Orten.

Nutzung: Alle Pflanzenteile führen 0,4–0,6% hochgiftige Alkaloide (Atropin, Hyoscyamin, Skopolamin etc.) mit narkotisierenden, krampflösenden Wirkungen. Atropin hemmt die Erregungsleitung am vegetativen Nervensystem. Im Mittelalter versetzte man zur Behandlung heftiger Schmerzen Weine und Säfte mit Tollkirsche. Als Lokalanästhetikum strich man Extrakte auf die Haut. Sie war auch in Liebes- und Giftträngen enthalten. In Hexenprozessen schmierten die Ankläger Tollkirschensalben auf die Haut der Frauen, damit sie halluzinierten und „gestanden". Die Schulmedizin nutzt Tollkirsche bei Darmkoliken, Magengeschwüren, Herzinfarkt, Parkinson, Hypotonie, Bronchialasthma, Rheuma, Regel- und Muskelschmerzen sowie fiebrigen Mandel-, Hirnhaut- und Harnwegsentzündungen. Atropinhaltige Augentropfen weiten die Pupillen für Augenuntersuchungen. In der Blüte gepflücktes Kraut und 2–3 Jahre alte Wurzeln werden für Tinkturen, Extrakte, Salben, Pflaster etc. mit Glycerin getrocknet.

Phazelia (Bienenfreund)

Phacelia tanacetifolia Bentham

Familie: Hydrophyllaceae
Habitus: Einjähriges Kraut, 40–80 cm hoch, meistens stark verzweigt und behaart.
Blätter: Wechselständig, mit gekerbten Fiederblättchen, dunkelgrün.
Blüten: Endständige, lange, nach außen gerollte Doppelwickel, Krone fünfblättrig, hellblau oder blau-violett, weit herausragende Staubgefäße.
Früchte: Leicht aufspringende Kapseln.
Herkunft: Die Pflanze wurde im vorigen Jahrhundert aus Kalifornien als Zierpflanze mit dem Namen „Büschelschön" eingeführt.
Verbreitung und Anbau: Die Phazelia wird heute auch in Europa angebaut. Sie ist bezüglich Klima und Boden anspruchslos, d.h. sie verträgt auch arme und trockene Böden. Die Aussaat erfolgt im Mai oder August. In vielen Eigenschaften weist die Phazelia noch den Charakter einer Wildpflanze auf, z.B. dichte Behaarung, ungleicher Reifezeitpunkt der Samen, leichtes Aufspringen der Kapseln. Ernsthafte Zuchtversuche gab es bisher nur wenige, so dass mit steigendem Interesse an der Pflanze sicher noch Optimierungen stattfinden werden.
Nutzung: Die Phazelia wird vorwiegend zur Gründüngung, als Bienenweide und vereinzelt als Futterpflanze, allerdings von minderer Qualität, angebaut. Den Imkern bringt sie einen hohen Honigertrag ein, was zu dem volkstümlichen Namen „Bienenfreund" führte. Die Pflanze wird als Zwischenfrucht sehr geschätzt. Da sie einer Pflanzenfamilie angehört, aus der keine weiteren Kulturpflanzen in Europa angebaut werden, überträgt sie weder Krankheitserreger noch Schädlinge. Darüber hinaus dient sie in Extensivierungsprogrammen als schnell wachsender Bodendecker mit mehrfachem Nutzen. Die Pflanze unterdrückt Unkraut und lockert den Boden auf.

Wildpflanze liebt eher trockene, kalkreiche Böden. Sie steht meistens in trockenem Grasland, Unkrautfluren sowie an Weg- und Straßenrändern. Häufig wächst Natterkopf auch in Küstennähe.

Nutzung: Kandierte Natterkopfblüten werden in Salaten verarbeitet. Junge Blätter können zu Gemüse verkocht oder als Salatbeilage genommen werden. Das Kraut verfügt über harntreibende und fiebersenkende Heilwirkungen. In der Wurzel liegt wundheilendes Allantoin vor. Der Natterkopf erlangte aber nie eine besonders große Bedeutung als Heilpflanze. Aus den Blättern bereitete man in der Volksmedizin Tee gegen Erkältungen, Husten, Kopfschmerzen und nervöse Störungen zu. Blütenähren legte man zur Versorgung von Furunkeln auf. Lange Zeit galt der Natterkopf auch als Hausmittel gegen Schlangenbisse. Aus der Wurzel kann ein roter Farbstoff extrahiert werden.

Blauer Natterkopf
Echium vulgare L.

Familie: Boraginaceae
Habitus: Zweijähriges, aufrechtes Kraut, 30–90 cm hoch, Stängel mit dunkelroten Flecken, borstig behaart.
Blätter: Wechselständig, lineal-lanzettlich, beidseitig filzig behaart, aus dem Wurzelstock entspringende Blätter gestielt, obere sitzend, mit abgerundetem Grund.
Blüten: In schneckenförmig eingerollten Wickeln, Blüten in kurzen, dichten, blattachselständigen Ähren, abwärts gekrümmt, Kronblätter zuerst rot, später blau, Krone trichterförmig verwachsen, fünf unterschiedlich große Zipfel, Staubblätter rötlich, herausragend, Mai– Oktober.
Früchte: Runzelige Nussfrüchte (Klausen), zwischen Kelchzipfeln verborgen.
Herkunft: Einheimisch.
Verbreitung und Anbau: Diese verbreitete

Echtes Lungenkraut
Pulmonaria officinalis L.

Familie: Boraginaceae
Habitus: Mehrjährige Staude, 10–30 cm hoch, im oberen Teil verzweigt, Stängel rau behaart.
Blätter: Wechselständig, Spreite meistens mit weißen Flecken, behaart, untere Blätter herz- oder eiförmig, mit langem, geflügeltem Stiel, obere sitzend, eiförmig, Basis umfasst teilweise den Stiel.
Blüten: In endständigen Trugdolden, fünf Kronblätter zu trichterförmiger Röhre verwachsen, Kronblattzipfel rundlich, in der Knospe rosa, dann violett und vor dem Verblühen blau, Kelchröhre zylindrisch, deutlich kürzer als die Krone, März–Mai.
Früchte: Rundlich-ovale Nüsse (Klausen).
Herkunft: Einheimisch.
Verbreitung und Anbau: Echtes Lungenkraut ist eine verbreitete Wildpflanze Mitteleuropas. Es wächst im schattigen Unterwuchs von Laubwäldern und bevorzugt feuchte Kalk- und Tonböden. Lungenkraut kann im Gartenbau durch Aussaat im Frühjahr oder Teilung im Herbst gepflanzt werden. Es gibt spezielle Gartenzüchtungen.
Nutzung: Lungenkraut ist ein überliefertes Hausmittel, wird aber in der modernen Medizin kaum verwendet. Der Name verrät, dass Lungenkraut besonders bei Erkrankungen der Atemwege empfohlen wurde: Heiserkeit, Husten, Bronchitis, Tuberkulose, Halsentzündungen und Verschleimung. Diese Heilwirkungen wurden dem Lungenkraut im 16. und 17. Jh. im Rahmen der Signaturenlehre zugeordnet, wonach die gefleckten Blätter Lungenerkrankungen symbolisieren. Außerdem setzte man es bei Durchfall, Ruhr, Blasenerkrankungen, Hämorrhoiden, zur Wundheilung und als Augenbad ein. Das Kraut enthält Schleimstoffe, Flavonoide, Kieselsäure, Allantoin, Kampfer, Vitamin C und möglicherweise Alkaloide. Das Wirkstoffgemisch sorgt für beruhigende, adstringierende,

schleimlösende und wundheilende Eigenschaften. Die Inhaltsstoffe rufen aber auch Hautreizungen und Allergien hervor, weshalb Eigentherapien mit der Pflanze nicht ratsam sind. In der Blütezeit können die oberirdischen Pflanzenteile geschnitten und für Tees oder Aufgüsse getrocknet werden. Junge Blätter eignen sich als Salat- und Suppengewürz. Außerdem liefert Lungenkraut Zusatzstoffe für die Wermutherstellung.

Beinwell
Symphytum officinalis L.

Familie: Boraginaceae
Habitus: Mehrjährige, verzweigte Halbrosetenstaude, 10–90 cm hoch, rauhaarig.
Blätter: Grundblätter in Büscheln, Stängelblätter wechselständig, breit-lanzettlich, Blattstiel geflügelt, am Stängel herablaufend, rau behaart.
Blüten: In nickenden Trugdolden, fünf Kronblätter, glockig verwachsen, rot, blau, violett, gelb oder weiß, Mai–Juni.
Früchte: Schwarze, glänzende Nüsse.
Herkunft: Einheimisch.
Verbreitung und Anbau: Beinwell liebt Sonne oder Halbschatten auf feuchtem, nährstoffreichem Boden. Er wächst auf Wiesen, in Unkrautfluren, an Böschungen, Ufern, Weg- und Waldrändern.
Nutzung: Beinwell enthält Schleime, Gerbstoffe, Alkaloide, Terpene und 0,6–0,8% Allantoin, das die Gewebeneubildung fördert und Wund-

sekrete bzw. Eiter auflöst. Beinwell hat kühlende, schmerzstillende, wundheilende, adstringierende und schleimlösende Wirkungen. Im Mittelalter versorgte man mit Wurzeln und Blättern Wunden, Blutergüsse, Zerrungen, Verstauchungen, Knochenbrüche, Knochenmarksentzündungen, Haut- und Magengeschwüre, Gastritis, Durchfall, Bronchitis, Arthritis, Rheuma, Rachen- und Zahnfleischentzündungen. Vor der Blüte gepflückte Blätter und im Herbst geerntete Wurzeln verarbeitete man zu Breiumschlägen, Tees, Absuden, Tinkturen und Salben. Da die Alkaloide Krebs und Leberschäden hervorrufen können, wird Beinwell heute nur noch sehr selten eingesetzt. Allantoin wird heute für Wundcremes synthetisch erzeugt. Die Blätter und Sprosse lieferten früher Gemüse, geröstete Wurzeln z. T. Kaffee-Ersatz und ein Gummi aus der Wurzel diente zur Vorbehandlung von Wolle vor dem Verspinnen. Beinwell nutzt man heute als Viehfutter und Gartendünger.

Boretsch (Gurkenkraut)
Borago officinalis L.

Familie: Boraginaceae
Habitus: Einjähriges Kraut, 15–60 cm hoch, stark verzweigt, Stängel hohl, rau behaart, duftet nach Gurken.
Blätter: Wechselständig, Spreite eiförmig oder lanzettlich, zugespitzt, Rand leicht ausgebuchtet, borstig behaart, untere Blätter lang gestielt, obere sitzend.
Blüten: Lockere, nickende Blütenstände, in Doppelwickeln angeordnet, Krone sternförmig, fünf spitze, leuchtend blaue Kronblätter, z. T. zurückgeschlagen, Staubblätter schwarz-violett, formen eine hervorstehende Säule, Kelchblätter spitz, Mai–September.
Früchte: Dunkle Nussfrüchte (Klausen).
Herkunft: Boretsch stammt entweder aus dem Orient oder dem nordöstlichen Mittelmeerraum. Vermutlich brachten ihn die Mauren nach Spanien, von wo er sich ausbreitete.
Verbreitung und Anbau: Boretsch hielt bereits vor langer Zeit in die mitteleuropäischen Kräutergärten Einzug. Als Gartenflüchtling steht er in Unkrautfluren und an Wegrändern. Er stellt keine besonderen Bodenansprüche, benötigt aber viel Wasser. Die Aussaat erfolgt im Frühjahr.
Nutzung: Boretsch enthält Saponine, ätherisches Öl, Vitamin C, Kalium, Calcium, Schleim- und Gerbstoffe. Frische Blätter sind ein altes Gurkengewürz, werden aber auch fein zerhackt zum Verfeinern von Soßen („Grüne Soße"), Salaten, Quark-, Eier-, Fleisch- und Pilzgerichten sowie Weingetränken verwendet. Beim Trocknen verlieren sie ihr Aroma. Boretschblüten können direkt verzehrt werden und eignen sich zur Dekoration von Speisen und Kuchen. Außerdem dienen sie zum Färben und Würzen von Kräuteressig, Säften und Apfelwein. Boretsch ist eine aus dem Mittelalter überlieferte Heilpflanze, deren Wirkungen nicht eindeutig belegt sind. Sie diente bei trockenem Husten,

Halsschmerzen, verschleimten Atemwegen, Masern, Windpocken, Scharlach, Durchfall, Verstopfung, nervösen Darm-Beschwerden, Menstruationsstörungen, Bluthochdruck, Nieren- und Blasenleiden sowie Hautausschlägen als schweißtreibende, entwässernde, fiebersenkende, entzündungshemmende und herzstärkende Medizin. Für Heilzwecke nahm man Blüten, Kraut oder Samenöl. Das Kraut enthält im Gegensatz zum Öl geringe Mengen an Pyrrolizidin-Alkaloiden, die Leberschäden und Krebs auslösen können. Samenöl enthält u. a. 20% γ Linolensäure. Es regt die Nebennierenfunktion an und ist als mildes Sedativum bei Stress, Depressionen, Neurodermitis oder nach Kortisonbehandlungen nützlich. Das Öl ist auch in Vitaminkapseln enthalten. Boretsch ist eine wertvolle Futterpflanze für die Imkerei, denn die Blüten produzieren viel Nektar. Zudem speichert Boretsch reichlich Stickstoff in den Blättern, weshalb er als Gründünger angebaut wird.

Schuttflächen, Wiesen, Feldern und an Wegrändern.

Nutzung: Die Wurzeln der Gewöhnlichen Ochsenzunge enthalten einen starken, roten Farbstoff, der als öliger Auszug rot und als wässriger Auszug dunkelbraun ist. Die bereits von Dioskurides erwähnte Pflanze wurde schon im alten Ägypten als Gesichtsschminke verwendet und diente lange zum Färben von Textilien. Den Farbstoff nahm man auch als Haartönung und zum Einfärben von Öl. Seit dem Mittelalter sind auch Heilwirkungen der Ochsenzunge bekannt. Sie hat u. a. auswurffördernde Effekte und wurde bei Husten sowie Bronchialerkrankungen eingesetzt. In der Regel bereitete man Wurzelabsude zu. Allerdings enthält sie Pyrrolizidin-Alkaloide, die als Lebergifte und als krebserregend gelten. Vor der Blüte gepflückte junge Blätter und Triebspitzen können wie Spinat als Gemüse gegessen werden. Die Blüten bieten sich zum Verzieren von Salaten an.

Gewöhnliche Ochsenzunge
Anchusa officinalis L.

Familie: Boraginaceae
Habitus: Mehrjährige, wenig verzweigte Halbrosettenstaude, 30–60 cm hoch, kurz borstig behaart, Stängel kantig.
Blätter: Grundblätter gestielt, Stängelblätter wechselständig, Spreite linealisch-lanzettlich, oben z. T. den Stängel umfassend, Basis herzförmig, Rand oft gewellt.
Blüten: In lange Rispen vereinigte, reichblütige Doppelwickel, fünf Kronblätter, trichterförmig zu langer Röhre verwachen, Kronzipfel frei, blau oder dunkelviolett, Kelch fast bis zum Grund geteilt, Mai–August.
Früchte: Ei- oder hakenförmige Nüsschen.
Herkunft: Einheimisch.
Verbreitung und Anbau: Die Gewöhnliche Ochsenzunge kommt in Mitteleuropa als Wildpflanze eher zerstreut vor. Sie liebt trockene, kalkarme Sand- oder Kiesböden und wächst auf

Großblütige Königskerze
Verbascum densiflorum Bertoloni

Familie: Scrophulariaceae
Habitus: Zweijähriges, aufrechtes Kraut,
0,5–2 m hoch, dicht wollig behaart, Stängel
oben bisweilen verzweigt.
Blätter: Im ersten Jahr Grundrosette, Spreite ei-
oder löffelförmig, behaart, Blütentrieb im zweiten Jahr, Blätter wechselständig, zum nächsten
Blatt herablaufend, Spreite breit-lanzettlich,
wollig behaart, Rand gekerbt.
Blüten: In dichten, endständigen Scheinähren,
fünf Kronblätter, gelb, ausgebreitet, drei Staubfäden weiß-wollig, zwei Staubfäden kahl,
Juni–Oktober.
Früchte: Kapseln, Samen sehr klein.
Herkunft: Einheimisch.
Verbreitung und Anbau: Die Königskerze bevorzugt sonnige Plätze auf steinigen, trockenen
und stickstoffreichen Böden. Sie steht auf Ruderalfluren, Kahlschlägen, an Böschungen, Hängen und Waldrändern. Im Gartenbau wird sie
durch Aussaat im Frühjahr oder Herbst bzw.
durch Stecklinge im Spätsommer kultiviert.
Nutzung: Bereits in der Antike wurde die
Königskerze verwendet. Sie enthält Schleime,
Bitterstoffe, Saponine, Flavonoide sowie ätherisches Öl und besitzt schleimlösende, reizlindernde, antiseptische, auswurffördernde und
harntreibende (Wurzel) Wirkungen. Meistens
nimmt man die Blüten für Aufgüsse, Tinkturen,
Tees, Sirup und Öl, obwohl die ganze Pflanze
wirksam ist. Die Blüten müssen frisch verarbeitet oder sorgsam getrocknet werden, sonst fau-
len bzw. verbleichen sie und die Wirkstoffe zersetzen sich. Indikationen für Anwendungen
sind: Husten, Keuchhusten, Atemwegskatarrhe,
Bronchitis, Tuberkulose, Mandel-, Rachen-,
Kehlkopfentzündungen, Frostbeulen, trockene
Haut, nässende Ekzeme, Brandverletzungen,
Geschwüre, Furunkel, Rheuma, Hämorrhoiden,
Durchfall und Harnwegsinfekte. Königsöl, ein
Blütenauszug in Olivenöl, ist ein bewährtes

Hausmittel gegen Ohrenschmerzen und Mittel-
ohrentzündungen. Die Volksmedizin nahm in
Rotwein aufgekochte Wurzelstücke gegen
Durchfall und frische Blätter als Wundpflaster.
Im Ersten Weltkrieg betäubte man mit den Samen Wundschmerzen. Sie enthalten narkotisierende Saponine. Zerstoßene Samenkapseln und
Samen wurden früher in Teiche gestreut, um
beim Fischfang die Fische zu betäuben. Die Blüten liefern süßen Tee und Liköraroma. Spülungen mit einem Blütenaufguss hellen blondes
Haar auf. Die Blätter können als Tabakersatz
geraucht werden. In Wachs getauchte Blütenstände brennen wie Kerzen. Vor allem die
Kleinblütige Königskerze (*V. thapsus*) kann
ähnlich wie die Großblütige Königskerze genutzt werden. Zudem enthalten ihre Blätter in-
sektizides Rotenon und die Blütenblätter liefern
einen gelben Farbstoff, der mit Schwefelsäure
eine haltbare, grüne Farbe ergibt.

Roter Fingerhut
Digitalis purpurea L.

Familie: Scrophulariaceae
Habitus: Zwei- oder mehrjähriges Kraut,
0,3–1,8 m hoch, unverzweigt, flaumig behaart.
Blätter: Grundständige Rosette, Stängelblätter
wechselständig, länglich-lanzettlich, runzelig,
weich, filzig behaart.
Blüten: In einseitswendiger, endständiger, aufrechter Traube, fünf Kronblätter zu glockenför-
miger Röhre verwachsen, purpurrot oder rosa,
innen gefleckt, Kelch klein, Juni–September.
Früchte: Zweifächerige Kapseln mit zahlreichen Samen.
Herkunft: Einheimisch.
Verbreitung und Anbau: Als Wildpflanze
steht der Rote Fingerhut auf Kahlschlägen, Lichtungen und Böschungen von Mittelgebirgswäl-
dern. Er wächst oft in Gruppen auf kalkfreien,
lehmigen oder sandigen Böden. Im Anbau für
medizinische Zwecke werden die Samen bereits
im Herbst unter Abdeckungen ausgesät. Bei zu
hoher Feuchtigkeit verfaulen die Pflanzen. Bis
zum Ersten Weltkrieg wurde er in Österreich in
großem Umfang angebaut.
Nutzung: Der Rote Fingerhut gehört zu den
bekanntesten Heilpflanzen. Die medizinischen
Anwendungen gelangten von Irland über England nach Mitteleuropa. Insbesondere die
Blätter enthalten herzwirksame Glykoside
(Digitoxin, Digoxin, Gitoxin), die in vielen
Arzneimitteln enthalten sind. Sie erhöhen die
Förderleistung des Herzens und regulieren den
Herzschlag. Digitalispräparate werden bei Herzinsuffizienz und Herzrhythmusstörungen
verordnet. Früher spritzte man eine Standard-
mischung, die aus pulverisierten Blättern extrahiert wurde. Heute bevorzugt die Medizin iso-
lierte Wirkstoffe, um die Dosierungen besser
anzupassen. Weitere Inhaltsstoffe sind Saponine, Schleimstoffe und ein diuretisches Flavonoid. In der Homöopathie wird Fingerhut auch
bei Nieren- und Harnwegsbeschwerden verabreicht. Eine andere Anwendung des Fingerhuts
sind Umschläge mit Absuden zur Förderung der
Wundheilung. Die Blatternte erfolgt vor der
Blüte, wobei möglichst zwei Jahre alte Pflanzen
abgeerntet werden. Fingerhut ist extrem giftig!
Verzehr und Selbstmedikation können tödlich
enden.

Gewöhnliches Leinkraut

Linaria vulgaris Miller

Familie: Scrophulariaceae
Habitus: Mehrjähriges, schlankes Kraut, 30–70 cm hoch, feine sparrige Seitentriebe, im oberen Teil etwas drüsig behaart.
Blätter: Überwiegend wechselständig, nur im unteren Teil in Quirlen, ungestielt, Spreite schmal-lanzettlich, ganzrandig.
Blüten: In endständiger, dichter Traube, fünf Kronblätter zu einem zweilippigen, geschlossenen Schlund verwachsen, leuchtend gelb mit orangefarbenem Gaumen, langer, gerader, abwärts gerichteter Sporn, Kelchblätter oval, zugespitzt, Juni–Oktober.
Früchte: Kapseln.
Herkunft: Einheimisch.
Verbreitung und Anbau: Leinkraut ist eine wärmeliebende Pflanze, die auf lockeren, sandigen, oft mit Steinen durchsetzten Böden wächst. Es steht häufig auf Ruderalflächen, an Wegrändern, Mauern, Bahndämmen, Böschungen und auf Äckern.
Nutzung: Leinkraut ist eine überlieferte Heilpflanze, die aber viel von ihrer früheren Bedeutung verloren hat. Über die Wirkstoffzusammensetzung ist relativ wenig bekannt, außer dass Leinkraut Vitamin C, Flavonoide (Linarin, Pektolinarin), Cholin, Terpene und das Alkaloid Peganin enthält. Die Wirkstoffe entfalten ihre Wirkung offenbar hauptsächlich in der Leber. In der Volksmedizin war Leinkrauttee als abführendes, entwässerndes Mittel gegen Harn- und Stuhlverhalt, Ödeme, Gelbsucht sowie Gallenbeschwerden bekannt. Auch Magengeschwüre wurden mit Leinkraut behandelt. Daneben gab es auch einige äußere Anwendungen. Salben dienten als Arznei gegen Gefäßerkrankungen. Heute werden Leinkrautsalben noch vereinzelt bei Hämorrhoiden, Venenentzündungen, Hautausschlägen, Ekzemen und Wunden verordnet. Das Kraut wird während der Blüte geerntet und zur Zubereitung von Salben frisch in Alkohol extrahiert oder für Tees getrocknet. Von Selbstmedikationen mit Leinkraut ist wegen des Alkaloidgehaltes abzuraten. Aus Leinkraut lässt sich ein gelber Farbstoff gewinnen. In der Vergangenheit färbte man Haare mit Leinkraut blond. In Milch aufgekochtes Leinkraut benutzte man als Fliegengift.

chen und steinigen Böden. Sommerwurz besitzt kein Blattgrün (Chlorophyll) und muss deshalb Assimilationprodukte (Zucker etc.) von den Wurzeln der Wirtspflanze beziehen. Quendel-Sommerwurz kommt in Mitteleuropa selten und gebietsweise zerstreut vor. Es gibt etliche sehr ähnlich aussehende Sommerwurz-Arten.

Nutzung: Die gesamte Pflanze kann medizinisch genutzt werden, aber die höchste Wirkstoffkonzentration liegt in der Wurzel vor. Er enthält u. a. Aucubin, ein Furanglykosid und adstringierend wirkende Substanzen, die äußerlich als Breiumschlag genutzt werden können. Bei inneren Anwendungen wird Sommerwurz meistens als Beruhigungs-, Potenz- oder mildes Abführmittel und zur Kräftigung der Muskulatur nach langer Bettruhe verabreicht. Insgesamt besitzt der Quendel-Sommerwurz jedoch nur eine untergeordnete Bedeutung als Heilpflanze.

Quendel-Sommerwurz
Orobanche alba Stephan

Familie: Orobanchaceae
Habitus: Mehrjährige Staude, 10–35 cm hoch, kräftiger, rötlicher Stiel, am Grund flaumig behaart, nelkenartiger Duft, Stängel bleiben mit den verwelkten Blüten über den Winter hinweg erhalten.
Blätter: Wechselständig, am Stängel anliegend, Spreite schuppig, spitz-lanzettlich.
Blüten: In Ähren, überragen die Tragblätter, fünf verwachsene, weißliche Kronblätter, Krone zweilippig, Unterlippe mit drei Lappen, Mai–September.
Früchte: Eiförmige Kapseln
Herkunft: Einheimisch.
Verbreitung und Anbau: Der Quendel-Sommerwurz ist eine parasitische Pflanze, die Lippenblütler (bevorzugt Thymian-Arten) als Wirtspflanzen nutzt. Er wächst mit seinem Wirt auf Wiesen und in offenen Gebüschen auf kalkrei-

Großer Wegerich
Plantago major L.

Familie: Plantaginaceae
Habitus: Mehrjährige Staude, 10–30 cm hoch, dem Boden anliegende Blattrosette und blattlose, runde, spärlich behaarte Blütenschäfte.
Blätter: In grundständiger Rosette, lang gestielt, Spreite breit-eiförmig, lederartig, kahl oder spärlich behaart, mit 5–7 Nerven, Rand glatt bzw. leicht gezähnt.
Blüten: In endständigen Ähren, vierzählige, röhrenförmige Krone, unscheinbar gelblichgrün, lange Staubblätter, Juni–Oktober.
Früchte: Eiförmige Deckelkapsel.
Herkunft: Einheimisch.
Verbreitung und Anbau: Der Große Wegerich ist eine weit verbreitete Trittpflanze auf Wegen, Plätzen, Weiden, Parkwiesen und Schuttplätzen. Er kommt vornehmlich auf frischen, nährstoffreichen Ton- und Lehmböden vor.
Nutzung: Frische, junge Blätter liefern Wildgemüse, Salat oder eine Suppenbeilage. Sie enthalten 3% Eiweiß, schmecken aber etwas bitter und die harten Fasern müssen erst entfernt werden. Die Samen sind reich an Vitamin B$_1$ und wurden früher teilweise mit Gemüse und Mehl vermischt. Allerdings sind sie nur mühselig zu ernten. Der Große Wegerich war ein verbreitetes Volksheilmittel. Er enthält Bitterstoffe, Glykoside (Aucubin) und ätherisches Öl. Aucubin regt die Harnsäureausscheidung der Niere an. Mit Breiumschlägen linderte man Insektenstiche, Schnittwunden, Hautgeschüre, Tierbisse, Gürtelrose und Schwellungen. Wegerichtee trank man als auswurfförderndes, entzündungshemmendes, harntreibendes und reinigendes Mittel bei Atemwegserkrankungen (Husten, Asthma, Heuschnupfen, Bronchitis, Katarre), in neren Blutungen, Durchfall, Zystitis und Hämorrhoiden. Die Samen gelten als Wurmmittel und wirken abführend, da sie 30% Schleimstoffe enthalten. Im Volksglauben sind die großen Blattnerven als Prophezeiung von Glück oder Unglück bzw. der eigenen Kinderzahl von Bedeutung. Ziehen zwei Menschen ein Wegerichblatt auseinander, soll derjenige mehr Glück haben, aus dessen Stück mehr Fäden herausstehen.

Spitz-Wegerich

Plantago lanceolata L.

Familie: Plantaginaceae
Habitus: Mehrjährige Staude, 5–50 cm hoch, Grundrosette und aufrechte, fünffurchige, anliegend behaarte Blütenschäfte.
Blätter: In grundständiger Rosette, Stiel am Grund wollig behaart, Spreite lang lineal-lanzettlich, kahl oder schwach behaart, parallelnervig mit 3–7 Nerven, Rand glatt oder sparsam gezähnt.
Blüten: In endständiger, walziger Ähre, unscheinbar, Krone röhrenförmig, vierspaltig, bräunlich-weiß, hinter trockenhäutig beranndeten, spitzen Deckblättern, Staubblätter lang, weißlich-gelb, Mai–September.
Früchte: Zweifächerige Deckelkapseln.
Herkunft: Einheimisch.
Verbreitung und Anbau: Spitz-Wegerich gedeiht auf mäßig nährstoffreichen sowie mageren Böden. Er steht an sonnigen Plätzen und ist häufig an Wegrändern, in Ödland, auf Weiden und Ruderalflächen zu finden.

Nutzung: Als Wildgemüse werden junge, vor der Blüte geerntete Blätter verwendet. Nach gründlichem Waschen und dem Entfernen der zähen Nerven eignen sie sich als Zutat für Rohkostsalate, Kräutersuppen, Quark oder als Kochgemüse. Die Samen nahm man gelegentlich als Brot- und Kuchenmehlzusatz. Spitz-Wegerich findet in der Kräutermedizin arzneiliche Verwendung, wobei Blätter bzw. Kraut getrocknet oder frisch als Drogen verwendet werden. Die Pflanze enthält Schleimstoffe, Aucubin-Glykosid, Gerbstoffe, Phenolcarbonsäuren, Kieselsäure, Cumarin, Flavonoide und Polysaccharide. Spitz-Wegerich hat auswurffördernde, adstringierende, einhüllende und abführende Eigenschaften. Er kommt vor allem gegen Husten, Keuchhusten, Atemwegskatarre und zudem bei Magen-Darm-Beschwerden, Mund- und Rachenentzündungnen zum Einsatz. Die Blätter werden im Sommer gesammelt und in Form von Tee, Flüssigextrakten, Pastillen, Sirup und Hustensäften eingesetzt. Als Hausmittel wird Presssaft äußerlich als wundheilendes, antibiotisches und entzündungshemmendes Mittel bei Insektenstichen, Hautgeschwüren, unreiner Haut und Verletzungen angewendet. Für die antibiotische Wirkung sollen Aucubin und die Gerbstoffe verantwortlich sein. Die Samen wirken abführend. In den Blättern enthaltene Fasern können zu Stoffen verwoben werden. Aus den Samen ausgekochte Schleime dienten früher zum Versteifen von Gewebefasern. Das Kraut liefert goldbraune Farbstoffe.

Echter Salbei (Garten-Salbei)

Salvia officinalis L.

Familie: Lamiaceae
Habitus: Mehrjähriger, verzweigter Halb-
strauch, 20–80 cm hoch, Stängel vierkantig,
weißfilzig, am Grund verholzt.
Blätter: Kreuzgegenständig, Spreite schmal-el-
liptisch, weißlich-grün, Oberfläche wabenartig,
Unterseite weiß-filzig oder silbrig behaart.
Blüten: In Scheinquirlen mit 6–12 Blüten, bilden endständige, lockere Ähre, fünfzählige Lip-
penblüten, weiß oder hellviolett, Oberlippe
gerade, flaumig behaart, drüsig punktiert,
Juni–Juli.
Früchte: Einsamige Nüsschen (Klausen).
Herkunft: Der Ursprung vom Salbei liegt
wahrscheinlich in Dalmatien, Mazedonien und
Griechenland, wo er auch zuerst angebaut wurde. Mit den Römern überquerte er die Alpen
und gelangte in der Folge in die Kloster- und
Bauerngärten.
Verbreitung und Anbau: Echter Salbei wird
in Gärten, Töpfen und in Sachsen-Anhalt auch
im Feldbau kultiviert. Die Aussaat erfolgt von
April–Mai. Er liebt durchlässigen, kalk- und mi-
neralreichen Boden.
Nutzung: Die würzigen Salbeiblätter sind ein
altes Gewürz für Fleisch, Fisch, Wild, Geflügel,
Eierspeisen, Salate, Kräuterquark, Weichkäse
und Soßen. Kurz vor der Blüte geerntete, frische oder getrocknete Blätter werden allein
bzw. in Gewürzmischungen verwendet. Salbei
begünstigt die Farbstabilität und Haltbarkeit von
Lebensmitteln, insbesondere gegen Fettverderb.
In der Pflanze sind 1–2% ätherisches Öl (u. a.
Thujon, Borneol, Campher, Cineol), zudem
Rosmarinsäure, Flavonoide, Gerb- und Bitterstoffe (Terpene) enthalten. Schon die Römer
kannten Salbei als adstringierendes, krampflösendes, karminatives und desinfizierendes
Kraut. Frischer Presssaft wirkt sehr potent gegen Bakterien, Viren und übermäßige Schweiß-
sekretion. Als Heilmittel werden Blätter, blü-

hendes Kraut (Tee, Aufgüsse) und extrahiertes
Öl gebraucht (z. B. in Gurgelwasser, Pastillen).
Salbei hilft bei Magen-Darm-Beschwerden,
Halsschmerzen, Zahnfleisch-, Mund- und Rachenentzündungen. Volkstümliche Anwendungen sind: Appetitlosigkeit, Herzschwäche,
Kopfschmerzen, Blähungen, starkes Schwitzen
sowie kleinere Verletzungen und Entzündungen
der Haut. Salbeitee wird Kindern gerne zur
Kräftigung verabreicht. Salbeiöl wird gegen
stark verschleimte Atemwege eingesetzt. Generell sollte Echter Salbei wegen des Thujonge-
halts eher sparsam eingesetzt werden. Die Le-
bensmittel- (Speiseeis, Süßwaren, Kuchen) und
Kosmetikindustrie (Seifen, Mundwässer, Shampoos, Parfüms) verarbeiten Salbeiextrakte. Der
einheimische, wilde **Wiesen-Salbei** (*S. pratensis*) ist ohne Bedeutung, weil er kaum ätherische Öle enthält. Früher wurde er jedoch als
Gewürz für Fisch, Fleisch, Wein oder Bier verwendet.

Basilikum
Ocimum basilicum L.

Familie: Lamiaceae
Habitus: Einjähriges, buschiges Kraut,
10–50 cm hoch, Stängel vierkantig, kahl.
Blätter: Kreuzgegenständig, gestielt, breit-eiför-
mig, Rand z. T. leicht gezähnt.
Blüten: Mehrblütige Quirle, oft in endständiger
Scheinähre, fünf Kronblätter formen zweilippige
Krone, weiß oder rötlich, Oberlippe kurz vierlap-
pig, Unterlippe lang eiförmig, Juni–September.
Früchte: Einsamige Nussfrüchte.
Herkunft: Basilikum stammt vermutlich aus
Indien. In der Antike (1000 v. Chr.) kultivierte
man es schon in Vorderasien und Ägypten. Es
kam erst im 9. Jh. n. Chr. nach Mitteleuropa.
Verbreitung und Anbau: Basilikum ist kälte-
empfindlich und gedeiht in Freilandkulturen nur
an windgeschützten, warmen Plätzen auf Sand-
oder Lehmböden. Es ist die wichtigste Topfkul-
turpflanze Mitteleuropas. Die Aussaat erfolgt
Mai–August. Es gibt viele Sorten, die sich in
Größe, Farbe und Blattform unterscheiden.
Nutzung: Basilikum enthält Gerbstoffe, Flavonoide, Saponine und über 20 ätherische Öle,
die je nach Sorte und Region für verschiedene
Aromen sorgen (Kampfer, Anis, Nelke, Rose,
Zitrone etc.). Die Blätter würzen (besonders ita-
lienische) Soßen, Suppen, Gemüse, Weichkäse,
Tomaten-, Nudel-, Fleisch-, Fisch- und Geflügel-
speisen. Zudem wird Basilikum für Kräuteressig,
Öl, Liköre, Seifen und Parfüms gebraucht. Die
Kräutermedizin nimmt Tee bei Blähungen, Ver-
stopfung, Übelkeit, Krämpfen, Schlaflosigkeit,
Nervosität, fiebrigen Erkältungen und Migräne.
Absude und Salben helfen bei Akne, Hautleiden,
Insektenstichen, eitrigen oder schlecht heilen-
den Wunden. Samenaufgüsse nahm man gegen
Tripper, Ruhr und chronischen Durchfall. Die
Blätter werden in der Wachstumsphase ge-
pflückt. Zur Ölextraktion schneidet man ganze
Pflanzen vor der Blüte. Samenöl ist in Zahnpfle-
ge- und Insektenmitteln enthalten.

Echtes Bohnenkraut

Satureja hortensis L.

Familie: Lamiaceae

Habitus: Einjähriges Kraut, 30–45 cm hoch, mit aufrechten, rundlichen, häufig rot überlaufenen, kurz behaarten Stängeln, würziger Geruch.

Blätter: Gegenständig, kurz gestielt, Spreite lineal oder lanzettlich, beiderseits drüsig punktiert, zugespitzt, ganzrandig, Rand bewimpert.

Blüten: In blattachselständigen, fünfblütigen Scheinquirlen, fünfzählige, zweilippige Krone, lila-weißlich, Kelch röhrig oder glockig, Juli–Oktober.

Früchte: Spitze Nüsschen.

Herkunft: Vermutlich liegt die Heimat des Bohnenkrauts am östlichen Mittelmeerraum, im Iran und im Kaukasus. Im übrigen Europa wurde es eingebürgert. Während des Mittelalters brachten Mönche die Pflanze nach Mitteleuropa. So wurde Bohnenkraut zuerst ein fester Bestandteil der Klostergärten.

Verbreitung und Anbau: Die bei uns kultivierte Pflanze benötigt sonnige, warme Lagen mit nicht zu trockenem, lockerem Boden. Bohnenkraut kann ab Mai ausgesät werden.

Nutzung: Bereits die Römer im Altertum schätzten diese Pflanze als Garten- und Würzkraut. Vergil empfahl, Bohnenkraut wegen seines schönen Duftes in der Nähe von Bienenstöcken zu pflanzen. Die Blätter enthalten maximal 1,7% ätherisches Öl, vor allem Carvacrol und Cymol. Wie zahlreiche volkstümliche Namen zeigen (z. B. Pfeffer-, Wurst- und Aalkraut), wird (vorzugsweise) frisches Kraut hauptsächlich als Würze für Eintöpfe, Aufläufe, Pizzas, Salate, Wurst, Fleisch-, Wild-, Bohnen-, Pilz- und Kartoffelgerichte verwendet. Die Pflanze besitzt dank ihres Gerbstoffgehalts eine adstringierende und dank des ätherischen Öls eine milde, antiseptische Wirkung. Das Kraut ist in magenstärkenden und verdauungsfördernden Tees gegen Durchfall, Koliken und Blähungen enthalten. Als überliefertes Hausmittel behandelt man auch Keuchhusten, Halsschmerzen und Menstruationsbeschwerden mit Bohnenkraut. Mittelalterliche Ärzte empfahlen den Saft des Bohnenkrautes gegen schlechtes Sehvermögen. Für Würz- und Heilzwecke nimmt man in der Wachstumsphase gepflückte Blätter und gelegentlich in der Blüte geschnittene, getrocknete Stängel.

Ysop
Hyssopus officinalis L.

Familie: Lamiaceae
Habitus: Mehrjähriger, halbimmergrüner Halb-strauch, 20–70 cm hoch, Stängel vierkantig, unterer Teil verholzt, flaumig behaart.
Blätter: Kreuzgegenständig, Spreite schmal-lan-zettlich, spitz, oft sitzend.
Blüten: In endständiger Scheinähre aus ein-seitswendigen Quirlen (7–15 Blüten), fünf röhrenförmig verwachsene Kronblätter, Krone zweilippig, blauviolett, selten weiß oder rosa, Staubgefäße lang, die Krone überragend, Juli–September.
Früchte: Klausen, in vier einsamige Nüsschen zerfallend.
Herkunft: Das natürliche Verbreitungsgebiet liegt in Südosteuropa, Algerien, Marokko und Südwestasien. Im frühen Mittelalter brachten Benediktinermönche die Pflanze über die Alpen nach Mitteleuropa.

Verbreitung und Anbau: In Mitteleuropa wächst Ysop in Gärten oder Kulturen. Er kommt in freier Natur nur selten als Kultur-flüchtling vor. Ysop kann durch Aussaat im Frühjahr oder Herbst sowie durch Grünstecklin-ge im Sommer angepflanzt werden. Er liebt trockene, etwas steinige Böden und benötigt viel Wärme.

Nutzung: Bereits im Alten Testament und im antiken Griechenland wird Ysop als reinigendes Heilkraut erwähnt, wobei unsicher ist, ob die in diesen Schriften erwähnte Pflanze Ysop oder ei-ne Origanum-Art war. Danach „reinigten" sich Leprakranke mit Ysopöl und Tempel wurden mit aus den Blättern extrahiertem Öl gesäubert. Ysop enthält 1 % ätherisches Öl (Pinen, Pino-camphen etc.) sowie Gerbstoffe, Sterole (Sito-sterol), bittere Flavonoide und den Farbstoff Hyssopin. Er hat adstringierende, schleimlösen-de, entzündungshemmende, fiebersenkende, verdauungsfördernde und leicht harntreibende Eigenschaften. Es gab viele medizinische An-wendungen für Ysop, die heute kaum noch von Bedeutung sind: Bronchitis, Husten, Grippe, Er-kältung, Magen-Darm-Beschwerden, Koliken, Schnittverletzungen, Quetschungen, Blutergüs-se und Erfrierungen. Zur Aufbereitung schnitt man in der Blütezeit junge Triebspitzen und trocknete sie für Tees, Aufgüsse, Tinkturen oder zur Ölextraktion. Reines ätherisches Öl kann bei übermäßigem Gebrauch zu epileptischen Anfällen führen und ist deshalb vorsichtig ein-zusetzen. Gegenwärtig ist Ysop fast nur als Ge-würz und Duftstoff von Bedeutung. Frische Schösslinge oder in Gewürzmischungen und Es-senzen enthaltenes, getrocknetes Kraut würzen Quark, Suppen, Salate, Eintöpfe, Bohnengerich-te, gefüllte Eier, Schaschlik, Fisch, Braten und Chartreuse-Likör. Ysopöl ergibt Duftstoffe für Parfüms, Waschmittel und Duftkissen. Ysop-Aufgüsse nimmt man auch zur Bekämpfung von Pflanzeninfektionen.

Echter Lavendel

Lavandula angustifolia Miller

Familie: Lamiaceae
Habitus: Mehrjähriger Halbstrauch, 30–60 cm hoch, Äste aufsteigend oder aufrecht, stark verzweigt, aromatischer Duft.
Blätter: Gegenständig, Spreite lineal- oder lanzettlich, Unterseite grau-filzig behaart, Rand nach unten eingerollt.
Blüten: Scheinquirle aus 6–10 Blüten in endständiger Scheinähre, fünf Kronblätter zu einer Lippenblüte verwachsen, violett, Kelch röhrenförmig, dicht mit weißen Sternhaaren besetzt.
Früchte: Einsamige Nüsschen (Klausen).
Herkunft: Lavendel stammt aus dem westlichen Mittelmeergebiet. Nachdem die Benediktiner ihn im Mittelalter über die Alpen brachten, zierte er viele Kloster- und Bauerngärten.
Verbreitung und Anbau: Der Lavendel ist an warmen, sonnigen Standorten zu finden, wobei er überwiegend in Gartenkulturen steht. Neuerdings gibt es auch in Deutschland feldmäßigen Anbau zur „Einmalernte". Die Pflanze liebt leichten, etwas kalkhaltigen und gut entwässerten Boden. Die Vermehrung erfolgt durch Aussaat (Herbst) oder Setzen von Stecklingen (Sommer). Es gibt eine Vielzahl Hybriden.
Nutzung: Lavendel enthält ätherisches Öl (Linalool, Linalylacetat), Cumarine, Gerbstoffe, Saponine und Sterole. Er ist eine der wichtigsten Parfümpflanzen, die bereits im Altertum zu persönlichen und kultischen Zwecken genutzt wurde. Duft- und Parfümstoffe gab es auch aus in Mitteleuropa beheimateten Gewächsen, doch Pflanzenduftstoffe wurden schon immer aus fernen Ländern importiert, um neue Düfte herzustellen. Diese waren früher reine Luxusartikel. Noch heute findet das ätherische Öl der Lavendelblüten für Parfüms, Seifen, Badezusätze und Toilettenartikel Verwendung. Für den Hausgebrauch getrocknete Blüten dienten einst, in kleine Säckchen verpackt, zur Luftverbesserung und um Motten oder anderes Ungeziefer fernzuhalten. Auch zu Heilzwecken ist Lavendel seit Jahrhunderten als krampflösendes, beruhigendes, adstringierendes, diuretisches, antiseptisches, karminatives und verdauungsförderndes Mittel im Gebrauch. Er wird in der Volksmedizin häufig als Badezusatz oder Einreibemittel (z. B. Lavendelspiritus), aber nur selten als Tee verwendet. Indikationen sind: Kopfschmerzen, Nervosität, Schlaflosigkeit, Durchfall, Schwindel, Migräne, Rheuma, Gicht, Gliederschmerzen, Gelbsucht, Leber- und Milzbeschwerden, Scheidenausfluss, Verbrennungen, Sonnenbrand und Insektenbisse. Frische Blattspitzen würzen Fleisch, Fisch, Suppen, Eintöpfe und Soßen. Die Blättchen sind häufig Bestandteil von Kräutermischungen. Zudem wird Lavendel in Essig, Eis, Marmeladen, Gebäck und Likören verarbeitet, denn das ätherische Öl dient als Lebensmittelaroma.

Garten-Thymian
Thymus vulgaris L.

Familie: Lamiaceae
Habitus: Mehrjähriger Halbstrauch, 10–40 cm hoch, stark verzweigt, Zweige niederliegend oder aufsteigend, verholzt, kurz behaart, vierkantig.
Blätter: Kreuzgegenständig, sitzend oder kurz gestielt, schmal elliptisch, Oberseite graugrün, Unterseite filzig grauweiß behaart, Rand zurückgerollt.
Blüten: Scheinquirle in zylindrischen Köpfchen an Zweigenden, Blüten klein, fünf, zu zweilippiger Krone verwachsene, weiße oder rosafarbene Kronblätter, Oberlippe wenig glockig, Unterlippe mit drei breiten Lappen, Mai–Oktober.
Früchte: Kugelförmige Nussfrüchte.
Herkunft: Die Heimat liegt im westlichen, europäischen Mittelmeergebiet, wo er schon in der Antike verwendet wurde. Im Ägypten nahm man Thymian zum Einbalsamieren. Benediktiner-Mönche brachten ihn im 11. Jh. nach Mitteleuropa. Neben dem Garten-Thymian gibt es weitere Arten.
Verbreitung und Anbau: Garten-Thymian wird auf sandigen oder kalkigen, trockenen Böden in Garten- oder Topfkulturen gezogen. Verwilderte Exemplare findet man selten. Er benötigt volles Sonnenlicht. Die Anzucht erfolgt entweder im Mai durch Samen oder im Frühsommer durch Stecklinge. Die Pflanze kann im Freien überwintern.
Nutzung: Thymian enthält bis zu 3% ätherisches Öl (Thymol, Carvacrol, Cineol u. a.), zudem Gerbstoffe, Harze und Flavonoide in den Blättern. Thymol besitzt antibiotische Eigenschaften. Daneben hat die Pflanze adstringierende, verdauungsfördernde, schleim- sowie krampflösende Wirkungen und tötet Pilze ab. Außerdem wirkt sie gegen Darmwürmer. Thymian hilft besonders bei Erkrankungen der Atemwege (Husten, Keuchhusten, Katarre), Verdauungsproblemen, Halsschmerzen und Rheuma. Die Volksmedizin nutzte ihn auch gegen Pilzinfektionen, Kopfschmerzen, Akne, Arthritis, Menstruationsstörungen, Mandel- und Zahnfleischentzündungen sowie zur Wunddesinfektion. Er wird oft als Tee, Aufguss, Badezusatz oder Öl verwendet. Thymianöl ist in Hustensäften und Antirheumatika enthalten. Getrocknete Blätter und Blütenspitzen nimmt man zum Würzen fettiger Speisen (Braten, Pizza, Brat- und Leberwurst), Knödeln, Soßen, Suppen und Salaten. Thymianextrakte und -öl findet man in Kräuterlikören, Seifen, Mundwässern, Zahnpasta und Hautlotionen. Thymian wird z. T. zur Bekämpfung von Mehltau eingesetzt. Mit getrockneten Blüten können Motten von Kleidern ferngehalten werden. Früher verwendete man Thymian auch zu Räucherzwecken. Blätter und Blütenspitzen werden im Sommer bis zum Beginn der Blüte gesammelt.
Feld-Thymian (Quendel, *T. serpyllum*), der oft wild vorkommt, wird ähnlich wie der Garten-Thymian genutzt.

Zitronen-Melisse
Melissa officinalis L.

Familie: Lamiaceae
Habitus: Mehrjährige, verzweigte Staude, 30–90 cm hoch, Stängel vierkantig.
Blätter: Kreuzgegenständig, Spreite herz-, ei- oder rautenförmig, zugespitzt, z. T. oben behaart, Rand gekerbt.
Blüten: Je 3–6 in einseitswendigen Scheinquirlen in oberen Blattachseln, fünfzählige, weiße Lippenblüte, Juni–August.
Früchte: Längliche Nüsschen (Klausen).
Herkunft: Die Melisse stammt aus dem östlichen Mittelmeerraum. Vor über 2000 Jahren wurde sie von Römern und Griechen angebaut. Benediktiner brachten sie im Mittelalter aus Italien über die Alpen und pflanzten sie in Klostergärten. Im 16. Jh. zog sie in die Bauerngärten ein. Karmeliter erfanden 1611 den Melissengeist.
Verbreitung und Anbau: Die Melisse wird in Gärten, Töpfen bzw. auf Feldern (Sachsen,

Thüringen) angebaut und verwildert zuweilen. Sie liebt tiefe, humose und feuchte Böden in sonnigen, warmen Lagen.
Nutzung: Frische Blätter würzen u. a. Salate, Gemüse, Eintöpfe, Wild, Suppen und Quark. Industriell wird Melisse für Arzneimittel, Liköre (Benediktiner, Chartreuse) und Kräuteressig verarbeitet. Die Blätter enthalten ca. 0,15 % ätherisches Öl (Citronellal, Geranial, Citral u. a.), dazu Flavonoide, Säuren (Kaffee-, Rosmarinsäure u. a.), Schleime, Harz, Gerb- und Bitterstoffe. Melisse wirkt krampflösend, sedativ, verdauungsfördernd, antiviral, antibakteriell, fieber- und cholersterinsenkend. Melissentee wird bei Nervosität, Schlafstörungen, Herz- und Magen-Darm-Beschwerden empfohlen, früher auch bei Erkältungen, Infektionen, Schilddrüsenüberfunktion, Bronchialkatarren und Migräne. Mit dem Öl behandelte man Wunden, Herpes, Ekzeme und Insektenstiche. Das Kraut wird zu Beginn der Blüte gepflückt und für Tees, Tinkturen, Salben und zur Öldestillation aufbereitet.

Pfeffer-Minze
Mentha piperita L.

Familie: Lamiaceae
Habitus: Mehrjährige Staude, 30–80 cm hoch, ober- und unterirdische Ausläufer, Stängel vierkantig, kahl, oben verzweigt.
Blätter: Gegenständig, gestielt, Spreite länglich, eiförmig oder lanzettlich, zugespitzt, z. T. rötlich überlaufen, Rand grob gezähnt, Unterseite schwach behaart.
Blüten: In endständigen Scheinähren, darunter oft achselständige Quirle, fünf verwachsene Kronblätter, Krone mit vier gleichgroßen Zipfeln, rosa, Staubblätter ragen nicht hervor, Juni–August.
Früchte: Klausen, zerfallen in Nüsschen.
Herkunft: Die Pfeffer-Minze ist eine Kreuzung aus der wilden Wasser- (*M. aquatica*) und der Grünen Minze (*M. spicata*), deren Herkunft unbekannt ist und vermutlich in Kultur entstand. Die Pfeffer-Minze war in Ostasien bereits in vorchristlicher Zeit bekannt. In Ägypten entdeckte man sie in Gräbern um 1200–600 v. Chr. als Grabbeigabe. In Europa begann die Kultivierung Ende des 17. Jh. in England.
Verbreitung und Anbau: Die Pfeffer-Minze findet man durchweg in Kulturen. Zuweilen trifft man verwilderte Exemplare an, die sich aber rasch mit Wildarten kreuzen. Die Pfeffer-Minze wird durch Wurzelstecklinge im Frühjahr vermehrt, die wegen möglicher Rückkreuzungen alle zwei Jahre umgepflanzt werden. An den Boden stellt sie geringe Ansprüche, bevorzugt aber tonigen, kalkigen oder moorigen Grund.
Nutzung: Die Pfeffer-Minze hat unter den Minzen die höchste Wirkstoffkonzentration. Die Blätter enthalten 0,8–4% ätherisches Öl (davon 60% Menthol, 5–20% Menthon), zudem Flavonoide, Gerb- und Bitterstoffe (Terpene). Die Pfeffer-Minze besitzt krampflösende, schweißtreibende, antiseptische, kühlende und leicht betäubende Eigenschaften. Sie fördert auch den Gallenfluss, die Durchblutung, vermindert Verstopfungen und regt die Gefäß- und Atemzentren im Gehirn an. Pfeffer-Minze wirkt besonders auf die Verdauungsorgane und wird gerne bei Übelkeit (Schwangerschaft, Seekrankheit), Magenschmerzen, Blähungen, Koliken und Katarren als Tee getrunken. Ferner wird sie bei Grippe, Erkältungen, Nebenhöhlenentzündungen, Schlafstörungen, Asthma, Hautjucken und Verbrennungen verwendet. Extrahiertes Öl ist als Duft- und Aromastoff Bestandteil von Arzneien (Salben, Säften), Zahnpasta, Mundwässern, Parfüms, Zigaretten, Süßwaren (Kaugummi, Bonbons), Speiseeis und Likören. Frische Pfefferminzblätter würzen Salate, Suppen, Gemüse, Eintöpfe, Soßen, Quarkspeisen und Weichkäse. Die Blätter können ganzjährig gepflückt werden. Für die industrielle Weiterverarbeitung werden ganze Pflanzen bei Beginn der Blütezeit geerntet. Die Blätter streute man einstmals zur Abwehr von Ratten, Mäusen und Schadinsekten aus.

Grüne Minze (Ross-Minze)
Mentha spicata L.

Familie: Lamiaceae
Habitus: Mehrjährige, verzweigte Staude, aufrecht, 10–80 cm hoch, unterirdische, wurzelnde Ausläufer, Stiel vierkantig.
Blätter: Kreuzgegenständig, sitzend, Spreite breit-lanzettlich oder länglich-eiförmig, Rand deutlich gesägt, Unterseite nur entlang der Nerven behaart.
Blüten: In endständigen Scheinähren, Quirle junger Blüten dicht gedrängt, alte Quirle stehen entfernt, vierzipflige Röhre aus fünf Kronblättern, rosa, Staubblätter hervorstehend, Juli–September.
Früchte: Klausen, zerfallen in Nüsschen.
Herkunft: Unbekannt, vermutlich ist diese Art aus Züchtungen hervorgegangen.
Verbreitung und Anbau: Die Grüne Minze wird vielfach kultiviert, steht aber auch verwildert in Gräben, Ruderalfluren, an Ufern, Feld- und Wegrändern. Sie bevorzugt feuchte Standorte sowie stickstoff- und kalkreiche Böden. Sie wird über Wurzelsetzlinge vermehrt.

Nutzung: Die ätherischen Öle (Carvon etc.) der Grünen Minze regen die Verdauung an und lösen Krämpfe. Als Hausmittel wird sie bei Magen-Darm-Problemen (Koliken, Blähungen), fiebriger Grippe und zur Schmerzlinderung bei Bienen- und Wespenstichen verwendet. Das Öl ist milder als Pfefferminzöl und für Kinder sehr gut geeignet. Grüne Minze wird ebenfalls als Küchengewürz in Soßen, diversen Speisen und Tees verwendet. Zudem liefert sie Minzöl für Süßwaren (Kaugummi etc.) und Mundwässer. Man nahm sie früher als Bade- und Waschmittelzusatz. Die Blätter streute man früher zur Abwehr von Nagetieren aus. Grüne Minze wird wie die Pfeffer-Minze geerntet und aufbereitet. Die **Duft-Minze** (*M. suaveolens*) wächst an Wegen und auf nassen Weiden. Sie verströmt einen intensiven Spearmintgeruch. Ihre Blätter nimmt man für Fleischsoßen (Minzsoße), Gemüse, Essig, Kräutertees und kandiert zum Garnieren von Speisen.

Kriechender Günsel

Ajuga reptans L.

Familie: Lamiaceae
Habitus: Mehrjährige Staude, 10–30 cm hoch, Stängel vierkantig, oben zweiseitig stark behaart, beblätterte, wurzelnde Ausläufer.
Blätter: Gegenständig, untere Blätter mit geflügeltem Stiel, obere kreuzgegenständig, sitzend, Spreite umgekehrt eiförmig, Rand gekerbt.
Blüten: In mehrblütigen, blattachselständigen Quirlen aus 6–12 Einzelblüten, fünf röhrenförmig verwachsene, leuchtend blaue Kronblätter, Krone zweilippig, Unterlippe dreilappig, mit weißen Linien, April–Juni.
Früchte: Klausen, zerfallen in vier einsamige Nüsschen.
Herkunft: Einheimisch.
Verbreitung und Anbau: Der Kriechende Günsel ist eine verbreitete Wildpflanze, die zumeist auf feuchten Wiesen, in Gebüschen und Wäldern steht. Er gedeiht überwiegend auf lehmigem, nährstoffreichem Untergrund. Günsel wird auch als bodenbedeckende Gartenpflanze an feuchten, sonnigen oder halbschattigen Stellen gepflanzt. Die Vermehrung erfolgt normalerweise das ganze Jahr über durch Teilung.
Nutzung: Kriechender Günsel enthält ätherische Öle, Gerb- und Bitterstoffe sowie Substanzen, die Digitalis ähneln. Die gesamte Pflanze besitzt adstringierende, schmerzstillende und abführende Eigenschaften. Die Heilwirkungen sind aber nicht eindeutig belegt. Frisch verarbeitetes Kraut wird in der Volks- und Naturheilkunde in Form von Salben und Ölen bei Quetschungen, Wunden, Husten, Halsschmerzen, Mundgeschwüren und Tumoren angewandt. Aufgüsse aus getrockneten Pflanzenteilen helfen gegen innere Blutungen, senken den Blutdruck und wurden früher auch bei Gelbsucht, Leber- und Milzbeschwerden sowie übermäßigem Alkoholgenuss verabreicht. Kriechender Günsel galt früher auch als mildes Rauschmittel. Junge Sprosse können als Salat gegessen werden.

Gundermann
Glechoma hederacea L.

Familie: Lamiaceae
Habitus: Mehrjährige, kriechende Staude, 5–40 cm hoch, flaumig behaart, Blütentriebe aufrecht, verzweigt, nach der Blüte mit langen Ausläufern, Stiel vierkantig, z. T. rötlich.
Blätter: Kreuzgegenständig, gestielt, Spreite nieren- oder herzförmig, Rand gekerbt, Oberseite glänzend, z. T. rötlich.
Blüten: In lockeren, achselständigen Scheinquirlen aus 2–5 Blüten, fünf Kronblätter, blau-violett, bilden lange, zweilippige Röhre, Unterlippe dreiteilig, purpurrot punktiert, Mittellappen geteilt, Oberlippe flach, März–Juni.
Früchte: Einsamige, glatte Nussfrüchte.
Herkunft: Einheimisch.
Verbreitung und Anbau: Gundermann ist eine weit verbreitete Wildpflanze an schattigen Plätzen auf feuchten, stickstoff- und humusreichen Böden. Er wuchert sehr stark und bildet häufig Matten auf Wiesen, Rasen, in Wäldern und an Wegrändern. Es gibt Zuchtformen, die durch Aussaat im Frühjahr angebaut werden.
Nutzung: Das Kraut enthält ätherische Öle (Pinocarvon, Menthon), Vitamin C, Kalium, Saponine, Flavonoide, Gerb- und Bitterstoffe. Gundermann ist eine adstringierende, schleimlösende, entzündungshemmende, harntreibende und Würmer abtötende Pflanze. In der überlieferten Hausmedizin behandelte man mit ihm Bronchitis, schleimigen Husten, Durchfall, Magen-, Nieren-, Blasen-, Gallen- und Leberleiden (u. a. Gelbsucht) sowie Wunden, Hämorrhoiden Zahnfleisch-, Mittelohr- und Rachenentzündungen. In der Blütezeit geschnittenes Kraut wurde für Tees, Aufgüsse, Bäder und alkoholische Extrakte getrocknet. Frische, junge Blätter liefern Gemüse und würzen Frühlingssalate, Suppen, Eierspeisen oder Kräuterquarks. Die Blüten können Maibowlen zugesetzt werden. Noch im 17. Jh. gebrauchte man das Kraut auch zum Konservieren von Bier.

Dost (Wilder Majoran)
Origanum vulgare L.

Familie: Lamiaceae
Habitus: Mehrjährige, aufrechte Staude, 20–60 cm hoch, spärlich behaart, Stängel vierkantig, oft rötlich überlaufen, oben ästig verzweigt.
Blätter: Kreuzgegenständig, gestielt, Spreite elliptisch bzw. eiförmig, zugespitzt, punktiert, Rand glatt oder schwach gezähnt, Hoch- und Tragblätter z. T. purpurrot überlaufen.
Blüten: Endständige Rispen oder rispige Trugdolden, Einzelblüten end- und blattachselständig, fünf verwachsene Kronblätter, Krone trichterförmig, zweilippig, Unterlippe dreizählig, rosa, purpurn oder weiß, vier herausragende Staubblätter, Juli–Oktober.
Früchte: Einsamige, kleine Nüsschen.
Herkunft: Einheimisch.
Verbreitung und Anbau: Dost wächst verbreitet auf nährstoffreichen, trockenen Böden. Man findet ihn auf Trockenrasen, an Hängen, Böschungen, Waldrändern, in Kiesgruben und lichten Gebüschen. Er liebt Wärme und Sonne. Die Pflanze ist leicht kultivierbar. Im Frühjahr werden Samen ausgesät oder im Frühsommer Triebstecklinge gepflanzt. Es gibt zahlreiche Gartenzüchtungen und Hybriden. In Thüringen liegt ein bedeutendes, kommerzielles Anbauzentrum.
Nutzung: Dost enthält 0,1–0,4% ätherisches Öl (vor allem antibiotisches Thymol), Gerb- und Bitterstoffe sowie Harze und Vitamin C. Blätter und junge Triebe schmecken sehr würzig. Sie werden frisch oder getrocknet für Soßen (Tabasco), Fleisch-, Fisch- und Nudelgerichte sowie insbesondere Pizzas verwendet. Als Gewürz kam der Dost in Mitteleuropa erst mit dem Einzug der italienischen Küche in der zweiten Hälfte des 20. Jh. in Mode. **Echter Majoran** (*O. majorana*), eine verwandte, mediterrane Art, wird dort aber häufiger gebraucht, weil er eine höhere Würzkraft hat. Dost besitzt krampflösende, antiseptische, schweißtreibende und verdauungsfördernde Eigenschaften. Als Hausmittel ist er vor allem als Tee bzw. Gurgelmittel bei Magen-Darm-Reizungen, Durchfall, Verdauungsstörungen, Blähungen, Appetitlosigkeit, Gallenbeschwerden, Husten, fiebrigen Erkältungen, Entzündungen im Mund, Zahnschmerzen und schmerzhafter Menstruation bekannt. Extrahiertes Öl benutzt man als Einreibemittel bei Asthma, Bronchitis, Arthritis, Muskelschmerzen und Läusen. Aus dem ätherischen Öl werden Duftstoffe für Lebensmittel, Parfüms und Toilettenartikel hergestellt. Für Heilanwendungen werden oberirdische Pflanzenteile bei Blühbeginn geschnitten und für Tees oder Aufgüsse getrocknet. Die Blatternte für die Gewürzherstellung und Öldestillation erfolgt während der Wachstumsperiode.

Kleine Braunelle
Prunella vulgaris L.

Familie: Lamiaceae
Habitus: Mehrjährige, z. T. kriechende Staude, 10–25 cm hoch, Stängel vierkantig, meistens einfach, flaumig behaart.
Blätter: Kreuzgegenständig, oft gestielt, Spreite länglich-oval oder rautenförmig, spitz, schwach behaart, Rand leicht gekerbt oder glatt.
Blüten: In endständiger, zylindrischer Schein-ähre aus zusammengerückten, meistens sechs-blütigen Quirlen, fünf blau-violette Kronblätter, Krone röhrenförmig, Oberlippe helmförmig, Unterlippe mit ausgefranstem Mittellappen, Tragblätter purpurn, Mai–Oktober.
Früchte: Einsamige Nussfrüchte.
Herkunft: Einheimisch.
Verbreitung und Anbau: Die Braunelle wächst auf offenen Rasen und Wiesen, in lich-ten Wäldern und Gebüschen. Sie liebt kalkigen oder lehmigen Boden. Im Garten wird sie durch Aussaat (Frühjahr, Herbst) oder Teilung (Früh-jahr) gepflanzt.
Nutzung: Die Kleine Braunelle ist ein altes Heilkraut, das heute nur noch eine geringe Be-deutung hat. Sie enthält ätherische Öle, das Glykosid Aucubin, Gerb- sowie Bitterstoffe und verfügt über bakterizide, fiebersenkende, blut-reinigende, adstringierende und harntreibende Effekte. Früher dienten Kompressen aus fri-schen Blättern zur Behandlung offener Wun-den, Schnittverletzungen und Verbrennungen. Zudem wurde sie bei inneren Blutungen, Heiserkeit, Rachen-, Zahnfleisch- und Binde-hautentzündungen, Hämorrhoiden, Menstru-ationsbeschwerden, Durchfall, Gallen- und Le-berleiden verwendet. Das Kraut wurde in der Blüte, die Blütenköpfe im Herbst geschnitten und für Tees, Aufgüsse, Tinkturen und Salben aufbereitet. Junge Blätter und Triebe liefern ein salziges, leicht bitteres Gemüse sowie Salat- und Suppenzutaten. In kaltem Wasser angesetzte Blätter ergeben ein Erfrischungsgetränk.

Echtes Herzgespann (Löwenschwanz)

Leonurus cardiaca L.

Familie: Lamiaceae
Habitus: Mehrjährige Staude, 0,5–1,5 m hoch, ästig verzweigt, dicht behaart, Stiel vierkantig, gerillt, z. T. rötlich.
Blätter: Kreuzgegenständig, lange Stiele, untere meistens fünffach, obere dreifach handförmig geteilt, Spreite weich behaart.
Blüten: In mehrblütigen Scheinquirlen, fünf Kronblätter, purpurn, rosa oder weiß, formen zweilippige Röhre, Oberlippe flach, zottig behaart, Juni–September.
Früchte: Kleine, dreikantige Nüsse.
Herkunft: Mittelasien oder Osteuropa.
Verbreitung und Anbau: Herzgespann steht selten, z. T. zerstreut in Hecken, Unkrautfluren, an Wegen, Gemäuern, Weinbergen und auf Weiden. Es liebt warme, stickstoffreiche und gut entwässerte Böden. Herzgespann ist streng geschützt. Im Garten wird es durch Aussaat (Frühling) oder Teilung (Frühling, Herbst) gepflanzt.
Nutzung: Herzgespann beruhigt den Herzschlag, die Nerven, senkt den Blutdruck, reduziert das Thromboserisiko, löst Krämpfe und hat antibakterielle sowie harntreibende Wirkungen. Das Kraut enthält Bitterstoffe (Leocardin, Terpene), Flavonoide (Rutin, Quercitrin etc.), Kaffeesäureverbindungen, Gerbstoffe und ätherisches Öl. Im antiken Griechenland verschrieben die Heilkundigen Herzgespann bei Angstzuständen. Die moderne Naturheilkunde empfiehlt es bei Herzinsuffizienz, Herzrhythmusstörungen, Schilddrüsenüberfunktion sowie Störungen der Gebärmutterfunktion während der Periode und Entbindung. Das Kraut wird in der Blüte geschnitten und für Tees, Tinkturen und Extrakte getrocknet. Frische oder getrocknete Blüten ergeben Tee und würzen Linsen- bzw. Erbsensuppen, früher auch Bier. Die Blättern liefern einen olivgrünen Farbstoff.

Weiße Taubnessel
Lamium album L.

Familie: Lamiaceae

Habitus: Mehrjährige Staude, 20–60 cm hoch, an der Stielbasis locker verzweigt, Stiel vierkantig, behaart, Basis violett, unterirdische, verzweigte Ausläufer.

Blätter: Kreuzgegenständig, hellgrün, Spreite dreieckig oder eiförmig mit deutlicher Spitze, beiderseits behaart, Rand deutlich gesägt, untere Blätter lang-, obere kurzstielig.

Blüten: In etagenförmigen Scheinquirlen, 6–16 Blüten wachsen aus Blattwinkeln, Kronblätter bilden aufwärts gebogene, behaarte, zweilippige Röhre, Oberlippe gekerbt, Unterlippe etwas länger, an den Seitenlappen 2–3 Zähnchen, gelblich-weiß, Kelch glockenförmig, Kelchblätter so lang wie Blütenröhre, März–November.

Früchte: Kleine, dreieckige Nussfrüchte.

Herkunft: Einheimisch.

Verbreitung und Anbau: Die Taubnessel ist eine häufige Wildpflanze der gemäßigten Klimazonen und steht auf Wiesen, an Wegrändern sowie in Unkrautfluren. Sie liebt sonnige oder halbschattige Plätze auf nährstoffreichen, feuchten Böden.

Nutzung: Junge Blätter und Triebe können als Gemüse gekocht bzw. zu Salat oder als Suppenzutat verarbeitet werden. Die Blätter enthalten viel Vitamin A. Auch weichgekochte Wurzeln sind genießbar. Blüten, Blätter und Stängel enthalten neben ätherischen Ölen, Saponinen, Rosmarinsäure und Alkaloiden ungefähr 5% Gerbstoffe.

Die Taubnessel verfügt über adstringierende, kongestionshemmende, auswurffördernde, beruhigende und diuretische Wirkungen. Bei innerlicher Anwendung hilft ein Aufguss gegen Regelschmerzen, Scheidenausfluss, Blasenbeschwerden, Prostatitis, Leber- und Gallenbeschwerden sowie Hämorrhoiden. Bei Menstruationsbeschwerden empfiehlt sich Taubnesselsud als Badezusatz für eine äußere Spülung. Im Mittelalter verwendete man die Pflanze, wenn nach der Entbindung Blutungen auftraten. Aus den Blüten lässt sich wohlschmeckender Tee aufbrühen. Die Blüten oder das Kraut sollten während der Blüte geschnitten und für Tinkturen und Aufgüsse getrocknet werden.

Arznei-Baldrian
Valeriana officinalis L.

Familie: Valerianaceae
Habitus: Mehrjährige Staude, 0,5–1,5 m hoch, geriefter, hohler Stiel, oben wenig verzweigt.
Blätter: Gegenständige Fiederblätter, 11–25 lanzettliche, ganzrandige oder gezähnte Fiedern, die unteren Blätter sind gestielt, die oberen sitzend.
Blüten: In endständigen Büscheln, Kronblätter rosa oder weiß, bilden trichterförmige, fünfzipflige Röhre, Grund ausgesackt, aromatischer Duft, Juni–August.
Früchte: Längliche Samen mit fedrigem Pappus.
Herkunft: Einheimisch.
Verbreitung und Anbau: Baldrian gedeiht auf nährstoffreichen, feuchten Böden. Er steht an sonnigen Plätzen in Wäldern, auf nassen Wiesen, Flachmooren, an Ufern und in Gräben. Für medizinische Zwecke wird Baldrian kultiviert.

Er wird im Frühjahr ausgesät oder durch Teilung im Frühling bzw. Herbst vermehrt.
Nutzung: In der germanischen Mythologie galt die Baldrianwurzel als Zauberwurzel, die Unheil zum Guten wenden konnte. Seit dem 4. Jh. v. Chr. belegen griechische Quellen die medizinische Nutzung. Im Mittelalter verwiesen europäische Kräuterbücher auf den Baldrian. Rhizom und Wurzel enthalten Valeriansäuren, ätherisches Öl (Kampfer, Pinen), Sesquiterpene und Alkaloide (Valerin, Chatinin). Valeriansäuren beruhigen nachweislich das Nervensystem, aber vermutlich ist die Mischung der Inhaltsstoffe für die Wirkung wichtig. Baldrian wird gegen nervöse Störungen verabreicht, z. B. Schlaflosigkeit, Angstzustände, Aufregung, Krämpfe, Kopfschmerz, Bluthochdruck, Verdauungsstörungen, Magenkrämpfe, Koliken und auch schmerzhafte Menstruation. Baldrian wird gerne Entspannungsbädern zugesetzt. Im Ersten Weltkrieg behandelten die Ärzte mit Baldrian den „Granatsplitterschock", d.h. neurologische Ausfälle durch extremen, psychischen Stress. Äußerlich nimmt man ihn zur Behandlung kleiner Wunden und Ekzeme. Eine Dauermedikation mit Baldrian birgt eine gewisse Suchtgefahr. Wurzeln und Rhizome werden im Herbst des zweiten Jahres geerntet, wenn die Wirkstoffkonzentration ihren Höhepunkt erreicht. Sie werden für Aufgüsse, Tees, Tinkturen, Tabletten und Extrakte bei ca. 40 °C getrocknet. Beim Trocknen entwickelt sich der Baldriangeruch, vermutlich entstehen dabei sogar erst die endgültigen Wirkstoffe. Baldrianextrakte sind in Parfüms und als Aromastoffe in Nahrungsmitteln (Eiscremes, Gebäck) enthalten (besonders für Apfelgeschmackskomponenten). Das Kraut enthält viel Phosphor und ergibt einen guten Pflanzendünger. Es wird einigen Düngermischungen zugesetzt.

Gewöhnlicher Feldsalat
Valerianella locusta L.

Familie: Valerianaceae
Habitus: Einjähriges, zartes Kraut, 10–20 cm hoch, Stängel gabelästig verzweigt.
Blätter: Grundständige Blattrosette, Spreite länglich-oval oder spatelförmig, zwei stumpfe Zähne am Grund, Stängelblätter gegenständig, lanzettlich, spitz.
Blüten: In endständigen, büscheligen Trugdolden, unscheinbar, fünf verwachsene Kronblätter, blauweiß, April–Juni.
Früchte: Nüsschen, rundlich, abgeflacht.
Herkunft: Feldsalat ist eine der wenigen einheimischen Kulturpflanzen. Früchte des Feldsalates sind in Pfahlbausiedlungen der Jungstein- und Bronzezeit (4600–800 v. Chr.) des nördlichen Alpenvorlandes entdeckt worden. In den folgenden Jahrhunderten gibt es immer wieder Fundnachweise, doch schriftliche Belege stammen erst aus dem 16. Jh., wobei es unklar bleibt, ob er angebaut oder (wahrscheinlicher) lediglich gesammelt wurde. Gezielter Anbau begann offenbar Anfang des 18. Jh. in Bauerngärten. Gewerblicher Anbau wurde erst im 20. Jh. eingeführt. Alle Kultursorten gehen auf den Wilden Feldsalat (*V. locusta*) zurück. Im 19. Jh. wurde auch **Gekielter Feldsalat** *(V. carinata)* angebaut.
Verbreitung und Anbau: Feldsalat wird von August–September ausgesät, weil er im Sommer schießt. Zwischen Oktober und dem folgenden Frühjahr wird geerntet. Er wird im Garten- bzw. Feldbau kultiviert und stellt keine großen Klima- und Bodenansprüche. Wilder Feldsalat steht an Äckern und Böschungen.
Nutzung: Feldsalat wird gerne als Salat und z. T. gedünstet als Gemüse gegessen. Er enthält ätherisches Öl, die ihm einen nussigen Geschmack verleihen, Mineralien und Vitamine (A, B, C). Der Gehalt an Eisen (0,002%) und Vitamin C (0,04%) übersteigt den anderer Blattsalate. Feldsalat ist mit 2% Eiweiß und 1,5% Kohlenhydraten sehr kalorienarm.

Unkrautfluren, Gebüschen und Böschungen. Sie liebt steinige, stickstoff- und kalkreiche Böden.

Nutzung: Die Wilde Karde enthält das Glykosid Scabiosid, Terpene und Kaffeesäureverbindungen. In der Volksheilkunde wird die Wurzel bei Leberbeschwerden, Gelbsucht, Magenerkrankungen, kleinen Wunden, Gerstenkörnern, Fisteln, Hautflechten, Nagelgeschwüren und zur Behandlung von Krebs empfohlen. Sinti und Roma rieben sich mit in den Blattachseln angesammeltem Wasser entzündete Augen ein. Getrocknetes Kraut liefert einen wasserlöslichen, blauen Farbstoff, der als Indigo-Ersatz galt. Mit Alaunsalz schlägt die Farbe in gelb um. Die verwandte, z. T. in Süddeutschland angebaute **Weberkarde** (*D. sativus*) stammt aus Südwesteuropa. Ihre gekrümmten Tragblätter bilden einen festen, biegsamen Haken, mit dem Wolle gekämmt werden kann. Mit getrockneten Blütenköpfchen bearbeitete man früher Tücher und heute noch Lodenstoffe und Billardtücher.

Wilde Karde
Dipsacus sylvestris Hudson

Familie: Dipsacaceae
Habitus: Zweijähriges Kraut, 0,9–2 m hoch, ästig verzweigt, an den Kanten mit Stacheln.
Blätter: Im ersten Jahr grundständige Rosette, Blätter kurz gestielt, länglich, ganzrandig, Blütenstängelblätter (zweites Jahr) gegenständig, am Grund tütenförmig verwachsen, Spreite leierförmig oder fiederspaltig, spitz zulaufend.
Blüten: In eiförmigen, langen Köpfchen, vier violette, nicht strahlende Kronblätter, röhrig verwachsen, Blüten öffnen sich nicht zur gleichen Zeit, Tragblätter länger als die Blüte, Spitze weich, Kelch borstig, Blütenstand von stacheligen, verschieden langen, bogig aufsteigenden Hüllblättern umgeben, Juli–August.
Früchte: Einsamige Schließfrüchte.
Herkunft: Einheimisch.
Verbreitung und Anbau: Die Wilde Karde steht an feuchten Standorten von Grasflächen,

Hier zu sehen: Weberkarde (*D. sativus*).

Echter Kümmel

Carum carvi L.

Familie: Apiaceae

Habitus: Zweijähriges Kraut, 30–50 cm hoch, verzweigt, Stängel kahl, längsstreifig.

Blätter: Wechselständig (im ersten Jahr nur eine Blattrosette), Spreite 2- bis 3fach fiederteilig, Teilblättchen linealisch zugespitzt, unterste Paare der Fiedern zweiter Ordnung kreuzweise gestellt.

Blüten: In lang gestielten Doppeldolden (erscheinen im zweiten Jahr), Hüllblätter normalerweise fehlend, Einzelblüten zwittrig, fünf weiße, verkehrt-herzförmige Kronblätter, Mai–Juli.

Früchte: Spaltfrüchte, in länglich-elliptische, gekrümmte Achänen zerfallend.

Herkunft: Kümmel ist einheimisch und wird mindestens seit dem 16. Jh. genutzt.

Verbreitung und Anbau: Echter Kümmel wächst verbreitet auf Wiesen, Weiden, Ruderalflächen, an Wegrändern und Bahndämmen. Er liebt sonnige Lagen und tiefgründige, kalkhaltige, feuchte Böden. Für die Kulturnahme werden die Samen im Frühjahr oder Herbst ausgesät. Intensiver Anbau wird vor allem in Friesland und Mitteldeutschland betrieben.

Nutzung: Reife, getrocknete Kümmelsamen sind vor allem als Gewürz für Brot, Teigwaren, Eintopf, Gulasch, Sauerkraut, Kohl, Kartoffeln, Käse, Quark und Salzgebäck bekannt. Sie enthalten etwa 5% ätherisches Öl (Limonen und Carvon, der Hauptduftstoff), ferner Flavonoide, Gerbstoffe, Öl und Mineralien (Calcium, Eisen, Magnesium). Die Samen werden im Sommer geerntet. Durch Wasserdampfdestillation gewonnenes ätherisches Öl würzt Süßigkeiten, Speiseeis und diverse alkoholische Getränke, z. B. Bommerlunder, Malteser, Köhm, Aquavit und Gin. Zudem ist es in Parfüms, Seifen und Rasierwässern enthalten. Kümmel verfügt über krampflösende, auswurffördernde und antiseptische Wirkungen. In der Medizin gebraucht man

Kümmel als Magenmittel (Blähungen, Völlegefühl, Verstopfung, leichte Krämpfe). Er gilt als eines der besten pflanzlichen Karminativa, besonders für Säuglinge. Daneben hilft er bei nervösen Herzbeschwerden und als Einreibemittel bei Rheuma. Als Hausmittel trank man Tee aus zerquetschten Früchten. Das ätherische Öl ist auch in diversen Arzneimittel-Zubereitungen enthalten. Die Tiermedizin verwendet ihn bei Koliken von Pferden und Rindern. Früher aß man gekochte Wurzeln und Blätter als Gemüse bzw. nahm frische Blätter als Suppenzutat.

Koriander

Coriandrum sativum L.

Familie: Apiaceae
Habitus: Einjähriges Kraut, 30–60 cm hoch, Stängel gerillt, verströmt Wanzen-Geruch.
Blätter: Grundständige Rosette mit vergänglichen, ungeteilten, gekerbten Blättern, Stängelblätter wechselständig, 2- bis 3fach fiederteilig.
Blüten: Endständige, lang gestielte Doppeldolden, 3–5 Strahlen, ein oder kein Hüllblatt, Krone fünfzählig, weiß-rötlich, Randblüten verlängert, Juni–August.
Früchte: Kugelige Achänen, zerfallen nicht in Teilfrüchte.
Herkunft: Die Heimat vermutet man im östlichen Mittelmeerraum. Mit den Römern kam er nach Mitteleuropa, aber verbreitete Nutzung kam erst im 8. Jh. n. Chr. auf.
Verbreitung und Anbau: Koriander braucht warme, sonnige Plätze auf humosen, lockeren und etwas kalkigen Böden. Er wächst in Gartenkulturen und zuweilen in Unkrautfluren. Die Aussaat erfolgt im April.
Nutzung: Koriander ist eine uralte Gewürz- und Heilpflanze, die in ihrer Heimat seit über 3000 Jahren bekannt ist. Der unangenehme Geruch verschwindet mit der Fruchtreife. Die Samen enthalten 1% ätherisches Öl, ferner Terpene, Gerbstoffe, Sitosterol, Vitamin C, Oxalsäure und Öl. Sie dienen als Gewürz für Gebäck (z. B. Spekulatius, Printen), Soßen, Gemüse, Wurst und zum Einmachen (Rote Bete, Gurken). Koriander ist ein wichtiger Bestandteil von Curry-Gewürzmischungen. In der Kräuterheilkunde gilt er als appetitanregendes, verdauungsförderndes und krampflösendes Mittel. Überlieferte Indikationen sind Darmwürmer, Arteriosklerose und Malaria. Auch die Blätter lassen sich als Gemüse- oder Suppengewürz verarbeiten. Das ätherische Öl wird für Liköre, Parfüms, Seifen und natürliche Schädlingsbekämpfungsmittel gebraucht. Industriell versucht man derzeit, das Öl für die Plastikherstellung zu nutzen.

Dill (Gurkenkraut)

Anethum graveolens L.

Familie: Apiaceae
Habitus: Einjähriges Kraut, 0,8–1,2 m hoch, ästig verzweigt, Stängel gerillt, fein längsstreifig.
Blätter: Wechselständig, Spreite sehr zart, fein 3- bis 4fach gefiedert, blaugrün, Blattscheiden umfassen den Stängel.
Blüten: Große Doppeldolden, 30–50 Döldchen, Hülle und Hüllchen fehlend, kleine, fünfzählige, gelbe Krone, Juni–August.
Früchte: Flache, ovale Spaltfrüchte.
Herkunft: Dill stammt aus Südwestasien. Er galt wegen seines starken Geruchs als Schutz- und Zauberkraut. Gladiatoren sollen sich vor ihren Kämpfen mit Dillöl eingerieben haben.
Verbreitung und Anbau: Dill wächst bei uns fast nur in Kulturen. Er lässt sich im Gartenbau auf lehmhaltiger, humoser Erde an sonnigen, windgeschützten und feuchten Standorten ziehen. Die Samen können von März–Juni ausgesät werden. Dill wird im Intensivanbau vor der Blüte in einer Höhe von 30–40 cm geschnitten.
Nutzung: Alle Pflanzenteile enthalten ätherisches Öl (Carvon etc.), viele Mineralien und Vitamin B, die Samen zudem 14% fettes Öl. Zum Würzen von Speisen (Gemüse, Salat, Soßen, Fisch, Fleisch, Weichkäse, Quark) werden Blätter und Samen verwendet. Das Kraut gilt als besondere Würze für eingelegte Gurken, wozu blühende oder mit noch unreifen Samen besetzte Dolden verwendet werden. Gefrorener Dill behält sein volles Aroma und bietet eine Alternative zum frischen, rasch welkenden Kraut. Getrockneter und gekochter Dill verliert an Würzkraft. Destilliertes Öl ist als Aroma- und Duftstoff in Likören, Lebensmitteln, Seifen und Medikamenten enthalten. Carvon wird Insektiziden zugesetzt. Dillfrüchtetee fördert die Milchsekretion stillender Mütter, stärkt den Magen und wirkt karminativ.

Nutzung: In der Küche dienen frisches oder getrocknetes Kraut (Suppen, Eintopf, Fleischgerichte, Soßen, Salate) und Samen (Käsegebäck, Brot) als Gewürz. „Maggi-Würze" enthält übrigens keinen Liebstöckel. Stängel und Wurzeln lassen sich als Gemüse zubereiten. Getrocknete Wurzeln nimmt man zur Herstellung von Magen- und Kräuterlikören. Als Heilmittel werden Wurzelstöcke, Früchte sowie Kraut verwendet. Die Hauptwirkstoffe (Cumarine, ätherisches Öl, z. B. Ligustilid, Phthaliden) vermitteln diuretische, sedative, antimikrobielle, krampflösende, verdauungs- und auswurffördernde Effekte. Liebstöckeltee wird bei Sodbrennen, Blähungen und Völlegefühl empfohlen. Mit dem Kraut linderte man früher gerötete Augen, Fieber und Rippenfellentzündungen. Pulverisierte Wurzeln fanden zudem in Tees gegen Rheuma, Migräne, Nieren- und Blasenleiden Anwendung. Die Wurzeln ab drei Jahre alter Pflanzen werden im Frühjahr oder Herbst ausgegraben. Die Blätter werden vor der Blüte gepflückt. Aus der Pflanze destilliertes Öl wird Parfüms beigemischt.

Liebstöckel (Maggikraut)
Levisticum officinale Koch

Familie: Apiaceae
Habitus: Mehrjährige, stämmige Staude, 1–2 m hoch, ästig verzweigt, Stängel aufrecht, stielrund, hohl, fein gerillt.
Blätter: Wechselständig, untere 2- bis 3fach, obere einfach gefiedert, Blättchen ledrig, glänzend, Ränder gezähnt.
Blüten: In Doppeldolden, 8–20 Strahlen, Blüten blassgelb, fünf runde Kronblätter, eingerollt, Kelch fehlt, Juni–August.
Früchte: Spaltfrüchte (Achänen).
Herkunft: Liebstöckel stammt aus dem Iran und Afghanistan. In der Antike kultivierte man ihn im Mittelmeerraum, besonders in Ligurien. Spätestens seit dem Mittelalter wird er in Mitteleuropa angebaut.
Verbreitung und Anbau: Liebstöckel benötigt tiefen, nährstoffreichen Boden. Als reine Kulturpflanze wird er im März und April ausgesät.

Gemüse-Fenchel

Foeniculum vulgare var. *azoricum*
(Miller) Thallung

Familie: Apiaceae
Habitus: Zwei- oder mehrjährige, aufrechte Staude, 0,8–2 m hoch, verzweigt, blaugrün bereift, Stiel rund, gerillt.
Blätter: Grundständige Blätter bilden mit den Blattscheidenbasen eine Zwiebel, Stängelblätter wechselständig, 3- bis 4fach gefiedert, mit verlängerten, pfriemförmigen oder haarfeinen Zipfeln.
Blüten: Große Doppeldolden ab dem zweiten Jahr, ungleich lange Strahlen, Hüllblätter fehlen, fünf gelbe, breit-eiförmige Kronblätter, klein, an der Spitze mit eingerolltem Lappen, Juli–August.
Früchte: Länglich-eiförmige Spaltfrüchte (Achänen), mit stumpfen Rippen.
Herkunft: Ursprünglich stammt Fenchel aus Südeuropa. Die Kulturnahme begann im Rom der Antike. In der Zeit Karls „des Großen" gelangte er bis nach Nordeuropa.
Verbreitung und Anbau: Wilder Fenchel wächst hier zerstreut in Schuttfluren. Im Anbau befinden sich neben dem Gemüse-Fenchel noch **Süßer** (*F. v.* var. *dulce*) und **Bitterer Gewürz-Fenchel** (*F. v.* var. *vulgare*). Fenchel braucht nährstoffreiche, trockene, kalkige Lehmböden in sommerwarmem Klima. Gemüse-Fenchel sät man von April–Juni ins Freiland.
Nutzung: Die Zwiebel des Gemüse-Fenchels dient als schmackhaftes Gemüse und wird roh zur Salatbereitung genutzt. Er enthält sehr viel Vitamin C (0,1%), 6% Kohlenhydrate, 3% Ballaststoffe und ätherisches Öl, das den Anisgeschmack bestimmt. Als verdauungsförderndes Gewürz für Salate, Fisch, Suppen, Kuchen, Brot, Soßen und zum Einmachen von Obst werden Blätter oder Samen des Süßen Fenchels genommen. Seine Samen enthalten ca. 5% ätherisches Öl, vor allem Anethol. Die Blätter verlieren beim Trocknen ihr Aroma. Für Heilzwecke werden Samen vom Bitteren Gewürz-Fenchel genommen. Dessen Früchte enthalten im Gegensatz zum Süßen Fenchel mehr bitteres Fenchon (15%). Neben den ganzen, getrockneten Früchten gebraucht man durch Wasserdampfdestillation gewonnenes ätherisches Öl. Der Rückstand dient als wertvolles Viehfutter. Fenchelöl besitzt blähungstreibende, schleimlösende, diuretische, schmerzstillende, entzündungshemmende und antibakterielle Wirkungen. Es kommt bei Verdauungsproblemen, Völlegefühl und Atemwegserkrankungen zum Einsatz. Fenchel wurde früher bei Bronchitis, Erbrechen, Asthma, mangelhafter Milchproduktion, Augenschmerzen, Sehschwäche, Rachenentzündungen, Leber-, Gallen- und Milzleiden verwendet. Noch heute enthalten Hustenmittel und Bonbons Fenchelöl. Kindern mit Atemwegskatarren wird gerne Fenchelhonig verabreicht. Das Öl wird auch als Geschmacks- und Duftstoff in Lebensmitteln, Seifen und Parfüms verarbeitet.

Garten-Petersilie

Petroselinum crispum Miller

Familie: Apiaceae
Habitus: Zweijähriges Kraut, 60–100 cm hoch, kantiger, vielästiger Stiel.
Blätter: Grundrosette im ersten Jahr, Sprossblätter im zweiten Jahr wechselständig, 2- bis 3fach gefiedert, glatt oder kraus, oben glänzend, unten weichhaarig.
Blüten: In Doppeldolden, 10–20 Strahlen, lang gestielt, fünf Kronblätter, gelbgrün, mit gekrümmter Spitze, Juni–Juli.
Früchte: Rundlich-eiförmige Spaltfrüchte.
Herkunft: Die Petersilie stammt aus dem Mittelmeergebiet. Sie wurde schon in der Jungstein- und Bronzezeit genutzt, doch erst die Römer brachten sie nach Mitteleuropa. Im antiken Griechenland erhielten die Sieger von Wettkämpfen geflochtene Petersilienkränze.
Verbreitung und Anbau: Petersilie findet man mit Ausnahme weniger Gartenflüchtlinge nur im Anbau. Sie braucht feuchte, tiefe, lockere und nährstoffreiche Böden. Die Aussaat erfolgt von März–Juli. Es gibt zwei Varietäten: **Wurzel-** (*P. c.* convar. *radicosum*) und **Blatt-Petersilie** (*P. c.* convar. *crispum*).
Nutzung: Die vitaminreichen (A, B, E, C), frischen Blätter sind ein sehr bekanntes Würzkraut für Gemüse, Suppen, Soßen und Rohkostgerichte. Getrocknet oder gefrostet verlieren sie an Würzkraft. Die Blätter enthalten 0,3%, die Samen 6% ätherisches Öl (Apiol). Es wird als Lebensmittelaroma- und Parfümduftstoff gewonnen. Als Hausmittel nahm man Kraut, Saft oder Öl bei Insektenstichen, Magen-Darm-Beschwerden, Gelbsucht, Nierenleiden, Zystitis, Rheuma, Arthritis, Zahn- und Ohrenschmerzen sowie zur Anregung der Milchsekretion und Uteruskontraktion nach der Niederkunft. Das Öl wirkt als Mückenrepellant. Zu hohe Dosen des ätherischen Öls sind giftig. Blattabsude helfen gegen schuppiges Haar. Die einjährige Wurzel der Knollen-Petersilie liefert ein wenig gehaltvolles Suppengewürz und Gemüse.

Hier zu sehen: Wurzel-Petersilie.

Möhre (Karotte)

Daucus carota ssp. *sativus* (Hoffmann) Arcangeli

Familie: Apiaceae
Habitus: Zweijähriges Kraut, 0,3−1 m hoch, im zweiten Jahr mit kantigem, verzweigtem Blütenspross, rote Wurzelrübe.
Blätter: Im ersten Jahr Grundrosette, am Stiel wechselständig, 2- bis 3fach gefiedert, Scheidenbasis umfasst Stängel.
Blüten: In flachen, dichten Doppeldolden mit roten Zentralblüten, Hüllblätter gefiedert oder dreizipflig, Blüten fünfzählig, klein, weiß, Juni−September.
Früchte: Flache, borstige Doppelachänen.
Herkunft: Die Wilde Möhre (*D. carota*) ist einheimisch, doch man nimmt an, dass die Kulturform in Asien durch Kreuzung der Wilden Möhre mit der mediterranen Riesen-Möhre (*D. maximus*) gezüchtet wurde. Im 10. Jh. begann die Möhrenkultur, aber sie wurde schon in vorgeschichtlicher Zeit medizinisch genutzt. Die Mauren brachten die Kulturmöhre im 12. Jh. nach Spanien, von wo sie sich in Europa ausbreitete. Die heute üblichen roten Sorten entstanden vom 17.−18. Jh. in Holland.
Verbreitung und Anbau: Wilde Möhren wachsen oft auf trockenen Wiesen. Die Kultur-Möhre wird im einjährigen Anbau von Februar bis Juli auf nährstoffreichen, etwas sandigen Böden ausgesät.
Nutzung: Die Wurzel enthält 5% Kohlenhydrate, 3% Ballaststoffe und viele Vitamine, besonders Carotin (Vitamin A: 0,01%), das die Sehkraft stärkt. Sie liefert Frischgemüse, Rohkost, Gefrier- und Nasskonserven, Saft, Sirup, Carotin (Lebensmittelfarbe), Vitamin B_1 und B_2, Parfümdüfte und Würzstoffe. Die Blätter ergeben Suppen- und Gemüsebeilagen und geröstete Wurzeln lieferten Kaffee-Ersatz. Die Pädiatrie nutzt Möhren bei Mandelentzündungen, Ernährungsstörungen und Vitamin-A-Mangel. Samenöl ist in Antifaltencremes, β-Carotin in Cremes sowie Arzneien gegen Hautprobleme enthalten. Die Volksmedizin nimmt Wilde Möhre bei Ödemen, Menstruations-, Verdauungs-, Stein-, Nieren- sowie Gallenleiden und als Wurmmittel.

Verbreitung und Anbau: Pastinak wächst wild auf kalkhaltigen, eher feuchten, lockeren Lehm- oder Tonböden auf Wiesen, an Wegrändern und in Gräben. Pastinak wurde im Altertum und noch in der Neuzeit angebaut. Er scheint schon von den Römern verwendet worden zu sein. Plinius beschrieb Versuche, eine weniger scharfe Sorte zu züchten. Ihm zufolge ließ Tiberius die Pflanze jährlich aus Anbaugebieten am Rhein holen. Pastinak war eine der bedeutenderen Kulturpflanzen Mitteleuropas, bis die Kulturnahme im 18. Jh. durch den Kartoffel- und Möhrenanbau weitgehend verdrängt wurde. Kommerzieller Anbau wird noch in Niedersachsen betrieben. Im Gartenbau erfolgt die Aussaat ab März. Geerntet wird meistens die Rübe einjähriger Pflanzen.

Nutzung: Pastinakwurzel ist ein altes Gemüse, das heute wieder als Spezialität gilt. Der Volksname Hammelwurzel deutet auf die früher verbreitete Verwendung als Viehfutter hin. Er zählt zu den nährstoffreichen Gemüsen, mit hohem Gehalt an Mineralien (1%), Vitaminen (B, C), Ballaststoffen (13%) und Kohlenhydraten (3%, inklusive Pektin). In allen Pflanzenteilen finden sich phototoxische Furanocumarine, die bei hellhäutigen Menschen zu einer Steigerung der UV-Empfindlichkeit der Haut führen können. Das süßlich-würzige Aroma entsteht durch 1–3% ätherisches Öl. Getrocknete und geröstete, zerkleinerte Rüben galten früher als Kaffee-Ersatz. In Irland braut man sogar Bier aus den Wurzeln. Die würzigen, jungen Blätter und Sprosse eignen sich für Mischgemüse oder als Suppenzutat. Die Volksheilkunde gebrauchte Früchte, Kraut und Wurzel als Diuretikum und zur Verdauungsförderung. Indikationen waren neben Wassersucht, Magen-Darm-, Nieren- und Blasenbeschwerden auch Fieber und Schlaflosigkeit. Blatt- und Wurzelextrakte sind in Insektensprays enthalten.

Pastinak
Pastinaca sativa L.

Familie: Apiaceae
Habitus: Zweijähriges Kraut, 0,3–1 m hoch, Spross reich verzweigt, erscheint im zweiten Jahr, Stängel kantig, gefurcht, kurzhaarig oder fast kahl, mit fleischiger, weißer Wurzelrübe.
Blätter: Rosette im ersten Jahr mit einfach gefiederten, gestielten Blättern, Stängelblätter wechselständig, gefiedert, eiförmig-längliche Blättchen in 3–7 Paaren und Endabschnitt aus drei grob gekerbten Lappen, Oberseite glänzend, Unterseite hell, weichhaarig.
Blüten: In flachen Doppeldolden, 5–12 Strahlen, Enddolde größer, aber kürzer als Seitendolden, Hülle und Hüllchen fallen ab, fünf runde, goldgelbe, nach unten gerollte Blütenblätter, Juli–September.
Früchte: Breit-elliptische, linsenförmige Spaltfrüchte (Achänen).
Herkunft: Einheimisch.

Giersch

Aegopodium podagraria L.

Familie: Apiaceae
Habitus: Mehrjähriges Kraut, 0,3–1 m hoch, Stängel aufrecht, kantig gefurcht, hohl, im oberen Teil ästig verzweigt.
Blätter: Wechselständig, gestielt, Spreite doppelt dreizählig gefiedert, Fiedern erster Ordnung oft nur zweispaltig, oberste z. T. einfach, auf Blattscheiden, Blättchen eiförmig-oval, Rand gesägt, Rand und Unterseite zerstreut kurz behaart.
Blüten: In großen Doppeldolden ohne Hülle und Hüllchen, fünf Kronblätter, weiß, selten rosa, verkehrt-herzförmig, am Grund keilförmig, Blüten zwittrig oder männlich, Mai–September.
Früchte: Bräunliche Spaltfrüchte (Achänen) mit hellen Rippen.
Herkunft: Einheimisch.
Verbreitung und Anbau: Giersch ist ein hartnäckiges Wildkraut, das an schattigen und feuchten Plätzen oft größere Bestände bildet. Er steht an Hecken, Gebüschen, Wegrändern, Mauern, in lichten Wäldern und in Gärten.
Nutzung: Junge, vor der Blüte geerntete Pflanzenteile liefern Kochgemüse oder dienen als Suppenkraut. Sie eignen sich zu Kartoffelgerichten und als Pfannkuchenfüllung. Alte Blätter können wie Petersilie als Gewürz verwendet werden. Giersch enthält ätherisches Öl, Kaffeesäureverbindungen (Chlorogen-, Ascorbinsäure) sowie Flavonoide und diente schon den Mönchen im Mittelalter als Heilkraut. Er hat beruhigende, entzündungshemmende und harntreibende Eigenschaften. Ein Teeaufguss oder Presssaft aus frischem Kraut hilft bei rheumatischen Erkrankungen, Gicht, Ischias, Arthritis (daher auch der Name „Zipperleinskraut"), Nieren- und Blasenleiden. Mit Breiumschlägen versorgte man Insektenstiche und offene Wunden. In der Kräutermedizin und Homöopathie finden noch immer im Sommer geerntete Blätter und Wurzeln medizinische Verwendung.

Erz-Engelwurz

Angelica archangelica L.

Familie: Apiaceae

Habitus: Zwei- oder mehrjährige, kräftige Staude, 0,8–2 m hoch, verzweigt, Stängel rund, hohl, scharfkantig gefurcht, oben gelegentlich purpurn.

Blätter: Wechselständig, Blattstiele lang, entspringen bauchigen Blattscheiden, untere Blätter 2- bis 3fach fiederspaltig, oben oft einfach, Endfieder dreilappig, Abschnitte zackig, asymmetrisch eingeschnitten, Ränder gezähnt.

Blüten: Halbkugelige, end- oder seitenständige Hauptdolden, 20–40 Strahlen, ohne Hüllblätter, Doldenäste im oberen Bereich behaart, Döldchen mit linealischen Hüllchen, Blüten zwittrig, fünf grünlich-weiße Kronblätter, Juni–September.

Früchte: Eiförmige, geflügelte Spaltfrüchte (Achänen).

Herkunft: Einheimisch.

Verbreitung und Anbau: Erz-Engelwurz liebt stickstoffreiche, feuchte Böden und steht selten bzw. zerstreut an Gewässerufern, in Auwäldern, Röhrichten, auf Feuchtwiesen, feuchten Weiden und wächst auch in Küstennähe. In Kräutergärten wird er im Frühjahr oder Herbst an sonnigen oder halbschattigen Plätzen ausgesät.

Nutzung: Im 15. Jh. war Erz-Engelwurz ein beliebtes Heilkraut. Wurzeln und Kraut enthalten ätherisches Öl, diverse Säuren (Baldrian-, Angelikasäure), Bitterstoffe (Sesquiterpene), Gerbstoffe, Cumarine, Harze, Wachs, Pektin und Stärke. Die Pflanze verfügt über krampflösende, schweißtreibende, fiebersenkende, schleimlösende, diuretische und antibakterielle Eigenschaften. Sie wirkt an den Bronchien, Harnwegen, Verdauungs- und weiblichen Geschlechtsorganen. Die Volksmedizin nahm Engelwurz auch bei fiebrigen Erkältungen, Krämpfen (Kleinkinder), Gicht, Rheuma, Migräne, Typhus, Menstruationsstörungen, Geburten, Alkohol- und Nikotinvergiftungen. Hauptindikationen sind heute Magen-Darm-Störungen, Blähungen und Husten. Engelwurzwein (in Weißwein eingelegtes Kraut) trinkt man zur Anregung der Verdauung. Die Wurzeln werden im Herbst ausgegraben, die Blätter vor der Blüte gepflückt und die Samen nach der Reife abgeerntet. Aus getrocknetem Erntegut werden Tinkturen, Aufgüsse und Tees zubereitet. Engelwurz bereichert auch den Speisezettel. Die Blätter liefern Gemüse und verfeinern den Geschmack von Soßen, Suppen, Desserts, Kuchen und eingekochtem Obst (Rhabarber, Orangen). Die Sprosse isst man als Salat und die Samen ergeben Kuchenzutaten. Aus Wurzeln und Samen extrahiertes ätherisches Öl nimmt man als Gewürz für Liköre, Gin, Wermut, Nahrungsmittel und als Duftstoff für Parfüms. Der verwandte **Wald-Engelwurz** (*A. sylvestris*) kann ähnlich wie Erz-Engelwurz genutzt werden.

Gewürz-Kerbel
Anthriscus cerefolium (L.) Hoffmann

Familie: Apiaceae
Habitus: Einjähriges Kraut, 30–60 cm hoch, buschig verzweigt, zerstreut borstig behaart, Stängel fein gerillt.
Blätter: Wechselständig, lang gestielt, Spreite fein 2- bis 4fach gefiedert, Umriss dreieckig.
Blüten: In flachen, endständigen Doppeldolden, 2–6 flaumig behaarte Strahlen, fünf weiße, ungleich große Kronblätter, Dolden oft von Seitentrieben überragt, Mai–August.
Früchte: Linealische Spaltfrüchte (Achänen), lang geschnäbelt, glänzend.
Herkunft: Gewürz-Kerbel stammt vermutlich ursprünglich aus Südrussland. Von dort gelangte er zunächst nach Südeuropa. Bereits die Römer bauten die Pflanze vielfach an. Im 16. Jh. hielt er in die Kräutergärten Mitteleuropas Einzug. Heute wird er bei uns nur noch selten gezogen.
Verbreitung und Anbau: Gewürz-Kerbel ist eine reine Kulturpflanze, die ab März ausgesät werden kann. Er bevorzugt lockere, eher feuchte und nährstoffreiche Böden an sonnigen bzw. halbschattigen Standorten. Auch Kälte verkraftet er recht gut. Im Winter lässt er sich auf der Fensterbank anziehen. Der verwandte **Wiesen-Kerbel** (*A. sylvestris*) wächst wild auf Wiesen, an Hecken- und Gebüschrändern.
Nutzung: Frisches, vor der Blüte gepflücktes Kraut wird als Gewürz für Suppen (Kerbelsuppe), Soßen, Salate, Quark-, Eier-, Kartoffel-, Fisch- und Fleischgerichte verwendet. Er enthält 0,3% scharf schmeckendes, ätherisches Öl, insbesondere Isoanethol. Im Mittelalter galt Kerbel als Heilpflanze mit appetitanregenden, verdauungsfördernden, harntreibenden und blutreinigenden Eigenschaften. Man setzte Kerbel gegen chronische Haut-, Bindehaut- sowie Lidentzündungen, Rheuma, Gelbsucht, Hämorrhoiden, Gedächtnisschwäche, Depressionen und zur Entwässerung ein. Er wurde frisch gegessen bzw. als Saft oder Breiumschlag verwendet. Vom wildwachsenden Wiesen-Kerbel werden Blätter und Wurzel als Gemüse gegessen. Die Wurzel wird über den Winter hinweg geerntet und in Salzwasser abgekocht.

Knollen-Sellerie

Apium graveolens var. *rapaceum* L.

Familie: Apiaceae
Habitus: Zweijähriges, kahles Kraut, 30–100 cm hoch, aufrechter Stängel, kantig gefurcht, oft hohl, reichästig, weit abstehende, quirlige Äste, mit Sprossrübe.
Blätter: Wechselständig, untere gestielt, fiederschnittig, Fiedern rauten- oder keilförmig, oben z. T. gegenständig, auf kurzen, weißhautrandigen Scheiden, fast sitzend, meistens dreizählig, weiß-knorpelige, spitze Zipfel.
Blüten: Im zweiten Jahr erscheint der Blütenspross mit zahlreichen, kleinen Doppeldolden, 6–12 Strahlen, sternförmig ausgebreitet, z. T. übergipfelt, Hülle und Hüllchen fehlend, fünf kleine, herzförmige, gelblich-weiße Kronblätter, Zipfel an der Spitze eingeschlagen, Juni–August.
Früchte: Spaltfrüchte (Achänen).
Herkunft: Sellerie ist im Mittelmeerraum heimisch. Die Wildform, der Sumpf-Sellerie (*A. g. graveolens*), wächst in Küstennähe. Sellerie war bereits im Ägypten des Altertums bekannt (1200–600 v. Chr.) und wurde schon zur Zeit des Plinius im Römischen Reich kultiviert. Er gelangte wohl mit den Römern nach Mitteleuropa, wo planmäßiger Anbau wohl im 9. Jh. begann, zunächst vornehmlich als Arzneipflanze. Im 17. Jh. wurden die drei Zuchtformen herausgezüchtet, das sind neben dem Knollen-Sellerie der **Stangen-** (*A. g.* var. *dulce*) und **Schnitt-Sellerie** (*A. g.* var. *secalinum*). Knollen- und Stangen-Sellerie gab es wohl zuerst in Italien, bevor sie nach Mitteleuropa gelangten.
Verbreitung und Anbau: Sellerie benötigt feuchte, nährstoff- und humusreiche Böden und braucht mindestens 16 °C zum Keimen. Im März werden Topfkulturen aus Samen angezogen und im Spätfrühjahr ins Freie gepflanzt. Knollen-Sellerie wird ab Oktober, Stangen-Sellerie ab August und Blatt-Sellerie fortlaufend geerntet.
Nutzung: Die größte Verwendung findet Sellerie im Haushalt als würziges Gemüse (Knolle) oder Salat (Blätter, Stiele, Knolle). Die frische Selleriewurzel wird noch zu Gewürzextrakten verarbeitet. Ätherische Öle, hauptsächlich Phthalide, bestimmen den Geschmack. In der Wurzel vorliegende Furanocumarine (Bergapten, Isoimperatorin, Psoralen, Seselin etc.) können sich beim Lagern der Sellerieknollen wegen latenter Pilzinfektionen bis auf das 200fache erhöhen, was zu Phototoxikosen führen kann. Selleriesamenöl findet in der Kosmetik- und Gewürzindustrie Verwendung. In der Volksmedizin wurden die Früchte bei Gicht und vereinzelt als Diuretikum bei Blasen- und Nierenleiden verwendet. Das Kraut nahm man bei Harnleiter- sowie Magen-Darm-Beschwerden, als Aphrodisiakum und appetitanregendes Mittel. Die Droge ist zwar noch in einigen Kombinationspräparaten enthalten, doch medizinische Anwendungen sind heute sehr selten.

Fieberklee
Menyanthes trifoliata L.

Familie: Menyanthaceae
Habitus: Mehrjährige Staude, 15–30 cm hoch, kräftige, kriechende Grundachse, Rhizom schwarz gefärbt.
Blätter: Grundständig, lange purpurgrüne Blattstiele, Spreite dickfleischig, dreifach geteilt, Fiedern länglich-lanzettlich, ganzrandig.
Blüten: In Trauben, Kronröhre kurz, trichterförmig, weiß oder rosa, fünfzipflig, Kronblattzipfel fransig, zurückgeschlagen, April–Juni.
Frucht: Kugelige Kapseln.
Herkunft: Einheimisch.
Verbreitung und Anbau: Fieberklee ist eine Wasser- und Sumpfpflanze der gemäßigten, nördlichen Breiten. Sie gedeiht auf sauren Torfböden besonders gut. Sie wächst an Uferrändern stehender Gewässer, in Mooren, sumpfigen Wiesen und nassen Gräben. In Mitteleuropa kommt sie zerstreut vor. Ihr Bestand ist aber wegen des Torfabbaus und der Dränage nasser Standorte stark gefährdet.

Nutzung: Wie der Name andeutet, wirkt die Pflanze gegen Fieber. Sie enthält Bitterglykoside (Menyanthin, Gentianin), Harze, Gerbstoffe, Saponine, Öle und Cholesterin. Aus der gesamten Pflanze, vor allem aus den Blättern, kann ein Blutreinigungstee aufgebrüht werden, der gegen hohes Fieber, Magenschwäche, Blähungen sowie Appetitlosigkeit hilft und außerdem harntreibend, abführend sowie adstringierend wirkt. Extrakte aus Blättern und jungen, blühenden Pflanzen sind besonders wirkungsvoll. Fieberklee-Auszüge werden in der Naturheilkunde auch gegen Kopfschmerzen, Muskelschwäche bei Myalgischer Enzephalomyelitis, Muskel- und Gelenkschmerzen sowie chronischen Infektionen verabreicht. Breiumschläge aus zerquetschten Blättern lassen Schwellungen abklingen und helfen bei Hauterkrankungen (Ausschläge, Flechten, Ekzeme). Die Blätter erntet man vom Spätfrühjahr–Frühsommer und trocknet sie für den weiteren Gebrauch. In Notzeiten aß man früher sogar das Kraut und die Wurzel, um Skorbut vorzubeugen. Fieberklee-Tee trank man anstatt schwarzem Tee. In Schweden nutzt man heute noch Fieberklee gelegentlich als Hopfenersatz beim Bierbrauen. Der Genuss großer Mengen verursacht Erbrechen und Durchfall.

Gewöhnliche Wegwarte
Cichorium intybus L.

Familie: Asteraceae
Habitus: Mehrjährige Staude, aufrecht, 0,3–1,5 m hoch, sparrig verzweigt, Stängel kantig, z. T. borstig, mit Milchsaft.
Blätter: Wechselständig, untere buchtig-fiederspaltig, Fiedern fast dreieckig, obere ungeteilt, lanzettlich oder spießförmig, Basis umfasst z. T. den Stängel.
Blüten: Kurzlebige Blütenköpfe, einzeln bzw. zu zweit oder dritt in den oberen Blattachseln und an Zweigenden, Einzelblüten nur aus gleichartigen Zungenblüten, hellblau, Kronblätter gerieft, Spitze gezähnt, vom frühen Morgen bis Mittag offen, äußere Hüllblätter eiförmig, abstehend, innere anliegend, Juni–September.
Früchte: Kleine Nussfrüchte.
Herkunft: Die Wegwarte ist in Europa beheimatet. Sie wurde schon in der Antike von den Römern genutzt und ab dem Mittelalter auch in Mitteleuropa als Wild- oder Gartenpflanze verwendet. Sie ist die Ausgangsform der Wurzel-Zichorie, des Chicorée, Zuckerhuts und Radicchios. Züchtungen vom 16.–18. Jh. wollten erst eine Verbesserung der Blattqualität und dann eine Verdickung der Wurzel erzielen, die zur Entstehung der **Wurzel-Zichorie** (*C. i.* var. *sativum*) führte. Zu Beginn des 18. Jh. entdeckte der Gärtner Timme, dass geröstete Rüben guten Kaffee ergeben. Danach förderte Friedrich „der Große", der teure Kaffeeimporte vermeiden wollte, den Zichorienanbau (Preußischer Kaffee). Auch nach dem Zweiten Weltkrieg trank man viel Zichorienkaffee. Aus der Wurzel-Zichorie entstand die **Salat-Zichorie** bzw. der **Chicorée** (*C. i.* var. *foliosum*). Belgische Landwirte ließen um 1830 nach einer reichen Ernte die Wurzeln im Gewächshaus überwintern und entdeckten, dass die Wurzeln kräftige Blattknospen, den Chicorée, ausbildeten. **Zuckerhut** wird als Variante der Salat-Zichorie etwa seit 1970 angebaut. **Radicchio**, eine weitere, durch Anthocyane gefärb-

te Form, kam vor kurzer Zeit aus Italien in den Anbau.

Verbreitung und Anbau: Die Gewöhnliche Wegwarte ist eine häufige Pflanze auf stickstoffreichen Böden an sonnigen, trockenen Standorten. Sie wächst auf Weiden, in Unkrautfluren sowie an Weg- und Feldrändern, wird aber nicht mehr angebaut. Die Kulturformen lieben lockere, humose Böden. Die Wurzel-Zichorie bildet im ersten Jahr eine Blattrosette und die kräftige Wurzel, bevor im zweiten Jahr ein Blütenstand heranwächst. Chicorée wird im Winter unter einer Abdeckung angezogen und geerntet, wenn die Sprosse 15–20 cm lang sind. Die Blätter enthalten wenig Chlorophyll und sind blassgrün gefärbt. Zuckerhut wird im Frühjahr ausgesät und die Köpfe ab Oktober geschnitten.

Nutzung: Seit der Antike gelten die Blätter und die fleischige Rübe der Gewöhnlichen Wegwarte als vitamin- und mineralreiches Gemüse und Heilmittel. Die Blütenknospen können mariniert gegessen werden. Die Wurzel enthält 11–15% Inulin, zudem Kaffeesäurederivate, Flavonoide, Glykoside, Gerb- und Bitterstoffe (Lactucin, Lactucopicrin). In den Blättern liegen Eisen, Kupfer, Bitter- und Gerbstoffe vor. Die Rübe der Kaffee-Zichorie (Kaffeewurzel) wird im Frühjahr des zweiten Jahres geerntet, gereinigt, in kleine Stücke geschnitten, geröstet und gemahlen. Das Kaffeearoma entsteht beim Rösten durch die chemische Umwandlung von Inulin in Oxymethylfurfurol. Das Kaffeemehl kann mit echtem Kaffee vermischt werden, um Koffein zu neutralisieren und dem Getränk einen würzigeren Geschmack zu verleihen. Gedörrte Wurzelstücke ergeben Tee. Die Wurzel-Zichorie bietet sich als nachwachsender Rohstoff an. Das Inulin kann zu Ethanol (Kraftstoffe, Spirituosen), zu Phosphatersatzstoffen (Reinigungsmittel) und für die Medizintechnik (Trägermaterialien bzw. zum Einkapseln von Arzneimitteln) aufbereitet werden. Inulin liefert Zuckersirup mit viel stärkerer Süßkraft als Rohrzucker. Zuckerhut, Radicchio und Chicorée ergeben Salat bzw. Gemüse. Chi-

Hier zu sehen: Chicoree.

corée schmeckt wegen des Intybins leicht bitter. Die Wegwarte gilt dank der Bitter- und Gerbstoffe als volkstümliches Heilkraut. Besonders die Wurzel wirkt harntreibend, abführend sowie beruhigend auf die Herz-, Leber- und Gallenfunktion. Aus der Wurzel und dem getrocknetem Kraut lassen sich Tees, Extrakte oder Absude gegen Rheuma, Gicht, Hämorrhoiden, Hautunreinheiten, Nierensteine, Magen- und Leberleiden herstellen. Sie eignen sich auch als Abführmittel für Kinder. Die Wegwarte besitzt potentielle Einsatzmöglichkeiten bei Herzleiden. Für Heilzwecke werden Wurzeln im Herbst ausgegraben und Blätter zu Beginn der Blütezeit gepflückt. Aus den Blättern lässt sich ein blauer Farbstoff gewinnen und die Blüten werden einigen Pflanzendüngern zugesetzt.

Winter-Endivie
Cichorium endivia L.

Familie: Asteraceae
Habitus: Zweijähriges Kraut, 0,5–1,5 m hoch, im ersten Jahr mit Grundrosette, verzweigter Blütenspross im zweiten Jahr.
Blätter: Grundblätter schwach gezähnt, innere lanzettlich, äußere eiförmig, am Stängel wechselständig, Grund herzförmig, stängelumfassend, alle kraus gewellt.
Blüten: Blattachselständige Blütenkörbchen, nur fünfzählige Zungenblüten, hellblau, vormittags geöffnet, Juli–Oktober.
Früchte: Achänen ohne deutlichen Pappus.
Herkunft: Die Endivie stammt vermutlich von der im Mittelmeergebiet und in Südasien vorkommenden Art *C. pumilum* ab. In der Antike war die Endivie den Ägyptern, Griechen und Römern bekannt. Es gibt aus Mitteleuropa Nennungen im 9. und 13. Jh., doch wurde sie hier sicher erst im 16. Jh. angebaut. Im 17. Jh. gab es

bereits die **Breitblättrige** (*C. e.* var. *latifolium*) und **Krause Endivie** (*C. e.* var. *crispum*). Mitte des 18. Jh. wurde die heute fast bedeutungslose **Schnittform** (*C. e.* var. *endivia*) beschrieben.
Verbreitung und Anbau: Die Endivie wird einjährig angebaut. Sie benötigt lockeren, tiefen Boden und viel Feuchtigkeit in sonnigen, geschützten Lagen. Die Aussaat erfolgt von Februar–März für die Sommer- bzw. von Juni–Juli für die Herbsternte. Leichte Fröste schaden ihr nicht, so dass sie lange im Freien bleiben kann. Vor der Ernte bindet man die Rosette für 10–20 Tage zusammen oder bedeckt sie mit Stroh, damit die inneren Blätter unter Lichtmangel bleich und zart bleiben.
Nutzung: Die Endivie enthält bitteres Intybin, ca. 2% Eiweiß, 1,5% Ballaststoffe, je 1% Kohlenhydrate und Mineralien sowie Vitamin A, B und C. Sie wird roh als Blattsalat zubereitet. Der Salat gilt als magen- und gallenstärkend. Mit der Wurzel behandelte man einst Verdauungsstörungen sowie Fieber und mit den Samen zusätzlich Kopfschmerzen und Gelbsucht.

Garten-Schwarzwurzel
Scorzonera hispanica L.

Familie: Asteraceae
Habitus: Mehrjährige Staude, 0,7–1,2 m hoch, Stängel aufrecht, fast kahl, oben stark verzweigt.

Blätter: Grundständige Rosette erscheint im ersten Jahr, Spreite lang-lanzettlich oder linealisch, Rand glatt oder leicht gezähnt, Stängelblätter schmal.

Blüten: In endständigen, gelben Köpfchen, entwickeln sich im zweiten Jahr, nur aus gleichartigen, zwittrigen Zungenblüten, Hüllblätter spitz, am Rand wollig, in überlappenden Reihen, Juni–August.

Früchte: Stäbchenförmige Achänen, Pappusstrahlen mit verflochtenen Fiedern.

Herkunft: Die Garten-Schwarzwurzel stammt aus Südwesteuropa, vermutlich Spanien, wo etwa 100 *Scorzonera*-Arten wild vorkommen. Sie entwickelte sich erst ab dem 16. Jh. zur Kulturpflanze. Um 1770 war sie in Mitteleuropa verbreitet und verdrängte hier und selbst in ihrer Heimat Südeuropa die kultivierte **Haferwurzel** (*Tragopogon porrifolius*).

Verbreitung und Anbau: Im südlichen Mitteleuropa wachsen sehr vereinzelt verwilderte Exemplare der Schwarzwurzel. Der kommerzielle Anbau ist in Mitteleuropa von geringerer Bedeutung als im übrigen Europa, obwohl die Pflanzen im gemäßigten Klima gut gedeihen. Es gibt verschiedene Kultursorten. Sie benötigen tiefgründigen, lockeren und ausreichend durchfeuchteten Boden. Die Aussaat erfolgt beim einjährigen Anbau von März–April bzw. beim eineinhalbjährigen Anbau von Juli–August. Die Wurzeln erntet man ab dem Spätherbst. Sie brechen leicht und werden vorsichtig ausgegraben. In feuchter Umgebung lassen sie sich gut lagern. Sie können auch bis ins Frühjahr im Boden bleiben und jeweils frisch geerntet werden.

Nutzung: Die Wurzel liefert ein gut verdauliches Gemüse mit nussigem Aroma. Sie besitzt

weißes, von Milchröhren durchzogenes Fleisch, das von einer schwärzlichen Korkschicht umgeben ist. Die in der Wurzel enthaltenen Kohlenhydrate (16%) bestehen zu einem großen Teil aus Inulin. Deshalb ist die Schwarzwurzel ein ideales Diabetikergemüse. Bei Magen-Darm-Erkrankungen eignet sie sich auch aufgrund ihres hohen Schleimstoffgehaltes als Schonkost. Außerdem enthält sie 1,5% Eiweiß, Mineralien sowie Vitamin A, B und C. Neben der Wurzel können die Grundblätter, die jungen Sprosse und die Blütenknospen verzehrt werden. In Notzeiten diente die Wurzel als Kaffee-Ersatz. Die Römer nutzten Schwarzwurzeln als Heilmittel gegen Schlangengifte und die Pest.

Wiesen-Löwenzahn
Taraxacum officinale Weber

Familie: Asteraceae
Habitus: Mehrjährige Staude, 5–50 cm hoch, Stiel röhrig, hohl, mit Milchsaft.
Blätter: Grundständige Rosette, Spreite verkehrt-eiförmig, grob gesägt.
Blüten: Einzelne, lang gestielte, dichte Blütenköpfchen, nur Zungenblüten, gelb, Hüllblätter umgebogen, März–November.
Früchte: Achäne mit Flugorgan (Schirm).
Herkunft: Einheimisch.
Verbreitung und Anbau: Löwenzahn liebt offene, warme und nährstoffreiche Stellen. Er steht vor allem auf Wiesen, Weiden, an Wegrändern und in lichten Wäldern.
Nutzung: Löwenzahn taucht bereits in den mittelalterlichen Arznei- und Kräuterbüchern auf. Die Blätter sind mineral- und vitaminreich. Als Nahrungsmittel dienen Blütenknospen, sehr junge Blätter und gekochte, inulinhaltige Wurzeln als Salat oder Gemüse. Im Winter zieht man gebleichte Triebe, die wie Chicoreé verzehrt werden. Knospen können wie Kapern in Essig eingelegt werden. Zudem liefert Löwenzahn Milch- und Mastfutter (Kühe, Schweine) und wird an Stallhasen verfüttert. Geröstete Wurzeln nahm man einst als Kaffee-Ersatz. Löwenzahn enthält Sterole, Schleime, Flavonoide, ätherisches Öl, Gerb- und Bitterstoffe (Triterpene). Er wirkt verdauungsfördernd, appetitanregend, schweiß- und harntreibend, blutreinigend, abführend, schleimlösend, fieber- und blutdrucksenkend. Die Naturmedizin nimmt Blätter blühender Pflanzen bzw. zwei Jahre alte Wurzeln als Tee, Saft, Absud oder Tinktur bei Verdauungsproblemen, Gallensteinen, Hepatitis, Harnwegsinfekten, Bluthochdruck, Gicht, Rheuma, Diabetes. Gegen Hautleiden (Warzen, Akne etc.), wird der Milchsaft verwendet. Die Wurzel ergibt eine braune Farbe und aus dem Milchsaft kann ein minderwertiges Gummi gewonnen werden.

Gartensalat (Lattich)

Lactuca sativa L.

Familie: Asteraceae

Habitus: Einjähriges Kraut, 0,2–1 m hoch, erst gestauchter Spross mit je nach Sorte verschieden geformter Rosette, später Bildung eines Infloreszenzsprosses.

Blätter: Wechselständig, Spreite der Grundblätter je nach Sorte in Form (flächig, leierförmig, geschlitzt, gezähnt), Farbe (grün, rot oder gelblich) und Struktur (glatt, gewellt, gekraust) sehr variabel, Stängelblätter stängelumfassend.

Blüten: In flachen Rispen stehende, gelbe Korbblüten mit 10–16 zygomorphen, fünfzähligen Zungenblüten, Juni–August.

Früchte: Geschnäbelte Achänen mit Flugorgan.

Herkunft: Als Ursprungspflanze wird Wild-Lattich (*L. serriola*) vermutet, eine Steppenpflanze, die in weiten Teilen Südeuropas und Vorderasiens vorkommt und in Mitteleuropa als Ruderalpflanze eingebürgert ist. Die Kultivierung des Lattichs reicht in die Zeiten des alten Ägyptens um 2700 v. Chr. zurück. Um 500 v. Chr. zählte Lattich in Griechenland, Persien und Ägypten zu den Nahrungspflanzen. Auch die Römer führten die Lattichkultur fort. Im Mittelalter breitete sich in Europa zunächst der **Schnitt-** und **Pflücksalat** (*L. s.* var. *crispa*) mit in lockeren Rosetten stehenden Blättern von den Klostergärten in die Bauern- und Hausgärten aus. Eine weitere, ursprüngliche Art ist der **Spargelsalat** (*L. s.* var. *angustana*). In den romanischen Ländern entwickelte sich die Kultur des **Römischen Salat** (*L. s.* var. *longifolia*), dessen längliche Blätter einen lockeren Kopf formen. Der eigentliche **Kopfsalat** (*L. s.* var. *capitata*) entstand in spätmittelalterlichen Klöstern nördlich der Alpen. Während moderne Züchtungen sich selbst schließen und einen dicht gefüllten Kopf bilden, wurden frühe Formen noch mit Schnüren zusammengebunden (Bindesalat).

Verbreitung und Anbau: Gartensalat gedeiht auf fast allen Kulturböden, besitzt allerdings einen hohen Wasser- und Lichtbedarf. Die enorme Sortenvielfalt ist regional sehr unterschiedlich und unterliegt auch Modeerscheinungen. Bei den Pflücksalaten sind in jüngster Zeit Formen wie „Lollo rosso", „Batavia", und „Eichblattsalat" entstanden. Eine Variante des gewöhnlichen Kopfsalats ist der aus Neapel stammende „Eisbergsalat". Im Anbau zieht man die diversen Sorten oft von Februar–März unter Glas oder unter Folie an und setzt sie z. T. ab Ende April ins Freie. Ab April wird auch direkt ins Freiland gesät. Die Ernte erfolgt etwa 6–10 Wochen nach der Aussaat.

Nutzung: Alle Gartensalatformen finden zumeist als frische Rohkost Verwendung. Man isst die Blätter bzw. beim Spargelsalat die Sprossachsen. Gartensalat ist ausgesprochen wasserreich (95%) und enthält 1,5% Ballaststoffe sowie nur 1,3% Eiweiß und 1% Kohlenhydrate. Der Nährwert ist sehr gering und auch der Mineral- und Vitamingehalt ist nicht überwältigend hoch. Gartensalat liefert daher vorwiegend appetitanregende Beikost. Aus den Samen kann ein essbares Öl gewonnen werden, was aber wegen der sehr mühseligen Ernte kaum je eine Rolle spielte. Salatblätter führen einen leicht bitteren, milchigen Saft. Der Milchsaft enthält Lactucarium, eine Substanz, die schmerzstillende, krampflösende, diuretische, narkotisierende und beruhigende Wirkungen hat. Es entspricht einem sehr schwachen Opiat und wird in Mitteln gegen Schlaflosigkeit, Überaktivität von Kindern, Husten, Keuchhusten, Rheuma etc. verarbeitet. Mit dem Saft behandelte man früher auch Hautwarzen. Allerdings ist der Lactucarium-Gehalt in Zuchtformen deutlich geringer als in Wildsalaten.

Hier zu sehen: Lollo rosso.

Hier zu sehen: Römischer Salat

Kohl-Kratzdistel

Cirsium oleraceum (L.)

Familie: Asteraceae

Habitus: Mehrjährige, aufrechte Staude, 0,5–1,5 m hoch, Stängel gefurcht, ungeflügelt, harzig, kahl oder spärlich behaart, selten verzweigt.

Blätter: Wechselständig, blassgrün, Grundblätter elliptisch, gezähnt oder fiederspaltig, obere Blätter ungeteilt, Grund herzförmig, umfasst den Stängel, Rand gezähnt und dornig.

Blüten: Endständige, ovale Blütenstände, nur Röhrenblüten, Einzelblüten gelblich-weiß, zwittrig, gleichartig, Kronröhre mit fünf Zipfeln, zahlreiche Hüllblätter mit schmalen, weichen Spitzen, Blütenköpfchen von eiförmigen Hochblättern umgeben, diese überragen z. T. die Köpfchen, Juli–September.

Früchte: Längliche Nussfrüchte, mit Flugorgan aus verwachsenen, federförmigen Haaren.

Herkunft: Einheimisch.

Verbreitung und Anbau: Die Kohl-Kratzdistel ist in Mitteleuropa verbreitet. Sie steht als Wildpflanze auf feuchten Böden, z. B. in Feuchtwiesen, Mooren, Auwäldern oder an Bachrändern.

Nutzung: Die zarten, jungen Blätter der Kohl-Kratzdistel können als Gemüse zubereitet werden. Gleiches gilt für die Böden der Blütenköpfchen. Sie stellen in Osteuropa eine beliebte Mahlzeit dar und werden in Mitteleuropa insbesondere von osteuropäischen Einwanderern gegessen. Früher aß man auch die inulinreichen Wurzeln als Gemüse. Die Kohl-Kratzdistel besitzt gewisse Heileffekte, erlangte jedoch nie eine besondere Bedeutung in der Volksmedizin. Es gibt nur wenige, überlieferte Belege für die Anwendung. Lokal wurden im Herbst gesammelte, abgekochte Wurzeln als Gicht- und Rheumamittel sowie gegen Krämpfe und Zahnschmerzen genommen. Die Pflanze enthält Gerbstoffe, Alkaloide, ätherisches Öl, Fette, Flavonoide und Glykoside. Allerdings ist bislang nur wenig über die Zusammensetzung und Wirkung der Inhaltsstoffe bekannt. Genauere Untersuchungen könnten aber interessante Anhaltspunkte für Anwendungen liefern.

Kornblume

Centaurea cyanus L.

Familie: Asteraceae
Habitus: Einjähriges Kraut, 30–60 cm hoch, oben spärlich verzweigt, Stängel gerillt, wollig behaart.
Blätter: Wechselständig, unten gestielt, Spreite schmal, z. T. fiederspaltig, oben sitzend, ungeteilt linealisch, filzig behaart.
Blüten: Endständige Blütenköpfchen, nur Röhrenblüten, innere Blüten tiefblau, fertil, Randblüten vergrößert, hellblau, unfruchtbar, Hüllblätter trockenhäutig, Rand gefranst, Juni–September.
Früchte: Nüsschen, Haarschopf reduziert.
Herkunft: Die Kornblume stammt aus dem östlichen Mittelmeerraum. Sie kam schon in der Jungsteinzeit als Kulturbegleiter mit dem Getreideanbau nach Mitteleuropa.
Verbreitung und Anbau: Früher stand die Kornblume häufig in Getreidefeldern. Sie ist heute aber sehr selten. Ihre Samen werden durch die moderne Saatgutreinigung kaum mehr verbreitet. Sie liebt kalkarme Sand- und Lehmböden. Verwildert steht sie auf Schutt- und Ruderalflächen.
Nutzung: Die Kornblume ist ein überliefertes Heilkraut der volkstümlichen Medizin. Sie enthält blaue Anthocyane, Flavonoide, Gerb- und Bitterstoffe und verfügt über adstringierende, harntreibende, schleimlösende und entzündungshemmende Wirkungen. Früher trank man Tee aus getrockneten Blüten bei Kopfschmerzen, Husten, Wassersucht, Hepatitis, Verstopfung, Magen-Darm-, Gallen-, Blasen- und Nierenleiden. Mit Spülungen behandelte man Augenentzündungen, Bindehautkatarre und Kopfgrind. Die Blüten eignen sich als farbige Salatverzierung. Junge Schösslinge sind essbar. Blütenfarb- und Duftstoffe sind in Süßwaren, Shampoos, Haarlotionen, Tinte, Malfarben, Duftsäcken, Kosmetika und Arzneimitteln enthalten. Auch Leinen kann gefärbt werden.

Artischocke
Cynara scolymus L.

Familie: Asteraceae
Habitus: Mehrjährige Staude, 1–2 m hoch, Stängel ästig verzweigt, kahl.
Blätter: Wechselständig, 1- bis 2fach gefiedert, stachelspitzig, Umriss lanzettlich, Unterseite grau-filzig behaart.
Blüten: Kugelige, gestielte Blütenkörbe, aus Blattachseln hervorgehend, Hüllblätter groß, breit-eiförmig, unteres Ende fleischig, fünfzählige Zungenblüten, lila oder weiß, Juni–August.
Früchte: Glänzende, behaarte Achänen.
Herkunft: Die Artischocke ist im östlichen Mittelmeerraum zu Hause. Sie ist eine reine Kulturpflanze und wurde bereits in der Antike geschätzt. Die Artischocke entstand vermutlich aus Cardy (*C. cardunculus*). Im 4. Jh. v. Chr. beschrieb Theophrast die Nutzung der Pflanze. Ab dem 15. Jh. wurde sie in Spanien und Frankreich angebaut. Im 17. Jh. wurde die Artischocke auch in Deutschland als Edelgemüse kultiviert, geriet im 18. Jh. jedoch wieder in Vergessenheit, bis sie 1925 von Frankreich ausgehend erneut in Mode kam.
Verbreitung und Anbau: Kultursorten der Artischocke wachsen in Mitteleuropa an geschützten, sonnigen Standorten auf nährstoffreichen, sandig-lehmigen Böden. Die Artischocke ist nur bedingt winterhart. Sie wird im Gewächshaus oder in Töpfen ausgesät und im Mai nach den „Eisheiligen" ins Freiland umgesetzt. Kommerzieller Anbau wird vor allem im Mittelmeerraum betrieben. In Mitteleuropa findet man sie nur in Gartenkulturen.
Nutzung: Vor dem Öffnen der Blüte geerntete, noch geschlossene Blütenköpfe ergeben ein leckeres Gemüse. Für Griechen und Römer waren in Salzwasser und Zitronensaft gekochte Blütenböden und die fleischigen Hüllblätter ebenso eine Delikatesse, wie es heute in der europäischen Küche der Fall ist. Das Gemüse enthält viele Kohlenhydrate (9,5%), Ballaststoffe

(4%) und Eiweiß (2,5%). Aufgrund des hohen Gehaltes an Inulin ist es besonders für Diabetiker geeignet. Auch die nussig schmeckenden Blütenstiele können gegessen werden. In Spanien und Italien stellt man auch bittere Likörweine aus der Artischocke her. Die Pflanze besitzt auch eine medizinische Bedeutung. Sie enthält Flavonoide, Gerb- und Bitterstoffe (Cynaropicrin, Cynarin) sowie Vitamin A und zahlreiche Enzyme. Als Heilmittel werden Presssaft, getrocknete Grundblätter, getrocknetes oder frisches Kraut und die Wurzel genutzt. Die Droge ist auch in Sirup, Extrakten und Fertigarzneimitteln enthalten. Sie wird gegen Leber- (Gelbsucht), Gallen- und Verdauungsbeschwerden (Übelkeit, Völlegefühl), Arteriosklerose und gegen Rückfall bei Gallensteinleiden eingenommen. Artischocke senkt den Cholesterin- und Blutzuckerspiegel. Aus den Blättern kann ein grau-grüner Farbstoff extrahiert werden.

Färberdistel (Saflor)

Carthamus tinctorius L.

Familie: Asteraceae
Habitus: Ein- oder zweijähriges, aufrechtes Kraut, 0,8–1,3 m hoch.
Blätter: Wechselständig, stachelig-gezähnt, unten kurze Stiele, oben sitzend.
Blüten: Endständige Blütenköpfchen, nur Röhrenblüten, fünf lange Zipfel, zuerst rot, später orangerot, blattartige Hüllblätter mit gelbem Dorn, Juli–September.
Früchte: Dickschalige Nussfrüchte.
Herkunft: Die Färberdistel stammt aus Kleinasien. Die ältesten Funde stammen aus Ägypten (3500 v. Chr.), wo sie zur Färbung von Mumienleinwänden und anderen Geweben verwendet wurde. Sie ist seit langem in Nordafrika, Persien, China und Japan in Kultur. Im Mittelalter (1551) kam sie aus Ägypten nach Mitteleuropa. Ab dem 17. Jh. gab es systematischen Feldbau in warmen Gegenden (Elsaß,

Thüringen etc.). Ab Mitte des 18. Jh. ging der Anbau durch Saflor- und Safranimporte aus dem Osten und Ägypten zurück, bis er ganz erlag. Saflorrot wurde um 1900 durch synthetische Anilinfarben ersetzt. Der Anbau wird heute hauptsächlich in den Tropen und Subtropen betrieben. Neuerdings wird sie auch wieder als Ölpflanze in Österreich angebaut.
Verbreitung und Anbau: Saflor liebt Wärme und lehmige Sandböden. Die Aussaat erfolgt im Frühling. Wild kommt er nur vereinzelt als Relikt ehemaliger Kulturen vor.
Nutzung: Die Blütenblätter enthalten zwei nicht lichtechte Farbstoffe. Saflorgelb ist wasserlöslich, Carthamin oder Saflorrot ist schlecht löslich, aber der begehrtere Farbstoff. Zur Farbstoffgewinnung werden die Blütenblätter getrocknet, gewaschen und in einem Leinensack geknetet. Saflorrot wurde früher mit Laugen aus den Blütenblättern gelöst und hauptsächlich zur Seidenfärberei verwendet. Es ergibt je nach zugesetzter Menge eine rosa oder kirschrote Färbung. Saflorgelb wurde ausgewaschen und vor allem zur Wollfärbung verwendet. Zerstoßene Blüten setzte man früher als farbgebendes Küchengewürz ein (Safranersatz). Die Verwendung als Lebensmittel- und Kosmetikafarbstoff spielt heute nur noch eine untergeordnete Rolle. Die Samen enthalten ca. 23 % Öl. Es ist ein alter Brennstoff (Öllampen) und wird als Speiseöl sowie zu technischen Zwecken (Farben, Lacke) verwendet. Erhitzt man es 2 Std. auf 300 °C, erhält man eine gelatinöse Klebmasse für Kacheln und Glas. Bei weiterem Erhitzen versteift die Masse weiter und kann für wasserabweisende Kleidung verwendet werden. Die Blütenköpfe werden als schmerzstillende, antibiotische, fiebersenkende, beruhigende, abführende und den Cholesterinspiegel senkende Medizin bei Menstruationbeschwerden, Masern, Gelbsucht, Verstauchungen, Wunden, Hautentzündungen und Gelenkschmerzen verordnet. Die Samen wirken diuretisch und gegen Rheuma.

Mariendistel
Silybum marianum Gaertner

Familie: Asteraceae

Habitus: Ein- oder mehrjährige Staude, 0,7–1,5 m hoch, einfach oder ästig verzweigt, kahl oder wollig behaart, Stängel rund, gefurcht.

Blätter: Wechselständig, untere fiederteilig, obere länglich-lanzettlich, Grund umfasst den Stängel, Spreite ledrig, kahl, dunkelgrün glänzend, mit auffälliger weißer Aderung, Rand buchtig, mit gelben Dornen.

Blüten: Einzelne, endständige, kugelige Blütenköpfchen, nur Röhrenblüten, Krone rotviolett oder purpurn, Hüllblätter abstehend, dreieckig, mit langen Dornen, Juni–August.

Früchte: Schwarze, glänzende Nussfrüchte (Achänen) mit weißem Haarschopf.

Herkunft: Die Heimat der Mariendistel liegt in Südeuropa, Kleinasien und Nordafrika. In Mitteleuropa wurde sie spätestens im Mittelalter als Kulturpflanze eingebürgert.

Verbreitung und Anbau: Die wunderschöne Mariendistel kommt überwiegend als Garten- und Kulturpflanze vor. Nur selten stößt man an warmen, trockenen Standorten auf verwilderte Exemplare, die auf Ruderalflächen und trockenen Weiden stehen. Für die Kultur benötigt sie viel Sonne. Die Aussaat erfolgt im Frühjahr.

Nutzung: Die Mariendistel ist eine alte Heilpflanze, der nachgesagt wird, dass die weiße Blattfärbung entstand, weil Milch der Jungfrau Maria auf sie tropfte. Bereits die Volksmedizin erkannte die sehr gute Wirkung der Mariendistel gegen Leberbeschwerden und Vergiftungen. Diese Indikationen gelten auch für die Schulmedizin. Silymarin, ein Flavonoidgemisch, schützt Leberzellen und fördert die Regeneration von durch Hepatitis, Entzündungen, Vergiftungen, Alkohol, Verfettung oder Medikamente (z. B. Krebstherapie) geschädigten Zellen. Es wirkt sogar gegen Knollenblätterpilzgift. In erster Linie werden die Samen medizinisch genutzt. Getrocknet und zerkleinert verarbeitet man sie für Tees, Aufgüsse, Extrakte und Tinkturen. Außerdem verwendete man früher Zubereitungen aus Mariendistelkraut bei Gallenbeschwerden, Milzerkrankungen, Malaria und Gebärmutterleiden. Die Wirksamkeit ist bei letztgenannten Indikationen jedoch umstritten. Die Mariendistel regt auch den Gallenfluss an und wirkt krampflösend sowie diuretisch. Blätter, Stiele, Blütenköpfe und insbesondere die Böden der Blütenköpfe liefern wohlschmeckende Gemüse bzw. Salatzutaten. Geröstete Samen dienten in Notzeiten als Kaffee-Ersatz.

Gänseblümchen
Bellis perennis L.

Familie: Asteraceae
Habitus: Mehrjährige Staude, 2–15 cm hoch, schwach behaart, blattloser Blütentrieb.
Blätter: In grundständiger Rosette, Stiel geflügelt, Spreite spatel- oder eiförmig, zerstreut behaart, Rand gezähnt.
Blüten: Endständige Blütenköpfchen, weibliche Strahlenblüten weiß, rosa oder purpurn überlaufen, zwittrige, gelbe Scheibenblüten, Krone fünfzipflig, Hüllblätter grünlich, zungenförmig, März–November.
Früchte: Achänen ohne Flugorgan.
Herkunft: Einheimisch.
Verbreitung und Anbau: Das Gänseblümchen steht überall auf nährstoffreichen Wiesen, Weiden und Parkflächen, wo es durch vegetative Vermehrung häufig in großen Gruppen erscheint. Für die Anzucht wird es im Frühjahr ausgesät oder geteilt.

Nutzung: Das Gänseblümchen enthält Saponine, Anthoxanthin, Flavonoide, Gerb- und Bitterstoffe sowie etwas ätherisches Öl. Es erfuhr schon in der Volksmedizin des Mittelalters eine arzneiliche Nutzung, etwa bei Erkältungen, Husten, Brustleiden, Kopfschmerzen, Schwindel, Schlaflosigkeit, Leber-, Gallen- und Nierenleiden sowie zur Heilung von Wunden, Furunkeln, Vereiterungen oder Ekzemen. Es hat schleimlösende, fiebersenkende, entzündungshemmende, auswurffördernde, einhüllende und abführende Wirkungen. Heute noch werden getrocknete Blüten und (selten) frische Pflanzen als Hausmittel genutzt. Dabei wird die Droge als Extrakt, Tee, Presssaft oder Breiumschlag angewendet. Extrakte werden derzeit für die AIDS-Therapie getestet und sollen gegen Brustkrebs wirken. Die Verwendung als Gewürz (z. B. Blütenköpfe in Estragonessig-Marinade), Wildgemüse, Salat- oder Kräutersuppenbeilage ist heute eher zweitrangig. Aus den Blätter kann ein Insektenmittel hergestellt werden.

Echte Kamille

Matricaria chamomilla (L.) Rauschert

Familie: Asteraceae
Habitus: Ein- oder zweijähriges Kraut,
20–40 cm hoch, Stiel kahl, verzweigt.
Blätter: Wechselständig, 2- bis 3fach gefiedert,
Zipfel schmal, stachelspitzig.
Blüten: Einzelne Blütenköpfchen an langen
Stielenden, weibliche Zungenblüten weiß, oft
zurückgeschlagen, zwittrige Scheibenblüten
röhrig, fünfzählig, gelb, Blütenboden kegelför-
mig und hohl, Hüllblätter stumpf, randhäutig,
Mai–August.
Früchte: Achänen ohne Haarkranz.
Herkunft: Die lange eingebürgerte Kamille
stammt vom östlichen Mittelmeerraum.
Verbreitung und Anbau: Die anspruchslose
Kamille gedeiht an nähr- und stickstoffreichen,
sonnigen Orten besonders gut. Sie steht häufig
auf Ruderalflächen, an Weg- und Feldrändern.
Nutzung: Schon in der Antike schätzte man die
Echte Kamille als Heilkraut. Im Mittelalter behandelte man mit ihr besonders „Frauenleiden"
und sie wurde als Zauberkraut zum Erkennen
von „Hexen" missbraucht: Ein an einem Balken
aufgehängtes Kamillenbündel sollte beim Eintre-
ten einer Hexe zu schwingen beginnen! Blütenköpfe und Blätter sind alte Hausmittel bei Magenproblemen, Verstopfung, Koliken (Niere,
Galle), Atemwegs- und Nebenhöhlenerkran-
kungen, Schleimhautreizungen, Schnupfen,
schlecht heilenden Wunden und Hautleiden.
Das Zusammenspiel des ätherischen Öls (Cha-
mazulen, Bisabolol u. a.) mit Flavonoiden und
Cumarinen bestimmt die Heileffekte (entzündungshemmend, krampflösend, karminativ, sedativ, heilungsfördernd, antibakteriell). Kamille
wird als Tee, Bad, Spülung, Inhalation und Umschlag angewendet. Die Blüten sind in Hautpflegemitteln enthalten. Blütenabsude ergeben ein
Haarwaschmittel. Reines ätherisches Öl wird als
Lebensmittelaroma und Parfümzusatz genommen. Die Blüten liefern gelbliche Farbtöne.

Gewöhnliche Schafgarbe
Achillea millefolium L.

Familie: Asteraceae
Habitus: Mehrjährige Staude, 0,3–1 m hoch, verzweigt, Stiel gefurcht, behaart.
Blätter: Wechselständig, doppelt gefiedert, Fiedern fein, Umriss zungenförmig.
Blüten: Endständige Blütenköpfchen in flacher Doldentraube, Köpfchen aus randständigen, dreizipfligen, weiblichen, weißen oder rosafarbenen Strahlenblüten und fünfzipfligen, röhrenförmigen, weißen bzw. gelblichen, zwittrigen Scheibenblüten, Hüllblätter schuppig, Juni–Oktober.
Früchte: Kleine Nüsschen.
Herkunft: Einheimisch.
Verbreitung und Anbau: Die Schafgarbe steht häufig auf Wiesen, Ruderalfluren, an Wegrändern, Bachufern und in lichten Wäldern. In Deutschland und in der Tschechei gibt es kommerzielle Kulturen.

Nutzung: Blüten und Kraut enthalten Inulin, Phytosterin, Harz, Gerb- und Bitterstoffe (Achillin) sowie 0,5% ätherisches Öl (Kampfer, Limonen, Cineol). Junge Blätter liefern Gemüse, Gewürz für Likör, Salat, Kräuterbutter, Quark und Suppen sowie (früher) Konservierungsmittel für Bier. Schafgarbe wurde schon im antiken Griechenland als Heilkraut verwendet. Sie senkt u. a. den Blutdruck, fördert die Durchblutung, hemmt Entzündungen und löst Krämpfe. Sie hilft gegen Bluthochdruck, Fieber, Grippe, Erkältung, Masern, Arthritis, Rheuma, Verstopfung, Katarre, Ruhr, Darmkrämpfe, Hämorrhoiden, Harnwegsinfekte, Perioden-, Nieren- und Blasenleiden sowie Thrombosen nach Infarkten bzw. Apoplex. Breiumschläge mit frischen Blättern stillen Blutungen und heilen Geschwüre. Die Ernte erfolgt in der Blütezeit. Aus getrocknetem Kraut bereitet man Tees, Aufgüsse, Tinkturen, Extrakte und Lotionen zu. Mit der Schafgarbe kann Wolle gelb gefärbt werden. Sie ist auch in Pflanzendüngern enthalten.

Wermut

Artemisia absinthium L.

Familie: Asteraceae

Habitus: Mehrjährige Staude, 0,3–1,5 m hoch, buschig verzweigt, mit Öldrüsen besetzt, Stängel z. T. verholzt, seidig silbergrau behaart, aromatisch duftend.

Blätter: Wechselständig, 2- bis 3fach fiederteilig, lanzettliche Zipfel, beiderseits filzig behaart, Blätter oben kleiner, weniger stark geteilt und mit kürzeren Stielen, oberste Blätter sitzend.

Blüten: Blütenköpfchen nickend, glockenförmig, in stark verzweigten Rispen, nur Röhrenblüten, fünf Kronzipfel, gelb, Randblüten weiblich, zentrale Blüten zwittrig, Blütenboden rau behaart, filzige Hüllblätter, Juli–September.

Früchte: Einsamige Nüsschen (Achänen).

Herkunft: Wermut kommt aus Asien und Nordafrika. Er wurde vermutlich im frühen Mittelalter in Europa eingebürgert.

Verbreitung und Anbau: Im Gartenbau pflanzt man Wermut oft zwischen andere Kulturpflanzen, weil er Schadinsekten vertreibt. In der Natur steht er als Kulturflüchtling in niederschlagsarmen, sonnigen Regionen an trockenen, steinigen Plätzen, z. B. an Wegrändern, Flussufern, Weinbergen und Zäunen. In Kultur wird er durch Teilung im Herbst oder Frühjahr vermehrt.

Nutzung: Wermut wurde schon im Altertum verwendet. Er enthält bittere Terpene (Absinthin etc.), ätherisches Öl (Thujon, Thujol, Phellandren), Glykoside, Harze, Gerbstoffe und Vitamin C. Wermutblätter und Blütensprosse werden vor allem als Bitterstoffdroge bei Verdauungs- und Gallenbeschwerden verabreicht. Sie regen die Verdauungsdrüsen an, beruhigen die Nerven, senken Fieber, töten Keime ab und helfen gegen parasitische Darmwürmer. Wermut kann auch bei Menstruationsbeschwerden, Rheuma, Gelbsucht, Diabetes, Blutarmut, als Wehenmittel sowie gegen Quetschungen und Tierbisse genommen werden. Man verwendet

ihn als Tee, Aufguss, Öl, Tinktur oder in Tablettenform. Wermut ist Bestandteil von Likören und Weinen. Das ätherische Öl war früher im Absinth enthalten, einem Verdauungslikör, der 1923 verboten wurde. Thujon, ein gehirnschädigendes Neurotoxin, macht süchtig, führt zu Halluzinationen und sorgt für Suchtprobleme. Viele Künstler, u. a. der Maler van Gogh, litten unter Thujonsucht. Heute enthalten Wermutgetränke (Anisette, Vermouth) kein Thujon mehr. Frische oder getrocknete Blätter würzen Suppen, Eintöpfe, Fleisch- und Gänsebraten. Sie erleichtern die Verdauung fetthaltiger Speisen. Man nahm die Blätter früher auch als Mottenmittel. Die Blatternte kann vor der Blüte erfolgen. Ganze Pflanzen werden erst in der Blütezeit geschnitten und verarbeitet.

Gewöhnlicher Beifuß

Artemisia vulgaris L.

Familie: Asteraceae
Habitus: Mehrjährige, verzweigte Staude, 0,5–1,5 m hoch, unten verholzt, rötlich, behaart, aromatischer Duft.
Blätter: Wechselständig, Spreite 1- bis 2fach fiederspaltig, Abschnitte lanzettlich, bei den oberen Blättern tief gesägt, Oberseite kahl, dunkelgrün, Unterseite weiß-filzig, Stiele oben kürzer, oberste Blätter sitzend, z. T. den Stiel umfassend, einfach oder dreilappig.
Blüten: Blütenstände in breitästigen Rispen, Blütenköpfchen oval, nur Röhrenblüten mit fünf gelblichen oder rotbraunen Kronzipfeln, Hüllblätter dicht behaart, Ränder trockenhäutig, Juni–September.
Früchte: Einsamige Nüsschen (Achänen).
Herkunft: Einheimisch.
Verbreitung und Anbau: Beifuß ist eine verbreitete, anspruchslose Wildpflanze. Er steht in dichten Beständen an Straßen- und Wegrändern, Böschungen, Bahndämmen, Ufern und auf Ruderalfluren. Er wächst auf verschiedenen Bodentypen, gedeiht aber auf stickstoffhaltigen Böden besonders gut. Im Gartenbau wird er selten gepflanzt. Die Vermehrung erfolgt durch Stecklinge im Frühjahr oder Herbst.

Nutzung: Gewöhnlicher Beifuß ist ein altes Würz- und Heilkraut, wobei er als Arzneipflanze eine weit geringere Bedeutung als Wermut besitzt, weil er weniger wirksam ist. Man verwendet Blütenknospen sowie frische oder getrocknete, junge Blätter. Die Pflanze wurde bereits in griechischen und römischen Schriften des 1. Jh. n. Chr. erwähnt. Römische Feldherren empfahlen ihren Soldaten, das Kraut auf langen Märschen in die Sandalen zu stecken, damit die Beine kräftig bleiben. Angelsachsen, Kelten und Slawen sprachen Beifuß magische Kräfte zu und verwendeten ihn bei Fruchtbarkeits- und Zauberritualen, um Unheil abzuwehren. Beifuß enthält Inulin, Harze, Gerbsäuren, Bitterstoffe und ätherisches Öl (Cineol, Thujon), die die Verdauungsdrüsen anregen. Seit dem Mittelalter dient er zum Würzen fettreicher Gerichte, wie Gänse-, Enten-, Lamm- und Schweinebraten, Aal, Soßen, Suppen, Eierspeisen, Käse sowie Schmalzaufstrich. Er war einst auch als Bierzusatz in Gebrauch, bevor Hopfen verwendet wurde. Früher nutzte man Beifuß als Heiltee zur Behandlung von Verdauungsstörungen, Blähungen, Sodbrennen, Geschwüren, Durchfall, Übelkeit, Gallenleiden, Wurmparasiten, Kopfweh, Blasenleiden, Menstruationsbeschwerden, Asthma, Nervosität und Depressionen. In der Schulmedizin spielt er keine Rolle. Beifußaufguss wirkt als Insektizid und aus der Pflanze extrahiertes Öl tötet Insektenlarven ab. Die Blätter ergeben vorzüglichen Zunder. Das Kraut wird kurz vor oder in der Blütezeit gepflückt, getrocknet oder zur Ölextraktion gepresst.

Weiße Pestwurz

Petasites albus (L.) Gaertner

Familie: Asteraceae
Habitus: Mehrjährige Staude, zur Blütezeit
20–30 cm, zur Reifezeit fast 1 m hoch, behaart,
oft in Gruppen.
Blätter: Zur Blütezeit nur Schuppenblätter am
Blütentrieb, lang gestielte Laubblätter erscheinen nach der Blüte, Spreite sehr groß, rundlich-
herzförmig, Rand doppelt spitz gezähnt, Unterseite erst wollig behaart, später kahl.
Blüten: Blütenköpfchen in dichten, traubigen
Blütenständen (nach längerer Blüte lockerer),
fünfzipflige, gelblich-weiße Röhrenblüten, diözisch, männliche Blütenköpfchen größer als
weibliche, März–Mai.
Früchte: Nüsschen, Flugorgan weißhaarig.
Herkunft: Einheimisch.
Verbreitung und Anbau: Die Weiße Pestwurz
wächst oft im Bergland auf steinigem Untergrund an feuchten, schattigen Plätzen in Wäldern, Schluchten und an Bachufern.
Nutzung: Blätter und Wurzeln der Pestwurz
enthalten ätherisches Öl, Alkaloide (Petasin,
Isopetasin), Pektin, Inulin, Schleim-, Gerb- und

Bitterstoffe. Die Inhaltsstoffe wirken harntreibend, schleim- und krampflösend. Pestwurz
hilft gegen Asthma, Husten, Schmerzen bei
Magen-Darm-Koliken sowie Steinleiden. Früher
galt sie als Mittel gegen Pest. Getrocknete Pflanzenteile wurden für Aufgüsse verwendet. Zudem besitzt Pestwurz eine starke, schmerzstillende Wirkung, die für Krebspatienten genutzt
wird. Selbstmedikationen mit der Droge sollten
wegen der im Kraut enthaltenen leberschädigenden und karzinogenen Pyrrolizidinalkaloide
unterbleiben. Die industrielle Herstellung alka-
loidarmer Extrakte ist möglich. Die verwandte
Gewöhnliche Pestwurz (*P. hybridus*) mit roten Blütenköpfchen besitzt ähnliche Heilwirkungen. In der Volksmedizin kochte man aus
den Wurzeln Hustensirup. Frische Blätter dienten als Wundpflaster und junge Blätter aß man
als Gemüse.

Huflattich
Tussilago farfara L.

Familie: Asteraceae
Habitus: Mehrjährige Staude, 10–35 cm hoch, Blütenschaft stielrund, weiß-filzig, oft mit rötlichen Schuppen besetzt.
Blätter: Grundständig, erscheinen nach der Blüte, Stiele lang, Spreite groß, ledrig, rundlich-hufeisenförmig, Unterseite weißfilzig, Rand unregelmäßig gezähnt.
Blüten: Endständige, gelbe Blütenkörbchen, äußere Zungenblüten schmal, weiblich, zentrale Scheibenblüten männlich, röhrig-glockig, fünfzipflig, Februar–April.
Früchte: Walzenförmige Achänen, Pappus mehrreihig, mit glänzenden Haaren.
Herkunft: Einheimisch.
Verbreitung und Anbau: Huflattich ist eine häufige Wildpflanze. Er benötigt feuchte, humusarme, lehmige Böden und wächst an Wegrändern, Böschungen, auf Äckern und in Wiesen. Durch vegetative Vermehrung entstehen oft dichte Bestände, die den Huflattich für die Landwirtschaft zu einem lästigen Unkraut werden lassen. Er kann durch Aussaat oder Teilung im Garten vermehrt werden.
Nutzung: Huflattich enthält Zucker, Schleime, Flavonoide, Gerb- und Bitterstoffe sowie etwas ätherisches Öl. Die Inhaltsstoffe vermitteln schleimlösende, einhüllende, auswurffördernde, adstringierende und stimulierende Effekte. Er ist schon lange ein Heilmittel gegen Husten, Bronchitis, Heiserkeit, Asthma, Mund- und Rachenentzündungen, Staublunge und Verschleimung der Atemwege. Schon Plinius empfahl ihn bei Atembeschwerden. Kandierte Wurzel- und Stängelstücke lutschte man früher als Hustenbonbons. Getrocknete, geschnittene Blätter wurden zur Behandlung und Vorbeugung von Raucherbronchitis unter Tabak gemischt. Die Schleimstoffe sollten beim Rauchen die Schleimhaut der Atemwege schützen. Noch heute enthalten manche Kräuter- und Pfeifentabakmischungen Huflattich. Als Hausmittel der Volksmedizin wurde Huflattich auch bei Magenbeschwerden, Venenleiden und zur Versorgung von Wunden, Entzündungen, Ekzemen bzw. Geschwüren der Haut sowie Insektenbissen verwendet. Im Frühsommer gepflückte Blätter wurden als Tee, Extrakt, Sirup und Tinktur aufbereitet. Wegen des möglichen, auf manchen Standorten nachgewiesenen Gehalts an leberschädigenden und krebserregenden Pyrrolizidin-Alkaloiden wird inzwischen teilweise von Anwendungen abgeraten. Junge Pflanzenteile können als Suppenbeilage oder Gemüse zubereitet werden. Blätter und Blüten ergeben aromatischen Kräutertee. Mit den Blüten werden vereinzelt Weine versetzt. Verbrannte, getrocknete Blätter nahm man einst als Ersatz für Kochsalz. Die Blätter liefern auch einen guten Naturdünger.

Garten-Ringelblume

Calendula officinale L.

Familie: Asteraceae
Habitus: Einjähriges Kraut, 25–60 cm hoch, Stiel verzweigt, kantig, flaumig.
Blätter: Wechselständig, filzig behaart, Rand z. T. leicht gezähnt, Spreiten unten fast spatelförmig, oben lanzettlich.
Blüten: Endständige, dottergelbe oder orangefarbene Köpfchen aus Zungen- und trichterförmigen, zentralen, fünfzipfligen Röhrenblüten, zahlreiche, mit Drüsenhaaren besetzte Hüllblätter, Juni–September.
Früchte: Sichelförmige Achänen.
Herkunft: Die Heimat der Ringelblume liegt in Südeuropa, doch sie wird in Mitteleuropa seit Jahrhunderten kultiviert und ist mittlerweile eingebürgert.
Verbreitung und Anbau: Die Garten-Ringelblume wird in Mitteleuropa als anspruchslose Pflanze gezogen und steht verwildert auf Ruderalflächen. Die Samen können im Frühling oder Herbst ausgesät werden. Sie sät sich auch leicht selbst aus.
Nutzung: Seit dem Altertum zählt die Ringelblume zu den wichtigsten Heilpflanzen. Die Volksmedizin nahm sie bei Hautveränderungen, Wunden, Furunkeln, Flechten, Akne, Venen- und Zahnfleischentzündungen, rauer Haut, Bienenstichen und Frostbeulen. Innerlich ist sie bei Entzündungen der inneren Organe, Krämpfen, Fieber, Leberleiden (Gelbsucht), Nierenbeckenentzündungen, Lymphdrüsenschwellungen, Zahnweh, Menstruationsbeschwerden, Augenentzündungen und zur Herzstärkung verwendet worden. Besonders Blüten und Blätter wirken wundheilungsfördernd, blutungsstillend, entzündungshemmend, krampflösend, antiseptisch, antiviral, immunstimulierend, antitumoral, harn- und schweißtreibend. Inhaltsstoffe sind ätherisches Öl, Sapogenin, Saponine, Flavonoide, Bitterstoffe, Carotinoide und Xanthophylle. Derzeit sind innere Anwendungen als

Tee oder Saft rückläufig, doch die Blüten sind als Schmuckdroge mit leicht krampflösenden Effekten noch Bestandteil von Teemischungen. Die Droge ist aber in Salben zur Wundheilung, Wundreinigung, gegen akute und chronische Hautleiden (Geschwüre, Warzen, Herpes, Ekzeme, Nagelbettentzündungen etc.) sowie Verstauchungen enthalten. Extrakte sind in kosmetischen Hautpflegemitteln und ätherisches Öl in Parfüms enthalten. Schon die Römer nahmen die Blüten als Safranersatz. Seit dem Mittelalter werden in Mitteleuropa Käse, Milchspeisen und Butter mit ihnen gefärbt. Auch zum Tönen von Haaren und als gelber Textilfarbstoff fanden die Blüten Verwendung. Frische oder getrocknete Blütenblätter zieren Salate, Kuchen, Suppen, Reis- oder Fischgerichte und verleihen ihnen einen pikanten Geschmack. Die mineral- und vitaminreichen Blätter haben erst einen süßlichen, dann einen salzigen Nachgeschmack und werden Salaten beigemischt.

Margerite
Chrysanthemum leucanthemum L.

Familie: Asteraceae
Habitus: Mehrjährige Staude, 10–100 cm
hoch, Stängel aufrecht, einfach oder in mehrere
Äste geteilt, zerstreut behaart oder fast kahl.
Blätter: Wechselständig, untere gestielt, obere
sitzend, Spreite linealisch oder eiförmig-läng-
lich, Rand grob gezähnt, z. T. fiederlappig, die
obersten zuweilen ganzrandig.
Blüten: In endständigen Blütenköpfchen, ca.
20 weiße, weibliche Zungenblüten, im Zentrum
zahlreiche zwittrige, goldgelbe Röhrenblüten,
Hülle halbkugelig, Hüllblätter zungenförmig,
dachziegelartig angeordnet, hell- oder schwarzbraun berandet, Juni–Oktober.
Früchte: Achänen ohne Flugorgan.
Herkunft: Einheimisch.
Verbreitung und Anbau: Die Magerite ist
eine verbreitete Wildpflanze, von der auch
diverse Gartenformen existieren. Sie benötigt
stickstoffhaltigen, mäßig trockenen und sandig-
lehmigen Boden. Die Pflanze steht auf Wiesen,
an Wegrändern, Böschungen und Bahndämmen. Der volkstümliche Name Wucherblume
geht auf ihre Fähigkeit zu einer starken Ausbreitung zurück.
Nutzung: Als Wildgemüse wird die Magerite,
mit anderen Wildkräutern vermischt, für spi-
natähnliche Gerichte genommen. Junge, rohe
Sprosse werden auch als Salat zubereitet. Die
Pflanze wurde bereits von Dioskurides zur Behandlung von Schwellungen und Gelbsucht
empfohlen. In der überlieferten Volksmedizin
ist sie als Mittel gegen Erkältungen, Keuchhusten, Asthma und zur Wundheilung verwendet
worden. Als Tonikum soll sie mit Kamille ver-
gleichbar sein und wurde deshalb auch bei ent-
zündlichen Erkrankungen des Magen-Darm-
Trakts genutzt.
Die verwandte, aus Südportugal oder eventuell auch aus China stammende **Salat-Chrysantheme** *(C. coronarium)* wird in Mitteleuropa z. T. angebaut. Stiele und Blätter ergeben
Salat bzw. Gemüse. Blütenköpfe werden gebacken. Blühende Pflanzen sind aber von
schlechter Qualität. Die Pflanze ist sehr reich an
Vitaminen und Eisen. Ihre Blätter wirken ver-
dauungs- und auswurffördernd. In Asien werden Tripper (Blätter) und Syphilis (Stängelrinde)
mit der Salat-Chrysantheme behandelt.

Rainfarn

Chrysanthemum vulgare (L.) Bernhardi

Familie: Asteraceae
Habitus: Mehrjährige, aufrechte Staude, 0,4–1 m hoch, Stängel kantig, kahl, im oberen Teil ästig verzweigt, würziger Duft.
Blätter: Wechselständig, länglich, einfach oder doppelt gefiedert, Blättchen am Rand deutlich gesägt, etwas behaart.
Blüten: Blütenkörbchen flach, knopfförmig, goldgelb, bilden endständige, schirmförmige Doldenrispe, ausschließlich Röhrenblüten, randständige Einzelblüten selten mit kurzer Zunge, Hüllblätter vielreihig, Juli–Oktober.
Früchte: Nussfrüchte mit fedrigem Pappus.
Herkunft: Einheimisch.
Verbreitung und Anbau: Rainfarn ist eine häufige Wildpflanze in Unkrautfluren, Gebüschen, an Feld-, Weg- und Straßenrändern. Er gedeiht an sonnigen Plätzen auf nährstoffreichen Lehmböden besonders prächtig.
Nutzung: Rainfarn enthält ätherisches Öl, u. a. das insektizide Nervengift Thujon, Flavonoide, Gerb- und Bitterstoffe (Sesquiterpene). Er ist ein altes, aber auch noch heute eingesetztes Mittel gegen Darmparasiten, weil er Rund- und Fadenwürmer abtötet. Außerdem wirkt er verdauungsfördernd, regt bei ausbleibender Menstruation die Gebärmutter an und dient als Brechmittel für Kinder. Breiumschläge helfen gegen Rheuma, Krampfadern und Hautquetschungen, Tinkturen gegen Krätzmilben. Die Ernte des Krautes erfolgt in der Blütezeit. Es wird für Tees, Aufgüsse, Tinkturen oder Tabletten getrocknet. Rainfarnöl wird aus den Blättern destilliert. Innere Anwendungen sind nicht unbedenklich, weil sie zu Allergien und Vergiftungen führen können. Rainfarnöl ist ein starkes Gift. Überdosierung führt zu Krämpfen, Durchblutungsstörungen im Unterleib, Atemnot und Fehlgeburten. Früher legte man die Blätter in Häusern aus und wickelte Lebensmittel darin ein, um Ungeziefer und Mäuse zu vertreiben bzw. von Vorräten fernzuhalten. Junge, frische Blätter werden lokal als Gewürz für Eierspeisen, Salate, Kuchen und Pudding verwendet. Sie enthalten viel Vitamin B_1. Auch rohe Blüten können Salaten beigemischt werden. Sie schmecken aber sehr bitter.

Schmalblättriger Sonnenhut
Echinacea angustifolia de Candolle

Familie: Asteraceae
Habitus: Mehrjährige Staude, 0,3−1,5 m hoch, borstig behaart, Stängel dünn, rot überlaufen.
Blätter: Wechselständig, kurz gestielt, Spreite oval oder länglich, zugespitzt, beidseitig rau behaart.
Blüten: Endständiges, großes Blütenkörbchen, am Rand 12−15 herabhängende, sterile, rosafarbene oder purpurne Strahlenblüten mit z. T. grünlichen Spitzen, im Zentrum rotbraune, stachelig aufgerichtete, fruchtbare, fünfzipflige Röhrenblüten, Korbboden kegelförmig aufgewölbt, Juni−August.
Früchte: Einsamige Nussfrüchte (Achänen).
Herkunft: Seine Heimat liegt in Nordamerika. Die Indianer verwendeten neben dem Schmalblättrigen Sonnenhut zwei weitere Sonnenhut-Arten (*E. purpurea*, *E. pallida*) zur Wundbehandlung. Erst im Jahr 1939 führte ein deut-

sches Pharmaunternehmen Samen nach Europa ein.
Verbreitung und Anbau: Der Sonnenhut kommt in Mitteleuropa nur als Kulturpflanze vor. Sein natürliches Verbreitungsgebiet sind die Prärien und lichten Wälder Nordamerikas. Die winterharte Zierpflanze benötigt nährstoffreiche, trockene Böden und viel Sonnenlicht. Er kann im Frühjahr ausgesät oder im Spätwinter durch Wurzelstecklinge vermehrt werden.
Nutzung: Sonnenhut gilt als universelles Heilmittel. Seit der Einfuhr nach Europa werden die Heilwirkungen des Sonnenhutes intensiv untersucht. Die Pflanzen enthalten Echinacein, ätherisches Öl, Bitterstoffe, Harze, Phytosterine, bakterizide Glykoside (Echinacosid) und Stärke. In den Wurzeln und Rhizomen liegen die höchsten Wirkstoffkonzentrationen vor. Sonnenhut stärkt die Immunabwehr, den Kreislauf und tötet Bakterien sowie Viren ab. Er verfügt über ähnliche Effekte wie Kortison. Echinacin-Präparate werden bei fiebrigen Erkältungen, Reizhusten, Atem- und Harnwegsinfektionen sowie zur Behandlung schlecht heilender Verletzungen, Bindegewebsentzündungen und Hautkrankheiten (Akne, Herpes, Schuppenflechte, Abszesse) verordnet. Derzeit wird Sonnenhut auf seine potentielle Verwendung in der AIDS-Therapie untersucht. Wurzeln und Rhizome werden im Herbst ausgegraben, frisch extrahiert oder getrocknet. Meistens sind die Wirkstoffe des Sonnenhutes in Salben, Tinkturen, Tropfen oder Tabletten enthalten. Teezubereitungen sind sehr selten.

Sonnenblume

Helianthus annuus L.

Familie: Asteraceae
Habitus: Einjährige, kräftige Staude, 1–3 m hoch, Stiel rau behaart, einfach.
Blätter: Wechselständig, lang gestielt, Spreite groß, herzförmig oder dreieckig, zugespitzt, rau behaart.
Blüten: Endständiger, mächtiger Blütenkorb, scheibenförmig, oft geneigt, innen konzentrisch angeordnete, unscheinbare, gelbbraune, fünfzipflige, zwittrige Röhrenblüten, am Rand große, goldgelbe, sterile Zungenblüten, Kelch aus dachziegelartigen Hüllschuppen, Juli–September.
Früchte: Achänen, Pappus aus zwei hinfälligen Borsten, Schale grauschwarz mit weißlichen Streifen.
Herkunft: Die Sonnenblume stammt aus der Neuen Welt. In gemäßigten und warmen Regionen zwischen Nordmexiko und Südkanada kultivierten Indianer die Sonnenblume schon vor 3000 Jahren. Im Jahr 1524 gelangte sie zunächst als Zierpflanze nach Spanien und verbreitete sich von dort in Europa. Im 17. Jh. baute man sie in kleinem Umfang als Nutzpflanze an. Ab 1830 intensivierte sich der Anbau, erst in Südrussland und später auch in Mitteleuropa. Im Ersten und Zweiten Weltkrieg erhöhte sich die Anbaufläche wegen der Lebensmittelverknappung. Ernsthafte Züchtungs- und Anbauversuche gab es in Deutschland erst zwischen 1936 und 1952. Die Sonnenblume entwickelte sich in den letzten Jahrzehnten zu einer sehr bedeutenden Ölpflanze.
Verbreitung und Anbau: Bei uns findet man die Sonnenblume im Garten- und Feldbau. Kulturflüchtlinge stehen an Wegrändern, Bahndämmen und in Unkrautfluren. Die Sonnenblume liebt nährstoffreiche, warme, sonnige und mäßig trockene Standorte. Gewerblicher Anbau wird vor allem in Weinbauregionen betrieben. Die Aussaat erfolgt im Frühling bei mindestens

8 °C. Die Ernte wird im Herbst maschinell vorgenommen. Dabei schneidet man ganze Pflanzen oder zwecks Samenernte nur die Fruchtstände ab, die anschließend getrocknet und entkernt werden. Im Anbau findet man verschiedene Sorten. **Nutzung:** Die Speicherkeimblätter der Embryonen enthalten ca. 49% Fette, 26% Eiweiß, 8 % Kohlenhydrate, 6% Ballast- und 3% Mineralstoffe sowie reichlich Vitamin A, D, K und E. Aus den Samen gewinnt man durch Pressung oder Extraktion ein gelbliches, leicht bitteres Öl, das vor allem Glyceride aus Öl- und Linolsäure enthält. Es senkt den Cholesterinspiegel. Entbittertes Öl wird hauptsächlich als Speiseöl sowie zur Margarine- und Backfettherstellung eingesetzt. Manche Zuchtformen enthalten 80–90% Ölsäure (High-oleic-Sorten). Deren Öl wird bevorzugt industriell verarbeitet. Die Lack- und Farbenindustrie verarbeitet es gerne, weil das Öl rasch trocknet. Weitere Verwendung findet Sonnenblumenöl bei der Herstellung von Seifen, Kerzen, Kosmetika, Gummi-Weichmachern, Schmier- und Treibstoffen, Hydraulik-, Härtungs-, Motoren- sowie Trockenölen für die Metallverarbeitung. Nebenprodukte der Ölherstellung sind Tocopherol (Vitamin E) und Lecithin als Lebensmittelzusätze, ferner Wachs, Phosphatide, Destillate und Filterschlamm. Pressrückstände liefern eiweißreiches Viehfutter. Schalenreste werden als Futtermittel, für Dämmplatten und als Füllmasse genommen. Samenmehl dient als Futtermittel, liefert aber auch Isolate für Fleischersatz, Fleischstrecker, Emulgatoren sowie Zusätze von Bäckerei- und Imbissprodukten. Bevor die Sonnenblume zur Ölfrucht wurde, nahm man im 17. Jh. die Kerne für Backwaren und geröstet als Ersatz für Kaffee und Trinkschokolade. In Brot, Kuchen, Gebäck, Müslis, Auflauf- und Gemüsegerichten werden Sonnenblumenkerne auch heute noch gerne verarbeitet. Geröstete Kerne eignen sich als Knabbersnack. Die Kerne werden zudem gerne an Vögel verfüttert. Sonnenblumenkeimlinge

können roh als Salatbeilage gegessen und junge Blütenköpfe wie Artischocken gekocht werden. Die Blütenblätter enthalten Flavonoide, Anthocyane, Xanthophylle, Cholin, Betain und Glykoside. Alkoholische Extrakte liefern fiebersenkende Mittel, die bei Lungenerkrankungen und sogar Malaria eingesetzt wurden. Als Hausmittel mischt man die Blütenblätter mit Lindenblüten für Grippetees. Das Öl nimmt man als mildes Abführmittel. Es ist auch in Massageölen und Einreibemitteln gegen Rheuma enthalten. Blattbreiumschläge lindern schmerzende Insektenstiche. Aus den Sprossachsen gewinnt man industriell Pektin, Harz, Pottasche und vor allem Zellulose für Papier- und Textilfasern, Dämmstoffe sowie Holzersatz. Pektin wird auch aus den Fruchtkörben extrahiert. Es liefert Dickungs- und Bindemittel für Lebensmittel (Marmelade, Gelee, Eis, Soßen etc.). Die Landwirtschaft nimmt ganze Pflanzen als Grün- und Silagefutter und baut sie auch zur Gründüngung an. Aus den Blütenblättern kann ein gelber Farbstoff gewonnen werden. Das Stängelmark besitzt ein extrem niedriges spezifisches Gewicht (0,028 g/cm^3). Es wird u. a. bei der Herstellung von Lebensrettungsmaterialien (Schwimmkörpern) eingesetzt. Die Stängel enthalten viel Kalium und wurden zur Pottaschegewinnung genommen (Russland).

Topinambur
Helianthus tuberosus L.

Familie: Asteraceae
Habitus: Einjährige, leicht verzweigte Staude,
2–3 m hoch, Stiel schwarzgrün oder rötlich,
rund, dicht behaart.
Blätter: Gegen-, teilweise wechselständig,
Spreite herz- bzw. eiförmig oder lanzettlich,
rauh behaart, Rand grob gezähnt, Blattstiel
flügelrandig.
Blüten: Endständige Blütenkörbe, innere
Röhrenblüten fertil, fünfzipflig, gelb oder braun,
randständige Zungenblüten dottergelb, gelegentlich rotbraun, steril, September–November.
Herkunft: Topinambur stammt aus Nordamerika, wo er von den Indianern angebaut wurde.
Um 1600 kam er nach Europa. Zunächst pflanzte man ihn als Zierpflanze und später auch als
Feldfrucht. Vom 18. Jh. an wurde Topinambur
durch den Kartoffelanbau weitgehend zurückgedrängt.

Verbreitung und Anbau: Die stark wuchern-
de Pflanze hat keine besonderen Standortansprüche. Sie benötigt nur viel Platz und
Feuchtigkeit. Im Frühjahr bringen im Boden
verbliebene, frostharte Knollen neue Sprosse
hervor. Heute wird Topinambur relativ selten
ackerbaulich angepflanzt, steht aber in vielen
Gärten.
Nutzung: An der Sprossbasis entwickeln sich
aus den Achseln der Niederblätter unterirdische
Ausläufer, deren Spitzen zu spindelförmigen
Knollen mit gelben, braunen oder roten Schalen
heranreifen. Die Knollen liefern Gemüse. Sie
können gekocht, gedämpft oder gebraten werden. Für Diabetiker ist Topinambur interessant,
weil er viel Fruchtzucker enthält und mit 7–8%
die Hälfte der Kohlenhydrate auf Inulin entfällt.
Inulin wird im Dünndarm nicht abgebaut, weil
dort das geeignete Verdauungsenzym Inulase
fehlt. Nur Dickdarmbakterien verwerten Inulin,
so dass dort ein geringer Teil resorbiert wird.
Der überwiegende Rest wird unverdaut ausge-
schieden. Aus getrockneten und gerösteten
Knollen lassen sich Kaffee-Ersatzstoffe gewinnen. Ungefähr 100 kg vergorene Knollen liefern
8–10 l Alkohol für Schnaps und zur Kraftstoffer-
zeugung. Topinambur dient gelegentlich auch
als Schweinefutter. In der Homöopathie wird
Knollenpresssaft bei Verstopfung und Fettleibig-
keit verwendet. Die Ernte der Knollen beginnt
nach Abschluss des Wachstums und der Reser-
vestoffsynthese im November. An der Luft
schrumpfen sie rasch und sind daher kaum lagerfähig. Nicht unmittelbar benötigte Knollen
verbleiben im Winter besser im Boden und werden nur bei Bedarf ausgegraben.

Wiesen-Bocksbart

Tragopogon pratensis L.

Familie: Asteraceae
Habitus: Ein- oder mehrjährige Staude,
30–80 cm hoch, Stängel graugrün, fast kahl, im
oberen Teil etwas angeschwollen, nicht oder
nur wenig verzweigt.
Blätter: Wechselständig, sitzend, Spreite grasar-
tig, schmal-linealisch, gekielt, zugespitzt, Basis
umfasst den Stängel.
Blüten: In endständigen, goldgelben Köpfchen,
bestehen aus ca. 40 Zungenblüten, an der Köpf-
chenbasis eine Reihe von acht schmalen,
kelchartigen Hüllblättern, Köpfchen öffnen am
Morgen und schließen am frühen Nachmittag,
Mai–August.
Früchte: Nussfrüchte (Achänen) mit schirm-
artigem Pappus.
Herkunft: Einheimisch.
Verbreitung und Anbau: Wiesen-Bocksbart
steht verbreitet auf Wiesen, Weiden und an
Wegrändern. Er bevorzugt nährstoffreiche
Lehmböden.
Nutzung: Wiesenbocksbart ist ein fast in Vergessenheit geratenes Wildgemüse. Er wurde bis
ins 17. Jh. hinein häufig gegessen. Wurzeln und
Blätter enthalten viel Zucker. Sämtliche Pflanzenteile können eingelegt, gekocht oder geröstet verzehrt werden. Die Wurzeln bereitet man
wie Schwarzwurzeln zu und junge Sprosse liefern ein mit Spargel vergleichbares Gemüse. Die
Blätter und Blütenknospen isst man als Salat
oder Kochgemüse. Dem Milchsaft spricht man
diuretische, auswurffördernde, reinigende und
adstringierende Heilwirkungen zu. Wurzelsirup
und Aufgüsse sollen gegen Magenübersäue-
rung, Sodbrennen, Husten und Bronchitis helfen. Ein Aufguss aus Blütenblättern beseitigt
Hautunreinheiten. Eingetrockneter Milchsaft
aus den Wurzeln kann wie Kaugummi gekaut
werden.

Kalmus
Acorus calamus L.

Familie: Acoraceae

Habitus: Mehrjährige, halbimmergrüne Staude, 0,6–1,2 m hoch, Stiel als Blütenscheide dreikantig zusammengedrückt.

Blätter: Grundständig, zweizeilig, ungestielt, lang schwertförmig, Rand gewellt.

Blüten: In zylindrischem Kolben, scheinbar seitenständig, am Grund mit grüner, blattartiger Spatha, Einzelblüten winzig, würfelförmig zusammengedrängt, zwittrig, gelb oder grünlich, Blütenhülle aus sechs schuppigen Blättchen, Juni–Juli.

Früchte: Rote Beeren, die aber in unserem Klima nicht heranreifen.

Herkunft: Kalmus stammt aus Indien und Südostasien, wo er seit über 4000 Jahren angebaut und gehandelt wird. Ab dem 13. Jh. breitete er sich über Sibirien bis nach Osteuropa aus. Die Mongolen pflanzten Kalmus auf ihren Eroberungszügen an Pferdetränken, weil sie ihm wasserreinigende Kräfte zusprachen. Um 1560 gelangte er schließlich nach Mitteleuropa.

Verbreitung und Anbau: Kalmus wächst an nassen oder immerfeuchten, nährstoffreichen Standorten. Er ist im Röhricht von Teichrändern, Altwasser, morastigen Gräben, Bach- und Seeufern zu finden. Die Pflanze vermehrt sich hier nur vegetativ durch die Rhizome.

Nutzung: Der Wurzelstock enthält 1–4% ätherisches Öl (Asarone, Germacron, Acorenon, Acoron etc.). β-Asaron hat antibiotische, sedative, aber wahrscheinlich auch toxische und karzinogene Eigenschaften. Acoron ist ein Bitterstoff. Weitere Inhaltsstoffe der Wurzel sind Stärke (30%), Alkaloide (Calamin), Cholin, Saponine, Harz und Vitamin C. Kalmus kann bei Magen-Darm-Beschwerden, Magengeschwüren, Gallenleiden, Appetitlosigkeit, Rheuma, Epilepsie, Nervosität, Halsentzündungen, Husten und Durchblutungsstörungen verwendet werden. In Indien, China und Persien dient er mindestens seit 700 v. Chr. als Magentonikum. Tee gilt besonders bei psychisch bedingten Verdauungsbeschwerden als gutes Naturheilmittel. Im 18. Jh. waren kandierte Rhizomstücke (Kalmuskandis) bei Verdauungsproblemen, Husten und Infektionen beliebt. Äußerlich gebraucht man Absude bei Rheuma, Zahnfleischentzündungen und Hautausschlägen sowie als Haarwaschmittel gegen Schuppen. Verwendung finden außerhalb der Blütezeit geerntete, 2–3 Jahre alte Wurzeln. Sie werden geschält und frisch bzw. getrocknet zu Tees, Badezusätzen, Pasten, Puder, Tinkturen oder Öl verarbeitet, das man durch Wasserdampfdestillation erhält. Kalmusöl ist in der Getränke- (Likör, Magenbitter, Essig), Kosmetik-, Parfüm- und Lebensmittelindustrie im Einsatz und dient als Insektizid. Pulverisiertes Rhizom eignet sich als Speisewürze. Junge Blätter und innere Stielteile sind essbar. Aus den Blättern lassen sich Körbe, Matten etc. flechten.

Einbeere
Paris quadrifolia L.

Familie: Trilliaceae
Habitus: Mehrjährige, kahle Staude, 10–40 cm hoch.
Blätter: Einzelner Quirl aus vier, selten 3–8 Blättern an der Stängelspitze, Spreite elliptisch oder rautenförmig, zugespitzt, netzadrig.
Blüten: Einzelne, endständige Blüte, unauffällig gelblich-grün, meistens vier sehr schmale Kronblätter, Kelchblätter schmal-lanzettlich, Fruchtknoten markant purpurn, von 6–10 gelben Staubblättern überragt, Mai–Juni.
Früchte: Blauschwarze Beere, giftig.
Herkunft: Einheimisch.
Verbreitung und Anbau: Die Einbeere kommt zerstreut oder verbreitet in schattigen Laub-, Misch- und Tannenwäldern auf feuchten, humus- oder kalkreichen Böden vor.
Nutzung: Die Einbeere besitzt eine mythische Bedeutung. Im Mittelalter nähte man zwischen dem 15. August und dem 8. September gesammelte Beeren in die Kleidung ein, im Glauben, sich vor Krankheiten wie der Pest zu schützen. Durch Verzauberung verwirrte Menschen sollten durch die Beere wieder normal werden. Die gesamte Pflanze ist schwach giftig. Bereits der Genuss einiger Beeren führt zu Koliken, Durchfall und Schwindelanfällen. Früher stellte man aus den Wurzeln Mittel gegen Gicht, Krämpfe und Rheuma her. Mit dem Saft ausgepresster Blätter versuchte man, Tumore, Wunden und Entzündungen zu behandeln. Mit Beerensaft versorgte man Augenentzündungen. Bei Arsen- und Quecksilbervergiftungen verabreichte man frisches Kraut. Insgesamt erlangte die Einbeere keine große Bedeutung, weil sie wegen ihrer angeblichen Zauberkräfte die Menschen ängstigte. Die moderne Medizin gebraucht die Pflanze nicht. Nur die Homöopathie verwendet sie gegen Augen- und Kehlkopfkatarre sowie Kopf- und Gesichtsschmerzen. Die Beeren liefern einen roten und die Blätter einen gelben Farbstoff.

Herbst-Zeitlose
Colchicum autumnale L.

Familie: Colchicaceae
Habitus: Mehrjährige Staude, 8–25 cm hoch, kahl, Blätter und Blüten entwickeln sich jedes Jahr neu aus einer ausdauernden, unterirdischen Zwiebelknolle.
Blätter: Grundständig, aufrecht, breit-lanzettlich, erscheinen im Frühjahr.
Blüten: Endständig auf hellem Stiel (Perianthröhre), kelchförmig aus sechs blassvioletten oder purpurnen, löffelförmigen Kronblättern, Kelch fehlt, eine Pflanze ist ein- oder mehrblütig, August–Oktober.
Früchte: Fleischige Kapselfrüchte, entwickeln sich mit den Blättern im Frühjahr nach der Blüte.
Herkunft: Einheimisch.
Verbreitung und Anbau: Die Herbst-Zeitlose trifft man auf feuchten Wiesen und in lichten Wäldern, vorwiegend Auen, an. Im Süden ist sie weiter verbreitet als im Norden. Im nördlichen Mitteleuropa wurde sie eingebürgert. Die Aussaat erfolgt im Sommer, aber es kann mehr als ein Jahr vergehen, bis die Samen keimen.

Nutzung: Die schmerzstillenden und entzündungshemmenden Wirkungen waren bereits im antiken Griechenland bekannt. Die Herbst-Zeitlose enthält 20 verschiedene Alkaloide, von denen Colchicin das bedeutsamste ist. Es hemmt Zellteilungen. Reife Samen enthalten 0,3–0,5% Colchicin. Vor der Samenreife liegt es auch in der Knolle vor. Blüten, getrocknete Samen und Knollen nahm man in der volkstümlichen Medizin gegen Rheuma, Gicht, Asthma, Nierenerkrankungen, Ödeme, Mittelmeerfieber, Leukämie und Sklerodermie. Ab 1763 galt das Kraut als Standardtherapeutikum gegen Gicht. Zu diesem Zeitpunkt entdeckte von Stoerck wirksame Dosierungen für diese Anwendung. Zwischen Hoch- und Spätsommer erntete man die Samen und gewann daraus Extrakte und Tinkturen. Heute verwendet die Schulmedizin die Pflanze nicht mehr. Alle Pflanzenteile sind hochgiftig, weshalb vor Selbstmedikation eindringlich gewarnt wird. Verzehr oder Überdosierung führen zu Erbrechen, Durchfall, Nierenschäden, Muskelschmerzen, Krämpfen und Lähmungen. Colchicin wird in der Gentechnologie für die Erforschung und Veränderung des Erbgutes verwendet (z. B. in der Pflanzenzüchtung).

Vielblütiges Salomonssiegel
Polygonatum multiflorum (L.) Allioni

Familie: Convallariaceae
Habitus: Mehrjährige, kahle Staude, 20–40 cm hoch, runder, unverzweigter Stängel, bogig überhängend.
Blätter: Wechselständig, zweireihig angeordnet, etwas aufgerichtet, ohne Stiele, Spreite elliptisch, zugespitzt.
Blüten: Je 2–5 hängende Blüten in den Blattachseln, sechs weiße Hüllblätter, länglichglockig verwachsen, Zipfel grünlich, Mai–Juli.
Früchte: Blauschwarze Beeren, giftig.
Herkunft: Einheimisch.
Verbreitung und Anbau: Salomonssiegel wächst selten oder zerstreut auf kalkigen, tonigen, humusreichen und gut entwässerten Böden. Es steht in der Sonne oder im Halbschatten in Gebüschen, lichten Laub- und Mischwäldern. Die Pflanze kann durch Aussaat im Herbst oder Teilung im Frühling gepflanzt werden.

Nutzung: Salomonssiegel besaß in der Hausmedizin eine geringe medizinische Bedeutung (die chinesische Medizin nutzt ihn häufiger). Die Wurzel hat adstringierende, entzündungshemmende Effekte. Sie wurde als kräftigender Tee aufgebrüht. Die westliche Kräutermedizin trank ihn bei Husten, Bronchitis, Durchfall, Magenproblemen und Frauenleiden. Mit Wurzelpulver behandelte man Quetschungen, Verletzungen, Hämorrhoiden und Verrenkungen. Die Wurzel wurde im Herbst geerntet und für Absude, Tees, Tinkturen und Salben aufbereitet. Junge Schösslinge ergeben ein spargelartiges Gemüse und auch die stärkereiche, etwas bittere Wurzel kann gekocht gegessen werden. Blütenextrakte des verwandten **Gewöhnlichen Salomonssiegels** *(P. odoratum)* werden für Parfüms gebraucht.

Maiglöckchen
Convallaria majalis L.

Familie: Convallariaceae
Habitus: Mehrjährige, kahle Staude, 10–25 cm hoch, Blütenstängel blattlos.
Blätter: Grundständig, 2–3 Blätter entspringen dem Wurzelstock, umschließen den Blütenstiel, Spreite breit-eiförmig oder lanzettlich, spitz, lederartig.
Blüten: In einseitswendiger Traube an langem Schaft, nickend, sechs weiße Kronblätter, glockenförmig verwachsen, Zipfel klein, zurückgeschlagen, Mai–Juli.
Früchte: Rote Beeren, giftig.
Herkunft: Einheimisch.
Verbreitung und Anbau: Das Maiglöckchen wächst in der Natur in trockenen Laubwäldern, Gebüschen, auf Bergwiesen und an Kalkfelsen. Stellenweise kommt es noch häufig vor. Es liebt lockere, warme Böden. Die Vermehrung für den Gartenbau erfolgt durch Aussaat im Frühjahr oder Teilung nach der Blüte.
Nutzung: Das Maiglöckchen enthält mindestens 30 verschiedene, herzwirksame Glykoside (z. B. Convallatoxin, Convallatoxol, Convallosid), Saponine, ätherisches Öl und Flavonoide. Sie stärken die Kontraktionskraft und -geschwindigkeit vom Herz, reduzieren die Schlagfrequenz und erhöhen die Erregbarkeit der Herzmuskulatur. Zudem wirken sie entwässernd, fiebersenkend, beruhigend und krampflösend. Seit dem 2. Jh. n. Chr. verwendet man die Pflanze als Heilmittel. Früher gebrauchte man sie gegen eine Vielzahl Beschwerden, einschließlich Epilepsie, Wassersucht, Schlaganfall, Wehenschwäche, Lepra und Bindehautentzündung. Heute bilden die Wirkstoffe wichtige Bestandteile von Herzpräparaten bei leichter Herzinsuffizienz, Altersherz und chronischem Cor pulmonale. Im Frühjahr geerntete und getrocknete Blätter sowie Blüten werden zu Flüssigextrakten und Tinkturen verarbeitet. Anwendungen mit Maiglöckchenpräparaten dürfen

nur unter qualifizierter Anleitung erfolgen. Blütenöl ist in einigen Parfüms enthalten. Mit Kalkwasserauszügen extrahierte man früher im Frühling einen grünen und im Herbst einen gelben Farbstoff aus den Blättern. Die Blüten können zum Aromatisieren von Wein verwendet werden. Getrocknete Blüten werden dem Schneeberger-Schnupftabak beigemischt.

Spargel

Asparagus officinalis L.

Familie: Asparagaceae
Habitus: Mehrjährige Staude, 0,5–1,5 m hoch, aufrechte, glatte, im oberen Abschnitt reich verzweigte Stängel.

Blätter: Wechselständig, winzige, bräunliche Schuppenblättchen ohne Chlorophyll, und je 3–8 große, nadelförmige Scheinblätter (Kurzsprosse) in den Achseln.

Blüten: Einzeln oder zu zweit in den Achseln der Scheinblätter, monözisch, sechs Blütenhüllblätter zu weißgelber Glocke verwachsen, nickend, Mai–Juli.

Früchte: Leuchtend rote, giftige Beeren, mit mehreren schwarzen, einseitig abgeflachten Samen.

Herkunft: Spargel stammt aus dem östlichen Mittelmeergebiet und Kleinasien, wo Wildformen vorkommen, aus denen Kulturspargel gezüchtet wurde. Aus Ägypten sind Malereien aus der Zeit um 3500 v. Chr. überliefert, die Spargelpflanzen darstellen. Der Gemüse-Spargel wurde aber wohl zuerst in Griechenland planmäßig kultiviert. Von Griechenland verbreitete er sich danach erst nach Italien und kam schließlich im 16. Jh. auch in Mitteleuropa in den Anbau, zunächst als Gartenpflanze. Erwerbsmäßiger Feldbau setzte nämlich erst im 19. Jh. ein, nachdem die Möglichkeit zur Konservenherstellung geschaffen worden war. Im Raum Braunschweig begannen 1861 Bauern und Kleingärtner Spargel für den Verkauf zu produzieren.

Verbreitung und Anbau: Spargel ist als Kulturpflanze in Mitteleuropa verbreitet und zuweilen trifft man auch auf verwilderte Kulturflüchtlinge. Er benötigt sandigen, nährstoffreichen Boden und sonnige, warme Lagen mit hoher Luftfeuchtigkeit. Spargel besitzt ein Rhizom, das durch Wurzeln in eine bestimmte Tiefe gezogen wird. Im zeitigen Frühjahr wachsen aus dem in der Erde befindlichen Rhizom maximal

sechs aufrechte Laubsprosse. Diese Sprosse kommen als Spargelstangen in den Handel. In Mitteleuropa ist vorwiegend Bleichspargel, d.h. zur Vermeidung der Chlorophyllbildung in aufgehäuften Dämmen unter schwarzer Folie gezogener Spargel verbreitet. Durch die aufgeschütteten Dämme bleiben die Sprosse länger bleich, denn unter Lichteinfluss ergrünen sie. Sie werden gestochen, sobald sie die Oberfläche erreichen. Es gibt Sorten, die als Grünspargel gepflanzt werden. Grünspargel muss nicht in Erdwällen angezogen werden und enthält mehr Vitamin C sowie Carotin. Die oberirdischen Stängel werden unter günstigen Bedingungen innerhalb von acht Tagen erntereif. Im Anbau pflanzt man Sämlinge, die vom vierten Jahr an über 15 Jahre lang geerntet werden können. **Nutzung:** Spargel hat einen geringen Nährwert. Er enthält zwar relativ viel Eiweiß (2,5%) sowie Ballaststoffe (5%), aber nur einen durchschnittlichen Vitamin-C-Gehalt (0,05%) und nicht sonderlich viele Mineralien. Vitamin C ist besonders in Spargelköpfen konzentriert. Es ist wohl in erster Linie der spezielle feine Duft und Geschmack, der den Spargel zum beliebten Gemüse werden ließ. Der Inhaltsstoff Asparagin ist der entscheidende Aromastoff. Spargelstangen werden vor allem gekocht (Gemüse, Suppen), können aber auch roh in Salaten genossen werden. Spargel ist ein gesundes Nahrungsmittel mit diuretischen, reinigenden, krampflösenden und beruhigenden Eigenschaften. Er enthält neben Asparagin noch Flavonoide, Saponine und Sitosterol. In der Volksmedizin dient er vor allem als entwässerndes, harntreibendes Mittel zur Behandlung von Prostatabeschwerden, Harnverhalt, Wassersucht, Blasen- und Nierenleiden. Spargelwurzeln sind in Teemischungen enthalten. Weitere volkstümliche Indikationen sind Herzklopfen, Bluthochdruck, Rheuma, Gelbsucht, Leber- und Milzerkrankungen. Die Asparaginsäure tötet Fadenwürmer ab (sie eignet sich zur Bilharziosebehandlung). Die Samen röstete man im Ersten Weltkrieg als Kaffee-Ersatz.

Deutsche Schwertlilie
Iris germanica L.

Familie: Iridaceae
Habitus: Rhizomstaude, 0,3–1 m hoch, kahl, Blütenstängel von Blattscheide (Spatha) umgeben.
Blätter: Grundständig, Spreite lang schwertförmig, graugrün, Hochblätter in der oberen Hälfte trockenhäutig, Spatha grün und braun.
Blüten: Endständig am Ende des Blütenstiels, drei äußere, spreizende Blütenblätter, am Grund röhrig verwachsen, violett-purpurn, dunkel geadert, Grund dicht gelb behaart, drei innere Blütenblätter aufrecht, dunkelviolett, Griffeläste mit dreieckigen Narbenlappen, Mai–Juni.
Früchte: Dreiseitige Kapseln, braune Samen.
Herkunft: Östlicher Mittelmeerraum und Südwestasien.
Verbreitung und Anbau: Die Deutsche Schwertlilie wird oft in Gärten gepflanzt. Sie wächst verwildert an sonnigen Stellen von Trockenrasen, Böschungen und Weinberghängen. Die Vermehrung erfolgt durch Ableger bzw. Teilung im Spätsommer oder Aussaat im Herbst. Kommerzieller Anbau findet in Mitteleuropa nicht statt.
Nutzung: Die Pflanze enthält ätherisches Öl (Iron u. a.), zudem Flavonoide, Harz, Zucker, Schleim- und Gerbstoffe. Das Rhizom hat beruhigende, harntreibende, mild abführende und schleimlösende Effekte und wurde schon im antiken Rom und Ägypten genutzt. Die Schwertlilie wurde in der Kräutermedizin vereinzelt als Husten-, Nieren- und Blasentee verordnet. Kleine Kinder kauten die Wurzeln, wenn sie Zähne bekamen. Das ätherische Öl verströmt einen Veilchengeruch, der sich durch Lagerung intensiviert. Es ist Bestandteil von Parfüms, Zahncremes, Mundwässern und wird als Lebensmittelaroma gebraucht. Ferner kann aus dem Rhizom ein schwarzer und aus den Blüten ein blauer Farbstoff extrahiert werden. Die Deutsche Schwertlilie ist nur eine von mehreren genutzten Iris-Arten (*I. pallida, I. florentina*). Die Ernte erfolgt im Herbst.

Speise-Zwiebel
Allium cepa var. *cepa* L.

Familie: Alliaceae
Habitus: Mehrjährige Zwiebelstaude,
0,6–1,2 m hoch, Blütenschäfte röhrenförmig.
Blätter: Grundständig, Unterblätter (Zwiebel)
fleischig, bleich, Oberblätter röhrenförmig,
hohl, bläulich-grün.
Blüten: In endständigen, kugeligen, vielblütigen Scheindolden, sechs grünlich-weiße Hüllblätter, Juni–August.
Früchte: Dreifächerige Kapseln.
Herkunft: Ursprünglich stammt die Zwiebel
aus West- bzw. Mittelasien (Afghanistan). Es ist
eine uralte Kulturpflanze. So wurde sie z. B. auf
ägyptischen Wandmalereien dargestellt. Auch
Griechen sowie Römer nutzten sie. Mit den Römern gelangte sie nach Mitteleuropa. Karl „der
Große" ließ sie ab dem 9. Jh. in seinen Hofgär-
ten anpflanzen. Heute zählt die Zwiebel zu den
wichtigsten Gemüsepflanzen.

Verbreitung und Anbau: Die weit verbreitete
Kulturzwiebel wird im ein- oder zweijährigen
Anbau kultiviert. Zur Anzucht benötigt sie hu-
musreichen, warmen, nicht frisch gedüngten
Boden. Die Speisezwiebel wird meistens im
Frühling entweder aus Samen oder aus gesetz-
ten Steckzwiebeln gezogen. Heute gibt es ein
gutes Dutzend verschiedener Sorten.
Nutzung: Die Nutzung der Zwiebel ist schon
über Jahrtausende belegt. Sie wird als würziges
Kochgemüse in vielerlei Gerichten (Fleisch,
Wild, Aufläufe, Suppen, Eintöpfe, Kuchen etc.),
Soßen und roh als Brotbelag oder Salatbeilage
gegessen. Zudem werden eingelegte oder geröstete Zwiebeln, Trockenzwiebeln, Zwiebelpul-
ver und -salz erzeugt. Sie enthält Glucose, Fructose und Saccharose als Speicherstoffe.
Schwefelhaltige Zwiebelöle (Allicin, Thiopro-
panalsulfoxid) bewirken nicht nur das allseits
bekannte Augentränen beim Zwiebelschneiden,
sondern verleihen dieser Pflanze auch heilende
Eigenschaften. Sie senkt den Blutdruck sowie

Fieber, tötet Keime ab, fördert die Wundheilung, regt den Appetit sowie die Verdauung an
und wirkt entwässernd. Sie wurde früher zur
Behandlung und Vorbeugung von Bronchialerkrankungen, Erkältungen, Husten, Grippe und
Skorbut verwendet. Regelmäßiger Zwiebelge-
nuss soll Magenkrebs vorbeugen. In Milch
gelöster Presssaft oder Sirup sind typische Hausmittel. Zerquetschte Zwiebeln finden gegen
Akne, Insektenstiche, leichte Verbrennungen,
Frostbeulen und rheumatische Beschwerden
Verwendung. Mit Zwiebelsaft können Metall-
flächen zum Schutz vor Rost eingerieben sowie
Kupfer- und Glasoberflächen poliert werden.
Der Saft wehrt Motten und Insekten ab. Die
pikant-würzige **Schalotte** (*A. c.* var. *ascaloni-
cum*) ist seit dem 13. Jh. aus dem Orient bekannt und kam im 17. Jh. nach Deutschland.
Sie wird hier nur in Kleingärten angebaut und
dient als Gewürz für eingelegte Gurken, Soßen,
Suppen, Fleisch und Fisch.

Lauch bei den Römern als sehr gesund galt. In Mitteleuropa baute man ihn ab dem 9. Jh. n. Chr. an.

Verbreitung und Anbau: Porree-Anbau findet man in ganz Mitteleuropa. Er benötigt tiefgründige, feuchte und nährstoffreiche Böden. Es gibt verschiedene Sorten, die zu unterschiedlichen Jahreszeiten geerntet werden können, in milden Gegenden sogar noch im Winter. Freilandpflanzen leiden zwar im Winter durch Frost, blühen aber im nächsten Frühsommer und ermöglichen so die Saatgutgewinnung.

Nutzung: Porree gilt als verdauungsfördernd sowie als schleimlösend, so dass er bei Bronchialerkrankungen hilft. Die Pflanze besitzt 3% Kohlenhydrate, 2% Ballaststoffe, einen recht hohen Vitamin-C-Gehalt (0,05%), schwefelhaltiges ätherisches Öl und einige Mineralsalze. Porree wird wegen seines zwiebelartigen Geschmacks als Gewürz (Suppen, Soßen, Eintöpfe, Aufläufe, Fleischspeisen, Lauchkuchen), Gemüse oder Salat verarbeitet. Man verwertet die Scheinsprosse ohne die Oberblätter.

Porree (Lauch)
Allium porrum L.

Familie: Alliaceae
Habitus: Zweijähriges Kraut, bildet langen Schaft und nur eine kleine Zwiebel, grundständige Blätter formen 40–90 cm hohen Scheinstängel, viele weiße Wurzeln.
Blätter: Wechselständig, Spreite breit, flach, blaugrün, z. T. bereift.
Blüten: In tennisballgroßer Trugdolde, sechs Hüllblätter, rosa, Juni–August.
Früchte: Kapseln, in den Fruchtfächern mehrere kleine, schwarze Samen.
Herkunft: Porree stammt vermutlich von dem die Perlzwiebeln liefernden Sommer-Knoblauch bzw. Acker-Knoblauch (*A. ampeloprasum*) ab, der im Mittelmeerraum auch wild vorkommt. Lauch war bereits bei den alten Ägyptern (2000 v. Chr.) sowie Griechen und Römern als Gemüse gebräuchlich. Plinius berichtete, dass Kaiser Nero regelmäßig Lauch-Tage einlegte, weil

Knoblauch
Allium sativum L.

Familie: Alliaceae
Habitus: Mehrjähriges Zwiebelgewächs, 0,5–1 m hoch, unverzweigter, rundlicher Blütenschaft.
Blätter: Bilden Scheinspross, umhüllen den Blütenschaft, Spreite lang, spitz zulaufend, oft herabhängend.
Blüten: In rötlich-weißer Scheindolde mit wenigen, lang gestielten Blüten, Blüten meistens steril, grünweiß oder rosa, mit sechs spitzen Hüllblättern, oft Brutzwiebeln statt der Blüten, Juli–August.
Früchte: Kapselfrüchte, reifen zumeist nicht heran.
Herkunft: Knoblauch stammt ursprünglich aus Zentralasien. Als Urprungsform gilt *A. longicuspis*. Er gehört zu den ältesten Kulturpflanzen und wird seit ca. 5000 Jahren in Vorderasien, China und Indien genutzt und war vermutlich auch den Germanen ein Begriff. Griechen und Römer übernahmen den Anbau. In der Römerzeit kam er nach Mitteleuropa, wobei die Kultur erst später auflebte (Nürnberg, Fürth, Erfurt).
Verbreitung und Anbau: Als reine Kulturpflanze wächst er auf lockerem, humosem Boden. Die Vermehrung erfolgt durch Zerlegen der Zwiebeln, die vorwiegend im April in den Boden gesteckt werden.
Nutzung: Es werden überwiegend die „Zehen" der Zwiebel genutzt. Es handelt sich um röhrenförmig gestauchte Blätter. Als Gewürz ist Knoblauch in den Küchen der unterschiedlichsten Kulturkreise weit verbreitet (Fisch, Fleisch, Salate, Würste, Dressings, Weichkäse etc.). In der mitteleuropäischen Küche wird er wegen der von ihm verursachten Körperausdünstungen eher sparsam oder mit Honig, Zitronensaft, Petersilie bzw. Fenchel vermischt verwendet. Der intensive, scharfe Geschmack (und Geruch) entsteht durch schwefelhaltige Verbindungen (Diallylsulfid, Diallyltetrasulfid). Sie verleihen dem Knoblauch im Zusammenspiel mit mehreren Vitaminen heilende, antibakterielle Wirkungen. Er senkt den Blutdruck, stärkt die Herzkranzgefäße, wirkt hohen Cholesterinwerten entgegen, senkt den Blutzuckerspiegel, tötet Bakterien, Pilze sowie andere Parasiten ab und hat fiebersenkende, antiasthmatische, auswurffördernde und diuretische Effekte. Knoblauch diente schon im Altertum als Gewürz mit darmdesinfizierender und verdauungsfördernder Heilwirkung. Die Volksmedizin nimmt Knoblauchsaft oder in Honigmilch eingelegte Zehen gegen Bronchitis und Keuchhusten. Er wirkt nicht unbedingt gegen einzelne Krankheiten, ist aber bei Magen-Darm-Leiden und zur Vorbeugung von Herz-Kreislauf-Erkrankungen ausgesprochen nützlich. Knoblauchsaft ist ein gutes Mückenmittel und kann zu einem Glaskleber verarbeitet werden.

Schnittlauch
Allium schoenoprasum L.

Familie: Alliaceae
Habitus: Mehrjährige, schopfige Zwiebelstaude, 10–50 cm hoch, bildet durch dicht zusammenstehende Zwiebeln regelrechte Horste.
Blätter: Grundständig, Spreite zylindrisch-röhrenförmig, hohl, glatt, bläulichgrün.
Blüten: In endständigen, kugeligen Scheindolden aus 8–30 Blüten auf festem Stängel, kurz gestielt, sechs Hüllblätter, kurz, rosa oder violett, Spatha aus zwei Hochblättern, Juni–September.
Früchte: Kapseln.
Herkunft: Er kommt natürlich in den Mittelgebirgen und Alpen vor. In Italien wurde er um 1200 n. Chr. erstmals in Kultur genommen und breitete sich danach als Kulturpflanze auch in Mitteleuropa aus.
Verbreitung und Anbau: Schnittlauch lässt sich im Gartenbau anbauen, kann aber ebenso

problemlos in Kübeln, Balkonkästen oder Töpfen gezogen werden. Im Anbau benötigt er nährstoffreichen und feuchten Boden. Die Aussaat erfolgt im Frühjahr. Die ständig nachwachsenden, röhrigen Blätter werden im Freiland vom Frühsommer bis Oktober geerntet. Im Winter kommt frischer Schnittlauch aus der Treibhausproduktion. Er wächst wild in Fluss-Auen und Feuchtwiesen auf felsigen oder grasigen Flächen.
Nutzung:. Schnittlauch besitzt einen hohen Vitamin-C-Gehalt (0,05%), enthält darüber hinaus schwefelhaltige Lauchöle und neben anderen Mineralstoffen viel Eisen. Frische, getrocknete oder gefrostete Blätter liefern ein Gewürz für Suppen, Salat, Soßen, Quark, Kräuterbutter, Käse, Kartoffel- und Eierspeisen. Die kleinen Zwiebeln können ebenfalls gegessen werden und die Blüten eignen sich als bunte Salatbeilage. Auch Schnittlauch besitzt heilpflanzliche Eigenschaften, da er das Verdauungssystem fördert, den Appetit anregt und die Blutzirkulation unterstützt. Er hat auch insektizide und antifungale Wirkungen. Presssaft soll gegen Mehltau etc. helfen. Er wird vor der Blüte geerntet, weil Schnittlauch nach der Blütenbildung viel von seinem Aroma einbüßt. Tiefgefroren lässt er sich gut für längere Zeit konservieren. Die verwandte, frostharte **Winterzwiebel** (*A. fistulosum*) wurde schon 2000 v. Chr. in China gepflanzt. Ihre Wildform ist unbekannt. Sie kam im 17. Jh. nach Europa und steht noch heute gelegentlich in Gärten. Die Oberblätter der Winterzwiebel können ganzjährig geerntet und wie Schnittlauch verwendet werden.

Bärlauch

Allium ursinum L.

Familie: Alliaceae
Habitus: Mehrjährige Staude, 20–50 cm hoch, Blütenstängel entspringt einer Zwiebel, nicht verzweigt, kahl, zwei- oder dreikantig, intensiver Knoblauchgeruch.
Blätter: Grundständig, Spreite lanzettlich-elliptisch, zugespitzt, lange Stiele, die glänzende, dunkelgrüne Unterseite ist durch Drehung des Blattes am Stielansatz nach oben orientiert, die blassere Oberseite zum Boden gerichtet.
Blüten: In endständiger, lockerer Trugdolde aus 6–20 sternförmigen Einzelblüten, Blüten weiß, aus sechs, in zwei Kreisen angeordneten, aufrechten, lineal-lanzettlichen Hüllblättern, April–Juni.
Früchte: Dreifächerige Kapseln mit schwarzen, kantigen Samen.
Herkunft: Einheimisch.
Verbreitung und Anbau: Bärlauch ist eine zerstreut vorkommende Wildpflanze, die an einem Standort jedoch oft in Massen auftritt. Er steht im Unterwuchs von feuchten, schattigen Laubwäldern. Bärlauch bevorzugt kalkhaltige, humose Böden. Für den Gartenbau werden im Herbst entweder Samen oder Zwiebeln in den Boden gesteckt. Die Samen benötigen Frost zum Keimen.
Nutzung: Frische Blätter und auch die Blüten eignen sich aufgrund des milden Knoblauchgeschmacks als Gewürz für Suppen, Salate, Gemüse, Fleischgerichte, Soßen, Brotaufstrich, Senf, Weichkäse und Kräuterquarks. Mit Brennnesseln ergibt er ein vorzügliches Wildgemüse. Als Würze legt man die Blätter auch in Essig oder Öl ein. Auch in der Ruheperiode zwischen Frühsommer und Winteranfang ausgegrabene Zwiebeln ergeben eine Gemüsebeilage. Hauptinhaltsstoff ist das Bärlauchöl, das schwefelhaltige Aminosäuren (Alliine) enthält. Diese gehen leicht in die geruchsbestimmenden Lauchöle über. Außerdem enthalten die Blätter Vitamin C. Bärlauchöl regt die Sekretion der Verdauungsdrüsen an, beugt Arterienverkalkung vor, senkt den Blutdruck sowie den Cholesterinspiegel, verbessert die Herzleistung und wirkt gegen schädliche Darmbakterien bzw. Parasiten. Früher kamen Bärlauchessenzen bei Magen-Darm-Beschwerden, Gallenleiden, aber auch bei Bronchitis und Hauterkrankungen zum Einsatz. Sie haben antiseptische, entzündungshemmende, krampflösende, antiasthmatische, abführende und entwässernde Eigenschaften. Als Wurmmittel nahm man früher in Milch eingelegte, zerquetschte Zwiebeln. Der Pflanzensaft war einst im Haushalt als Desinfektionsmittel in Gebrauch.

Schmalblättriger Rohrkolben

Typha angustifolia L.

Familie: Typhaceae
Habitus: Mehrjährige Staude, 1–2 m hoch, ausgedehntes Rhizom, aus dem Blätter und Blütenstände entspringen.
Blätter: Grundständig, lang-linealisch, oben spitz, schwach blaugrün, am Blütenstand laubblattartige Hochblätter.
Blüten: Kolbenförmiger Blütenstand, oben dünn, mit männlichen Blüten, darunter dick, schwarzbraun mit weiblichen Blüten besetzt. Im Gegensatz zum ähnlichen **Breitblättrigen Rohrkolben** (*T. latifolia*) ist der männliche Blütenstand etwas vom Kolben getrennt, Blütenhülle (Perianth) haarförmig, Juni–August.
Früchte: Kleine Nüsschen.
Herkunft: Einheimisch.
Verbreitung und Anbau: Rohrkolben ist eine verbreitete Sumpfpflanze, die im Röhricht stehender und langsam fließender Gewässer oft dichte Bestände bildet. Er wird gerne als dekorative Pflanze an Gartenteichen gepflanzt. Die Vermehrung erfolgt im Frühling durch Aussaat oder Teilung.

Nutzung: In Notzeiten erntete man die stärkehaltigen Rhizome, kochte sie wie Kartoffeln, zermahlte sie zu Backmehl oder gewann daraus einen süßlichen Sirup. Auch junge Sprösslinge, Stammbasen und die nussig schmeckenden Samen wurden verzehrt. Der Pollen lieferte einen proteinreichen Zusatz für Brotmehl. Außerdem nahm man früher die Halme als Deckmaterial für Hausdächer. Sie wurden meistens treppenförmig ausgelegt oder in nicht geöffneten Bunden verlegt. Vielfach diente Rohrkolben als Unterlage, um Reet (Schilf) zu sparen. Rohrkolbenfasern können zu Papier, Matten, Hüten und anderem Flechtwerk verarbeitet werden. Die Samenhaare besitzen gute Isoliereigenschaften und dienten als Kissenfüllung. Der Pollen besitzt gewisse Heilwirkungen (vor allem entwässernd) und kann in der Kräutermedizin bei Nierensteinen, Blutungen, schmerzender Menstruation, Durchfall und Bandwürmern eingesetzt werden. Rohrkolben liefert ausgezeichneten Zunder zum Feuermachen. Auch der Pollen ist leicht brennbar und wurde z. T. für Feuerwerke verwendet. Rohrkolben wird auch gerne zur Uferbefestigung gepflanzt.

Saat-Hafer
Avena sativa L.

Familie: Poaceae
Habitus: Einjähriges Rispengras, 0,6–1,5 m hoch, Halm hohl, rundlich.
Blätter: Zweizeilig angeordnet, lange, stängel-umfassende Scheide, Spreite lineal-lanzettlich, Grund ohne Öhrchen, Ligula kurz, mit dreiecki-gen Zähnchen.
Blüten: In langer Rispe, Rispenäste verzweigt, hängend, Ährchen an der Spitze mit 2–4 zwitt-rigen Blüten, Hülle fehlt, Deckspelzen der unte-ren Blüten begrannt (außer bei Hochzuchtfor-men), Juni–Juli.
Früchte: Einsamige Schließfrüchte (Karyop-sen), spindelförmig, tief gefurcht, zwei Körner je Ährchen, Körner fest von Spelzen umschlos-sen, aber nicht mit ihnen verwachsen (außer bei einigen Sorten).
Herkunft: Hafer wuchs offenbar zunächst nur als Begleitgras in Gersten- und Weizenfeldern, weil er in altertümlichen Getreidefunden nur als Beimengung auftaucht. Die ältesten Nutzungs-nachweise um 5000 v. Chr. stammen aus der Re-gion nördlich des Schwarzen Meeres und aus Polen. Hafer tauchte erst relativ spät als Nutz-pflanze in Mitteleuropa auf. Der erste Beleg stammt aus der Westschweiz um 2400 v. Chri-stus. Bis zur späten Bronzezeit (1200–800 v. Chr.) existierte auch zwischen Elbe und Rhein Haferanbau, doch eine vermehrte Ausbreitung fand erst in der folgenden Eisen- und Römerzeit statt. Vollkulturen gab es erst nach der Zeiten-wende. Bis ins Mittelalter hinein baute man Ha-fer nur nördlich des Mains an. Erst danach be-gann der Anbau im Süden. Um 1200 n. Chr. war Hafer besonders in Mittelgebirgslagen eine be-deutende Feldfrucht. Ab dem 18. Jh. verringerte sich der Haferanbau durch die Konkurrenz der Kartoffel. Noch in der ersten Hälfte des 20. Jh. stand Hafer nach Erntemengen an zweiter Stelle hinter dem Roggen. Seit dem zweiten Weltkrieg überholten die Erträge den Roggen, fielen aber hinter die von Weizen und Gerste zurück. Bis zum 20. Jh. baute man in extremen Lagen (Hochlagen, Sandböden), wo Saat-Hafer nicht gedeiht, Sand-Hafer (*A. strigosa*) an. Die Ab-stammung des Saat-Hafers ist nicht endgültig ge-klärt. In Europa und Asien kommen 15 Hafer-Arten vor. Dem Saat-Hafer steht der Flug-Hafer (*A. fatua*) am nächsten, eine Wildart, die sich leicht mit Saat-Hafer kreuzt. Es gibt Zwischenfor-men (Faturidae). Flug-Hafer ist aus Unkrautflu-ren, jedoch nicht aus der ursprünglichen, natür-lichen Vegetation bekannt. Es bleibt unklar, ob Saat-Hafer aus dem Flug-Hafer hervorging oder sich letzterer als robustes „Unkraut" aus dem Saat-Hafer entwickelte. In alten Fundstätten tauchten meistens beide Arten auf. Noch heute steht Flug-Hafer als „Unkraut" in Haferkulturen. Die zweite, dem Saat-Hafer eng verwandte „Wildart" ist Taub-Hafer (*A. sterilis*), der zumin-dest im Mittelmeerraum natürlich vorkommt. Seine Rolle bei der Entstehung des Kultur-Hafers ist nicht geklärt.

Verbreitung und Anbau: Saat-Hafer bevorzugt gemäßigtes Klima mit hohen Niederschlägen und hoher Luftfeuchtigkeit. Seine Bodenansprüche sind zwar gering, er gedeiht aber auf schwerem, nährstoffreichem Untergrund besonders gut. Hafer wird im Frühjahr ausgesät. Die Ernte erfolgt kurz vor der Vollreife im Herbst. Heute findet der Anbau vor allem in den Mittelgebirgen, im Alpenvorland sowie an der Nord- und Ostseeküste statt. In der Fruchtfolge gilt er als Gesundungsfrucht, denn viele Getreideschädlinge vermehren sich am Hafer nicht. Haferanbau ist aber weniger lukrativ als der Anbau anderer Getreidearten.

Nutzung: Ernährungsphysiologisch ist Hafer die hochwertigste Getreideart unserer Breiten. Entspelzte Körner enthalten 60% Kohlenhydrate (Stärke), 13% Eiweiß (mit hohem Anteil essentieller Aminosäuren), 7% Fette (70–80% ungesättigte Fettsäuren, Lecithin), 6% Ballaststoffe, 3% Mineralien (Zink, Jod, Bor etc.), Vitamin B, H (Biotin) und E. Die Vitamine in der äußeren Kornschicht bleiben erhalten, weil die Körner nur entspelzt und nicht geschält werden müssen. Die Fette liegen als verteilte Öltröpfchen im Speichergewebe vor und nicht, wie bei anderen Getreidearten, nur in der Randschicht der Körner. Haferkörner werden hauptsächlich direkt oder als Futtermehl an Pferde, Geflügel und Rinder verfüttert. Für Schweine ist der Rohfasergehalt zu hoch. Haferkörner sind jahrelang lagerfähig. Auch Haferkraut, d.h. kurz vor der Blüte geschnittenes, getrocknetes Kraut, verfüttert man an Nutztiere. Für die menschliche Ernährung erzeugt man Haferflocken, Grütze, Mehl und Haferschälkleie für Breie, Müsli, Suppen, Gebäck und Kindernahrung. Haferflocken sind mit Dampf behandelte, gequetschte Körner. Zudem lieferten geröstete Körner in kargen Zeiten Kaffee-Ersatz. Hafermehl eignet sich nicht zum Backen von Brot, weil ihm Kleberproteine fehlen (nur in Irland stellte man früher Haferbrot her). Einige Whiskysorten werden aus Hafer gebraut. Haferkörner besitzen eine Bedeutung als Schon- und Diätkost mit Heilwirkung bei Magen-Darm-Leiden (Verstopfung, Durchfall, Geschwüren), Gallen- und Nierenbeschwerden, Rheuma, Kreislauf-Erkrankungen, körperlicher Schwäche, Diabetes, Brust- oder Halsbeschwerden. Sie haben diuretische, einhüllende und krampflösende Effekte. Haferkleie, die aus den Randschichten entspelzter Körner besteht, ist reich an Fasern und senkt den Cholersterin- und Zuckerspiegel im Blut. Zudem enthalten die Körner das beruhigend wirkende Alkaloid Avenin. Alkoholische Extrakte nimmt man in der Hausmedizin als Sedativum (Beruhigungsmittel) sowie gegen Depressionen und Beschwerden im Klimakterium. Insektenstiche, Akne und Ekzeme behandelte man früher mit Breiumschlägen aus mit Lorbeer vermischten, zerkleinerten Körnern bzw. Mehl. Haferkrautzubereitungen wurden früher bei nervöser Erschöpfung, Schlaflosigkeit, Gicht, Rheuma, Bindegewebsschwäche, Blasen- und Nierenbeschwerden sowie zur Entwöhnung bei Tabak- und Opiumsucht verwendet. Haferstroh wird aus vor der Vollblüte geernteten, getrockneten und gedroschenen Blättern und Stängeln erzeugt. Es enthält Kieselsäure und wurde in der Volksmedizin als Tee oder Badezusatz gegen Hautleiden (Akne, Warzen, Grind, Flechten, Frostbeulen, Gürtelrose, Juckreiz), Gicht, Rheuma, Stoffwechselstörungen, Husten, Erkältungen, Unterleibsschwäche bei Frauen, Blasen- und Augenleiden empfohlen. Mehl und Kraut liefern Kosmetikazusätze. Aus Dreschabfällen (Spelzen) erzeugte man früher Furfurale, das sind Grundstoffe für die Nylonherstellung und Ölveredlung. Ferner diente das Stroh zur Herstellung von Papier, zum Flechten, zum Decken von Dächern und als Brennstoff.

Saat-Weizen (Weich-Weizen)
Triticum aestivum L.

Familie: Poaceae
Habitus: Einjähriges Ährengras, 0,5–1 m hoch, Halm rundlich, dünnwandig, hohl, dunkelgrün, Ähre gedrungen.
Blätter: Zweizeilig, lange, stängelumfassende Scheide, Spreite lineal-lanzettlich, Grund geöhrt, bewimpert, Ligula kurz, quer abgestutzt.
Blüte: In endständigen, lockeren Doppelähren, dreimal so lang wie breit, Spindel aufrecht, trägt 20–25 Ährchen, Ährchen umfassen 3–6 zwittrige Blüten ohne Blütenhülle, zweizeilig alternierend, Deckspelzen meistens ohne Grannen, Hüllspelzen im unteren Teil abgerundet, Juni–Juli.
Früchte: Einsamige Schließfrüchte (Karyopsen), jedes Ährchen bildet 2–4 Körner.
Herkunft: Der heutige Saat-Weizen entstand durch Kreuzung mehrerer anderer Getreide- und Wildgrasarten. Körner von Wildarten haben im Gegensatz zu Kulturformen eine brüchige Ährenspindel und lassen sich nicht von den Spelzen freidreschen. Die ersten kultivierten Spelzweizen-Arten waren Einkorn (*T. monococcum*) und Kultur-Emmer (*T. dicoccum*). Es gibt eine Reihe Weizen-Arten, die sich u. a. durch die Zahl der Chromosomensätze im Erbgut unterscheiden. Saat-Weizen besitzt einen sechsfachen Chromosomensatz. Der Ursprung des Saat-Weizens liegt im Vorderen Orient (Syrien, Mesopotamien, Türkei). Die ersten Nacktweizenfunde in ehemaligen Siedlungen datieren in die Zeit von 7800–5200 v. Chr. zurück. Er ist damit nach der Gerste die zweitälteste der heute noch kultivierten Getreidearten. Noch in der Jungsteinzeit stieß die Weizennutzung über Rumänien und Ungarn in die Elbe- und Oderregion vor. Zumindest in der Region um Leipzig und Göttingen besaß er schon von 4600–3800 v. Chr. einige Bedeutung. Doch insgesamt blieb Nackt-Weizen zunächst im Vergleich mit den Hauptgetreidearten Einkorn, Emmer und Ger-

ste selten. Die älteste Reinkultur ist aus Magdeburg um 3600 v. Chr. bekannt, wo Zwerg-Weizen (*T. compactum*) angebaut wurde. Erst durch die Römer entwickelte sich Weizen zu einem Hauptgetreide. Nach dem Ende der Römerzeit ging der Anbau stark zurück, bis Weißbrot durch französischen Einfluss im 11. und 12. Jh. n. Chr. auch in Mitteleuropa in Mode kam. Heute ist Weizen die am häufigsten angebaute Getreideart und nimmt den größten Teil der Getreideanbaufläche ein.
Verbreitung und Anbau: Weizen benötigt nährstoffreiche, schwere, feuchte Lehmböden und verträgt kein widriges Klima. Er toleriert jedoch Wintertemperaturen bis −22 °C. Sommerweizen sät man im Frühjahr aus. Winterweizen, die ertragreichere Form, wird im Herbst ausgesät und im Spätsommer geerntet. Er hat ein enormes Etragspotential (110 dt/ha) und verdrängte deshalb andere Getreidearten. Die Minimumtemperaturen für die Keimung des Winterweizens liegen um 2–3 °C.

Nutzung: Saat-Weizen spielt eine enorme Rolle als Futtergetreide und für die Erzeugung von Backwaren. Die Körner enthalten 60% Kohlenhydrate (davon 98% Stärke), 12% Protein, 11% Ballaststoffe, je 2% Fette und Mineralstoffe sowie Biotin (Vitamin H) und Vitamin B. Weizenmehl besitzt einen hohen Anteil wasserunlöslicher, elastischer, fadenziehender Kleberproteine: Gliadin und Glutenin machen 70 bzw. 25% des Proteinanteils aus. Kleberproteine bestimmen die Backfähigkeit. Sie dehnen sich beim Gären und Backen des Teiges aus und halten freigesetztes Kohlendioxid zurück, so dass sich im Teig eine gleichmäßige Porenstruktur entwickelt. Weizenprotein besitzt einen geringeren Nährwert als das anderer Getreidearten, weil essentielle Aminosäuren (z. B. Lysin) fehlen. Die Qualität des Mehles wird u. a. durch den Ausmahlungsgrad bestimmt, d.h. den Aschegehalt pro 100 g Mehl. Er findet sich in der Typenzahl des Mehles wieder (z. B. Typ 405 enthält 0,405% Asche). Beim Mahlen wird die Kleie (Schalenteile und Keimling) vom Endosperm (Nährgewebe des Embryos) getrennt und nur der Mehlkörper genutzt. Je mehr von den äußeren Kornschichten beim Mahlen entfernt wird, desto niedriger liegt der Aschegehalt. Dunkles Mehl mit hohem Aschegehalt ist ernährungsphysiologisch wertvoller, aber weniger backfähig als helles Mehl. Weizen wird auch zu Graupen, Grütze, Grieß, Weizenbier oder Branntwein verarbeitet und an Nutztiere verfüttert. Weizenkeimöl enthält mehrfach ungesättigte Fettsäuren und Vitamin E. Es wird als Speiseöl und neuerdings als Hausmittel bei Herz-Kreislauf-Störungen und Ermüdungserscheinungen verwendet. Weizen liefert auch reine Stärke und ist neben Mais und Kartoffeln die wichtigste Stärkepflanze. Stärkeverarbeitende Industriezweige existieren in Europa seit ca. 150 Jahren. Traditionell braucht man Stärke außer für Lebensmittel auch bei der Produktion von Papier, Pappe (Pack-, Zeitungspapier, Wellpappe etc.), Klebstoffen (Kleister, Holzleim) und Wäschesteife. In der Textilverarbeitung benötigt man sie für Appreturen, die das Garn beim Weben vor dem Reißen schützt. Moderne, chemisch-technische Einsatzmöglichkeiten bietet Stärke bei der Herstellung von Baustoffen (Bindemittel für flammfeste Stoffe, Kohlenstaub, Dämmplatten aus Gipskarton oder Mineralfasern), Werkstoffe, Tenside, Stabilisatoren, Enthärter, Dünger, Herbizide, Kosmetika, Zahnpasta, Trockenshampoos, Waschpulver sowie Kunststoffzusätze für Trinkbecher, Medikamentenkapseln, Folien und Füllmaterialien (Polyurethanschaum). Thermoplaste aus reiner Stärke sind biologisch restlos abbaubar. Stärke bzw. die Traubenzuckerbausteine (Glucose) liefern der Biotechnologie Nähr- und Energiesubstrate für Mikroorganismen zur Erzeugung von organischen Säuren, Aminosäuren, Enzymen, Vitaminen, Antibiotika, Hormonen und dem Zuckeralkohol Sorbit. Aus Sorbit wird Vitamin C erzeugt. Ferner ist es in Zahn- und Hautcremes enthalten und wird bei der Polyurethanproduktion verwendet. Weitere biotechnologisch erzeugte Produkte auf Stärkebasis sind Pollulan-Folie (Lebensmittelverpackungen), Xanthan (Dickungsmittel), Polyhydroxybuttersäure (Fasern, Folien, Behälter, Formteile), Glucoseacid-Fettsäureester (biologisch abbaubare Waschmittel), Sorbitol (Weichmacher, Emulgatoren, Tenside, Pharmaka) und Bioalkohol. Weizenstroh dient als Ersatz für Reet zum Dachdecken sowie als Flecht- (Strohschuhe etc.) und Brennmaterial. Früher stellte man aus Halmfasern Papier her. Aus der zweiten, wichtigen Weizenart, dem **Hart-Weizen** (*T. durum*), erzeugt man Teigwaren (Nudeln, Grieß). Es ist eine begrannte, wärmeliebende Art, die überwiegend am Mittelmeer kultiviert wird.

Dinkel
Triticum spelta L.

Familie: Poaceae
Habitus: Einjähriges Ährengras, 1–1,5 m hoch, schlank, Halm rundlich.
Blätter: Zweizeilig, lange, stängelumfassende Scheide, Spreite lineal-lanzettlich, Grund geöhrt, bewimpert, Ligula kurz, quer abgestutzt.
Blüte: In endständigen, vierkantigen Doppelähren, meistens lang und locker, Spindelglieder lang, jedes Glied trägt ein Ährchen mit 2–5 zwittrigen Blüten ohne Blütenhülle, Deckspelzen kurz, unbegrannt, Mai–Juni.
Früchte: Einsamige Schließfrüchte (Karyopsen), je Ährchen 2–3 Körner, Körner fest von Spelzen umschlossen, reife Ähren hängend, Ährenspindel brüchig, zerfällt bei der Reife.
Herkunft: Die ältesten Nachweise über die Dinkelnutzung stammen aus der Zeit um 6000–5000 v. Chr. vom Südrand des Kaukasus und aus Mesopotamien. Erste Reinkulturen gab es 4800–4500 v. Chr. nordwestlich des Schwarzen Meeres. Dinkel ging aus Kreuzungen von Emmerweizen-Arten mit Gänsefußgras (*T. tauschii*) hervor. Zunächst entstand Macha-Weizen (*T. macha*), der als die Urform des Dinkels gilt. Dinkel verbreitete sich danach über den Balkan nach Westen. Im vorderen Orient blieb er bedeutungslos, vermutlich weil er kein heißes Klima verträgt. Einzelne Körner fand man in jungsteinzeitlichen Getreideresten aus Südwestdeutschland (3400–3200 v. Chr.) und der Weichsel-Warthe-Region (2500–1700 v. Chr.). Ab der späten Bronzezeit (1100–800 v. Chr.) wurde Dinkel in Mitteleuropa häufiger genutzt. In der nachfolgenden Eisenzeit entwickelten sich Anbauschwerpunkte am Neckar, Niederrhein und im Harzvorland. Während der römischen Herrschaft wurde Dinkel auch in Reinkultur genommen. Zwischen dem Mittelalter und dem Beginn des 20. Jh. lagen die Anbauzentren in Südwestdeutschland und der

Schweiz. Dann ging der Anbau stark zurück und drohte zu erlöschen. Heute wird er in alten Anbauzentren wieder vermehrt als Getreideart für Ökoprodukte kultiviert.
Verbreitung und Anbau: Dinkel ist ein sehr anspruchsloses Getreide. Er kann in ungünstigen Lagen auf armen Böden angebaut werden, die für Weizen und Roggen ungeeignet sind. Dinkel ist weniger witterungsempfindlich, gegen Nässe und Spätfröste toleranter sowie gegen Krankheiten bzw. Schädlinge unanfälliger als die anderen Getreidearten. Heute liegen die Anbauschwerpunkte in der Schweiz, Österreich, Belgien und Südwestdeutschland.
Nutzung: Dinkelkörner sind sehr gehaltvoll. Sie enthalten 60% Kohlenhydrate (vor allem Stärke), 16% Protein, je 2% Fette, Faser- und Mineralstoffe. Sie haben einen vergleichsweise höheren Proteingehalt als andere Getreidesorten. Zudem ist der Anteil essentieller Aminosäuren und Kleberproteine sehr hoch. Essentielle Aminosäuren kann der menschliche Organismus nicht selbst

muß nicht selbst erzeugen. Sie müssen mit der Nahrung aufgenommen werden. Kleberproteine sorgen für die Back- und Lagerfähigkeit des Mehls. Aus Dinkelmehl kann man Brei, Brot und Teigwaren (Spätzle, Klöße, Feingebäck) herstellen. Zudem lässt sich aus Dinkel Kaffee zubereiten.

Die Ertragsfähigkeit des Dinkels ist geringer als des Saat-Weizens, denn der Spelzanteil beträgt 30−35%. Die Körner müssen durch ein besonderes Mahlverfahren entspelzt (gegerbt) werden. Das Gerben als zusätzlicher Arbeitsschritt bei der Verarbeitung mag der entscheidende Grund sein, dass sich Dinkel nie als Hauptgetreide durchsetzte. Beim Mahlen wird der Abstand zwischen den Mühlsteinen einen Millimeter enger als der Ährendurchmesser gewählt. Der obere Mahlstein dreht sich, der untere wird fixiert. Dadurch werden die Körner aus der Spelzhülle gedrückt. Anschließend werden Spelzen und Körner maschinell getrennt und die Körner gesiebt. Naturproduktehersteller nehmen die Spelzen gerne als Kissenfüllung.

Eine Spezialität ist die Grünkernerzeugung, die vor ca. 300 Jahren im Main-Tauber-Gebiet entwickelt wurde. Grünkern erzeugt man aus 2−3 Wochen vor der Reife geernteten, noch grünen und weichen, teigreifen Körnern. Die vorzeitige Ernte verhindert Verluste durch Zerbrechen der Ährenspindeln in der Vollreife. Nach der Ernte trocknet und röstet man die bespelzten Körner bei 110−150 °C in flachen Wannen. Ursprünglich wurden sie mühselig 10 Tage lang über Holzfeuern getrocknet, wobei man die Körner in den ersten sechs Stunden fortwährend wendete. Heute arbeitet man mit Heißluftöfen. Nach dem Trocknen wird der Grünkern entspelzt. Er wird ganz oder geschrotet als Suppenzutat oder für Frikadellen verwendet. Außerdem lassen sich Grieß, Graupen, Flocken und Mehl herstellen. Grünkernmehl ist nicht backfähig, besitzt aber einen würzigen Geschmack und lässt sich zu Klößen verarbeiten. Dinkelstroh liefert Brenn- und Flechtmaterial sowie Fasern, die zur Papierproduktion genutzt wurden.

Roggen

Secale cereale L.

Familie: Poaceae
Habitus: Ein- oder zweijähriges Ährengras, 1,5–2 m hoch, Halm rundlich, hohl.
Blätter: Zweizeilig angeordnet, lange, stängel-umfassende Scheide, Spreite lineal-lanzettlich, blaugrün bereift, Ligula weiß.
Blüten: In endständigen Doppelähren, Ähren-spindel hoch, mit maximal 50 zweiblütigen Ährchen, zwittrig, Blütenhülle fehlt, Deckspel-zen mit langen Grannen, Hüllspelzen schmal.
Früchte: Einsamige Schließfrüchte (Karyop-sen), reife Ähren vierkantig, überhängend.
Herkunft: Die Heimat des Roggens liegt in der Schwarzmeerregion (Kaukasus, Anatolien). Um 6600 v. Chr. verwendete man dort Wildroggen-Arten, wie Berg- (*S. montanum*) und Unkraut-Roggen (*S. ancestrale*). Echte Domestikation be-gann zwischen 3000 und 4000 v. Chr. in der Türkei und in Polen. Von dort breitete sich der

Roggen nach Westen aus, blieb aber mit Aus-nahme der Slowakei, wo er um 1800 v. Chr. im größeren Stiel kultiviert wurde, eine eher selte-ne Feldfrucht. Er gelangte zunächst als Unkraut mit dem Weizenanbau nach Mitteleuropa. Ab 600 v. Chr. breitete sich Unkraut-Roggen ver-stärkt aus. Das hing offenbar mit kühlerem Kli-ma und erhöhten Niederschlägen am Übergang von der Bronze- zur Eisenzeit zusammen. Um 100 v. Chr. kultivierten wahrscheinlich schon die Germanen Roggen und um 300 n. Chr. wird er erstmals in römischen Schriften er-wähnt. In der Völkerwanderung sorgten nach Westen wandernde Slawen für eine Zunahme des Roggenanbaus in Mitteleuropa. Damit er-schien Roggen als echte Feldfrucht im Vergleich zu den anderen Getreidearten erst etwa 3500 Jahre nach Beginn des Ackerbaus in Mitteleu-ropa. Man vermutet, dass Roggen, obwohl er zunächst nur als Unkraut galt, in ungünstigen Anbauregionen allmählich den Vorzug vor Wei-zen erhielt. Nennenswerter Roggenanbau blieb lange auf wenige Gebiete beschränkt, z. B. Sandheiden und Moore. Ab dem 10. Jh. n. Chr. dehnte sich mit dem Aufkommen des Winterfeldbaus die Reinkultur aus. Roggen konnte ununterbrochen über 10–15 Jahre hinweg ohne Zwischenfruchtfolge auf schlechten Böden gepflanzt werden. Im 12. und 13. Jh. entwickelte er sich in vielen Gebieten zur Hauptbrotfrucht (z. B. Norddeutschland, Schwaben). Am Anfang des 20. Jh. übertraf der Roggenanbau den Weizenanbau, doch das änderte sich nach dem Zweiten Weltkrieg wieder.

Verbreitung und Anbau: Roggen stellt nur sehr geringe Umweltansprüche. Er gedeiht auf trockenen, sandigen, sauren oder nährstoffarmen Böden, begnügt sich mit wenig Wärme und ist enorm winterfest. Er toleriert Temperaturen bis −25 °C. Roggen ist zwar eine wichtige Kulturpflanze, steht aber im weltweiten Vergleich unter den Getreidearten an letzter Stelle. Die Aussaat erfolgt Ende September. Die Mindesttemperaturen für eine erfolgreiche Keimung liegen bei 2–3 °C. Die Pflanzen bilden bis zum Winter 2–3 Blätter aus. Die Winterkälte stimuliert das Wachstum der jungen Pflanzen.

Nutzung: Die Körner enthalten ungefähr 54% Kohlenhydrate (53% Stärke), 9% Eiweiß, 13% Ballaststoffe, je 2% Fette und Mineralien, mehrere B-Vitamine und Biotin (Vitamin H). Im Eiweißanteil sind mehr essentielle Aminosäuren enthalten als in Weizen oder Gerste, was ihn für die Ernährung wertvoller macht. Roggen dient hauptsächlich als Brot- und gelegentlich auch als Futtergetreide. Er enthält weniger Kleberproteine, d.h. fadenziehende, klebrige Eiweiße (Gluten, Gliadin) als Weizen. Seine Backfähigkeit wird insbesondere von dem Gehalt an Quellstoffen (Pentosan-Kohlenhydrate) und der Stärkeverkleisterung bestimmt, die sich nur in saurem Milieu vollzieht. Deshalb wird der Teig als Sauerteig angesetzt, in dem eine Milchsäuregärung abläuft. Roggenbrot bleibt lange feucht und eignet sich vorzüglich als Vorratsbrot. Schwarzbrot und Pumpernickel bestehen über-

wiegend aus Roggenmehl. Lokale Bedeutung besitzt Roggen auch für die Branntweinerzeugung (Korn). Roggenkeimlinge eignen sich als Salatzutat. Aus keimenden, gerösteten Körnern kann Malz als Süßmittel und für die Bierherstellung gewonnen werden. Früher lieferte Roggen in Notzeiten Kaffee-Ersatz. Roggenmehlkleister, der aus dem Kohlenhydrat Secalen und Proteiden im Roggenmehl besteht, verwendete man als Bindemittel für Farbemulsionen in der Temperamalerei. Roggenstroh ist recht fest und kann gut zu Matten, Hüten, Strohschuhen, Dachabdeckungen etc. verflochten werden. Ferner brennt es gut. Roggenpollen wird gegen Prostatabeschwerden eingesetzt.

Gegenwärtig wird auch **Triticale** (*Triticum secale*) angebaut, eine Kreuzung zwischen Roggen und Weizen. Roggen liefert bei der Kreuzung den Pollen und Weizen dient als Mutterpflanze. Man versucht dadurch, ein besonders frost- und krankheitsresistentes, anspruchsloses Getreide mit einem gegenüber den Elternpflanzen um 2–3% höheren Eiweißgehalt zu erhalten. Die Backfähigkeit von Triticalemehl ist jedoch nicht besonders gut. Man mischt Weizenmehl bei oder setzt es als Sauerteig an.

Gerste

Hordeum vulgare L.

Familie: Poaceae
Habitus: Einjähriges Ährengras, 0,7–1,2 m hoch, Halm rundlich, hohl.
Blätter: Zweizeilig angeordnet, lange, stängel-umfassende Scheide, die sich am Halm über-lappt, Spreite lineal-lanzettlich.
Blüten: In endständigen Doppelähren, Ährchen stehen alternierend auf beiden Seiten der Ährenachse, jeder Spindelansatz mit drei ein-blütigen Ährchen, Hüllspelzen zugespitzt, Deckspelzen breit-elliptisch, mit langen Gran-nen, Blüten zwittrig, ohne Hülle, bei zweizeili-gen Gersten sind nur die mittleren Ährchen fer-til, bei sechszeiligen sind alle Ährchen fertil, Mai–Juli.
Früchte: Einsamige Schließfrüchte (Karyop-sen), Deck- und Vorspelze fest mit den Körnern verwachsen (Ausnahmen sind Nacktgersten, de-ren Körner sich beim Dreschen herauslösen), reife Ähren geneigt oder hängend, zweizeilige bilden größere Körner (25–30 Körner pro Äh-re), bei vier- oder sechszeiligen Gersten reifen auch aus den seitlichen Blüten Körner heran, vielzeilige Gersten haben höhere Kornzahlen bei geringerem Einzelgewicht als zweizeilige.
Herkunft: Die Gerste stammt aus dem Vorde-ren Orient und der östlichen Balkanregion. Die ältesten Gerstenfunde stammen vom Peloponnes aus der Zeit um 10500–6000 v. Christus. Es handelt sich um die zweizeilige Wildgerste *H. spontaneum*. Wildgersten nutzte man auch im Zweistromland. Ab etwa 7000 v. Chr. begann of fenbar die systematische Zuchtwahl, zuerst von zweizeiligen, danach von mehrzeiligen Kultur-gersten. In Mitteleuropa verwendete man schon in der frühen Jungsteinzeit Gerste, zunächst aber mehrzeilige Arten. Im Mittelalter spielte Gerste unter den Getreidearten mit Ausnahme kuhler Regionen eine untergeordnete Rolle. Ab Anfang des 20. Jh. stieg ihr Anteil, weil Gerste auch er-tragreiches Tierfutter liefert und anspruchsloser

als Weizen ist. Sie erreichte gegen Ende der sieb-ziger Jahre schließlich die Weizenerträge. Heute werden fast nur Spelzgersten und keine Nackt-gersten mehr angebaut, die in der Frühgeschich-te sehr bedeutsam waren.
Verbreitung und Anbau: Gerste wächst am liebsten in gemäßigten Klimazonen auf tiefgrün-digen, feuchten Lehmböden. Allerdings verkraf-tet die Gerste sehr ungünstige Bedingungen, so dass sie auch in Hochlagen angebaut wird. Nur ihre Winterfestigkeit ist geringer als die von Weizen und Roggen. Man unterscheidet Win-ter und Sommergersten, die verschiedene Tem-peraturansprüche und Vegetationsperioden haben. Die Aussaat der ertragreicheren Winter-gerste erfolgt Ende September, während die Sommergerste erst im Frühjahr aufs Feld ge-bracht wird. Sommergerste reift in nur 95 Ta-gen heran und benötigt im Gegensatz zur Win-tergerste kaum Wärme.
Nutzung: Gerste besitzt wegen der mit dem Korn verwachsenen Spelzen einen hohen Zellu-

loseanteil (8–15%). Ohne Spelzen enthalten Gerstenkörner 60–70% Kohlenhydrate (überwiegend Stärke), 11% Eiweiß, 10% Ballaststoffe, je 2% Fett und Mineralien sowie Vitamin B.

Gerste wird überwiegend als eiweißreiches Mastfutter für Geflügel und Schweine verwendet. Zwei- und sechszeilige Wintergersten werden fast nur als Futtergetreide für die Nutztierfütterung genommen, denn sie enthalten relativ viel Eiweiß (12–15%). Auch das Stroh wird direkt oder als Gärfutter (Silage) verfüttert. Gerstenkörner benötigt man auch bei der Bierherstellung. Hierfür nimmt man meistens zweizeilige Sommergersten, weil deren Körner relativ wenig Eiweiß (< 9%) und viele Kohlenhydrate (> 65%) enthalten. Die Körner werden zunächst angekeimt (Grünmalz) und auf Darren getrocknet. Anschließend entfernt man die Keimwurzeln und erhält so das Darrmalz. Es wird mit warmem Wasser zu Maische versetzt. Malz enthält Amylase, ein Ferment, welches Stärke in Malzzucker spaltet und dadurch dem Bier die süße Würze verleiht. Außerdem lösen sich weitere Würzstoffe aus der Gerste. Unlösliche Rückstände (Treber) werden abfiltriert und an Vieh verfüttert. Anschließend wird die Würze mit Hopfen zur bitteren Würze verkocht und nach Abkühlung mit Hefe zu Bier vergoren.

Außer Bier werden auch Branntwein und Whisky aus Gerste hergestellt. Gerstenmalz verarbeitet man ferner zu Süßigkeiten (Bonbons) und Malzkaffee, für den das Malz gemahlen und geröstet wird. Für Gerstenkaffee werden Nacktgersten bevorzugt. Als Nahrungsmittel wird Gerste zu Grieß, Graupen und gelegentlich auch zu Mehl für die Brotherstellung (z. B. Mehrkornbrot) verarbeitet. Reines Gerstenbrot war vor der Römerzeit in Europa verbreitet. Das Brot ist aber flach und schwer, weil die Körner kein Gluten (Kleberprotein) enthalten. Aus Graupen, d.h. von den Körnern wurden Spelzen, Frucht- und Samenschalen durch Mahlen, Schleifen und Polieren abgetrennt, werden Suppen und Breie zubereitet. Aus Keimlingen wird

z. T. Saft für Fitness-Getränke gepresst. Der Gerste werden auch Heileffekte zugesprochen. Schösslinge wirken entwässernd, die Samen verdauungsfördernd, einhüllend und fiebersenkend. Alte Leute und Kleinkinder tranken Aufgüsse als stärkendes Getränk. Mit Breiumschlägen behandelte man kleine Wunden und Verbrennungen. Gerstenstroh nahm man zur Papierproduktion sowie als Flecht- und Brennmaterial.

Wiesen-Lieschgras

Phleum pratense L.

Familie: Poaceae
Habitus: Mehrjähriges, horstbildendes Gras, 0,4–1,0 m hoch, unterste Stengelglieder verdickt, unbehaart, grün überwinternd.
Blätter: Zweizeilig angeordnet, lange, stängelumfassende, eng anliegende Scheide, Spreite flach, lanzettlich, blaugrün, beidseitig rau behaart, Ligula spitz.
Blüten: In endständiger, ährenartiger, kurzstieliger Rispe, Ährchen einblütig, blaugrün, selten violett überhaucht, Hüllspelzen begrannt, Ränder häutig, Deckspelzen kurz, Juni–August.
Früchte: Einsamige Karyopsen, Fortpflanzung aber zumeist vegetativ.
Herkunft: Wiesen-Lieschgras stammt aus Nordamerika. Es wurde von Thimothy Hansen zuerst nach England eingeführt und erhielt den Volksnamen „Thimotheegras". Es gibt eine ganze Reihe von Zuchtvarianten.
Verbreitung und Anbau: Wiesen-Lieschgras ist in ganz Mitteleuropa verbreitet und liebt basenreiche, frische Lehm- und Tonböden. Es ist winterhart und gegen Spätfröste unempfindlich. Für den Anbau wird es im Frühjahr auf feuchten Wiesen und Weiden ausgesät.
Nutzung: Wiesen-Lieschgras liefert schweres, nährstoffreiches Heu und zählt damit zu den wertvollsten Futtergräsern. Es ist auch als Äsungspflanze bei Wildtieren (Rehe, Hasen) beliebt. Wiesen-Lieschgras wird in Reinkultur und häufig in Gemengen zusammen mit **Wiesen-Schwingel** (*Festuca pratensis*) und **Rot-Klee** (*Trifolium pratense*) angebaut.

Weitere, beliebte Futtergräser sind das **Knäuelgras** (*Dactylis glomerata*),das **Wiesen-Rispengras** (*Poa pratensis*) und besonders diverse Sorten des mehrjährigen **(Deutschen) Weidelgrases** sowie des einjährigen **(Welschen) Weidelgrases** (*Lolium perenne* bzw. *L. multiflorum*). Vor allem das mehrjährige Weidelgras ist sehr beliebt, weil es ein hohes Ertragspotential, raschen Wuchs und gute Winterhärte aufweist. Es eignet sich wegen des Geschmacks und der Verdaulichkeit sehr gut für Milchvieh und Schafe.

Chinaschilf

Miscanthus sinensis (Thunberg) Andersson

Familie: Poaceae
Habitus: Mehrjähriges, bambusartiges Gras, 2–3,5 m hoch.
Blätter: Zweizeilig angeordnet, lange, stängelumfassende Scheide, Spreite dunkelgrün, lanzettlich.
Blüten: Endständige Rispen mit zweiblütigen Ährchen, viele Sorten bilden bei uns keine Blüten, Juli–Oktober.
Früchte: Einsamige Karyopsen.
Herkunft: Chinaschilf stammt ursprünglich aus China, Japan und Korea. Es wurde erst gegen Ende der achtziger Jahre als Kulturpflanze eingeführt.
Verbreitung und Anbau: Chinaschilf wird im mehrjährigen Feldanbau angebaut und überwiegend im Winter oder Frühjahr geerntet. Es ge-

deiht am besten im Windschatten und verträgt während der Wachstumszeit keine Temperaturen unter −5 °C. Seine Nährstoffansprüche sind recht niedrig. Die Pflanzen werden erst im Gewächshaus aus Samen angezogen und im Frühjahr oder Frühherbst geteilt. Wenn sie weiter herangewachsen sind, pflanzt man sie im Spätfrühjahr oder Frühsommer aus. Für gutes Anwachsen der Jungpflanzen muss reichlich bewässert werden. Vertrocknete Stängel und Blätter werden im Spätwinter oder zeitigen Frühjahr maschinell geerntet. Es gibt mehrere Varietäten, die derzeit angebaut werden.
Nutzung: Bevor die Pflanze als potentieller Biomasselieferant, aber auch als Grundstoff zur Fasergewinnung entdeckt wurde, war sie lange als Zierpflanze bekannt. Die Euphorie, die im Zusammenhang mit dem Chinaschilf als nachwachsender Rohstoff zur Energieerzeugung verbreitet wird, basiert bisher keineswegs auf wissenschaftlichen Erkenntnissen. Der mittlere Heizwert liegt mit 14,5 (MJ*/kg) ähnlich hoch wie der von Stroh (14,3), ist aber geringer als von Braun- (20,0) und Steinkohle (32,0). Betrachtungen der Ökobilanz dämpfen vor allem die Hoffnungen für die Nutzung als Energiepflanze. Werden Flächen- und Energiebedarf, Bodenbelastung sowie Energiekosten bei der Verarbeitung berücksichtigt, schrumpft der angestrebte Vorteil gegenüber herkömmlichen Rohstoffen erheblich. Die Herstellung verschiedener Bau-, Dämm- und Verbundstoffe aus *Miscanthus* wird derzeit getestet, doch hier liegen die Schwierigkeiten in der Entwicklung spezieller Fertigungsverfahren mit entsprechendem Maschinenpark. Hinzu kommen anbautechnische Probleme und ökologische Fragen durch die Empfindlichkeit der Pflanze gegenüber sehr niedrigen Temperaturen und die Tatsache, dass sie nicht zur heimischen Flora zählt.

---

*(MJ = Mega Joule: 1 MJ = 0,239 × 10^6 Kalorien)

Schilfrohr
Phragmites australis (Cavanilles) Trinius

Familie: Poaceae
Habitus: Staudenartiges Rispengras, 1–4 m hoch, Halme rund, steif, unverzweigt.
Blätter: Zweizeilig, lange, stängelumfassende Scheide, Ligula als Haarkranz, Spreite schmal-lanzettlich, zugespitzt.
Blüten: Ährchen mit je 2–10 Blüten in großen Rispen, zwittrige und mehrere männliche Blüten, purpurfarben oder braun, Ährenachse lang-haarig, nur unter der unteren männlichen Blüte kahl, Deckspelzen kahl, Hüllspelzen viel kürzer als Ährchen, Juli–Oktober.
Früchte: Einsamige Karyopsen.
Herkunft: Einheimisch.
Verbreitung und Anbau: Schilfrohr ist eine bestandsbildende Pflanze in Röhrichtzonen von Seen und langsam fließenden Flüssen. Schilf vermehrt sich vorwiegend vegetativ durch Sprossung der kriechenden Grundachse. Es benötigt nassen Untergrund und viel Sonne. Für Pflanzungen wird es durch Teilung im Frühling vermehrt.
Nutzung: Aus Schilf werden in einigen Gegenden Matten, Körbe und Stühle geflochten. In Norddeutschland diente es früher für die Dachbedeckung (Reet). Heute sind Reetdächer selten geworden und werden nur noch von wenigen Dachdeckern gebaut. Die Blütenstände dienten zur Herstellung von Besen. Außerdem nahm man Schilf als Dünger und Brennmaterial. Es kann außerdem daraus Bioalkohol gewonnen werden. Schilf wird in der Wasserwirtschaft an Fluss- und Kanalufern gepflanzt, um sie vor Abtrag und Auswaschungen zu schützen. Zudem wirkt es durch die große Blattoberfläche wasserreinigend. In Notzeiten verarbeitete man früher die Wurzeln zu Mehl. Sie enthalten 5% Zucker. Auch aus den Stängeln kann Zucker extrahiert werden. Ganz junge Schösslinge können gekocht werden. Aus der chinesischen Medizin sind Heilwirkungen bekannt, die bei uns kaum genutzt werden. Schilf hat schmerzlindernde, harntreibende und fiebersenkende Eigenschaften. Absude aus entsafteten, getrockneten Rhizomen können bei Husten, Übelkeit, Harnwegsinfektionen, Fieber und Zahnschmerzen eingesetzt werden. Blatt- bzw. Blütenaufgüsse sollen gegen Bronchitis, Cholera und Lebensmittelvergiftungen helfen. Die Rhizome enthalten Asparagin, einen antidiabetischen Wirkstoff.

Kolbenhirse (Borstenhirse)

Setaria italica (L.) Palisot de Beauvois

Familie: Poaceae
Habitus: Einjähriges Ährenrispengras, 1–2 m
hoch, Halme rundlich, reich beblättert.
Blätter: Zweizeilig, stängelumfassende Scheide,
ohne Öhrchen, Spreite spitz-lanzettlich.
Blüten: In endständigen, einseitswendigen
Ährenrispen, kolbenförmig, dunkelbraun, beste-
hen aus zahlreichen kurzen Seitenästen, Ähr-
chen einblütig, am Grund stehen maximal 12
borstige Haare, Blüten zwittrig, Hülle fehlt,
Deckspelzen ohne Grannen, drei Hüllspelzen,
Juli–September.
Früchte: Karyopsen in geschlossenen Spelzen.
Herkunft: Es ist eine alte, indogermanische
Kulturpflanze, deren Herkunft unbekannt ist.
Verbreitung und Anbau: Die Kolbenhirse ver-
langt viel Wärme und wird nur in warmen Ge-
genden kultiviert. Gelegentlich findet man auch
verwilderte Exemplare. Sie besitzt eine kurze

Vegetationszeit von nur 70–90 Tagen und kann
deshalb als zusätzliche Ackerfrucht im Spätsommer gepflanzt werden.
Nutzung: Die Körner der Kolbenhirse enthalten ungefähr 62% Kohlenhydrate (z. T. nur
Amylopektin-Stärke), 11% Eiweiß, 7% Fasern
und 4% Fett. Bei der Reife fallen sie mit den
Ährchen ab. In Mitteleuropa baut man Kolbenhirse sehr selten und dann nur als Grünfutter
für Vieh oder Körnerfutter für Vögel an. Die
Nahrungserzeugung spielt hier keine Rolle, aber
die Samen können wie Reis gekocht werden
und entspelzte Körner lassen sich zu Mehl für
Fladenbrote und Brei zermahlen. Neue Sorten
enthalten einen Kleberanteil von 17% des Ge-
samtproteins, so dass sie backfähiges Mehl liefern. Letztlich können die Körner auch zu Bier
vergoren werden.

Mais

Zea mays L.

Familie: Poaceae
Habitus: Einjähriges Gras, 1,5–2,5 m hoch.
Blätter: Zweizeilig, Spreite breit-linealisch.
Blüten: Monözisch, männliche Blüten in endständiger Rispe mit paarweise angeordneten, zweiblütigen Ährchen, Hülle fehlt, weibliche Blüten in achselständigen, kurz gestielten Kolben, von Hüllblättern (Lieschblättern) umschlossen, mit 25–50, in 8–18 Längsreihen angeordneten Ährchenpaaren, Ährchen zweiblütig, die untere verkümmert, zur Blüte auffällige Narbenfäden, Juli–September.
Früchte: Einsamige Schließfrüchte (Karyopsen), gelb, weiß, rötlich oder violett, der Blütenkolben verdickt sich nach der Befruchtung.
Herkunft: Mais stammt aus der Region zwischen Mexiko und Peru, wo er seit 5000 v. Chr. angebaut wird. Es ist eine reine Kulturpflanze mit unbekannter Wildform. Genetisch steht dem

Mais die Teosinte (*Euchlaena mexicana*) am nächsten, ein Wildgras. Es ist unklar, ob eine einjährige Teosinte die Urform des Maises war oder zuerst ein bespelzter Wildmais existierte, den die Indianer mit der Teosinte kreuzten. Columbus begegnete dem Mais bereits bei der Entdeckung Amerikas auf San Salvador. Auf seiner zweiten Fahrt brachte er Körner nach Europa. Ab 1525 baute man in Südspanien Mais an. In Mitteleuropa startete der Anbau ebenfalls noch im 16. Jh., zunächst aber nur in warmen Regionen (Rheintal, Baden-Württemberg). Die Zucht an kühles Klima angepasster, robuster Sorten begann, nachdem 1805/06 und 1846/47 die Kartoffelernte durch Pilzinfektionen ausfiel. Großflächiger Maisanbau wird in Mitteleuropa aber erst seit 1970 betrieben.
Verbreitung und Anbau: Ursprünglich ist Mais eine frostempfindliche Pflanze der Tropen und Subtropen. Mais braucht mindestens 8 °C zur Keimung. Er hat mit 500–700 mm Jahresniederschlag einen mittleren Wasserbedarf und

stellt nur geringe Ansprüche an den Boden. In seiner amerikanischen Heimat existieren über 200 Typen. Hartmais (*Z. m.* var. *vulgaris*) war die erste in Europa kultivierte Varietät. Daneben werden hier Zahnmais (*Z. m.* var. *dentiformis*) bzw. Kreuzungen (Hybride) aus Zahn- und Hartmais angebaut (*Z. m.* var. *aorista*). Mais wird gerne auf überdüngten Böden gepflanzt. Im intensiven Anbau reifen meistens nur ein oder maximal zwei Kolben vollständig heran.

Nutzung: Maiskörner enthalten 65% Kohlenhydrate (Stärke), 9% Eiweiß, 4% Ballaststoffe, 2% Fette, 1% Mineralien sowie Vitamin B und H. Das Eiweiß ist ernährungsphysiologisch ungünstig, weil es nur geringe Mengen der essentiellen Aminosäuren Tryptophan und Lysin enthält. Mais wurde nach den Kartoffelmißernten im 19. Jh. als Kochgemüse, für Suppen, Breie, Pfannkuchen, Pudding, Brot und sogar als Kaffee-Ersatz verwendet. Mitteleuropäischer Mais dient heute überwiegend als hochwertiges Kraftfutter für Nutztiere. Er kommt als Körner-, Grün- oder Silomais in den Handel. Grünfuttermais wird vor der Ernte geschnitten und frisch verfüttert. Silomais besteht entweder aus für Rinder gehäckselten und vergorenen Pflanzen

(Gärmais) oder aus gemahlenen und silierten, teigreifen Körnern sowie Spindeln, die man an Schweine verfüttert. Beim Körnermais werden vollreife Körner geerntet und Kraftfuttermischungen zugesetzt. Zuckermais findet man als Gemüse nur in Kleingärten. Andere Nutzungsarten von in Mitteleuropa angebautem Mais sind selten, obwohl viele Maisprodukte angeboten werden: Gemüse, Mehl, Flocken, Stärke, Cornflakes, Popcorn, Sirup, Zucker, Maiskeimöl, Wachs. Mais ist weltweit die wichtigste Stärkepflanze. Sie wird direkt als Speisestärke genutzt, zu essbaren Verpackungen und Tellern verarbeitet und von der chemisch-technischen Industrie verwertet (s. Weizen). Maisembryonen enthalten ca. 35% Öl, das aus 56% Linolsowie 30% Ölsäure besteht und enorm reich an Vitamin E ist. Maiskeimöl fällt als Beiprodukt der Stärkegewinnung an. Es dient als Salatöl sowie für die Majonnäse- und Margarineherstellung. Im technischen Sektor liefert es u. a. Rohstoffe für Farben, Linoleum und Seife. Früher kochte man von der Halmoberfläche Wachs aus, um Kerzen- und Bohnerwachs herzustellen. Aus Stängelfasern kann ein grünliches Papier erzeugt werden und sie lassen sich zu Hüten etc. verflechten. Das süßliche Mark dient als Verpackungsmaterial und kann zu Zuckersirup verkocht werden. Mais verfügt über gewisse Heileffekte, die von der Schulmedizin nicht genutzt werden. Die Griffel der weiblichen Blüten (Maishaar) enthalten Saponine, ätherisches Öl und Gerbstoffe mit harntreibender und kühlender Wirkung. Mit Aufgüssen und Flüssigextrakten lassen sich Blasen-, Prostata- und Harnwegserkrankungen behandeln. Die Körner enthalten antikarzinogenes und wundheilendes Allantoin. Sie werden z. T. zur Behandlung von Schwellungen, Rheuma, Tumoren und Warzen herangezogen. Mais stärkt den Herzmuskel, beruhigt den Verdauungstrakt, regt den Gallenfluss an, senkt den Blutdruck und den Blutzuckerspiegel.

Literatur

AICHELE, D., SCHWEGLER, H.-W. (1995): Die Blütenpflanzen Mitteleuropas. Franckh-Kosmos Verlags-GmbH & Co., Stuttgart.

BÄRTELS, A. (1997): Farbatlas Mediterrane Pflanzen. Ulmer-Verlag, Stuttgart.

BARTH, H.J., KLINKE, C., SCHMIDT, C. (1994): Der große Hopfenatlas – Geschichte und Geographie einer Kulturpflanze. J. Barth & Sohn Verlag, Nürnberg.

BEGEMANN, H.F. (1981): Das große Lexikon der Nutzhölzer, Bd. I-IIIX. Deutscher Betriebswirte Verlag, Gernsbach.

BOWN, D. (1995): DuPont's große Kräuterenzyklopädie. Dumont Buchverlag, Köln.

BRENDLER, T., GRÜNWALD, J., JÄNICKE, C. (1997): Herbal Remedies – Heilpflanzen [CD-ROM]. Deutscher Apotheker Verlag, Stuttgart.

CALLERY, E. (1997): Das große Buch der Kräuter. Könemann Verlagsgesellschaft, Köln.

DENGLER, A. (1992): Waldbau, Bd. I. Parey Verlag, Hamburg–Berlin.

FISCHER, G., KRUG, E. (1984): Heilkräuter und Arzneipflanzen. Haug-Verlag, Heidelberg.

FRANKE, W. (1992): Nutzpflanzenkunde. Thieme-Verlag, Stuttgart – New York.

GEISLER, G. (1988): Pflanzenbau. Parey-Verlag, Berlin – Hamburg.

GEISLER, G. (1991): Farbatlas Landwirtschaftliche Kulturpflanzen. Ulmer-Verlag, Stuttgart.

GÖTZ, G., SILBEREISEN, R. (1989): Obstsorten-Atlas. Ulmer-Verlag, Stuttgart.

GRAF V. INGELHEIM, F.-A., SWOBODA, I. (1997): Heilen und Vorbeugen mit Wein. Falken Verlag, Niedernhausen.

GRAU, J., JUNG, R., MÜNKER, B. (1983): Beeren, Wildgemüse, Heilkräuter. Mosaik-Verlag, München.

JAHN, I. (1990): Grundzüge der Biologiegeschichte. Gustav Fischer Verlag, Jena.

JAHN, I. (1998): Geschichte der Biologie. Gustav Fischer Verlag, Jena.

JOHN, S., Ludwichowski, I. (1998): Naturfarbstoffe im Unterricht. Aulis Verlag Deubner & Co. KG, Köln.

KÖRBER-GROHNE, U. (1987): Nutzpflanzen in Deutschland. Theiss-Verlag, Stuttgart.

MÜLLER, C.F. [Hrsg] (1998): Leitfaden Nachwachsende Rohstoffe. Katalyse Institut für Angewandte Umweltforschung, Heidelberg.

PAHLOW, M. (1993): Das große Buch der Heilpflanzen. Gräfe und Unzer, München.

PROBST, W. (1995): Neue Kulturpflanzen. Unterricht Biologie 206: 4-12.

REGEL VON, C. (1944): Pflanzen in Europa liefern Rohstoffe. Schweizerbarth'sche Verlagsbuchhandlung, Stuttgart.

ROTH, L., DAUDERER, M., KORMANN, K. (1993): Giftpflanzen – Pflanzengifte. Ecomed-Verlag, Landsberg.

STEIN, S. (1989): Gemüse aus Großmutters Garten. BLV, München.

STRASBURGER, E. (1998): Lehrbuch der Botanik. G. Fischer-Verlag, Stuttgart – New York.

TEUSCHER, E. (1997): Biogene Arzneimittel. Wiss. Verlagsges., Stuttgart.

VAUGHAN, J.G., GEISSLER, C. (1997): The New Oxford Book of Food Plants. Oxford University Press, Oxford – New York – Tokyo.

VOGEL, G. (1996): Handbuch des speziellen Gemüsebaues. Ulmer-Verlag, Stuttgart.

Nützliche Internet-Adressen:

Plants for future database:
http://www.scs.leeds.ac.uk/pfaf/index.html

Nachwachsende Rohstoffe: http://wbtd15.biozentrum. uni-wuerzburg.de/PROJEKTE/BIOTECH/UMWELT/ROHSTOFF/WWW_2/NR0/haupt1.htm

Max-Planck-Institut für Züchtungsforschung:
http://www.mpiz-koeln.mpg.de/~rsaedler/schau/ListeD.html

The families of flowering plants (WATSON, L. & DALLWITZ, M.J.):
http://www.keil.ukans.edu/delta/angio/index.htm

Fachbegriffe (Auswahl)

Achäne: Nussfrucht, Samen- und Fruchtschale verwachsen.

Adstringenzien: „Zusammenziehend" wirkende Stoffe, bilden durch Reaktion mit Oberflächengewebe eine feste Membran.

Ähre: Blütenstand; Blüten in Achseln schuppiger Blätter, Blütenstiel reduziert.

Aminosäuren: Grundbaustein von Eiweißen, **essentielle Aminosäuren** müssen mit der Nahrung zugeführt werden.

Analgetisch: Schmerzstillend.

Anthocyan: Farbstoff; blau, violett oder purpurrot.

Ätherisches Öl: Gemisch sekundärer Pflanzenstoffe, hauptsächlich Terpene.

Balg: Fruchtform aus einem mit sich selbst verwachsenen Fruchtblatt.

Beere: Gesamte Fruchthülle fleischig.

Blütenkelch: Äußere Blütenhüllblätter.

Blütenkopf (Blütenkörbchen): Blütenstand, der durch eine Verbreiterung kegelförmig aufgewölbt, krugförmig vertieft oder scheibenförmig ausgebildet ist.

Blütenkrone: Innere Blütenhüllblätter; oft lebhaft gefärbt.

Diözisch: Männliche und weibliche Blüten auf getrennten Pflanzen.

Diurese: Harnausscheidung.

Dolde: Blütenstand; gestielte Blüten strahlen von einem Punkt aus.

Endokarp: Innere Fruchthüllenschicht.

Exokarp: Äußere Fruchthüllenschicht.

Fiederteilig/-spaltig: Blattspreite tief eingeschnitten bzw. geteilt.

Flavonoid: Meistens gelb gefärbte, stickstofffreie phenolartige Verbindung.

Gegenständige Blattstellung: Zwei Blätter je Nodium (Stängelknoten).

Gerbstoff: Stoff mit konservierender Wirkung, fällt Eiweiß aus.

Glykosid: Verbindung eines Zuckeranteils mit einem anderen Stoff.

Granne: Steife, oft gekniete Borste an der Spitze von Deckspelzen bei Gräsern.

Harz: Gemische nichtflüchtiger Kohlenwasserstoffe (Terpene).

Honigblatt: Nektar produzierendes Blatt.

Hülse: Frucht aus einem, mit sich selbst verwachsenen Fruchtblatt.

Hypocotyl: Unterster Teil des Keimsprosses zwischen Wurzel und Keimblättern.

Inulin: Kohlenhydrat aus Fruchtzucker.

Invertzucker: 1:1-Gemisch aus Trauben- und Fruchtzucker.

Karminativum: Mittel gegen Blähungen.

Karyopse: Nussfrucht, eine sehr dünne Samenschale ist mit dem dünnwandigen Perikarp verwachsen ist.

Kätzchen: Hängender Blütenstand (Traube oder Ähre).

Klause: Sonderform der Nüsse; der zweiblättrige Fruchtknoten zerfällt durch eine falsche Scheidewand in vier Nüsschen.

Kolben: Fleischig verdickte Ährenachse.

Kreuzgegenständige Blattstellung: An jedem Stängelknoten sitzen zwei gegenüberstehende Blätter, wobei das nachfolgende Blattpaar um 90° versetzt steht.

Lentizelle: Korkwarzen in der Rinde.

Ligula: Feines Blatthäutchen.

Lippenblüte: Fünf verwachsene Kronblätter formen eine Ober- und Unterlippe.

Mesokarp: Mittlere Fruchthüllenschicht.

Monözisch: Männliche und weibliche Blüten auf der gleichen Pflanze.

Nuss: Fruchtform, Fruchthülle hart.

Pappus: An der Frucht verbliebener Kelch; dient als Flugorgan.

Pektin: Zucker aus Galakturonsäure.

Perianth: Blütenhülle.

Perikarp: Fruchtwand (besteht aus Endo-, Meso- und Exokarp).

Rhizom: Ausdauernder Speichersspross in der Erde.

Rispe: Mehrfach verzweigte Traube, deren Äste mit einer Endblüte versehen sind.

Röhrenblüte: Radiäre, röhrenförmig verwachsene, fünfzipflige Blütenkrone, Zipfel gleich lang.

Rübe: Speicherwurzel, die durch Dickenwachstum der Primär- bzw. Hauptwurzel hervorgeht.

Ruderalflur: Unkrautbestand auf Ödland.

Scheibenblüte: In der Mitte des Blütenkorbes sitzende Röhrenblüten.

Schmetterlingsblüte: Blüte aus fünf Kronblättern: ein größeres, aufrechtes (Fahne), zwei seitliche (Flügel) und zwei untere (zum Schiffchen vereinigt).

Schote: Frucht aus zwei verwachsenen Fruchtblättern, zwischen denen sich eine falsche Scheidewand befindet.

Sedativum: Beruhigungsmittel.

Spaltfrucht: Sonderform der Nussfrucht, Fruchtblätter weichen in der Reife auseinander.

Spatha: Fleischiges Hochblatt, das den Blütenstand umgibt.

Spelze: Trockenhäutiges Hochblatt.

Steinfrucht: Das Perikarp bildet bei der Reife einen inneren Steinkern (= Endokarp) und einen äußeren, faserigen oder fleischigen Teil (= Meso-, Exokarp).

Strahlenblüte: Randständige Zungenblüten bei den Blütenköpfchen der Korbblütler.

Terpen: Stoff, der auf den Grundstoff Isopren (C_5H_8) zurückzuführen ist.

Tragblatt: Blatt der Blütenstandsachse, in dessen Achsel die Blüte sitzt.

Traube: Blütenstand mit einzelnen, gestielten Blüten in den Blattachseln.

Vermifuge: Wurmmittel.

Wechselständige Blattstellung: An jedem Stängelknoten steht ein Blatt, das gegenüber dem vorausgehenden Blatt um einen Winkel von < 180° verschoben ist.

Wickel: Blütenstand; die Blütenstandsachse endet mit einer Blüte, schließt ihr Wachstum ab und wird von einem Seitenast übergipfelt, die folgenden Triebe wachsen abwechselnd nach rechts und links.

Wirtelige (Quirlige) Blattstellung: Drei oder mehr Blätter entspringen an einem Stängelknoten.

Zungenblüte: Blütentyp der Korbblütler mit asymmetrischer Krone, bei der 3–5 Kronzipfel einseitig verlängert sind.

Zweizeilige Blattstellung: An jedem Knoten steht ein Blatt, das um 180° zum folgenden versetzt steht.

Zwiebel: Stark verkürzter, unterirdischer Spross mit Schuppenblättern.

Zygomorph: Blüte lässt sich in zwei annähernd spiegelbildliche Hälften zerlegen.

Zytostatisch: Hemmung von Zellteilungen.

Bildquellen:

Jahnke, Klaus, Hamburg: Seite 96

John, Stefan, Kiel: Seiten 27, 46, 55, 114, 126 (oben), 135, 145, 148, 168, 170, 180, 194, 232, 238 (unten rechts), 242, 251, 253

König, Rudolf, Kiel: Seiten 89, 128 (großes Bild), 144, 216, 218 (unten), 220, 227, 263

Alle anderen Fotos von Klaus Becker, Freiburg/Br.

Register

Deutsche Pflanzennamen

Wissenschaftliche Pflanzennamen

Wenn Sie mehr wissen wollen...

Der Farbatlas enthält eine Auswahl der wichtigsten oder häufiger auftretenden Krankheitserscheinungen an Kartoffel, Zuckerrübe, Raps, Getreide, Mais, Hanf und Sonnenblume. Schadbilder und Krankheitserreger werden in Wort und Bild dargestellt. Angaben zur Biologie, Ökologie und zu den Verwechselungsmöglichkeiten helfen, ein im Feld beobachtetes Schadbild im Buch wiederzuerkennen und richtig zu diagnostizieren.

Farbatlas Krankheiten und Schädlinge an landwirtschaftlichen Kulturpflanzen. 1999. Bärbel Schöber-Butin u.a. 240 S., 384 Farbf. ISBN 3-8001-4133-7.

Ziel dieses Buches ist die rasche Diagnose von Pflanzenkrankheiten. Dargestellt werden die Krankheitsbilder aller wichtigen Pflanzengruppen: Zimmerpflanzen, Beetpflanzen, Sommerblumen, Stauden, Ziergehölze, Obst und Gemüse. Die Schadbilder und Beschreibungen geben einen präzisen Überblick über die Schadursachen.

Farbatlas Krankheiten und Schädlinge an Zierpflanzen, Obst und Gemüse. Dr. Bernd Böhmer, Dr. Walter Wohanka. 1999. 240 S., 574 Farbf. ISBN 3-8001-5290-8.

Dieses Buch ist nicht nur ein Bestimmungsbuch im üblichen Sinne, denn er behandelt im Gegensatz zu anderen Feldführern zwar auch die äußeren Merkmale der wichtigsten und häufigsten Wildkräuter und Gräser, zusätzlich aber vieles, was an Wissenswertem über die jeweilige Pflanze bekannt ist. In Steckbriefform erhält der Leser die üblichen Angaben zu Aussehen und Biologie, darüber hinaus Informationen zu Lebens- und Wuchsformen, Fortpflanzungsstrategien, Stellung in der jeweiligen Pflanzengesellschaft sowie Zeigerqualitäten. Ansprüche an Boden-, Nährstoff- und Wasserverhältnisse sowie landbauliche Bedeutung und Verwendung und selbst die Rolle des jeweiligen Krautes im Volksglauben wurde nicht vergessen.

Farbatlas Kräuter und Gräser in Feld und Wald. Dr. agr. Gottfried Briemle. 1997. 288 Seiten, 255 Farbf. ISBN 3-8001-4125-6.

Der Farbatlas behandelt die in Europa angebauten Kulturpflanzen des Acker- und Feldgemüsebaues.

Farbatlas Landwirtschaftliche Kulturpflanzen. Prof. Dr. Gerhard Geisler. 1991. 204 S., 205 Farbfotos. ISBN 3-8001-4079-9.

Mehr interessante Literatur.

*W*ie in allen Wissensgebieten hat auch in der Landwirtschaft die Spezialisierung immer größere Ausmaße angenommen. Um so wichtiger wird die Vermittlung der grundsätzlichen Erkenntnisse und Fakten, um trotz dieser Entwicklung dem Einzelnen den Überblick über die immer komplexer werdenden Sachverhalte zu ermöglichen. Das Handbuch des Pflanzenbaues erfüllt diese Aufgabe in geradezu idealer Weise, denn führende Wissenschaftler aus den einzelnen Fachgebieten garantieren die wissenschaftliche Kompetenz der jeweiligen Beiträge. Die Form des Handbuches zwingt aber zur Beschränkung auf die gesicherten Grundlagen, ohne die besonders die Lehre nicht auskommt.

Handbuch des Pflanzenbaues, Band 1. *Grundlagen der landwirtschaftlichen Pflanzenproduktion. Prof. Dr. Ernst Robert Keller u.a. 1997. 860 S., 328 Abb., 234 Tab. ISBN 3-8001-3097-1.*

Handbuch des Pflanzenbaues, Band 3. *Knollen- und Wurzelfrüchte, Körner- und Futterleguminosen. 1999. Ernst Keller u.a. 856 S., 223 Abb., 206 Tab. ISBN 3-8001-3202-8.*

*D*ie Veränderungen in der Landwirtschaft und Landschaft sowie neue gesetzliche Vorgaben zwingen häufig zum Anbau von weniger bekannten oder in Vergessenheit geratenen, ökologisch aber interessanten „alternativen" Pflanzenarten und -sorten. Dieses Buch gibt einen umfassenden Überblick über viele mögliche und erhältliche Arten und alle Aspekte ihrer Nutzung. In verständlicher und übersichtlicher Form werden die Pflanzen beschrieben, praktische Ratschläge für den Anbau gegeben und alles Wissenswerte bis hin zur genauen Beschreibung des Saatgutes und seiner Beschaffenheit dargestellt.

Alternative Nutzpflanzen. *Grünbrache, Gründüngung, Grünfutter, Wildäsung, Bienenweide, Zwischenfrüchte. Dr. Jan Sneyd. 1995. 143 Seiten, 35 Farbfotos. ISBN 3-8001-3093-9.*

Ziel dieses Buches ist es, einen detaillierten Überblick über die ökologischen, wirtschaftlichen, naturwissenschaftlichen und politischen Aspekte von Agrar- und Forstrohstoffen im Nichtnahrungsbereich zu geben.

Nachwachsende Rohstoffe. *Stefan Mann. 1998. 142 S. ISBN 3-8001-4126-4.*